新訂増補 岡倉天心と五浦

森田義之・小泉晋弥 編

中央公論美術出版

口絵1　北側海面から臨む再建された六角堂と岩礁上の雪見灯篭

口絵2　再建された六角堂内部からの眺め

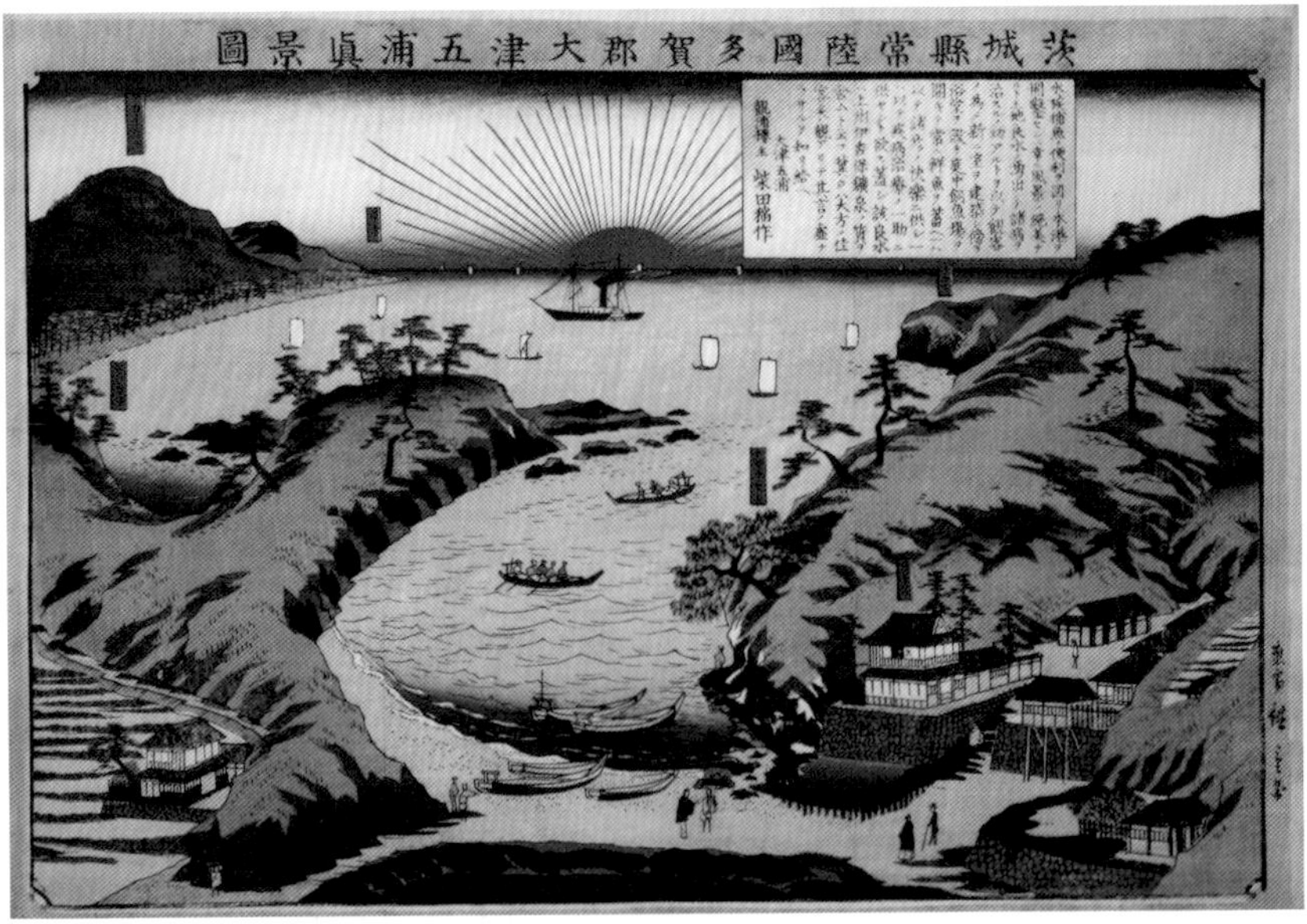

口絵3　三代広重《茨城県常陸国多賀郡大津五浦真景図》 民宿五浦蔵カラーコピー

口絵4　大津町名所ノ内五浦『勿来みやげ』明治35年、福島県立図書館蔵

口絵5　常陸五浦の景其の一　白石新聞店発行　明治41年頃　茨城大学五浦美術文化研究所蔵

口絵6　五浦岡倉氏別荘　『いはらき』明治40年8月28日付に掲載された写真

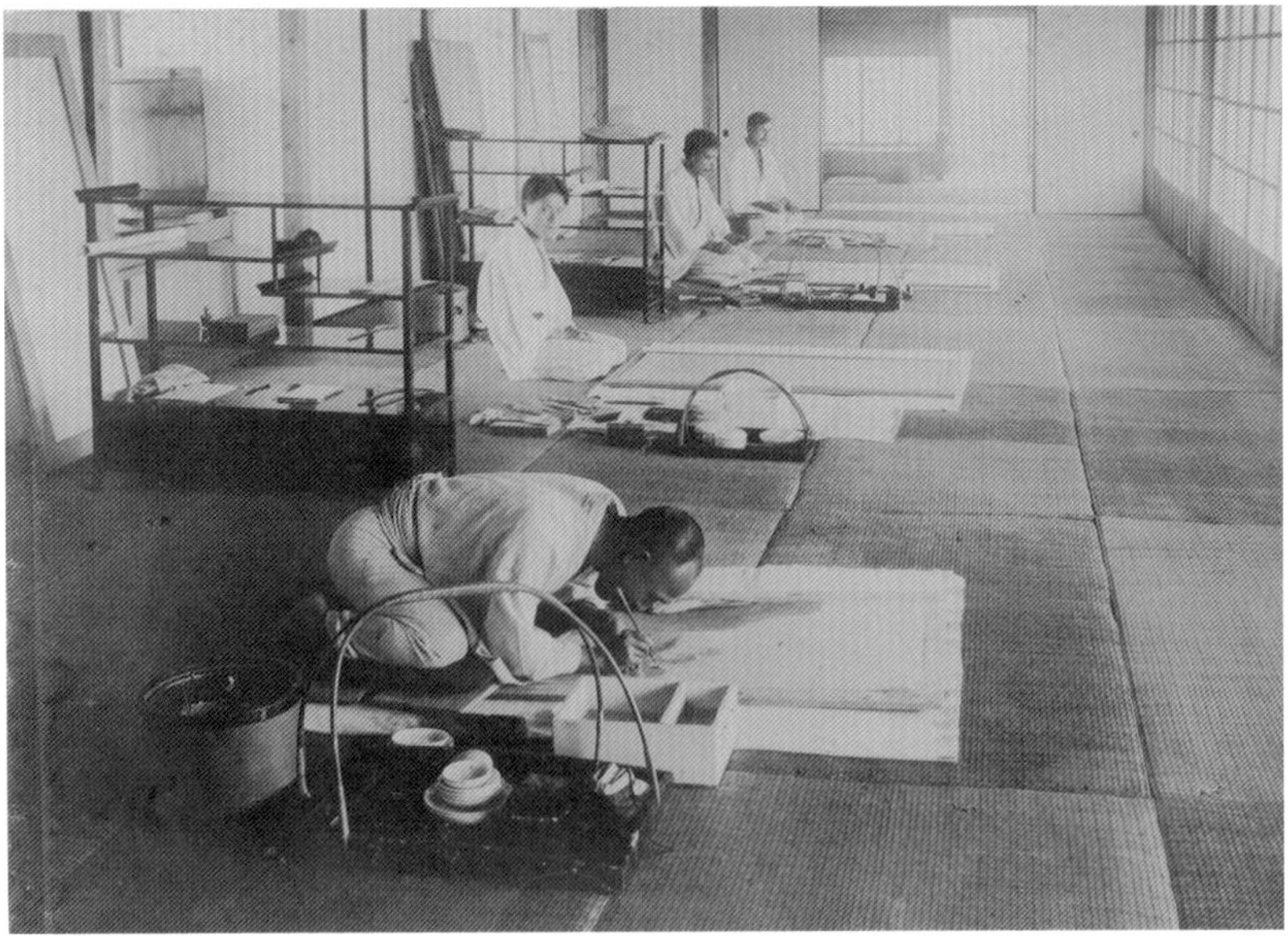

口絵7　日本美術院に於て四画伯揮毫図　いはらき新聞写真部撮影　手前より武山、春草、大観、観山、『いはらき』明治40年8月22日掲載

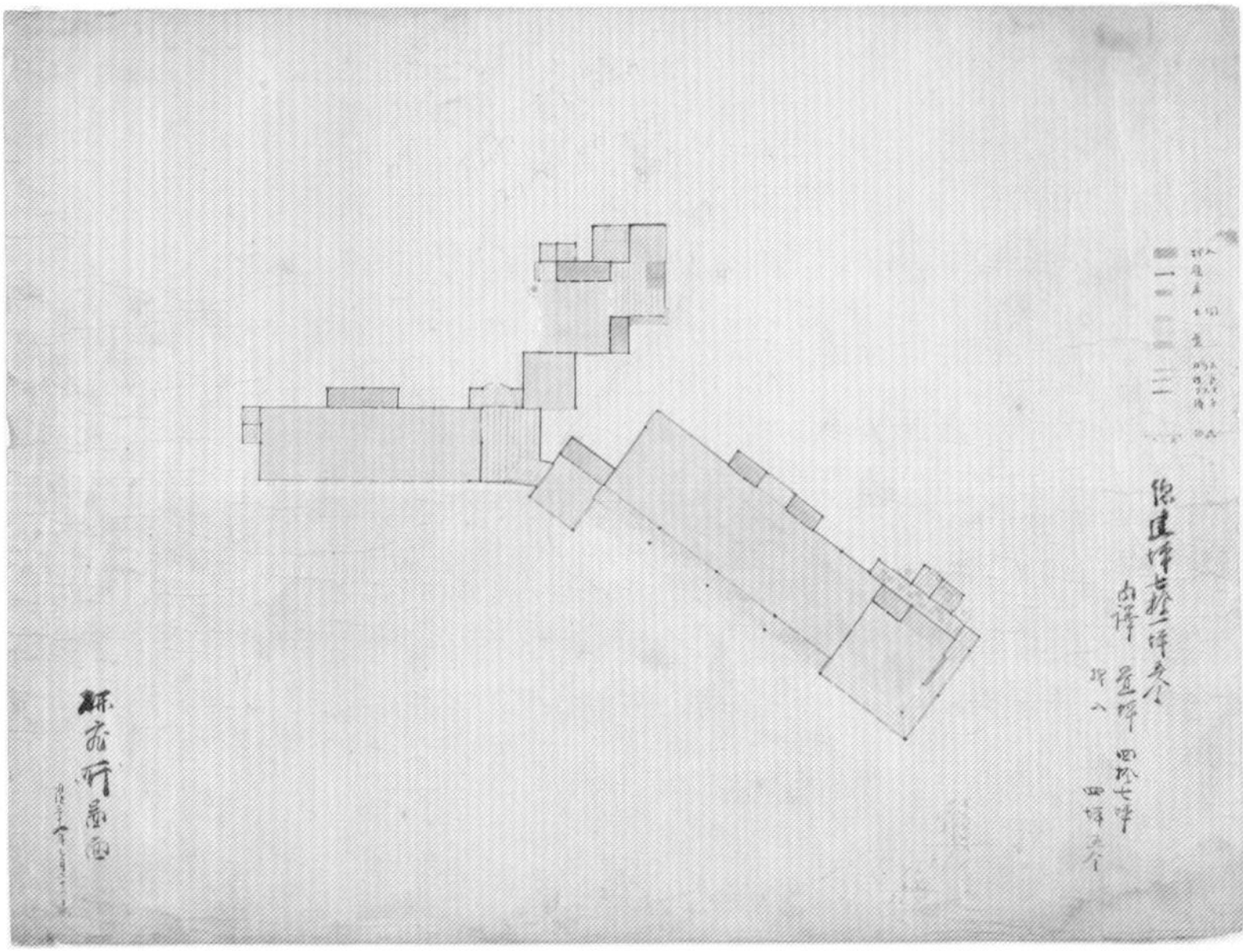

口絵8　五浦日本美術院平面図　ガラス戸が青、障子が白などと色分けされている。

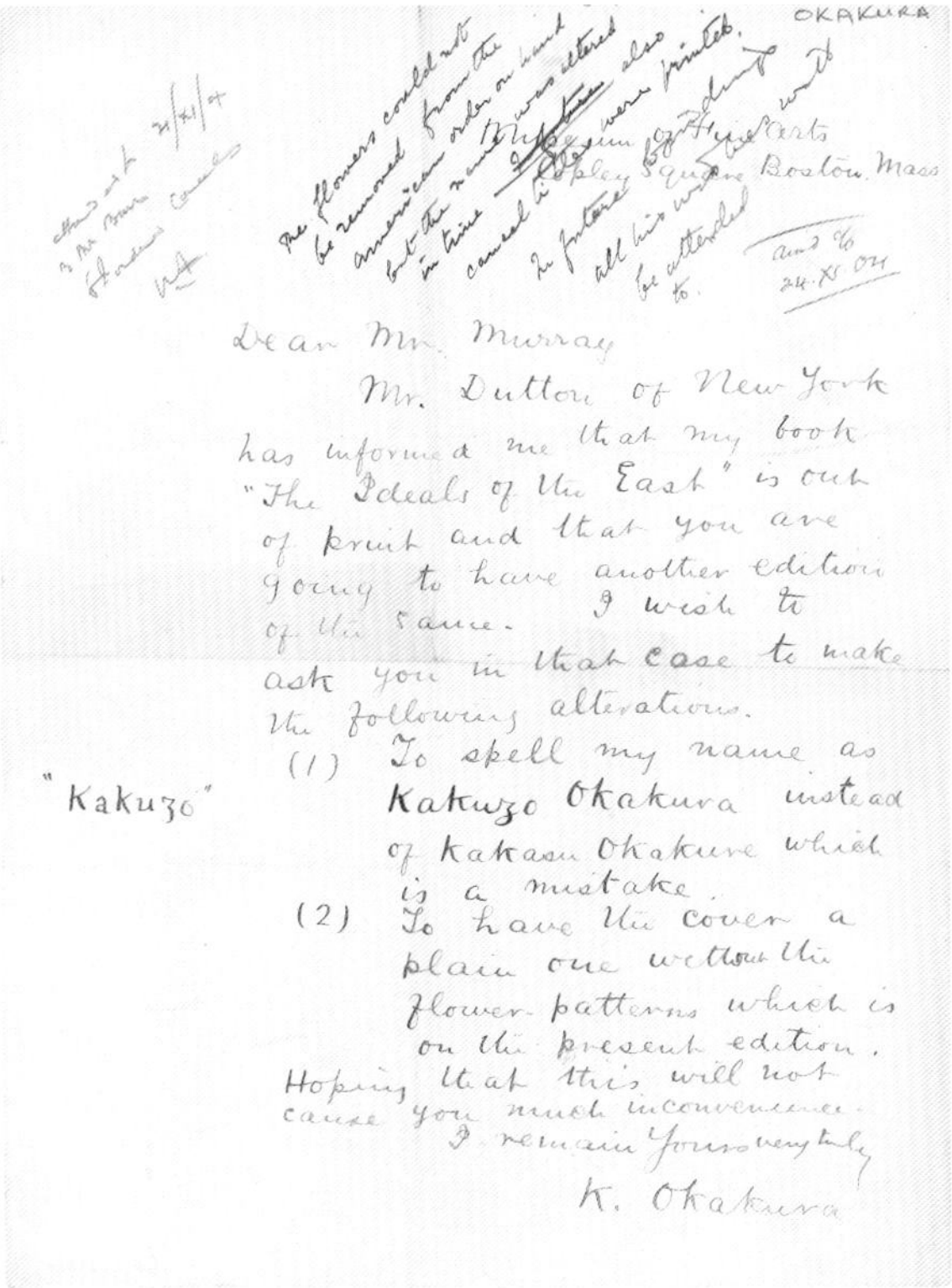
OKAKURA

Museum of Fine Arts Copley Square Boston. Mass

Dear Mr. Murray

Mr. Dutton of New York has informed me that my book "The Ideals of the East" is out of print and that you are going to have another edition of the same. I wish to ask you in that case to make the following alterations.

(1) To spell my name as Kakuzo Okakura instead of Kakasu Okakura which is a mistake.

"Kakuzo"

(2) To have the cover a plain one without the flower-patterns which is on the present edition.

Hoping that this will not cause you much inconvenience.

I remain Yours very truly

K. Okakura

口絵9　岡倉覚三書簡
ジョン・マレー宛、『東洋の理想』の著者名修正などが要望されている。
1904年11月24日付

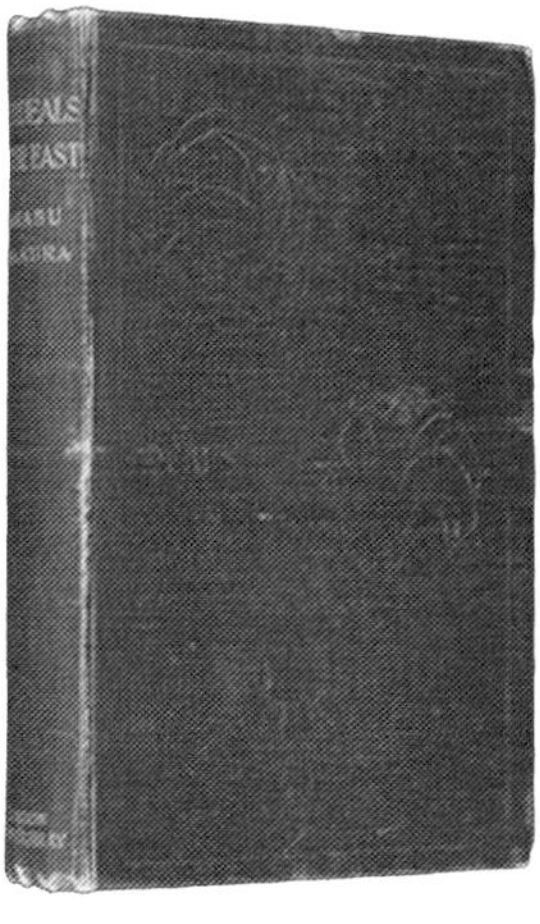
口絵10　『東洋の理想』
1903年

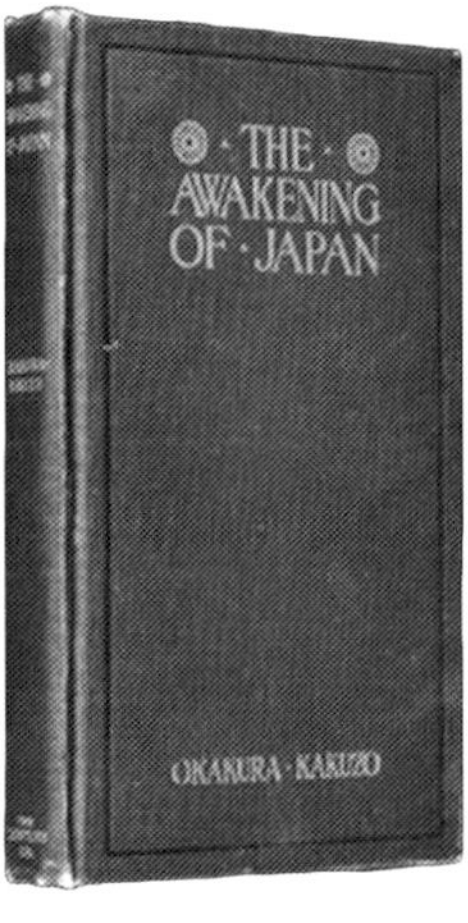

口絵11　『日本の覚醒』
1904年

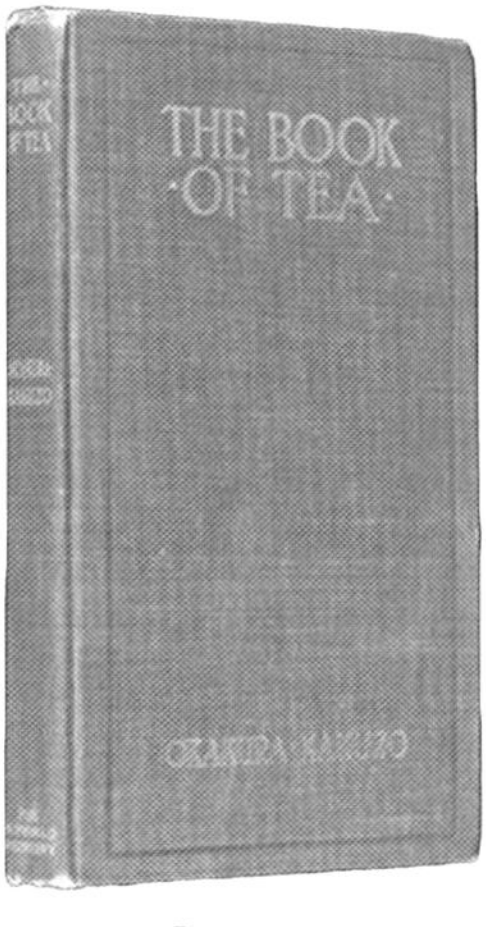

口絵12　『茶の本』
1906年

口絵13　「五浦めぐり（二）」（五浦岡倉氏六角堂　露泉写）『いはらき』明治40年1月12日
大観邸からの眺めか。天心邸、離室、浴室の屋根が画かれている。右奥に観山邸、武山邸。

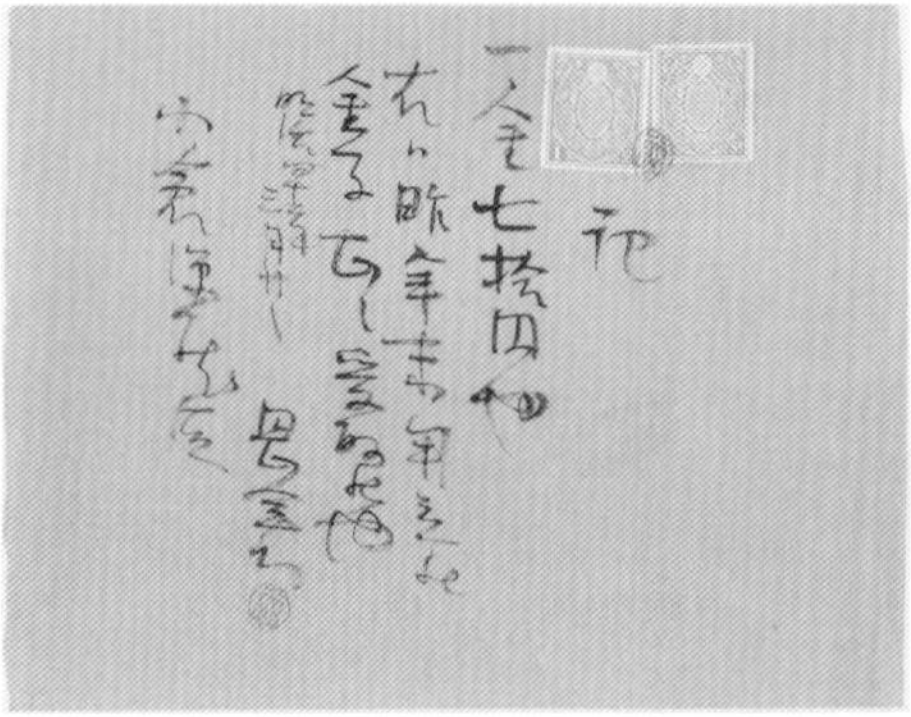

口絵14　岡倉天心筆受領証「天心」印
小倉源蔵宛　明治42年3月20日
茨城大学五浦美術文化研究所蔵

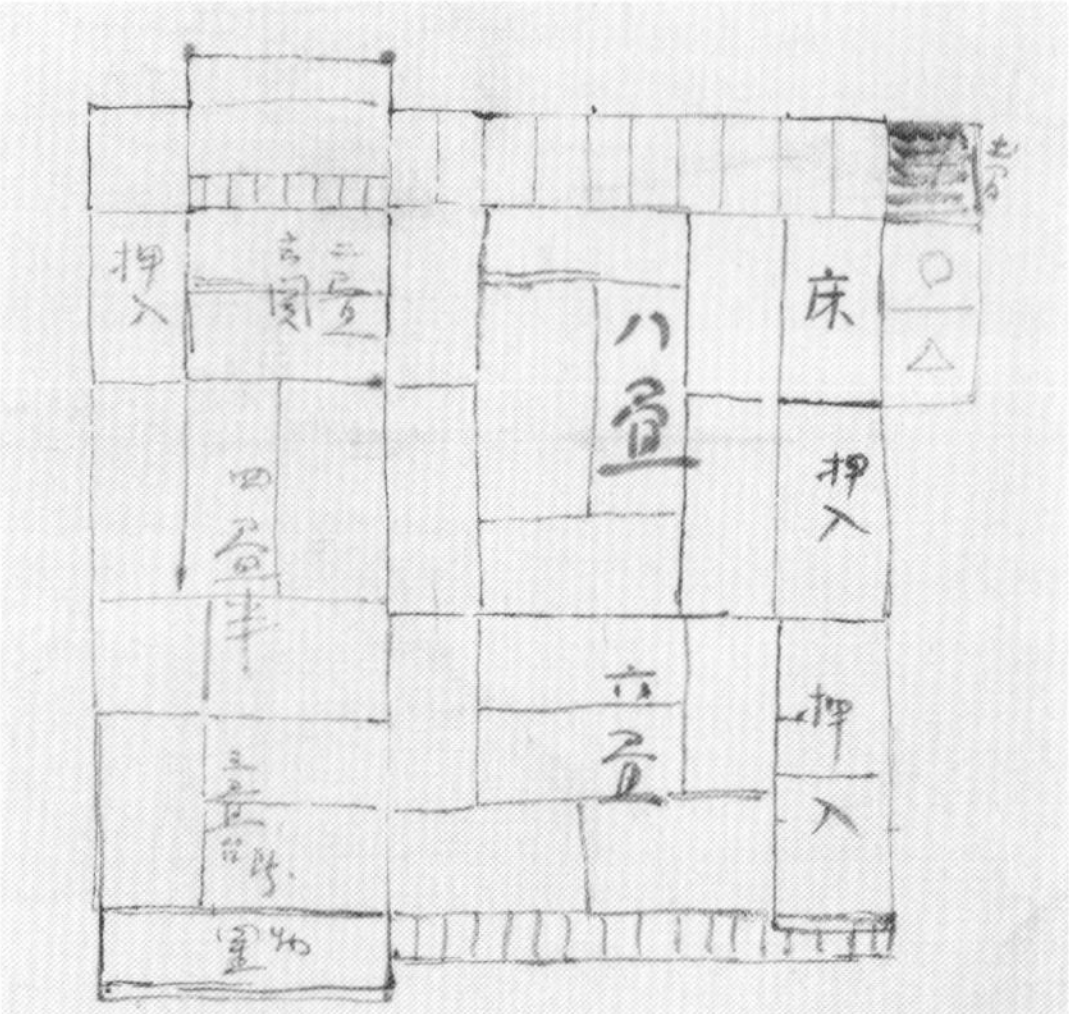

口絵15　岡倉天心筆　図面
小倉源蔵旧蔵。離室か離座敷の設計案と思われる。茨城大学五浦美術文化研究所蔵

口絵16　天心邸と「亜細亜は一なり」石碑　かつて石碑との間に書斎、右手に離室と浴室があった。

口絵17　大五浦の磯　2006年の化石調査の様子。東日本大震災により約50cm地盤沈下し、現在はこの浅瀬にはならない。

口絵18　茨城大五浦美術文化研究所の天心記念室　平櫛田中《五浦釣人》の寄贈を受け建設された。《岡倉天心先生像》、「龍王丸」、展示ケース内に《活人箭》、平山郁夫《日本美術院血脈図》（複製）、六角堂棟札、春草絵具棚など。

口絵20　『晩笑堂画伝』（乾隆8年）釣り姿は、中国の文人厳子陵に扮した姿だと考えられる。《五浦釣人》は右の写真をもとに制作された。

口絵19　五浦での天心の釣り姿

目次

新訂増補 岡倉天心と五浦

プロローグ

岡倉天心小伝——五浦以前

森田 義之

生誕から大学卒業まで

「五浦時代」の岡倉天心を語る前に、本書全体のプロローグとして、五浦以前の彼の生涯と活動を手短にスケッチしておこう。

岡倉天心、本名覚三は、文久二年（一八六三）に、明治維新前夜の活況を呈する開港まもない港町横浜で、福井藩士出身の貿易商店主岡倉覚右衛門の次男として生まれた。森鷗外と同年、内村鑑三より一年おそく、志賀重昂より一年早い生まれで、同じ一八六〇年代の生まれでは、他に徳富蘇峰（六三年）、二葉亭四迷（六四年）、黒田清輝（六六年）、幸田露伴（六七年）、夏目漱石（同年）、北村透谷（六八年）などがいる。

幼名は覚蔵であるが（一説では「角《すみ》」の「蔵《くら》」で生まれたために「角蔵《かくぞう》」の字が与えられたとも伝えられる）、大学生の頃から「覚三」と自ら改め、終生これを用いた。現在通称化している「天心」は、彼が「渾沌子」などとともに成人後（二十四歳頃）に用いた雅号のひとつで、道教哲理の中枢概念である「天」（「道」「渾沌」と同じく宇宙＝無限＝永遠の生成を意味する）の「心」を抱くという意味をもつが（福永光司「岡倉天心と道教」『全集』六）、生前にはあまり多くは使われなかった（斎藤隆三『岡倉天心』によれば、「天心」の名が一般的に用いられ始めたのは、大正十一年に日本美術院が『天心全集』を刊行してから後のことである）。

四人の兄弟妹のうち長男港一郎は夭折し、三男由三郎は高名な英文学者となり、末の妹てふは後に東京美術学校彫刻科教授山田鬼斎の妻となるが、この末妹の出産の際に生母このは死亡し、父は翌年後妻を迎えた。このため、少年覚蔵はしばらく長延寺という寺に預けられたが、この生母との早い死別は少年の心に深い母性思慕を生み、後の異例に早い結婚や九鬼隆一夫人の星崎波津子との恋愛耽溺につながったといわれる。

維新前夜に、欧米世界との貿易窓口であり、外国人でにぎわう開港場横浜で成長したことは、天心のメンタリティと外国語教養の形成にとってきわめて幸運な条件となった。七歳のときから、天心はアメリカ人ジェイムズ・バラの経営する私塾などで英語の初歩（読み書き会話）を習得する一方、やや遅れて先の長延寺の住職から漢籍の教えを受けた。つまり、「文明開化」がもたらした恩恵にいち早く浴するとともに伝統的な武家の教養を身につけるのである。

明治六年（一八七三）、父親の東京（日本橋）移転にともない、覚蔵も父の家に戻り、十一歳で官立東京外国語学校に、その翌年十三歳で官立東京開成学校高等普通科（校長は天心の生涯の恩人となる浜尾新）に入学する。そして十五歳で東京開成学校を改称した東京大学の文学部（第二学年）に編入し、政治学・理財学（経済学）専修コースに属した（当時の東京大学は法学部・理学部・文学部・医学部の四学部からなり、文学部は今日の政経学部と人文学部を合わせた性格をもっていた）。

異例に早熟な英才ぶりを発揮して、最高学府の最年少の学生として超エリート・コースに身を置くかたわら、若い天心は、女傑として知られた南画家奥原晴湖に入門して南画（文人画）を、著名な漢詩家森春濤について漢詩を、加藤桜老について琴曲を、正阿弥について茶道を習ったといわれ、早くから江戸文人趣味的世界に親しんだ。彼のある種の天性の即興的画才（墨画、スケッチ等）や美術への傾倒、芸術家・詩人気質は、この頃から芽吹いていたのであろう。

東京大学在学中の三年間、天心は、主専攻の政治・経済学よりもイギリス人教師W・ホートンの英文学講義や漢文学の研究に熱を入れ（在学中に自筆漢詩集『三匝堂詩草』をまとめる）、英米小説を読みあさっては文学談義に華を咲かせるなど、自由な雰囲気のなかで和漢洋の教養を広げたらしい。しかし、天心のその後の公的活動にとって最も重要な出来事は、卒業の二年前に着任したアメリカ人教師アーネスト・フェノロサ（一八五三〜一九〇八）との出会いであった。

フェノロサは、特別の学問的訓練を積んだわけではないハーヴァード大学卒業の青年御雇い外国人教師（政治学・理財学・哲学担当）であったが、来日後、にわかに日本の伝統美術に関心を寄せ、書画骨董の収集や古画の鑑定の勉強（狩野派末裔の狩野友

図1　妻・基子

信に就く）に熱中しはじめた。このため英語のよくできる学生の有賀長雄（後の国際法の大家、フェノロサの『東亜美術史綱』の訳者）や天心に、通訳や古杜寺の案内、古書の翻訳などを依頼するようになり、二人の約十年におよぶ密接な師弟関係、公私にわたる同志的な二人三脚の関係が始まるのである。天心が日本の伝統美術への関心を深めたのもこのフェノロサとの出会いによるところが大きかった。

明治十二年（一八七九）、在学中の天心は満十七歳でわずか十三歳の大岡もと（基子）〔図1〕と結婚。そして翌年七月には、東京大学文学部をその第一期生（八名）として卒業し、同年十月におそらく浜尾新（当時東京大学副総理）の推薦で文部省に入省した。弱冠十八歳で、若きエリート官僚としての道を歩み始めるのである。

天心の文部省入りと美術官僚としての進路を運命づけた卒業時の珍エピソードは、有名な語り草になっている。天心は、英文の卒業論文「国家論」を二ヵ月かけて精魂傾けて完成したが、提出直前に、妊娠中の幼な妻基子との痴話喧嘩から、逆上した彼女に論文原稿を跡形もなく燃やされてしまった。そこで天心は、急遽、二週間で英文の「美術論」を仕上げ、やっとのことで卒業にこぎつけたというのである。

あれはまったくママさんの焼餅が祟《たた》ったのだ。おいらは、せっかく二月かかって書き上げた『国家論』を焼かれてしまったから、やむをえず二週間で『美術論』をでっち上げた。その結果、成績は尻から二番目、しかも一生この『美術論』が祟って、こんな人間になってしまったのだ。

天心は晩年、晩酌のあとによくこう述懐したというが（岡倉一雄『父岡倉天心』）、この事件がなければ、さしずめ彼は大蔵官僚か外務官僚の道を走っていたかもしれない。

文部省官僚時代

文部省に入省した明治十三年（一八八〇）から東京美術学校校長を辞職する明治三十一年（一八九八）までの十八年間は、天心の美術官僚時代であり、明治政府の美術行政全般にわたって権限を揮った実質的策定者として、またフェノロサとともに新伝統主義の美術運動の推進者として、八面六臂の活躍を展開した時代である〔図2〕。

文部省で、天心は初め音楽取調掛に配属されたが、上司の伊沢修二と折り合いが悪く専門学務局に転じ（明治十四年、上司は浜尾新）、美術行政との関わりが本格的に始まった。

明治十五年から、天心は、公務として上司の九鬼隆一に従い、またフェノロサやビゲロー（この年来日した日本美術の大コレクターで天心と生涯親交をもつ）と同行して、数次にわたり奈良・京都を中心に古社寺の視察調査を行なった。この経験を通じて、天心は日本の古美術と美的伝統への認識を一挙に深め、「文明開化」の欧化主義一辺倒に対抗する伝統主義者としての自覚と使命感を強めたものと思われる。フェノロサとともに法隆寺夢殿の開扉に立ちあい、秘仏救世観音の感動的な「発見」を体験したのもこの時（明治十七年）のことである。

明治十七年に、天心は、フェノロサが伝統的日本美術の振興のために結成した民間団体「鑑画会」の活動にも参加し、フェノロサが発掘し、やがて美術学校創設の中心メンバーとなる狩野派末流の画家狩野芳崖とも急速に親交を深めた。その一方で、洋画家小山正太郎の「書ハ美術ナラス」に反論した処女評論を皮切りに、反洋画の立場に立つ新進気鋭の美術批評家としても活動を開始した。

文部官僚としての天心が伝統主義の路線を最初に明確にうちだしたのは、同年文部省に置かれた図画教育調査会においてである。天心は、委員に狩野芳崖、狩野友信、フェノロサら伝統派を多く加えて、学校図画教育に伝統的な毛筆画を採用するよう主張し、同じ委員の小山正太郎の唱える鉛筆画採用論を退けることに成功した。

翌明治十八年、文部省は、二年前に廃止された工部美術学校（フォンタネージ、ラグーザらイタリア人美術家を招いて純西洋主義の教育を実施、明治九年開校）にかわる新しい官立美術学校の設立に向けて図画取調掛を設置し、本格的な準備活動を開始するが、ここでも中心となったのは天心だった。

天心は、図画取調掛委員を前年の図画教育調査会と同じ伝統派（フェノロサ、狩野芳崖、狩野友信）だけで固め、新学校の教育方針を徹底した伝統主義で貫くことを決定。この既定方針を確認するために、明治十九年十月、フェノロサ（東京大学を辞し、文部省・宮内省雇いとなる）とともに、美術取調委員として一年間におよぶ欧米視察旅行を敢行するのである。

天心は、フェノロサとともに、アメリカを経由してフランス、スイス、オーストリア、イタリア、スペインをまわり、各地で美術・工芸学校や美術館を見学してその機構・運営を調査したが、初めての訪欧にもかかわらず、西洋の古今の美術作品や都市・建築にはあまり深い関心を示さず、西洋の物質文明と写実主義に対する日本・東洋の美術伝統の優位性を自己確認して、帰国することになった（「西洋の事果して本邦に適するや否やを考ふるに、一つとして直に之を実施すべきものなし」「鑑画会に於て文学士岡倉覚三氏演説」）。日本を洋装で出発した天心は、途中から和装に変えて各地を歴訪し、パリではルーヴル美術館をほとんど素通りして現地のフィガロ紙に冷笑されたといわれる。

しかし、この特権的な経験を通じて天心が獲得した西洋美術に関する幅広い知見は、東西文化を視野に入れたその後の文明論の構想や美術批評、美術学校での西洋美術史講義に有形無形に生かされることになった。

帰国に先立つ明治二十年十月、明治政府は東京美術学校の設置を決定、同月帰国した天心は直ちに同幹事に任命され、実質的に全権を委託されて、美術学校開設の具体的な諸準備に取りかかった。こうして一年余りの準備ののち、翌明治二十二年二月一日に東京美術学校が開校するのである。

図2　文部省時代の天心

東京美術学校校長時代

我が国最初の本格的な官立アカデミーである東京美術学校（現在の東京藝術大学美術学部）は、こうした天心＝フェノロサ・ラインの強力なイニシアティヴによって、西洋美術を排除した純伝統主義の方針に基づいて発足したが、その実質――学校組織や校則から、教員人事、カリキュラムまで――のほとんどすべてが天心ひとりによって策定された。その意味で美術学校は、日本美術の伝統の創造的再生（ルネサンス）の夢に燃えた若き官僚岡倉天心の理念的創造物であったといえる。

しかしその背後には、早くから天心の才能をバックアップしていた上司の浜尾新＝九鬼隆一ラインの強力な支持があり、また狩野芳崖やフェノロサとも関わりが深かった大物政治家伊藤博文の後援がはたらいていた。さらにその背景には、明治中期の政治社会状況の動勢――自由民権運動の圧殺による天皇制国家体制の再編強化（帝国憲法発布と帝国議会開会）、西欧列強諸国の植民地主義への反撥や不平等条約改正への国民的要求の高まりなど、国家主義と国粋的ナショナリズムの台頭――が影響していたことも見落とせない。国粋主義者の三宅雪嶺と志賀重昂が雑誌『日本人』を創刊して（明治二十一年）愛国主義的な世論の覚醒をうながし、内村鑑三が『日本及び日本人』（明治二十七年）を著して日本人としての自覚を強調したのも同じ頃である。

天心は、開校時には事務局長格の幹事であったが（校長は浜尾新）、開校二年目に二十八歳にして校長兼教授となり、以後八年間にわたって名実ともに学校運営に全権を揮うのである。

東京美術学校は、普通科二年、専修科三年の五年制をとり、専修科は絵画（日本画）、彫刻（木彫）、美術工芸（金工、漆工）の三科、教員は、中核となる絵画科に狩野派の橋本雅邦（開校直前に死去した狩野芳崖にかわって首席教授）、狩野友信、結城正明、四条派の川端玉章、木彫に竹内久一、金工に加納光太郎、学科（歴史・美術史・美学）にフェノロサ、黒川真頼等を配し、第一回生として横山大観、下村観山、西郷孤月、六角紫水等六十五名が入学した。

校服は、やはり天心の案で、奈良時代の官服を模したものが採用されたが、この大時代がかった校服は不人気で、教官、学生ともに着用を嫌がったといわれる。しかし、天心自身はこの奇抜な校服を着込んで堂々愛馬にまたがり、自宅のある根岸と上野を往復したことが語り草になっている〔図3〕。

美術学校での教育は、アナクロニズム的なその外観にもかかわらず、放任主義ともいえる自由な雰囲気にみちたもので、そこには個性を尊重する英才主義的な教育方針もさることながら、校長天心の開放的で不羈奔放な性格が大きくあずかっていた。天心自身もみずから教壇に立ち、日本美術史と泰西（西洋）美術史を講じた（フェノロサの帰国後は一時美学も担当）。なかでも日本美術史の講義は、数年来の古社寺調査で得た豊富な知見を踏まえた画期的なもので、日本でも最初の体系的な美術史講述として評判を呼び、帝大の学生もしばしば聴講に来たという。

開校二年目に、天心の師であり長年の同志であったフェノロサが美術学校を辞職し、ボストン美術館の日本美術部（フェノロサ自身の厖大な日本美術コレクションを購入して開設される）に招かれて帰国した。この突然の美校辞任の背後には、フェノロサの法外な高給（美術学校の年間予算の半分に当たる六千円）の学校経営への圧迫や、天心との関係の冷却があったといわれる（さまざまな理由が推測されているが、これ以後、二人の関係は急速に疎遠になっていった）。

美術学校の総帥として君臨するかたわら、天心は、かつての上司で宮内省に入った九鬼隆一の推挙で、宮内省に設置された臨時全国宝物取調局取調掛に任命され（二十一年）、次いで（農商務省から宮内省に所轄替えになった）博物館の学芸委員に、さらに、美術学校開校と同じ明治二十二年には帝国博物館（博物館を改称、総長九鬼隆一）の理事兼美術部長に任命され、美術館行政においても文字通り中枢的立場に立つことになった。翌年早々には、新しく設置が決まった京都と奈良の帝国博物館の建設準備

図3　東京美術学校長服姿で若草号に騎乗して登校する天心（明治25年11月、大村西崖撮影）

のために出張している。

臨時全国宝物取調局においては、明治三十年まで十年間にわたって主任として約二十一万点の重要美術品を鑑査して鑑識家としての能力を発揮し、前者の廃止と前後して内務省に設置された古社寺保存会（二十九年）では委員として古社寺保存法（我が国最初の文化財保護法、三十年公布）の成立に貢献した。古社寺保存会とは美校辞職後も晩年まで――死の直前の法隆寺壁画保存機関設置の建議案提出まで――関わりをもち、文化財行政の重鎮として尽力した。

さらに農商務省からは国内外の博覧会の鑑査官に任じられ、第三回内国勧業博覧会（二十三年）やシカゴ世界博覧会（二十六年）等への出展作品の企画と選定、審査にあたっている。

こうした超多忙な多方面の公務のかたわら、天心は学究の徒としてもエネルギッシュな活動を展開した。

個人的にも親しい文人官僚高橋健三と國華社を設立して（二十二年）、我が国最初の本格的な豪華美術雑誌『國華』を創刊し（現在でも権威ある学術誌として継続）、「円山応挙」「狩野芳崖」論を寄稿する一方、帝国博物館では日本美術史の編纂刊行を企画（そのために「日本美術史編纂綱要」を執筆）、さらに、自らの学究的・美術的知見を大きく拡げるために中国への長期視察旅行を計画する。

日清戦争前年のこの大旅行（二十六年七月～十二月）は、帝国博物館の学芸委員の資格で宮内省の給費によって実施されたもので（助手の早崎稉吉を同行）、まず北京に到り、そこから開封、洛陽、龍門石窟、西安（長安）、成都と南下し、揚子江を下って上海へ出るという、交通不便で治安の悪い当時としては破格にスケールの大きな冒険的な旅行であった。天心は帰国後、『國華』に論文「支那南北の区別」を発表し、黄河文化圏と揚子江文化圏の異質性を論じて卓抜な文明史的洞察を示したが、この旅行がその後の天心の中国美術とアジア文明への認識を大きく拡げたことはいうまでもない。

美校騒動と失脚の背景

東京美術学校校長時代は、若きエリート官僚の天心が明治政府の美術行政のあらゆる分野の要職について、それらの中心的牽引者として文字通り八面六臂の活躍をくりひろげた「英雄時代」であり、また美術批評家・理論的リーダーとしても一般美術界に手を広げ（明治二十四年結成の日本青年絵画協会の会頭、二十九年結成の日本絵画協会の副会頭となる）、官民の美術界の大御所として飛ぶ鳥も落とす勢いの権勢をほしいままにした全盛期であった。「四十歳にして、九鬼内閣の文部大臣となる」とひそかに「一生の予定表」に書きつけたといわれるのもこの頃のことである。

当然、さまざまな反発もつよく起こり、天心の年来の「天敵」である小山正太郎や浅井忠など工部美術学校の卒業生を中心とする洋画家たちは、美術学校の開校と同時に、大同団結して「明治美術会」を結成し、天心らの国粋的伝統派に対抗した。明治二十六年には黒田清輝や久米桂一郎らの外光派の画家たちがフランスから帰国し、洋画派陣営の巻き返しも一段と強められた。諸状況の変化のなかで、天心も美術学校への西洋画の受け入れを検討し始め、明治二十九年七月には西洋画科が開設され、黒田清輝と久米桂一郎が教官として迎えられた（黒田らは、これと前後して、明治美術会を脱会して白馬会を起こす）。

こうした微妙な教育方針の転換のなかで突然起こったのが、有名な東京美術学校騒動である。

この騒動は、天心に個人的恨みをもつ美校教官の福地復一等が天心の失脚を図って画策し、怪文書（天心の女性問題等を暴露した中傷文書）を各界に配布したことに端を発したものだが、その背景には、実際に天心自身の上司九鬼隆一夫人との恋愛耽溺と私生活の乱脈、そして九鬼隆一との関係悪化があり、追いつめられた天心は、博物館役職の辞任に続いて、明治三十一年（一八九八）三月、美術学校校長を辞職するのである。

天心の辞職にともない、彼に従ってきた美校の教員三十六名（黒田ら洋画科教官を除く）は憤慨して辞表を提出、慰留工作の後、十七名――橋本雅邦以下、下村観山、横山大観、新納《にいろ》忠之介、寺崎広業、菱田春草等――が連袂《れんぺい》辞職し、野にくだることになった。この事件は「美校騒動」として世間を大いに騒がせることになったが、大きな流れで見れば、天心ら国粋派の美術学校支配に対する反動工作の結果であり、背後には当時の文部大臣西園寺公望や黒田清輝らの西洋派ラインの動きも関わっていたといわれる。

図4　九鬼隆一夫人・波津子

ここで、この失脚劇とも関わりの深い天心の私生活についても、一瞥しておこう。

天心は、既に見たように、十七歳で異例に早い結婚をし、十九歳で長男一雄を、二十二歳で長女こま（高麗子）を得るが、武家出身で気が強く実利本意の妻基子とは性格が合わないことが多く、夫婦間では不調和が深まっていったらしい。

天心一家は、文部省に就職後、根岸に移り、その後数回転居をくりかえして再び中根岸に戻るが、この間、若い天心は多忙な公務に追われるかたわら、根岸近隣に住む文人や知識人仲間と酒食を通じて交友を深め、江戸文人趣味的な遊興三昧にふけるようになった。根岸派（根岸党、根岸倶楽部）と呼ばれたこの破天荒な遊び仲間には、天心のほか森田思軒、饗庭篁村、宮崎三昧、幸田露伴、高橋健三、川崎千虎などがいたが、彼らは互いを「馬の御前」（天心のこと）とか「谷中の和尚」（露伴のこと）とか呼びならし、連日のように宴を張っては酒を飲みかわし、機会をとらえては風流を尽した園遊会や小旅行、釣りや川遊びに興じるなど、「江戸の盛りを今に追う泰平の逸民をそのままの歓楽の日常」（斎藤隆三『岡倉天心』）を過ごしたという。

その一方で、天心は、そりの合わない妻では満たされない女性への思いを、上司九鬼隆一男爵の夫人波津子（初子）〔図4〕との愛情生活に求めるようになり（二人の関係は、天心が欧州視察旅行から帰国する際、九鬼に頼まれて出産のために帰国する波津子に同行した時に始まったらしい）、二人の相愛関係は、特に波津子（離婚後は星崎波津子）が夫と別居して二人の息子とともに中根岸に移り住むようになってから、一段と熱を加えた（明治三十年）。このため妻基子は長男を連れて別居し、また上司の浜尾新に直訴するなど、家庭は混乱をきわめた。さらに波津子との恋愛関係が進むかたわら、天心は家事手伝いとして同居していた異母姪の八杉貞とも関係をもち、妻にも知られずひそかに私生児三郎をもうけていた（貞は自殺未遂をはかるが、天心のはからいで弟子の早崎稉吉と結婚）。こうしたぬきさしならない事情がからまりあって、美校を失脚する直前の天心は、精神的にも苦悩と荒廃の極に達していたのである。

……谷中初音町の新宅へ移転する〔明治三十年十二月〕直前数ヵ月の天心は、不羈とも放縦とも、言おうようなき狂態に始終して、まったく世間の軌道を踏みはずしていた。だらしなく袴をうしろ下がりにはいたまま、深夜の坂本通りを目的もなくさまよい歩き、酒家をたたいて枡酒を仰いだり、宿酔いいまだ覚めやらぬ面を美校の校長室にさらすことも、決して一再にはとどまらなかった……

（岡倉一雄、前掲書）

こうした私生活の乱脈ぶりは、当然美校関係者にも伝わるところとなり、それが怪文書、そして公職失脚へとつながったのである。

日本美術院の創立

東京美術学校校長からの突然の失脚は天心の公的人生の大きな挫折であり、私生活の深刻な行きづまりも含めて、彼は人生で最大の危機に直面した（私生活の危機は、波津子の一時的な京都転居と谷中初音町の新居への妻基子の復帰によって一応収まるが、波津子との関係は彼女の精神の変調と入院までその後もしばらく続いた）。この失脚を機に、天心は政府の美術行政の舞台から――帝国技芸員選択委員、古社寺保存会委員を除き――ほぼ完全に退いて在野の人となり、在野の立場で、美術運動の指導者、批評家としてさまざまな活動を展開してゆくことになった。もともと官吏の枠におさまりきらない不羈奔放な人物であったとはいえ、その後の天心の人生は、自由人として、あるいは国際人として、いっそう大きな明暗の振幅と複雑な陰影を帯びることになるのである。

天心がまず着手したのは、美術学校を辞職した若い弟子たちと新しい美術創造の母体となる組織をつくることであった。

天心が在職中、美術学校からは、横山大観、六角紫水（第一回卒業）、下村観山、西郷孤月（第二回卒業）、新納忠之介、板谷波山（第三回卒業）、菱田春草、岡部覚弥（第四回卒業）など優れた人材が次々と育ち、彼らの多くは、母校に教官として迎えられて後進の指導にあたるかたわら、天心が主宰する日本絵画協会絵画共進会に出品して若手美術家として頭角をあらわし、既に新しい日本画創造の胎動が芽生えていた。

当初は私立学校設立の意見もあったが、天心が新しい創造運動の母体として構想したのは一種の高等アカデミー（専門美術家による制作・発表・研究・教育の総合機関＝共同体）であり、設立に向けての準備がただちに開始された。七月一日、設立事務所が設けられ、同月七日盛大な創立披露宴が催されて「日本美術院」の誕生が宣言された。三ヵ月の工事の後、研究所（木造二階建）と付属舎宅が完成、十月十五日には開院式、同時に日本美術院第一回展（日本絵画協会第五回絵画共進会との連合展）を開幕するという異例の早さであった（この第一回展では、大観が中国戦国時代の憂国の詩人屈原に天心自身のヒロイックな像を重ね合わせた歴史画大作《屈原》を出品して、大きな話題を呼んだ）。

日本美術院は、学術部（機関誌『日本美術』を発行）と実技部（絵画・彫刻・漆工・図案・金工の五部）からなり、正員は二十六名（橋本雅邦、横山大観、寺崎広業、西郷孤月、下村観山、菱田春草、小堀鞆音、六角紫水、岡部覚弥、新納忠之介、新海竹太郎等）、主幹（代表）に最長老の橋本雅邦、評議員長に実際の主宰者天心という構成で、他に賛助会員として財政的・社会的後援者として力のある国内外の各界名士が名を連ねた（フェノロサ、ビゲローも名誉会員となり、特にビゲローは大金一万ドル〔当時の二万円〕をアメリカから寄付した）。

日本美術院の活動は絵画部が中心となり、幹部の大観、観山、春草らは、院から月給二十五円を給付されて、舎宅（通称「八軒屋」）に家族と住み込み、むかいの研究所に通って（二階の書斎に陣取る天心の気息に接しながら）制作に没頭する、という日々が続いた。天心は、盛んに研究会や互評会を開いて会員相互の研鑽をはかり、また日本全国（仙台、盛岡、秋田から、福岡、広島、大阪まで）を巡回して展覧会を開催し、講演会を開くなど、旺盛な活動を展開した。春・秋二回の展覧会（院展）を日本絵画協会と合同で開催し、第三回展（第七回絵画共進会との連合展）では公募した東洋歴史画題に基づく作品を併陳（これを機に高山樗牛と坪内逍遥のあいだで歴史画論争が起る）、また研究会ごとにさまざまな画題（東洋的な文学的・詩的画題）を設定して創意と着想を競い合うなど、実験的な方法も積極的に試みられた。

谷中鶯　初音の血に染む紅梅花
　堂々男子は死んでもよい
奇骨侠骨　開落栄枯は何のその
　堂々男子は死んでもよい

この頃天心が詠んだこうした戯れ歌からは、客気に満ちた創立当初の美術院の意気軒昂な雰囲気が伝わってくる。

創立以来、天心の理想に最も忠実で、またその最も才能ある弟子であった大観と春草は、「理想的なるもの」「意匠の新奇」「主観的意義」を強調する天心の美術観を実現せんと格闘して、第四回展あたりから、伝統的な線を否定し、西洋的な空気遠近法や印象派的な光の感覚を取り入れた大胆な没線描法（空刷毛を使用し、胡粉を混用）を開発した。この新画法は日本画の近代化を必死に模索していた二人の実験的創意の成果であったが、画界の旧守派からは「化け物絵」とか「朦朧画（体）」と非難され、美術院全体への悪評を増幅させる結果にもなった。天心自身、彼らの大胆な実験を励ましながらも、「明快の観念に遠ざかる」ことを危惧して必ずしもそれを評価したわけではなかったが、二人が開拓したこの新画法は、やがて近代日本画の共通語法のひとつとして普及することになるのである。

日本美術院の挫折とインド行き

日本美術院の運動は、始めの二年間は順調に進み、天心をはじめ若い幹部の画家たちの情熱的で献身的な参加によって画界に新風を吹き込んだが、やがて大観、春草ら急進派の画法や、天心流の高踏的な理想主義や難解な歴史画主義が世評の不理解と反発をまねき、作品の注文も少なくなり、急速に勢いを失っていった。財政的な逼迫、正員たちの生活難や院からの離脱、組織内のトラブルがそれに拍車をかけた。

会員では西郷孤月が雅邦の娘との結婚生活の破綻から放浪の旅に出（後に台湾で客死）、川崎千虎、小堀鞆音もそれぞれの事情で院から遠のいていった。元来経営の才に乏しい天心は、しだいに情熱を失い、鬱然として酒にひたる日が多くなり、創立三年目の明治三十四年（一九〇一）四月には、経営不振の美術院を雅邦らに託して出奔を企てさえした。

同年九月、運営の転換をはかるために、天心は東京美術学校の新校長となった正木直彦と会談し、下村観山と寺崎広業を正員のまま美校教授に送り、かわりに高村光雲、竹内久一、石川光明らの美校教授を正員として迎えることにし、両者の和解が成立。しかし、これに反発した大観と春草は、連れ立って北陸への長旅に出発してしまった。

こうした美術院の活動の行き詰まりのなかで、天心は現実の不如意から逃避し（この逃避には波津子の精神異変と入院という愛情関係の崩壊からの逃避も含まれていた）、個人的にも心機一転をはかるべく、にわかにインド行きを決意する。インド行きの直接的な動機は、一つには、当時来日していたアメリカ婦人ジョセフィン・マクラウド（天心は彼女とその友人ミス・ハイドに自宅で日本美術史を講じていた）の仲介で、インドの高名な宗教家ヴィヴェカーナンダと接触をもつこと、そして、英文素稿を準備していた処女作『東洋の理想』をインドで完成し、仏教の母国インドでの文明体験を通じて全アジア的視野に立つ東洋美術史像を組み立てることであった。

天心は、古社寺保存会で関わりのあった内務省から仏教美術遺跡調査の名目で出張旅費を受け、マクラウドと仏教留学生堀至徳とともに同年十二月に門司を出港、同月末にコロンボに到着。翌年十月まで九ヵ月余にわたって、カルカッタを拠点としてインド各地に滞在し、数多くの史跡や仏教遺跡を巡遊した（ベナレス、ブッダガヤ、アグラ、グワリオール、アジャンタ、エローラ、ジャイプール、デリーなど）。仏教の古跡ベナレスを訪れて感激した天心は、「総じて印度の文物遺跡の宏大なることは古代ローマも及ぶべからず。これを比すればパリ、ロンドンの如きは児戯の如く見ゆ」と日本美術院宛に書き送っている。

インド滞在中、天心はカルカッタ郊外のハウラーのベルル僧院にヴィヴェカーナンダを訪れ、この学識豊かで聡明なヒンドゥー僧に傾倒して交友を深め、急遽日本から同郷の学僧織田得能を呼び寄せて東洋宗教会議の日本開催を構想する一方、ヴィヴェカーナンダを通じて、タゴール一族をはじめベンガルの若い知識人や民族主義者たちとの交流を深めた。

ちょうどこの頃、ベンガルではイギリスの植民地支配に対する愛国主義的な民族運動と文化復興の気運（ベンガル・ルネサンス）が急速な高まりを示しており、天心と特に親しい関係をもった大詩人ラビンドラナート・タゴール（一八六一〜一九四一）やその甥のスレンドラナート・タゴールもこの運動と深い関わりをもっていた（特に天心の古跡巡りの案内役をつとめ、彼から「スレンの若」と呼ばれたスレンドラナート・タゴールはやがて急進的革命運動のリーダーの一人となる）。

天心は、インドでの課題であった『東洋の理想』の完成（加筆補正、英文推敲）を、ヴィヴェカーナンダの女弟子で「インドのジャンヌ・ダルク」と称された急進的なインド民族主義者ニヴェディータ（本名マーガレット・エリザベス・ノーブル、アイルランド人）の協力を得て進めるかたわら、彼女や若いベンガル民族運動家との接触を通じて、彼らへの共感とインドの政治的現実への認識を強め、彼らを激励し、さらにはニヴェディータらを介して反英革命秘密結社の結成にも関わりをもつことになったらしい（岡倉古志郎「天心とベンガルの革命家たち――『東洋の覚醒』における天心のインド観をめぐって――」『東洋研究』第八十一号）。

こうしたインド民族運動への急速な接近のなかで、天心は二冊目の著作『東洋の覚醒（*The Awakening of the East*）』を執筆。西欧帝国主義の支配からの独立と武力による蜂起をインド民衆に呼びかけたこの小冊子は、その激越な扇動的内容のためインドで出版されることなく終わるが（天心の死後その遺品の中から発見され、昭和十五年に邦訳が刊行される）、天心の先覚的アジア主義者としての思想と活動は長くベンガルの民族運動家たちの心の中に刻まれ、『東洋の理想』の冒頭句「アジアは一つ（Asia is one）」は、彼らの合言葉になったといわれる。しかし皮肉なことに、天心の死後来日した世界的詩人ラビンドラナート・タゴールは、天心のアジア的友愛と連帯の精神を回顧しながら、日本の朝鮮支配の現実に批判の矢を向けることになった（「東洋文化と日本の使命」昭和四年）。

一方、インドで完成した天心の処女作『東洋の理想（*The Ideals of the East*）』――その内容は中国とインドに発する「アジア文明の博物館」としての日本美術の美的理想の歴史（原始時代から明治時代まで）を該博な知識を駆使して論じたもの――は、協力者ニヴェディータの序文を付して、彼女の仲介により帰国翌年の三十六年二月、ロンドンのジョン・マレー社から出版された。この書によって、アジア文明史家としての天心の名は西洋の識者のあいだで知られるようになるのである。

天心は、九ヵ月余のインド滞在を終え、明治三十五年十月末にインド青年マリックを伴って帰国した。

帰国後、天心はまず、インドでヴィヴェカーナンダと計画した東洋宗教会議を京都で開催すべく、先に帰国した織田得能と共に奔走したが、本願寺などの反対にあって実現は不可能となった。

一方、天心は、インドで知己となった詩人タゴールの斡旋で、小王国ティペラの宮殿に装飾画を描く仕事のために愛弟子の横山大観と菱田春草を送ることに決め（下村観山は美術学校派遣によるイギリス留学が決まっていた）、二人はマリックと一緒に翌三十六年一月初めインドに出発した（しかし、ティペラ王国への入国はイギリス官憲の妨害で実現せず、二人はタゴール家に厚遇されてカルカッタに滞在、同地で展覧会を開いて成功を収め、七月に帰国する）。

この年五月、天心は北茨城の景勝地五浦を訪れ、そこに別荘地を買い求めた。この五浦は、やがて彼の隠棲地となり、翌年から始まる日本とアメリカを往復する「日米迭住時代」の日本における本拠地となった。この晩年の十年間の「五浦時代」については、章を改めて語ることにしよう。

付記

この小伝は、岡倉天心の基本的評伝である以下の書——岡倉一雄『父岡倉天心』、清見陸郎『天心岡倉覚三』、宮川寅雄『岡倉天心』、斎藤隆三『岡倉天心』——、それに平凡社版『岡倉天心全集』別巻の年譜、その他に基づいて再構成し、私見を加えて叙述したものである。

天心以前の五浦

小泉晋弥

天心訪問前年のガイドブック

天心が初めて訪れる前年の明治三十五年の夏、五浦を紹介する二冊の冊子が発行された。七月に『常陸の海水浴』、八月に『勿来みやげ』、共に文庫本サイズのガイドブックである。『常陸の海水浴』は瀧興治（台水）が勤務する『常総新聞』（明治三十三年水戸市で創刊）に連載した海水浴案内を挿絵入りでまとめ直したもので、南は大洗の磯浜から北茨城の平潟まで十三の海水浴場と近郊の名勝、旅館を美文調で案内している。附論として海水＝鉱泉論も紹介する。五浦と鐘鼓洞は大津浜の二大名勝として以下のように紹介されている（位置関係は本書、小野寺淳「明治・大正期の五浦と北茨城」参照、漢字・かなは適宜、旧字を新字に改めた）。

○五《ご》ノ浦《うら》　大津《おほつ》の東方《とうほう》五六丁《ちやう》にして一湾《わん》あり、五ノ浦《うら》といふ、湾内水浅《わんないみづあさ》くして磯礁並列《きせうへいれつ》し、退潮《たいてう》のとき岩面《がんめん》悉《こと〱》く顕《あら》はる、裳《すそ》を褰《かか》げて釣漁採貝《てうぎよさいばい》の楽《らく》を為《な》すに適《てき》す、此辺《このへん》の海岸貝藻《かいがんばいそう》の化石《くわせき》あり、原形石体拾《げんけいせきたいひろ》ふて六珍《ちん》とすべし、其北《そのきた》に一小丘《せうきふ》あり、巨岩海上《きよがんかいじやう》に懸《かゝ》りて正《ま》さに墜《お》ちんとす、里人《りじん》之を蛇頭《じやとう》と称《しよう》す、宛然巨蟒《えんぜんきよもう》の頭《かしら》を俯《ふ》して海水《かいすゐ》を飲《の》まんとするに酷《に》たれば也《なり》、人其頭上《ひとそのづじやう》に至《いた》るとき岩根忽《がんこんたちま》ち海《うみ》に潰落《くわいらく》せんことを恐《おそ》れ、古《いにし》へより此《これ》に登攀《たうはん》するもの無《な》し。

○鐘鼓洞《しょうこどう》　五ノ浦《うら》の湾口《わんこう》に在《あ》り、一名七障子又《めいなゝしやうじまた》は神岩《かみいは》といふ、奇岩突兀《きがんとつこつ》として屹《そばた》ち下《しも》に洞窟《どうくつ》を通《つう》す、白波常《はくはつね》に激《げき》し来《きた》つて潮勢《てうせいきは》極めて急《きふ》なり、若《も》し夫《そ》れ海風波濤《かいふうはたう》を捲《まい》て沸々《ふつ〴〵》洞内《どうない》に進入《しんにふ》するとき、一種《しゆ》の奇響《ききやう》を発《はつ》して其音節鐘鼓《そのおんせつしやうこ》を拍《う》つが如《ごと》し、因《よつ》て此名《このな》ありと、今《いま》は潮低《しおひく》ふして非常《ひじやう》の風濤《ふうとう》にあらざれば其響《そのひび》きを聞《き》く能《あた》はず、近年人《きんねんひと》あり曾《かつ》て此洞窟《このどうくつ》を探《さぐ》るに、中《なか》に穴《あな》ありて井《ゐ》の如《ごと》く、奥暗《おくくら》く深《ふか》さ測《はか》るべからず、耳《みゝ》を傾《かたむ》けて聞《き》けば井中潮聲《せいちうてうせい》あるもの丶如《ごと》しと、蓋《けだ》し岩底大海《がんていたいかい》と通《つう》ずるものあるならんか。

当時「五《ご》ノ浦《うら》」という呼び方もあったのだろうが、明治四十三年大日本帝国陸地測量部発行の地図では「イヅラ」とルビ入りで確定されている。

『勿来みやげ』は平町（現福島県いわき市）の関内米三郎が発行、短歌や漢詩を織り込んだ勿来散人による紀行文で構成されている。勿来の関周辺を案内する本文に、北茨城の海岸を案内する附録が加えてある。附録では五百城文哉による「平潟二十四勝」の漢詩なども紹介しながら、「蛇頭」と「五浦」について述べる。

蛇頭は大津の海岸に突出せし嶂にして山脈白河の関に連る此山脉宛も蛇の匍匐するに似たり是此の名稱の起る所以なり

「白河の関」は「勿来の関」の誤りだろう。『勿来みやげ』にはこの説明に加えて「大津名所ノ内蛇頭」（図1）のキャプションを付けた口絵写真が掲載されている。この蛇頭の北側には、やがて五浦日本美術院研究所が建てられ、木村武山が「へびがしら」としてスケッチして『いはらき』新聞を飾ることになる（本書一五三頁の図2参照）。

五浦は大津町乃北十餘町にあり。岩崕千仞屛風を立てたる如く。海水の岩窟を擣つ其聲チャンポン〳〵と天の音楽を奏するに似た里俗呼て五浦のチャンポンと云ふ。風光明媚其奇愛すべく必す遊覧するの雅致あり

図1　大津町名所ノ内蛇頭『勿来みやげ』明治35年、福島県立図書館蔵

図2　「大津町八勝園」『勿来みやげ』（福島県立図書館本の一部を国立国会図書館本により修正）

天心を案内した飛田周山がこの場所を選んだ背景には、このようなガイドブックが根拠とした地元の風聞があっただろう。

「大津町名所ノ内五浦」（口絵4）は、六角堂建立以前の珍しい小五浦の風景写真である。砂浜から平底舟を海に押し出そうとする漁師の姿も写している。画面左上に松の木の間から建物が認められる。仰角の構図から写っているのは二階の屋根と考えられ、かなり堂々とした建物のようだ。これは後に説明する旧観浦楼だろう。

天心が五浦に土地を求めた頃、『東京朝日新聞』は「避暑地と交通機関（八）」（明治三十六年七月十三日）という連載企画で、次のように説明する。「△大津海水浴、平塚海水浴　孰れも関本停車場より十七町許りに過ぎない近傍に五浦ありて勿来関趾へも遠くはない上野より平常汽車賃一圓六十七銭」（平塚は平潟の誤植か）この地域への海水浴のついでに五浦に立ち寄った客もあったはずである。

清水恵美子氏が指摘したように、海岸線（常磐線）の開通に伴う海水浴ブームがこのようなガイドブックの発行を促したと考えられる（本書「五浦をめぐる天心のヴィジョン」および『五浦の岡倉天心と日本美術院』二〇一二年）。天心はこのような状況を、「停車場から海水浴場へとたえずわが家《ホーム》を移す落着きのない生活」が近代であると『日本の覚醒』で皮肉っている。『勿来みやげ』には三十頁を超える広告が掲載されており、ほとんどが海水浴客を当て込んだ温泉旅館のものだ。中でも裏表紙の大津町八勝園の広告が目立つ（図2）。

建築高雅にして風韻に富み太平洋に面し、近江、金沢の八景にも勝る八ツの風色を備けるものは我園なり、今や汽車の道開きしより避暑を兼ね、當地に遊ばるゝ雅客の多きにより、東京中央新聞が十六勝地懸賞投票の結果二等賞を得大時計を贈らるゝの光栄を得たり、四方の賓客一日の保養を試みられ聞しに優る別天地を御風評を願奉り候

現在と変わらない広告前提の観光地ガイドブックらしく、この惹句は『勿来みやげ』の本文をほぼ踏襲している。八勝園という名前は、大津八景――唐帰山青（松）籟、鹿岡浦（多賀海）朝暾、天妃山廻波（瀾）、神峯山残霞、花園山晴雪、平潟湾連檣（橋）、勿来関薄靄（春暁）、佛具山暮黛――を由来としていたようだ。前文の括弧内は『常陸の海水浴』が伝える大津八勝である。『常陸の海水浴』は、八勝園を前年新築したばかりで、海から五十歩の高楼と表現する。天心の長男一雄によれば、天心と周山は、五浦を発見する際にこの八勝園を拠点にしていわき市や北茨城周辺を探索したのだという（岡倉一雄『父天心』）。後に五浦にやってくる大観や春草らもこの八勝園を最初の宿泊場所として五浦に入っていくことになる。

なお『勿来みやげ』は大津町を「衛生無比の地」とするが、天心が暮らす旧観浦楼（天心邸）に宿泊した六角紫水は、町内を散策して次のような日記を残している。「大津町ハ猟漁町ニテ不潔ナルニハ閉口ノ外ナシ　男子皆裸躰ニシテ陰部ヲ露出セルニハ一驚セリ」（明治三十六年九月五日：吉田千鶴子、大西純子『六角紫水の古社寺調査日記』東京藝術大学出版会、二〇〇九年）

柴田稲作翁顕彰碑の周辺

現在、長屋門脇の道路に面して立つ「柴田稲作翁顕彰碑」〔図3〕は、天心邸の裏木戸脇の奥まった位置にあったものを、戦後この場所に移動したと伝えられている。碑文は篆額「縦四位勲三等安田定則」、年記、署名を「明治二十二年十二月／正七位高畠千畝　撰／野口勝一書」と刻む。

篆額の安田定則（一八四五〜一八九二）は、当時の茨城県知事。柴田稲作は、明治十年代にこの地を開拓し、近代的な観光名

所として売り出した人物である（本書前掲、小野寺論文参照）。高畠千畝（一八七九?～一九一六）は、明治十三年に上司であった人見寧が茨城県令に赴任するのに伴い、内務省勧農局から茨城県勧業課長に転じて農業近代化に尽力し、その後秋田県と徳島県で収税長、一等葉煙草専売長を歴任した官僚である。在水戸時代に『牛乳略考』（明治十三年）、『廣田之幸』（明治二十一年）という農業振興策の啓蒙書を出版している。特に、顕彰碑建立の前年に出版された『廣田之幸』では野口勝一《まさかず》（一八四八～一九〇五）が漢文の跋文を寄せている。野口は『全国古今書画定位鏡』（明治三十年）という番付で、森春濤の子、森槐南と並んで掲載される漢詩人であり、野口の撰文・書による石碑はいわきから北茨城まで散見される。この顕彰碑では、実際には撰文も野口だった。野口は近代化をめざす人々を後援し、ビールの広告文まで書いていた（森田美比『野口勝一の人と生涯―明治中期の政治家・文人―』森田美比、二〇〇三年）。五浦の近代化に尽力して亡くなった柴田稲作についても後援したはずである。

図3　「柴田稲作翁顕彰碑」明治22年

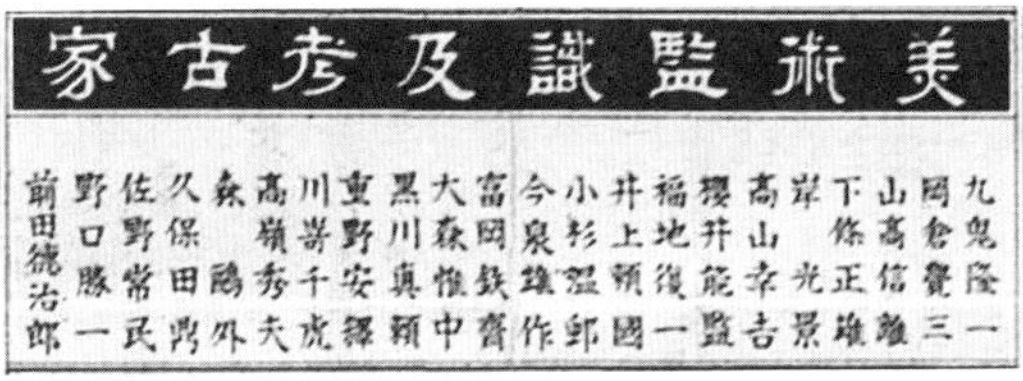

美術監識及考古家

九鬼隆一　岡倉覺三　山高信離　下條正雄　岸光景　高山幸吉　櫻井能監　福地復一　井上頼圀　小杉榲邨　今泉雄作　富岡鉄斎　大森惟中　黒川真頼　重野安繹　川崎千虎　高嶺秀夫　森鷗外　久保田米僊　佐野常民　野口勝一　前田徳治郎

図4　『古今美術家鑑定家名家一覧』（部分）明治30年、東京国立文化財研究所所蔵

野口は県会議員を務めた後、明治十六年、県令人見寧の斡旋で高畠とは逆に農商務省に出仕、東洋絵画会の設立に関わり、『東洋絵画叢誌』の編纂など、幅広い活躍をしていた。天心と直接関係した記録は確認されていないが、東洋絵画会の委員を務めたり、『古今美術家鑑定家名家一覧』（明治三十年）（図4）で同ジャンルに名前を連ねていたり、野口が創刊に関わった『風俗画報』が臨時増刊号（明治二十九年）で東京美術学校を名所として採り上げたり、遭遇の可能性は否定できない。野

口は「司法官服制」（『風俗画報』二十二号、明治二十三年）では、「上流人の欧米を敬崇し自国を軽蔑」することが服装にも及んでいることを嘆き、法務官の制服は「聖徳太子の服に則り」「美術学校服制の本邦の古代の服を模する」ものと同じだと擁護している。

　天心が明治三十六年に初めてこの地を訪れた際には、風景を眺めながらこの碑文も読んで、眼前に建っている観浦楼の由来を知り、思いを馳せたはずである。彼は、「柴田稲作翁顕彰碑」に野口の名を見つけて何を思っただろうか。野口は自分が顕彰した観浦楼の土地を、今度は天心のために購入斡旋の労をとるのだ。明治三十六年初夏に五浦をめぐって二人の思いは交錯していた。

　天心は、家族に転居地を提案するにあたって、観浦楼について言及している。「岩礁錯雑した海岸で、見るから奇勝の地であつて、こゝには住むべき家も付いてゐる」と説明した（岡倉一雄『父天心』傍点筆者）。その「住むべき家」について一雄は、「残骸」とか、「ほんのバラック同様な、粗雑な、しかも住み古した二階屋」とか表現しているが、その建物の様子は『勿来みやげ』の写真（口絵4）に見える。明治二十一年まで使われていた建物が、十五年の月日で一雄のいうように残骸同然になったのだろうか。ちなみに一雄はこの年に慶応義塾大学を中退、十二月に妹高麗子の婚約者米山辰夫《ときお》と共に五浦を訪れた後、五年にわたるアメリカ遊学に旅立つので、六角堂建設などの五浦大改造には立会えていない。一雄が最後に体験した旧観浦楼はどのような佇まいだっただろうか。

《五浦真景図》からみえるもの

　柴田稲作が経営していた観浦楼の様子を描いた引札錦絵の存在が近年確認された。三代広重による《茨城県常陸国多賀郡大津五浦真景図》（口絵3）は、柴田が観浦楼を開業した明治十七、八年頃に制作されたと考えられる。近代産業を描く評判の絵師・三代広重に広告を依頼するというアイデアや、そもそも五浦開拓には、地元選出の県会議員だった野口や勧業課長だっ

図5　三代広重《茨城県常陸国多賀郡大津五浦真景図》（観浦楼の部分）明治18年頃

た高畠が何らかの形で関わっていたと考えるべきだろう。その思いから野口は、柴田の顕彰碑に高畠の名前を残そうとしたはずだ。篆額担当の安田も明治十九年茨城県知事に赴任するまでは、開拓使や農商務省の博覧会事務官長などを歴任した。引札錦絵にはそのような柴田らの夢が描かれている。口上はその思いを次のように伝えている。

水族捕魚ノ便利ヲ図リ本港ヲ開鑿セシニ　幸ニ風景ノ絶美ナルト土地良水ノ湧出シテ諸病ヲ治スルノ功アルトヲ以テ　観客ノ為メ新ニ室ヲ建築シ　傍ラ浴堂ヲ設ケ　庭中飼魚場ヲ開キテ常ニ鮮魚ヲ蓄ヘ　一ハ以テ諸彦ノ快楽ニ供シ　一ハ以テ疾病治療ノ一助ニ供セント欲ス　蓋シ該良水ハ上州伊香保鉱泉ノ質ヲ含ムト云フ　冀クハ大方ノ佳客来観アリテ其言ノ虚ナラザルヲ知リ給ヘ

大津五浦／観浦楼主　柴田稲作　（原文を文意により区切った）

画面では左手上方に「アカイダケ」（閼伽井嶽）、「オナ」（小名）、下方に「ヒラカタ」（平潟）、中央に「クワウセン」（鉱泉）、引札に重ねて「トクラ」（戸倉）、そして右手下部に「クワンポロウ」（観浦楼）と名札で示されている（図5）。旭日が昇る沖合には蒸気船や帆掛船が停泊し、それらから小舟に乗り換えた人々が五浦海岸で唯一の砂浜がある小五浦に上陸しようとしている。まだ鉄道が開通していない時代、柴田が目論んだのは、地域有数の海運流通拠点であった平潟港に近い五浦海岸にリゾート旅館を開き、旅客に直接船で往来してもらうことだったようだ。天心は鉄道開業後に移り住んだが、それでも大きな荷物は勿来から平潟を経由して船で五浦へ運び込んだらしい（藤本陽子「岡倉天心　横山大観書簡――黒澤吉次郎宛」『五浦論叢』第三号、平成八年）。

口上で湧き出た良水が伊香保の質を含むとうたっているのには理由がある。御雇外国人のベルツが明治十三年に出版した『日本鉱泉論』で、伊香保を代表例として温泉の効能を近代的に論じていたのだ。同書は「凡そ温泉の海岸に有り若しくは海水上五百尺の地に在るものは患者の病症に依り或は効益あり」とも述べ、五浦にとって好適の理論だった。『日本鉱泉論』の版元は、高畠の旧職場・内務省であり、野口は明治十六年に内務省から分離したばかりの農商務省に務め、『風俗画報』第七号（明治二十二年）に「温泉談」を掲載している。ベルツの論を参照したこの口上にも二人は関わっていたと考えたい。

《五浦真景図》では海岸線や崖、岩礁、砂浜などの地形の描写はほぼ正確に小五浦の状況を表わしているが、肝心の観浦楼の位置が疑問である。本来なら反対側の、旭日に向かって伸びる岬の付け根辺りになければならない。《五浦真景図》は、正確な配置図というよりも、天心が住み始める前の五浦の面影をしのばせてくれるものと受けとめておきたい。ただ「傍ラ浴堂ヲ設ケ」たという口上は、天心が住むに当たって臨時に浴室を増設しなければならなかった原因が、別棟の浴堂にあったことを教えてくれる。

さらに奇遇なことに、錦絵の作者・三代広重こと安藤広近（為吉）は、この錦絵が出版されたと思われる明治十八年頃には天心らの主催する鑑画会に出品し、東京美術学校では教科用図画模写の雇員として名を連ねていた（吉田千鶴子「岡倉天心と東京美術学校」『岡倉天心――芸術教育の歩み――』東京藝術大学、平成十九年）。教科用図画とは、天心が美術学校設立のための調査記録『欧州視察日誌』に、学校用掛図は「錦絵で作ればよい」と記したものだろう。多忙だった天心でも安藤広近とは多少の面識はあったはずだが、十数年後に安藤が描いたこの場所に住居を移すとは予想できなかっただろう。

その『欧州視察日記』の余り頁には、田舎暮らしへの憧れがメモされている（『全集』五、三四六頁）。「Aug. 13 1894　What prospects.（明治二十七年八月十三日　探索するもの）」の表題で「public（公的）」と「private（私的）」の項目を整理し、四分割した「private」の四番目に「〈social〉 pleasures（〈交友の〉楽しみ）」とあり、その内容は「酒／country-residence and independence（田舎住いと自活）」になっている。また、次の日付「Aug. 20」（八月二十日）では「life of a retired landowner（隠退した地主の生活）」を表題とし、いくつかの内容の中に「agricultural experiment（農業実験）」「one's own field（自分の農場）」「hunting and fishing（狩猟と釣り）」が記されている。天心は東京美術学校長として美術行政の中心に身を置きながら、田舎暮らしを夢見ていたようだ。その後中国、インド旅行等を経てヴァージョンアップされていった天心の理想郷のイメージが、この錦絵が描いた風景を眼前にして、重ねあわされて映ったことだろう。

明治三十八年六月、六角堂が上棟されて天心の理想郷は完成したが、五浦の土地購入について斡旋・協力した野口勝一は、同年十一月二十三日東京小石川で亡くなった。新しい五浦の姿を見ることはできただろうか。

付記

《茨城県常陸国多賀郡大津五浦真景図》は、錦絵原本ではなく茨城大学五浦美術文化研究所に隣接する民宿五浦（星野氏経営）所蔵のカラーコピーで確認した。宿の常連だった教員・画家の佐藤政男氏により提供されたものだが、その遺族の許にも同じコピーが残されているのみで、原本の所在は確認できていない。識者の情報提供を待ちたい。

天心の海外往復

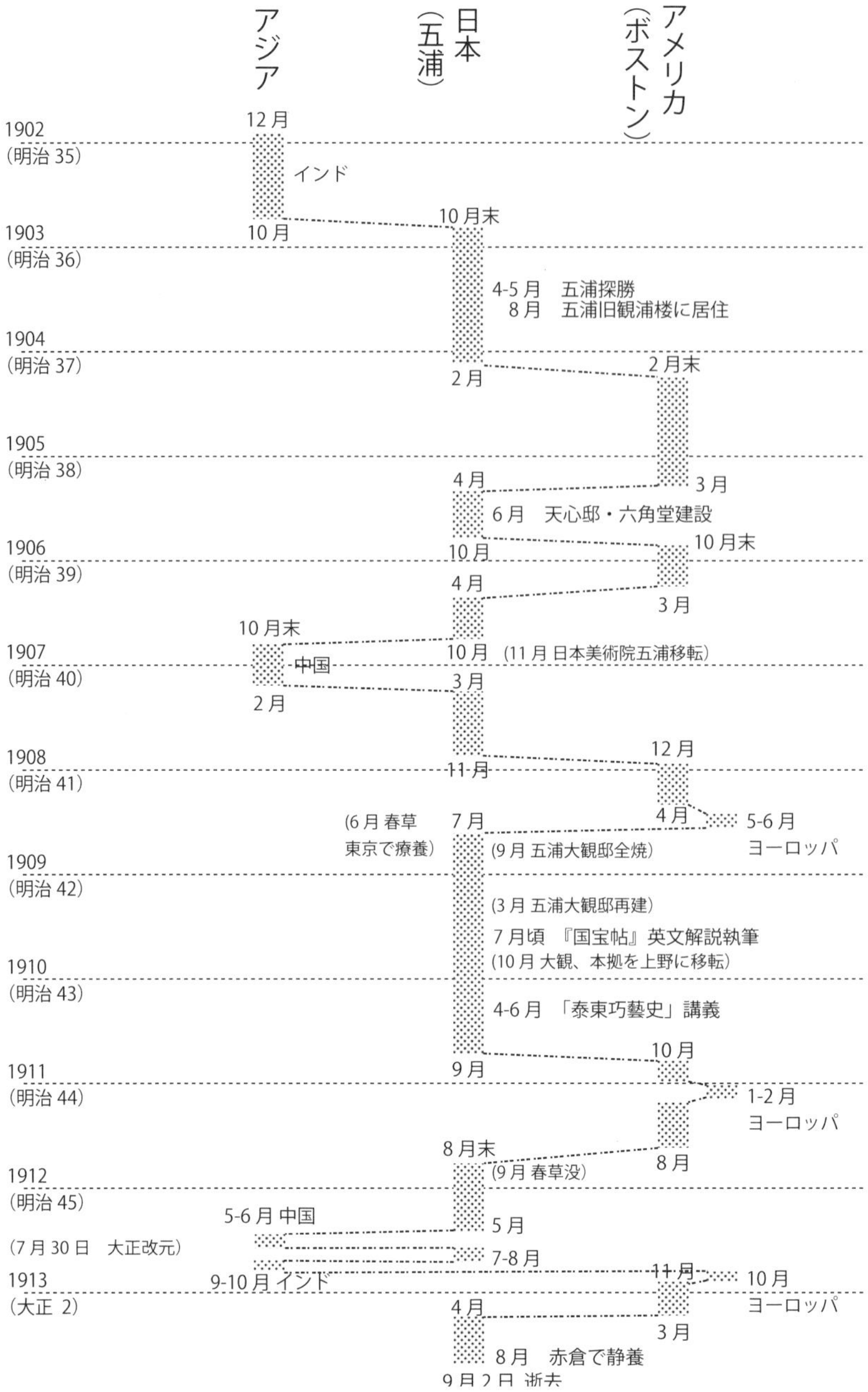
アジア
日本（五浦）
アメリカ（ボストン）
1902
(明治 35)
12 月
インド
10 月
10 月末
1903
(明治 36)
4-5 月　五浦探勝
8 月　五浦旧観浦楼に居住
1904
(明治 37)
2 月
2 月末
1905
(明治 38)
4 月
3 月
6 月　天心邸・六角堂建設
10 月末
1906
10 月
(明治 39)
4 月
3 月
10 月末
1907
10 月　(11 月 日本美術院五浦移転)
(明治 40)
中国
3 月
2 月
12 月
1908
11 月
(明治 41)
4 月
(6 月 春草
東京で療養)
7 月
5-6 月
ヨーロッパ
(9 月 五浦大観邸全焼)
1909
(明治 42)
(3 月 五浦大観邸再建)
7 月頃　『国宝帖』英文解説執筆
(10 月 大観、本拠を上野に移転)
1910
(明治 43)
4-6 月　「泰東巧藝史」講義
10 月
1911
9 月
(明治 44)
1-2 月
ヨーロッパ
8 月末
8 月
(9 月 春草没)
1912
(明治 45)
5-6 月 中国
5 月
(7 月 30 日　大正改元)
7-8 月
11 月
10 月
1913
9-10 月 インド
ヨーロッパ
(大正 2)
4 月
3 月
8 月　赤倉で静養
9 月 2 日 逝去

第一部　天心と五浦

五浦時代の岡倉天心

森田 義之

はじめに

東京美術学校校長を三十六歳の若さで辞し、同志や弟子たちと大きな情熱を傾けた日本美術院の運動にも三年に満たずして行き詰まった岡倉天心は、突然のインドへの出奔と約九ヵ月の同地滞在のあと、明治三十六年（一九〇三）五月、茨城県の五浦の地に隠棲の地を求めた。満四十一歳の時のことである〔図1〕。

天心が五浦に本格的に拠を移すのはその二年後の明治三十八年のことであるが、この頃より、大正二年（一九一三）九月にもう一つの隠棲地赤倉山荘で五十歳で没するまでの晩年の約十年間を、ふつう天心の「五浦時代」と呼んでいる。

この早すぎる晩年の十年間は、エリート文部官僚、美術学校校長、帝国博物館美術部長などの公的要職について八面六臂の活躍を展開し、飛ぶ鳥も落とす権勢を美術界に及ぼしていた二十代、三十代とはうってかわって、天心の人生においては失意と不遇の時代であった。しかしその半面、天心の国際人としてのスケールの大きな活動が展開された時期であり、英文三部作『東洋の理想』『日本の覚醒』『茶の本』を相次いで出版するなど、思想家・文明批評家としての天心が国際的な舞台で開花と成熟を遂げた時期でもあった。

天心は、五浦に土地を買い求めた翌年にアメリカに約一年滞在し、その間にボストン美術館の東洋美術部門の責任者に請われた。そして、これ以降その死までの八年間、毎年一年の半分をアメリカで過ごすようになった。つまり、天心の「五浦時代」

図1　40歳頃の天心

は、その「アメリカ（ボストン）滞在時代」あるいは「日米迭住時代」（岡倉一雄『父岡倉天心』）と重なり合っていたのである。

そのうえ、天心は帰国しても、第二の隠棲地として買い求めた赤倉の山荘に滞在したり、東京、奈良、京都など各地に所用で出かけることも多く、さらにこの間、中国（二回）やインドにも旅行しているから、実際に五浦の別荘に滞在した時間はごく限られたもの――断続的に延べ四年ほど――であった。

しかし、天心はこの間、崩壊寸前の日本美術院を改組縮小して五浦の地に移し、四人の愛弟子――横山大観、菱田春草、下村観山、木村武山――をこの人里離れた「理想郷」に移居させて新日本画運動の起死回生をはかるなど、美術運動の指導者としても新たな展開を試みており、天心の「五浦時代」は、日本美術院の歴史あるいは近代の日本画創造の歴史に特殊な一エポックを形成することになった。

天心は五浦で、太平洋と向きあった絶景の地に、みずからのデザインによって邸宅と六角堂を建て、「五浦釣徒」「五浦老人」と称して釣三昧と読書三昧の生活をおくった。五浦は、アメリカでの公的活動の疲れを休める私的な隠棲地であり、「静かなる晩年」（清見陸郎『天心岡倉覚三』）の豪奢で孤独な本拠地だったのである。

本論では、この最後の十年間の天心の生活と活動を、五浦に視座を置いてやや詳しく跡づけ、その晩年の人間像を浮かび上がらせることにしよう。

五浦の発見

天心は晩年の生活の舞台となる五浦の地をどのように「発見」したのであろうか。その経緯から述べておこう。

インドから帰国した翌年の明治三十六年五月初め、天心は、福島県の平付近の海岸で景勝の地を世話してくれる人があるというので、日本美術院の研究会員であった北茨城磯原出身の若い画家飛田周山（一八七七〜一九四五）に案内させて、見に行くことになった。後年の周山の回顧談（斎藤隆三『日本美術院史』）によれば、天心と周山は常磐線で平に出て一泊したあと、白浜と松原の美しい草野の海岸をまず見物した。しかし、天心がそこを気に入らなかったために、周山は帰途に彼の郷里に近い五浦を一見してみるよう勧めた。勿来の浜から、平潟、長浜を延々と歩いて、怒濤躍る荒海に面してそそり立つ断崖が五つの浦（入り江）をなす五浦海岸にやってくると、天心はたちまちその景観に魅了され、直ちにここを買うように周山に頼んだ。周山は、自分の父の名義で土地を購入するよう手配し、その後も天心は、景観保全のためもあって、海岸一帯の土地を買い足していくことになったのである。

岡倉一雄『父岡倉天心』によると、五浦発見の事情は多少異なり、旅から帰京した天心は、家族に次のように語ったという。

候補地は二つある。一つは白砂青松の海岸で、多奇はないかわりに、いつまでも眺めあきないであろう。もう一つは岩礁錯雑した海岸で、見るから奇勝の地であって、ここには住むべき家も付いている。お前たちはどちらがいいと思うね。

これを聞いて家族は、全員が口々に五浦に賛成したというのである。

五浦海岸は、現在の北茨城市大津町の大津岬北東に約一キロメートルにわたって連なる岩礁海岸で、険しく切り立った大小六つの岬と五つの入り江（南から小五浦、大五浦、椿磯、中磯、端磯）が入り組んで、雄大なスケールの景観を形づくっている（八七頁の図1、九〇頁の図3参照）。当時は、一帯に官有林や原野が広がるなかに、観浦楼という小さな二階建の料理屋が、荒れ果てた状態で立っているだけの人気のない淋しい場所であった。

周山が語っているように、天心は即座にこの五浦海岸が気に入って土地購入を決意し、小五浦と大五浦の間に突き出した岬の平台に立つ観浦楼とその周囲の土地（約三百坪）を所有者の柴田すゑ（柴田稲作の娘）から周山の父飛田正の名義で買い求めた

（明治三十六年七月十四日、同八月一日、岡倉覚三名義に変更）。そしてその後、この観浦楼に隣接する土地を順次買い足し（約九百五十坪）、さらに海岸一帯の原野や畑と南北一キロメートルにわたって——自然の景観を保存し、また後述するように日本美術院の研究所や弟子たちの住居を確保するために——次々に買い足していった（取得地の総計は一万坪以上にのぼるが、この土地取得の経緯については、後藤末吉「五浦と天心」『茨城大学五浦美術文化研究所報』第十号に詳しい）。

観浦楼は、前の住人が使い荒してあったため居住には快適ではなかったが、天心はとりあえず湯殿を増築し、八月にはインドで知り合ったオリ・ブル夫人と声楽家サースビー姉妹らの一行を招待して、ここに泊めている。

しかし、天心一家が五浦に本格的に移住するのは、この五浦「発見」の二年後の明治三十八年初夏のことであった。

五浦天心邸と六角堂の建造

既に述べたように、天心は、五浦に最初に土地を買い求めた翌年の明治三十七年二月から翌々年の明治三十八年三月まで、一年余にわたりアメリカに滞在し、以後彼が死去するまで十年間にわたって、一年の半分をアメリカで過ごす「日米迭住時代」が始まった。

しかし、アメリカでの天心の活動については後でまとめて述べることにして、まず天心の五浦における生活と活動を見ることにしよう。

天心は、明治三十八年三月にアメリカから帰国すると、早速、五浦に一家をあげて移住するために、現地の土地を買い足し、観浦楼を取り壊して新しい邸宅の建築に取りかかった。

天心から五浦の大工小倉源蔵に宛てた手紙（川又正・後藤末吉「五浦の建築関係資料」『茨城大学五浦美術文化研究所報』第十一号）によると、当初の邸宅の母屋の建坪は六十二・二五坪で、「旧来の建物材料ヲ使用」して、六十日間で完成することが約束されており（代金七百五十円）、五月十八日には三百円が為替で小倉源蔵に送られている。母屋の工事は、おそらく四月中にも開始され、約束通り六十日という短期間で完成したとすると、六月中には終了したと思われる。六角堂も同じ六月に完成し、七月十七日、天心は地元の関係者に完成の挨拶状（「……今般御地五浦に草堂を営み候……」）を送り、翌十八日、大津町の八勝園で本人不在の酒席を催している。

新しい邸の母屋は、木羽葺屋根で、十畳の客間（床の間と違い棚付き）と六畳の居間（炉と三角棚付き）、八畳二間続きの天心と夫人の奥の間（いずれも床の間と違い棚付き）などからなる簡素だが風格のある数寄屋風の純和風建築であるが、日本美術院移転後の明治四十年には、母屋の拡張（大台所など）に加えて、南側と西側に離室約十二坪と湯殿が増築され、また二階建の土蔵や長屋門なども新築された（邸宅の増改築については本書、後藤末吉「天心と建築」を参照）。

この増築時の様子を息子の一雄はつぎのように伝えている。

この工事は、一私邸の建築としては相当大がかりのもので、さかんにダイナマイトを使用し、岩を削り、土地を拡げていた。神経質のもと子などは、連日の爆音に恐怖して大津町の某邸へ避難する程だったそうだ。二三ヵ月のあいだに、工事はすこぶる進捗して、母屋も離室も、湯殿も台所も、そして土蔵も、ことごとくみな落成をみた。（岡倉一雄、前掲書）

これらの建物はすべて天心が作成した図面や彼の直接の指示に基づいて建てられたが（当初の図面は紛失）、なかでも天心の「建築家」ないしデザイナーとしての才覚と独自性が最もみごとに発揮されたのが六角堂である〔口絵1〕。

六角堂は、太平洋の荒波がうち寄せる岩頭のうえに建てられた天心の離れ書斎で、その棟札には、天心自身の筆で、

茲に明治参拾八年六月吉辰　常陸国大津町五浦の
海に面して六角形観瀾亭子壱宇を造立す
主人天心居士　大工平潟住小倉源蔵

と書かれており、天心自身はこれを「観瀾亭」（波濤を眺める亭）と呼んでいたことがわかる。

一辺六尺の正六角形（床の間付き）のプランをもち、四面が総ガラス張りの開放的な内部空間をもつこの小堂は、天心個人の思索と読書のためのユニークなデザインの特権的空間であり、ふつう法隆寺の夢殿（八角堂）に想を得たものと想像されている。しかし、実際にはその着想源はずっと複雑なもので、中国や日本古来の六角堂（仏堂）のイメージに、庭園のなかの休息所としての亭（あずまや）や中国的な望楼のイメージ、さらに孤独な沈思と美の嘆賞の空間としての茶室の機能（「外界のわずらいをのがれた真の聖域」『茶の本』）を重ね合わせて構想された、独創性ゆたかなデザイン作品と考えられる（本書、熊田由美子「六角堂の系譜と天心」参照）。帰国後三ヵ月という短期間で完成したことを考えると、天心はアメリカ滞在中に――『茶の本』の構想と平行して――この六角堂や邸宅の構想を練っていたのであろう。

重要な点は、六角堂という建物が単なる奇抜な建築的アイデア――純個人的な思索空間の創出――にとどまらずに、雄大な海岸風景のパノラマの一要素をなすものとして構想されたこと、つまり、自然を芸術化し、景観《ランドスケープ》＝風景化するピクチャレスクな点景物として構想されたことである。天心が五浦の海岸一帯の風景を保全する目的で海岸の土地を次々に買い取ったことは、既に見た飛田周山の談にも伝えられているが、天心は、明らかに新しい雄大な景観美を創り出す意図をもって、つまり大自然の造園師ないしランドスケープ・デザイナーとして、六角堂を構想しているのである。

新しい景観美の創造――天心と志賀重昂

天心の五浦「発見」と六角堂・天心邸の建築によって、五浦という人里離れた荒涼たる自然の一景域は深く人間化された表情をおびることになり、自然と人為が渾然一体となった新しい雄壮な日本的景観美が生みだされることになった。そこには、伝統を生かしつつ伝統を超える破格の美を求める天心の独自の美意識――東洋的ロマン主義あるいは道教宇宙論的な美意識――が投影されていたが、またそこには、天心と同世代の国粋主義者志賀重昂（一八六三～一九二七）の名著『日本風景論』がもたらした日本の風景美概念の革命的転換が微妙に重なり合っているように思える。少し寄り道になるが、ここで天心と志賀重昂の関係を一瞥しておこう。

志賀重昂の『日本風景論』は、天心が五浦を発見する十年ほど前の明治二十七年（一八九四）に出版され、明治三十五年までに増訂十四版を重ねるという異例な反響を示した。札幌農学校を内村鑑三と同級で卒業した志賀は、天心のヨーロッパ視察旅行と同じ明治十九年（一八八六）に、海軍練習艦に便乗してニュージーランド、オーストラリア、サモア諸島、ハワイなどを巡り、そこで欧米列強諸国の苛酷な植民地支配を目のあたりにして対欧米の警世の書『南洋時事』を出版。翌二十一年には、三宅雪嶺らと政教社をおこし、雑誌『日本人』を発刊して国粋保存運動を開始した。こうした外国体験を通じて国粋的ナショナリズムに目覚めた志賀が、地理学者、探検家としての経験を生かして、日本全国の気候、山岳、海岸、流水の浸蝕をつぶさに踏査し、日本の風景美の独自性と優越性を高々と主張したのが『日本風景論』である。内村鑑三によって「日本のラスキン」と呼ばれた志賀による日本の自然美の再発掘が、天心＝フェノロサによる日本の伝統的芸術美の再評価と思想的に同じ流れを形づくっていたことは言うまでもない。さらに、『日本風景論』が出版されたのは、ちょうど日本が日清戦争を開始して国家的自信を高めていた明治二十七年のことであり、志賀の風景論は「こうした自信の地理学的な表現」（色川大吉『日本の名著39　岡倉天心／志賀重昂』解説）でもあったのである。

志賀重昂の『日本風景論』の眼目は、従来の名所絵的な風景観――近江八景式・日本三景式の風景観――を否定し、それにかわって、多湿な火山国の地形がつくりだす複雑多奇で峻烈な「跌宕《てっとう》」（ほしいままの雄大なかたち）の美を日本風景の重要な特徴のひとつとして打ち出したことである。伝統的な型にはまった箱庭的な風景観をくつがえした志賀の風景観は、日本人の眼を国土の雄壮な山岳美や多奇な風景相へと見開かせ、近代日本のアルピニズムの誕生を促すことになった（実際、こうした気運のなかで、明治三十八年に日本山岳会が発足する）。

「跌宕」の美を主張する志賀の風景観は明らかに天心の風景観と通じ合うものであり、実際、天心が隠棲の地として選んだのは、松原と白浜の名所絵的な草野海岸ではなく、断崖が切り立ち波濤のくだける雄壮な奇勝の地、五浦海岸であり、また雄大な妙高山を見上げる赤倉の温泉地であった。天心が求めたのも、風光明媚で温潤な「園芸的」「公園的」美（内村鑑三「志賀重昂氏著『日本風景論』」）ではなく、人間存在を超える荒々しさと厳しさをたたえた、雄渾な――いわば宇宙的なスケールをもつ――風景美であった。

唐人、巖を「雲根」と呼ぶ、趣ある哉《かな》この称や、雲、山より起り、山、雲を得ていよいよ美、ますます奇、一層々に大を添ふ。もしそれ雲、縷々《るる》として藕糸《ぐうし》の如く、山の背腹を曳《ひ》くや、宛《えん》として神女の羅裳《らしょう》を織るに似、朝暾《ちょうとん》夕陽たまたまこれと映発して純紅火の如く、羅裳桃花色に染め了《おわ》る。倏忽《しゅくこつ》にして、雲、来往迅速、澎湃《ほうはい》として天を捲《ま》き、百道狂馳《きょうち》、山、その間よりあるいは湧《わ》き、あるいは没し、あるいは浮び、あるいは沈み、汎々《はんはん》として大海上の島嶼《とうしょ》と化成す。

〔中略〕

水、山にありていよいよ美、ますます奇を成し、平面世界にありて看《み》得ざる水の現象は、山にありてのみ能《よ》く認め得。……凡そ水の睡り怒り咲《わら》ふの状貌《じょうぼう》は、山に入らずんば竟《つい》に観るべからず。加之《しかのみ》ならず巖は水を承《う》けて緑潤となり、水に齧《か》まれて奇態怪状を呈出す。水の美、水の奇は山を得てここに大造し、巖の美、巖の奇は水を待ちて始めて完成す。

（近藤信行校訂、岩波文庫）

志賀の『日本風景論』の随所に見出されるこの種の雄渾な自然描写は、天心の『茶の本』に見られるより詩的で洗練された――道教的アニミズムの衣をまとった――自然描写と強く通じあうロマンティシズムの調子をもっている。

〔琴弾きの名手伯牙があらわれ、やさしく琴を愛撫して、弦に触れた〕彼が四季の自然を歌い、高山と流水を歌うと、その古木の記憶がことごとく目を覚ました。再び、甘い春の息吹きが、その枝々の間にたわむれた。青春の奔流は峡谷に躍り、蕾の花にむかって笑いかけた。たちまちきこえるのは、夢のような夏の数知れぬ虫の声、雨のやさしく落ちる音、郭公の悲しげな鳴き声。聞け！　虎は咆え、谷にこだまする。秋。荒涼とした夜、剣のように鋭い月が、霜置く草の上に輝いている。冬が来て、雪空に白鳥の群が渦巻き、すさまじい霰は嬉々として枝を打つ。

伯牙は調べを変えて、恋を歌った。森は、深いもの想いに耽る、熱烈に恋する若い男のように、揺らいだ。空の高みには、取り澄ました乙女のように、玲瓏たる一片の雲がさっと飛ぶ。が、飛び去りつつ、地上に曳いた長い影は、絶望に似て暗い。再び、旋法が変った。伯牙は戦いを歌った。剣戟の響き、馬蹄のとどろき。すると、琴に龍門の嵐が起り、龍は稲妻にまたがり、雪崩《なだれ》は轟然たる音をたてて山々をゆるがした。

（第五章「藝術鑑賞」桶谷秀昭訳）

天心が五浦に六角堂を建てた年に作った漢詩「五浦即事」（日本美術院発行『日本美術』第七十九号所載）の風景描写も、志賀が「跌宕」の風景として挙げている太平洋の描写と驚くほど類似した調子をおびている（図2）。

蝉雨《せんう》緑に霑《うるお》う松一村
鷗雲白く漾《ただよ》う水乾坤《けんこん》
名山斯處《このところ》詩骨を托す
滄海誰が為に月魂《げっこん》を招く

（「五浦即事」）

驟雨一過、太平洋上、四望浩渺、虹半ば消ゑて、紅色、黄丹色、黄色の彩雲、滾々《こんこん》として天、水に連るところに湧く。（『日本風景論』緒論の（三）跌宕）

天心と志賀重昂は、天心の大学同窓の知友で志賀の

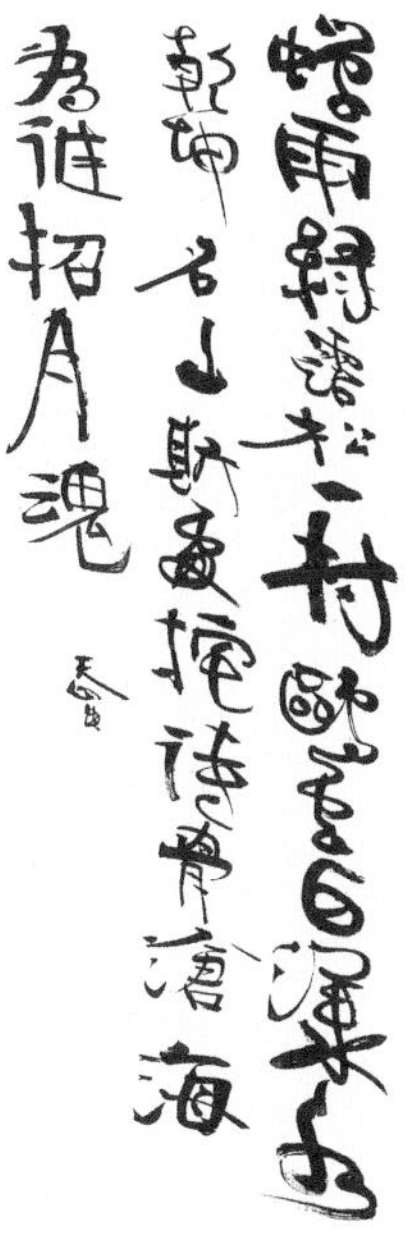

図2　岡倉天心「五浦即事」
明治38年頃

思想的同志であった三宅雪嶺を通じて、互いによく知っており（志賀は天心の校長時代の明治二十八年五月に美術学校の美術講話会に三宅雪嶺らとともに講師として招かれ、また明治三十一年の日本美術院の創立披露宴や第一回院展批評会にも招かれている）、天心が志賀のこのベストセラーを読んでいたことは疑いない。天心の性格からいって、『日本風景論』の影響を直接受けたと考える必要はないが——それに、志賀は「山の人」であり、天心は「海の人」であった——しかし二人は、外国体験を通して日本固有の美の鉱脈を再発掘したロマン主義的ナショナリストという点で、強い共通性をもっていたのである。

両者の違いは、志賀の風景観がより即物的で地誌学的であったのに対し、天心の風景観がいっそう詩的・文学的（道教宇宙論的）ないしは「絵画的」であったこと、そしてまた、天心が従来の名所的風景の概念を打ち破る峻厳多奇なロマン主義的な風景を発見しただけでなく、そこに六角堂というユニークな建築美を付加することによって景観全体をデザイン化し、自然美と人工美が渾然一体となった新しい日本的風景を現実に創造したことである。

日本美術院の五浦移転

天心は五浦に邸宅と六角堂を建てた翌年の明治三十九年（一九〇六）五月、二度目のアメリカ滞在から帰国すると、新潟県の温泉地赤倉に旅行し、妙高山の山麓にひろがるこの赤倉に第二の隠棲地として広大な土地（一万坪以上）を購入した。そこに天心は、やがて彼の終焉の場所となる山荘を建てさせるが（八月完成）、この建物は高田の料亭を移築したもので、五浦とは異なり建築は完全に人まかせのものであった。

「岡倉天心小伝——五浦以前」で見たように、天心のインド旅行の前から日本美術院の運動は財政難のために行き詰まりを示していたが、天心が五浦に隠棲地を求め、またアメリカでの公務が始まると、院の活動はますます求心力を失って衰微の一途をたどった。

美術院の多くの正員は去り、明治三十八年八月には橋本雅邦が主幹を辞して天心がこれに替った。同月、院の機関紙『日本美術』も塩田力蔵に委譲されて日本美術社発行に替った。初音町の院の活動の中核をなす春秋二回の院展（日本絵画協会との連合絵画共進会）も三十六年の秋を最後に停止されていた。舎宅は既に人手に渡り、美術院では事務員の剣持忠四郎が、天心の所有地の秩父の山林で焼かせた炭を販売して財政難をしのいでいたという（岡倉一雄、前掲書）。負債が山積し、規律が乱れ、内紛の絶えない美術院のことを、塩田力蔵は「谷中醜術院」と内部告発するほどであった。

こうした末期的な状況のなかで、天心は美術院の整理縮小と五浦への移転を決意するのである（斎藤隆三『日本美術院史』によると、天心は当初、美術院を赤倉に移転する意向をもっていたらしい）。

五浦移転の経緯は、横山大観の自伝に詳しい。

そのころ、五浦の岡倉先生から、新婚旅行に来ないかと、しばしばお招きがあったものですから（大観はこの年に二度目の妻直子と結婚）、それで五浦に出かけて行きました。そのとき、先生からご相談をうけて、谷中の美術院は、財政もいけないし、なんだかみっともないしするから、あれを売ってしまって、五浦に美術院を移して、ここを日本のバルビゾンにして、大いに研究したらどうかということだったのです。私はどこでも研究ができるならうれしいものですから、喜んでご返事して、菱田・下村にその旨の手紙をやりました。お二人とも返事がありません。いやだったのでしょう。東京を離れたそんな淋しい田舎に来るのが。

すると、こんどは、岡倉先生がご自身で電報を打たれたのです。それで二人ともやって来ました。相談の結果、五浦にみな割拠することになったのです。

美術院の五浦移転が決まったので、さっそく研究所を建て、また木村・下村・菱田・私の四家族の住居もつくることになりました。谷中のいっさいを売り払って五浦に移ったのは、明治三十九年十二月〔実際には十一月〕のことでした。

（『大観画談』）

同年六月十三日の天心の手紙では、大観以下四人の画家の五浦移転が既に決まり、四人が五浦に住居建築の見分のために行くことになっていたことが分かる。八月には、日本美術院の組織・規約を大幅に整理縮小し、第一部・絵画（横山大観、菱田春草、下村観山、木村武山の四人）を五浦に、第二部・国宝彫刻修理（新納忠之介、菅原大三郎の二人）を奈良に置くことを決め、谷中初音町の研究所の建物も売却されることになった。天心は院の五浦移転が決まると、十月にボストン美術館の用務（美術品の蒐集のため）で中国に出発したが（翌年二月まで滞在）、この間に五浦の住居は完成し、天心不在中の十一月九日、大観ら四人の画家は家族を連れて五浦に移住したのである〔図3〕。

その日は折からの寒雨しきりにして風さえ加わり来るに、車馬不通の峠路を下駄さえ用いがたきこととて、婦人子供までが跣足《はだし》に裾をからげ、或は幼児を背にして、一歩々々踏み慣れぬ細逕をたどりたどりて、その地におもむいた光景は、まことや平家の都落ちをもそのままに想い起さるるものであったといわれる。（斎藤隆三『日本美術院史』）

この五浦移転は、当峙のジャーナリズムからも「日本美術院の都落ち」とか「朦朧派の没落」と嘲笑されたといわれるが、大観が後に「私ども同志の苦難時代」と回想する日本美術院の最後の短命な「五浦時代」がここに始まるのである。

大観・春草の苦闘と美術院の顚末

四人の画家は、天心の邸宅をはさんで、小五浦にのぞむ南の高台に観山と武山が、北に二町（約二百メートル）ほど行った松林の中に春草と大観が、それぞれ住居を構え、さらに北に五町（五百メートル）ほど離れた蛇頭の岬をのぞむ中磯の断崖のうえに研究所（天心の設計）が建てられ、谷中の研究所から運ばれた「日本美術院」の看板が掲げられた。

研究所は、三十五畳敷きの正員用の画室と十畳の天心の居室、それとくの字型に接続された一段低い三十畳敷きの研究会員用の画室からなり、それに管理人の居宅（美術学校以来天心の忠実な僕として仕えてきた名取幸次郎夫妻が住む）が付属していた〔口絵8〕。切り立つ断岸を眼下に見おろす、否が応にも精神の緊張を高める場所に道場然とした制作場を構えるという着想は、いかにも天心らしい気宇壮大なもので、いわば崖淵に立つ美術院の境遇を象徴するものでもあった〔図4〕。

背水の陣をしいて、五浦での共同体的な研究生活に身を投じた四人の画家たちは（大観は谷中に新築したばかりの家を売り払い、観山は美校の教授の職を辞す覚悟で五浦に参じた）、毎日弁当持参で研究所に通い、悲壮な覚悟で終日制作に没頭した。四人の画家が、白い装束を着け、東の海に向かって一列に正座して制作に励む有名な写真〔口絵7〕は、五浦移転当初の緊張した雰囲気をよく伝えている。その制作ぶりを見た安田靫彦は「三先生〔観山、大観、春草〕の並ぶ姿は禅堂の坐禅僧のようで、殊に大観、春草両先生の坐は清潔清浄、澄みきつた態度で一点一劃を慎重に筆を」下していた、と記している（「晩年の天心先生」『國華』第八三五号、昭和三十六年）。天心も、三月初めに中国から帰国すると、釣と読書にふけるかたわら、研究所に日参して自分の仕事をしたり、陰に陽に彼等の仕事を指導し激励した（『大観画談』）。

尊敬する天心を慕って人里離れた五浦での不如意の生活に飛び込んだ彼らであったが、しかし大観・春草の二人と観山・武山の二人の生活と仕事ぶり

図3　明治40年9月、観月会の時の天心と四人の画家の家族（前列右端が天心、後列右から大観、観山、春草、一雄、武山）

図4　五浦の日本美術院研究所

には初めから大きな懸隔があった。作風も穏健で絵も売れていた観山や武山のもとにはたいてい毎日一人くらい画商がやってきたが、「朦朧体」といわれた急進的な作風の大観と春草を訪れる画商はおらず、二人の生活は困窮をきわめた。

五浦当時の私どもの生活、特に朦朧派の本家といわれていた私や菱田君の生活は、とてもひどいものでした。いくら待っていても絵を頼みに来てくれるものはありません。東京におった時でさえそうであったものを、まして遠く離れた不便な五浦の地であってみれば、それはまたもっともなことだったともいえましょう、といっても、五浦に書画屋が来なかったわけではありません。それはたくさん東京からまいりました。しかし、それは下村と木村のところへ頼み行くので、私と菱田の前は素通りです。

これは辛かった。〔中略〕

こんなわけで、私どもの生活は極度に貧しく、その日その日のものにも事欠く始末で、あの魚の安い五浦にいて、その魚すら買うことができませんでした。二人はたがいに海に出て魚を釣っては飯の菜をあさったものでした。私と菱田君は餓死寸前まできていました。家内から「もうお金がありません」と言われると、菱田君を連れて、その近くに漫遊に出かけたものです。茨城県は私の故郷ですから、親父の縁故や何かをたよっては、あっちで三枚こっちで五枚と、一人十枚ずつも描いてまわると、宿賃を払って、まとまったお金を持って帰れたものです。岡倉先生のところには、物質上のごめんどうは一文も申し上げませんでした。

（『大観画談』）

こうした生活の困窮や、大観・春草と観山・武山の間の微妙な溝にもかかわらず、五浦移転当初の一年ほどの間、四人の画家たちは気力充実して制作に励んだ。夏から秋にかけては、文展への出品作を制作するため、尾竹竹坡、安田靫彦、今村紫紅らが客員としてしばらく逗留し、天心の批評を受けながら研究所での生活に参加した。明治四十年九月二十二月には、日本美術院五浦移転の披露もかねて、東京や水戸から大勢の関係者を招いて盛大な仲秋観月の園遊会が天心邸で催された。

この間の四正員の研鑽の成果は、十月に開催された第一回文展（文部省美術展覧会）で示されることになる。出品作は、大観《二百十日》《曙色》、春草《賢首菩薩》、観山《木の間の秋》、武山《阿房劫火》。いずれの画家にとっても代表作となる力作で（大観の二作品は消失）、春草の点描を用いた苦心作《賢首菩薩》は二等賞（一等なし）、天心から火焔の迫力ある描写と色彩を激賞された武山の《阿房劫火》は三等賞を得た。

この文展は、西園寺公望内閣の牧野伸顕文相（天心の学友）のもとで、フランスの官展（サロン）を模して組織されたもので、審査員の選定をめぐって日本画界の旧派と新派が激しく対立することになったが（この対立紛糾の過程で、旧派は正派同志会を、新派は国画玉成会を結成し、天心は後者の会長に就く）、天心は橋本雅邦の強い推挙で審査員となり、天心の推薦で大観と観山も審査員に加わった。しかし、春草は選からもれて審査される側にまわったために、自尊心を傷つけられ、天心・大観らの推挙で二等賞を得たとはいえ、これ以後大観との同志的な絆には微妙なひびが入ることになったといわれる。

春草の不運はさらに重なり、天心が三度目のアメリカ滞在中の翌年四月、眼疾が悪化して視力が急速に衰え、六月には、治療に専念するために止むをえず五浦を去り、東京代々木に転居することになった。

続いて九月十一日には、五浦の大観の家が失火で全焼し、大観も東京の上野池之端の仮寓に移ることになった（大観は翌年三月に五浦に新居を建てるが、十月には上野池之端に新居を構え、以後ここを本拠とする）。

こうして五浦における美術院の活動は、わずか一年半余りで実質的に中挫し、残った観山と武山もしだいに五浦を留守にすることが多くなった。

かくて春草と大観と相次いで五浦を去り、その後にはただ観山と武山の二人のみが残されたが、これも両人だけとなりて一層の寂寞にたえかねてか、相携えて信州や越後の旅に上り、長岡などに知をえては半年の長きにわたりてその地に滞在し、その間ついに家を顧みなかったというほどにもなった。要するに移転後両三年にして、五浦の美術院は、留守居のもの夫妻が寂然として研究所に美術院の看板だけを守り、その存在の実態はこれを存ぜぬものとなったとするのを実状とする。

（斎藤隆三『日本美術院史』）

最後まで五浦に残ったのは観山で、留守がちであった五浦に戻ると、研究所の二つの広い画室を一人で使って仕事していたが、彼も天心が没する年の大正二年に東京に移り、その後（原富太郎の世話で）横浜に居を移した。

そして、天心没後一年の大正三年に東京（谷中上三崎南町）に日本美術院が再興されると、五浦に六年間掲げられていたその看板は再び東京に戻されることになったのである。

五浦における天心と画家たち

五浦で四人の画家たちが「日本美術院」の看板を掲げて活動していた一年半あまりの間、天心が五浦にいたのはわずか八ヵ月ほどで（明治四十年三月から十一月まで）、しかもこの間に赤倉に一ヵ月滞在したり、東京にも文展の準備や古社寺保存会などの用務でしばしば出かけているから、実質的に彼ら四人と五浦での生活を共にしたのは半年ほどにすぎなかった。この間、天心は四人の画家たちと、指導者と弟子あるいは批評家と作家として、どのような関わりをもったのだろうか。伝えられるいくつかのエピソードを紹介しておこう。

七月から九月にかけて客員として研究所で制作していた安田靫彦は、次のように回想している。

先生は時々上と下の研究室へ姿を見せ、皆の制作を黙然と観ておられます。あまり長い時間おられると、上の室の先生方でも先生の注視に堪えられないと見え下の室に遊びに来られます。

……先生は画人を指導啓発されるのに、人によりそれぞれ違つた方法を執つたようです。観山には細かい点に注意を与え大観には其反対だつたのです。大観先生が或時私に云われたには、今度の出品の為に四五枚の小下絵を先生に持参したところ、一番上の一枚「二百十日」だけを見られ「これにしたまえ」と云つてあとの分を見て下さらなかつたと不平顔で語られました。

（「晩年の天心先生」）

観山に対してかなり細かい注文をつけたことは、妻基子や観山自身の回想からも分かる。

五浦の研究所で、観山サンが岩崎家の依頼を受けて松方侯爵の金婚式の御祝に差上げるといふ毘沙門辨天を六曲屏風に描いた時でした、主人は、それを観て研究所から帰るなり、釣に出掛ける船の用意までしてあったのを止めまして、飲み始めました、夕方になり、夜になり、夜更けになりましても止めません。おやすみになりましたらいかゞですかと申しましても寝もしませんで、到頭夜明けになりました。その時になって始めて主人が申しますのには、昨日研究所に往って観山の辨天を見て小言を言って来たから、下村も多分寝ないで居るだらう。オマイ観て来いといふのです。それで私は未明の露を踏み分けて研究所まで参って見ますと、果して観山サンは屏風の前に坐って居られるのです。それで前日に主人が辨天の絵を見た時に、よくは出来ましたが、琵琶を持って居ても琵琶の音は聞こえて居ませんと言ったぎり戻って来たのだといふことを知りました。観山サンはそれから一晩考へまして、辨天の座下に二三本「ヒアウギ」の花を添へて描かれたものです。主人はそれを見て初めて楽の音が聞えて来ましたと申されました。

（「岡倉夫人談」斎藤隆三『日本美術院史』）

五浦に移られてからも、日本に在る間は、常に熱心に私共の描くものを監督して下さいました。文展の第一回の「木の間の秋」を描いた時なども、毎日々々朝から晩まで、研究所に御出になって御覧になって居られましたのです。構図から段々出来上って行くのを興味を以て御覧になったのでせう。私が五浦によくあります若杉を図に入れて、上の方を白緑を遣って描き、下の方に枯れ枝をあしらった時には、先生は膝を叩いてソレダと仰せられたものです。

（「観山氏談」斎藤隆三、前掲書）

上野直昭が天心の弟子の美術史家中川忠順から聞いた話では、《木の間の秋》が文展で評判になった時、中川は、画中の蔦が横に樹間を縫っている姿を「あれは岡倉さんの入れ知恵ではないかしら」と思ったという。また中川は上野にこんなエピソードも伝えている。五浦で研究会員の高橋広湖が制作中に天心が釣りに行こうと誘いに来た。「広湖は今苦心している所というのを告白すると、先生はしばらく屏風を見ていたが、この竹を上まで、突き抜けたらよかろうと言う。その通りやったら、画が出来て悩みが解決したと、広湖がすっかり感心していたというのである」（上野直昭「岡倉先生」『生誕百年記念・岡倉天心展』昭和三十七年）。

一方、天心は大観と春草にはあまり細かい注文をつけず、また二人の生活の困窮に対しても極力静観の態度を取ったが（『大観画談』によると、二人の極度の困窮ぶりを心配した辰沢延次郎に、天心は「自分の芸術のために、ああして世と合わなくなっているのだから、いま僕らが朦朧派の絵をやめて、売れるような絵を描いたらどうかとは言えない、もう少し見ていようじゃないか、いざとなったら米味噌でも送るつもりだ」と答えたという）、二人には自邸の奥の間の襖絵を描かせた（現在消失）。夫人の部屋の襖には春草がみごとな雪汀遊禽図を描いたが、天心の部屋の襖絵の方は、天心が庭に生えていた一本の杉を取り込んだ構図を大観に注文し、大観は何度も描き変えた末ようやく天心の意にかなうものを仕上げたという。この時の事情を知るものは「春草氏の無難だつたのに比して大観氏の苦心惨憺、幾度か書き直しを余儀なくされたのは、当時座に在る者も甚だ気の毒に感じた位であつたが、岡倉氏の対手としては、矢張り春草氏よりは大観氏の方が向いて居たに違いない」と述べている（中川九郎「天心居士の片影」『美之国』第二巻第十号、大正十五年）。

天心が画家として大観と観山を一段上に見、春草をやや低く見ていたことはよく知られている。天心は、観山を完成された高度な技量と古典の知識をもち、天心の意想を易々と画面に翻訳できる俊敏な能才と見なし（「天心絵を語れば、語り終わらざるに語るところの絵すでに胸裡に成ると観山は言っていた」斎藤隆三『岡倉天心』）、大観を天心自身の気質に最も近いロマン主義的情念と創造的ダイナミズムを秘めた天才型の大器（「奔放な心象と嵐のごとき意想」『東洋の理想』）と見なしていたのに対し、春草を天心自身の気質とは正反対の怜悧で理知的な努力家で、自己に忠実に試行を繰り返す未完成の才人（「此常に不熟な處が有望な處……」

「噫菱田春草君」）と見なしていた。こうした天心の見方は、さまざまな機会に大観と観山の優遇となって表われ（明治三十四年の観山の美校教授への推薦、『東洋の理想』での二人への言及、大観・観山の第一回文展審査員への推挙）、春草の矜持を少なからず傷つけたが（大観と春草をインド外遊に送り、また二人をアメリカに同行させた時も、大観の回想によれば初めは大観のみを推したという）、それは天心の批評家としての主観性の強さをよく示している。

しかし、春草が五浦から東京代々木に転居した後、眼病の小康をえて、第三回文展（明治四十二年十月、大観は《流燈》を出品）に出品した《落葉》に対して、天心は「展覧会にて始メて御作落葉の屛風拝見致候／情趣巧致固より場中第一／近頃の名品と感し申候……」と激賞し、翌年の第四回文展の審査員には自分のかわりに春草を推薦している。

春草は晩年、信頼していた斎藤隆三に、師天心について次のように述懐したという。

自分は先生には好まれていない、それは知っている、さりとて情にも勝れてはいるが智をもってあれだけ勝れているものは二百年・三百年しても、在り得ようとは思われない。然るに、会々《たまたま》時を同じうして生れ、縁あって師となり弟《てい》となって接触する、無限の幸福としなければならぬ。如何にお気に召さなくとも私は離れ得ない。最も家庭的に困厄《こんやく》の境にありながら餓死なお辞せずとして五浦までも随った。

（斎藤隆三『岡倉天心』）

五浦での背水の陣をしいての研究生活はあまりにも短く、そこで産み出された作品の数も多くはなかった。しかし、天心という卓越した才知と霊感を秘めた詩人批評家の気息に触れながらすごしたこの「桃源郷」での厳しく孤絶した経験は、とりわけ大観と春草の芸術の熟成に見えざる作用力として結実することになったのである。

五浦での日常生活

五浦での天心の日常生活についても、さまざまな証言が残されている。それらが異口同音に伝えるのは、天心の釣り三昧と読書三昧の生活である。

まず観山の息子下村英時（後に『天心とその書簡』を編纂）が子供の眼で見た天心の映像を引いておこう。

天心先生が五浦に姿を見せる問は、五浦はどことなく活況を呈していました。しかしその滞留期間は常に短いものでした。支那旅行に、ボストン美術館勤務に、国内旅行にと殆ど席の温まる暇さえなかったようでした。そんな訳で、五浦の住民でさえ先生の毎日の行動を注目していないとその姿を見る機会に恵まれませんでした。六角堂内で読書をしている時、その堂の下の岩角、双龍玉を争う姿の老松の間から沖釣に船出する時、松林の間に隠見する客と庭前を散歩する時、幼い自分の眼底に焼き付いたものは大方そんなものでした。

（「五浦の回想」『生誕百年記念・岡倉天心展』昭和三十七年）

妻基子の回想も、五浦時代の天心の日常生活をありありと伝えている。

五浦へ引込みましてからは、日和さへ宜しければ殆んど毎日沖へ釣に出懸けるのが日課で、夜分はチビリ〱と晩酌をしながら大抵十一時頃まで、翌日必要な釣道具をこしらいて居りました。それから蠟燭をつけて書斎に這入り翌日船へ持つて行く本を見付けて来て、それを手提の中へ入れるといふのが亦毎晩定まつた順序でありました。

翌朝は三時には食事を済まして船へ乗り込んで沖へ出懸けます。帰るのは夕方ですが、万一漁がなかつた時には昼時分に帰る時もありました。其の時にはすぐに湯に這入つて一時間ばかり本を読みながら横になつて昼寝をするのを例として居りました。

船には大抵千代次がお供をしますが、その話に先生は魚がつかなくなると本を開いてそれに読み耽るのが常ですが、一度読み出されますと、傍でドンナ大きなものを釣り上げましても見向きも致されませんと申して居りました。事実読書には船中が最も宜しいとは常によく言つて居られた所であります。

釣も季節によつていろ〳〵ありますが、其の度毎に其の道の名人をよんで研究するといふやり方でした。先づ鯛の時分には鯛釣りの名人を呼び、一月でも二月でもその骨法を会得するまでその者と同船する。それで鯛釣りを会得すれば、次は鱸釣りの名人に就いて鱸釣りを会得するといふ工合で、何でも徹底するまでやり了せるといふやり方でした。

読書では洋書もありましたが、重《お》もに漢籍のやうでした。夜分寝る時は勿論昼寝の時でも、横になる時には必ず枕元には本のあるのを常としました。それが寝ても枕元の本の開かぬ時は必ずドコカ身体の工合のわるい時であつたやうです。現に歿します前一年ほどは夜分でも枕元の本の開かぬ時が多かつたといふ次第でありました。

（岡倉基子「晩年の日常生活」『天心先生欧文著書抄訳』所収、大正十一年）

息子一雄が語るところでは、その頃の五浦の海はカジメ、若布《わかめ》などが海底の大森林をかたちづくって豊富な魚床をなしていた。天心は初めアイナメ、メバル、ドンコ、小鯛などの雑多な磯魚を相手にしていたが、やがてこれに飽きると、沖に出ての鯛釣りや鱸釣りを好むようになり、このために新しい杉造り釣舟を造らせた。釣りの師匠は平潟の小舟漁師鈴木庄兵衛、舟を漕ぐのは地元の若い漁師渡辺千代次であった。

天性舟に強い天心は、多少の風浪があっても、相当沖へ乗りだすので、留守を守る元子が、まず心配しはじめた。しかし、いくら諌めても、出漁を思いとどまる彼ではなかったから、何かいい方法もないかと、四画伯の助力を求めたのであった。だが、彼らとしても別にいい知恵はない。すると、下村観山が「何か先生の舟に目章《めじるし》をつければいいでしょう。そうすれば、万一の場合、すぐに救助の舟を出すことができます」と建議したのをいれて、建議者の観山自身が、筆をとって目標に何かを描くことになった。ある日、操舟者の千代次が、この新造の釣舟を小五浦の砂浜に引きあげていると、自宅からおりて来た観山は、かねて用意してあった白ペンキ、黒ペンキ、トノコなどを用いて、一気呵成に鷗二羽を舷側に描きなぐった。爾来、天心は、絵に因んでこの舟を「かもめ」とよんでいた。そして、この舟はつぎの釣舟龍王丸ができあがるまで、いつも小五浦の砂浜に曳きあげてあった。

（岡倉一雄、前掲書）

この二艘目の龍王丸（海舟の守護神八大龍王の名に因む）は、最晩年の天心がアメリカ滞在中にヨットの構造を模して考案し、模型を持ち帰って地元の舟大工に造らせたもので（大正二年四月に新造祝い）、現在も、修復されて茨城大学五浦美術文化研究所天心記念館に保存されている。しかし、すでに病の進行していた天心は、この新型の龍王丸に数回しか乗ることができなかったという。

この頃の天心の、道服に風帽という奇嬌な釣姿を伝える有名な写真（四十六、七歳頃）〔口絵19〕が残っている（現在茨城大学五浦美術文化研究所天心記念館に保存されている平櫛田中の木彫作品《五浦釣人》像は、この写真に基づいて制作された）。奇抜なアイデアマンで、ある種のマルチデザイナーであった天心は、この種の道服から釣具まで、何でも自分で考案したという。

雨や風で日中漁に出懸けられない時には、自分で西洋の指刺をして自分の考案の着物を縫つて居られることなどが多うございました。一体故人は日常の衣類総べて自分の考案に成つたものを着て居られましたもので、先づ紙で型を作り、それを糊で貼り付けて雛形を作り上げ、それを白金巾に縫ひ上げさせて着工合のわるい所などを直し、気に入つたらそれから本式に仕立させるといふ順でありました。例の平常好んで着て居られた、上半は元禄袖の着物形になつて居り下半は襞のある袴形になつて居る横から着るアノ着物なども、最初は斯《こ》うした順序から作られたものでした。

（岡倉基子「晩年の日常生活」）

「五浦釣徒」「五浦老人」「五浦道人」「魚龍庵主」といった道教隠者めいた雅号を手紙などでしきりに用いたのも、同じ頃である。

こうした悠々自適の隠棲生活をおくる天心に対して、『平民新聞』に、天心は六角堂に六角の紗蚊帳を吊り、贅沢三昧の生活をおくっているという中傷記事を書かれたり、また移転当初（日露戦争中の明治三十八年）には、地元の住民からロシアのスパイ（露探）ではないかという突飛な噂を立てられたこともあったという。

かくわずかな閑日月を釣道楽に耽りながら、自適の境遇をつづけていた天心にたいして、誰いうとなく「露探」という噂が、大津、平潟など附近の漁村のあいだに伝播し、宣伝されだした。ある者は、六角堂の硝子窓に石を擲つの輩などもあった。畢竟するにこれは、ときおり町に出る天心が、道服、風帽という異様な風態をしているのと、家に籠る日には、贅沢三昧の生活をしているという噂とが、一文不知の漁民のあいだに、こんなとんでもない風評を生んだものであろう。彼のかたわらにあって、そのころの海上の生活の伴侶であった渡辺千代次は、あまりの噂に仰天して、

「旦那さま、世間では旦那さまをこんなに言っております」。

と、やっとの思いで告げると、天心はすこぶる真面目に、

「俺が『露探』か、言う人には何とでも言わしておけ、俺は剣こそとらないが、ペンを揮ってずいぶんロシアをやっつけたつもりだ。ある時などは、それがために十日も徹夜したこともある〔アメリカで『日本の覚醒』を執筆したことを指す〕。いずれわかる時期もあろうから、ほっておくがよかろう」。

と言っていた。しかし根もなき噂のことであったから、露探の風評はまもなく霧散してしまった。（岡倉一雄、前掲書）

五浦への訪問者と東京での活動

東京から五浦に来るには当時汽車（常磐線）で六、七時間もかかり、この人里離れた「仙境」を訪れる人は、観山・武山目当ての画商をのぞけばごく僅かであった。それでも、東京からは、既に触れたように若い画家たち――安田靫彦、今村紫紅、尾竹竹坡、高橋広湖、橋本永邦など――がやって来て制作のため逗留したり、また時おり学者や文人、新聞記者も訪れた。明治四十年九月に天心邸で催された仲秋観月の大園遊会には、東京や水戸から大勢の招待者が押し寄せて空前絶後のにぎわいを示したが、その招待者のなかには美術記者をしていた正宗白鳥らもいた。

外国人の訪問者のなかには、後に著名な東洋美術史学者となる若き日のランドン・ウォーナー（一八八一～一九五六）がいた。ハーヴァード大学を卒業してまもないウォーナーは、明治三十九年（一九〇六）にボストン美術館館長代理のクーリッジの推挙で初来日して天心を訪れ、翌年再来日して五浦の天心邸の客人となった。五浦で短期間天心に師事した後、彼の紹介で奈良で日本美術院第二部の正員として仏像修理に携わっていた新納忠之介の家に寄留し、二年間日本美術史の研究に没頭する。ウォーナーは後に、ボストン美術館などを経てフィラデルフィア美術館館長、ハーヴァード大学付属フォッグ美術館東洋部長をつとめ、太平洋戦争中の一九四三年には、アメリカ政府下のロバーツ委員会に日本の重要文化財を網羅した「ウォーナー・リスト」を提出して、奈良・京都を戦災から救ったといわれる（しかしこの「ウォーナー・リスト」が米軍の軍事方針に直接影響を与えたとする「ウォーナー伝説」は、今日では否定されている）。

天心や日本美術院の移転によってにわかに五浦に人の往来が生じると、当時の茨城県知事森正隆は大津から道路を開いて便をはかろうとしたが、この計画を聞いた天心は、五浦に俗塵が侵入することを嫌って知事に辞退を申し出たという。

アメリカと往復しながら、帰国すると赤倉山荘の温泉で静養するよりも五浦での釣三昧の隠棲生活を優先させた天心であったが、この間も、東京での活動は途切れることなく続いた。

東京での主な仕事は、文展の審査、国画玉成会の会合、そして二十年来続いている古社寺保存会委員の仕事であり、奈良や京都などにも折々の用務でよく出かけたが、東京に出たときは本郷の橋本雅邦の家に滞在することが多かった。

第一回文展の審査員選定の過程で日本画界の旧派と新派が激突し、日本美術院派を中心とする新派各会が大同団結して国画玉成会が結成されたことは既に触れたが、会長に就いた天心は、会派にとらわれずに若い才能ある画家をさまざまな形で優遇し、激励した。そのなかには安田靫彦（玉成会の評議員に推挙、橋本雅邦の遺志によって作られた奈良学院の研究生として奈良に派遣）、今村紫紅（靫彦とともに原富太郎に推薦して研究援助を受けさせる）、小林古径（日英博覧会に出品する前田侯爵依頼の《加賀鳶》の作者として推薦）、前田青邨、平櫛田中（彼が米原雲海、山崎朝雲らと組織した日本彫刻会の会長となる）等がおり、彼らはやがて天心没後に大観、観山を中心に結成された再興日本美術院の中心メンバーとなる。

国画玉成会は明治四十一年十月に第一回展（観山《大原御幸》、安田靫彦《守屋大連》、平櫛田中《活人箭》を出品）を開いた後、翌四十二年十月には第三回文展に合流するかたちで自然消滅するが、この第三回文展の審査員を最後に、天心は美術運動の表舞台から退くのである（前述のように、この第三回文展には大観が五浦で制作した《流燈》と春草の名作《落葉》が出品された）。

翌四十三年四月から六月にかけて、天心は久しぶりに教壇に立ち、母校の東京帝国大学（東京大学より改称）で「泰東巧藝史」（東洋美術史）を週一回講じることになった。時の帝大総長は天心の学生時代以来の恩人浜尾新、文科大学長は同級の井上哲次郎であり、二人が相談のうえ天心に要請したのであろう。天心はこれを喜んで引き受け、三月には谷中清水町に家を借りて講義の準備を始めている。

この時天心の講義を受けた上野直昭（美学者・日本美術史家、後の東京美術学校および東京藝術大学学長）は、その時の印象を半世紀後に次のように回想している。

教壇に立った天心を見上げたとき、私は驚きの目を瞠った。凡そ想像して居た人とは異ったものに見えた。日焼けの甚だしい、或は酒の故もあったかも知れないが、一種の魁偉な顔付きで、言はば漁師の親方とも見られるおやぢが私服姿で、巨体を包んでいる。何と言ひだしたか忘れてしまったが、達弁といふのでもなく、誰れかが当時言った如く沢山あるのをどれから出したものか、言ひ悩みつゝ、話してゐるが如くに見えた。併し説得力といふか唆るやうな力は強かった。私は一生の内で、夢中になって聴いた講義は必ずしも多くはないが、斯かる講義なり先生に接した幸福は、日本でもドイツでも、いくつか経験した。

さうして天心の講義は、たしかに其一つであり、恐らく最も力のあるものであった。併し乍遺憾、その講義も今日大抵忘れてしまった。只一つだけは鮮かにのこって居る。ある時彼は何かの話の序に「諸君が未だ薬師寺に行ったことが無いとすれば、諸君は幸せだ。あの薬師三尊の色沢の美しさの第一印象は、もはや私にはくり返すことができぬ」と。それは満場をうならせた。全体がまたこんな調子だった。

（「岡倉先生」『生誕百年記念・岡倉天心展』昭和三十七年）

妻基子も、この時の講義の舞台裏を伝えていて興味ぶかい。

晩年に大学へ参りますやうになりましても、講義の原稿又は草稿といふやうなものは一切作ったのを見懸けません。総べて講義でも演説でも。それに行かれます時には、イザ行かうといふ前に衣服を改めましてから始めて机の前に坐わり、一服やりながら、巻紙にチョイ〳〵と要点を書かれるのが常でした。そして其の書かれた要点ともいふべきものをアレからコレへと縦に横に線を引かれて話をする順序を極めましたものが岡倉一流のやり方のやうでした。帰つて参りますればそれは丸めて擲り出されてありましたから紙屑籠へ入れるといふ次第です……。

（「晩年の日常生活」）

天心の晩年の十年間の活動は、五浦の側、つまり日本の側から見るかぎり、三十代までの八面六臂のエネルギッシュな活動ぶりと比べてはるかに穏やかで単調ともいえるものであった。四十代半ばからは、持病の腎臓炎の悪化など健康の不全も重なった。執筆活動もごく限られ、この時期の日本でのまとまった仕事といえば、明治四十三年にロンドンで開催された日英博覧会に出品する『国宝帖』(内務省刊行)の英文解説を、美術史の弟子の中川忠順やウォーナーらと執筆したくらいである。

しかし、「五浦時代」の天心はまだ四十代の男盛りであり、日本での天心の生活と活動だけを見ていてはそのスケールの大きな知的活動の全容は見失われてしまう。晩年の十年間、天心の知的エネルギーはもっぱらアメリカでの活動に注ぎ込まれていたのである。

新天地を求めて――アメリカでの活動

これまで天心の「五浦時代」すなわち「日米迭住時代」の生活と活動を日本(五浦)の側から見てきたが、ここで、時間的にやや前後するが、同じ時期の天心のアメリカでの活動を見ることにしよう。

天心は五浦に観浦楼を購入した翌年の明治三十七年二月十日、大観、春草、六角紫水を伴い、アメリカに向けて横浜を出港し、翌年三月まで一年余にわたり同国に滞在した。出発の日は、おりしも日露戦争開戦の日であり、船上で、同船者の駐英大使末松男爵を見送りにきた伊藤博文が祖国の非常時を訴える演説を行なったという。

天心がインドから帰朝して間もない大観、春草らをつれて渡米した理由は、行き詰まっていた美術院の活動を打開し、アメリカで新展開を期すこと(具体的には資金調達の活動を行うこと)、また長年の知己でボストン美術館の理事であったウィリアム・ビゲロー(二年前に十四年ぶりに来日)の斡旋で、ボストン美術館の東洋美術コレクションの調査と整理を行うことであったと思われる(既に二年前のインド滞在中に、天心は、ビゲローにボストン美術館で有給で仕事する可能性について打診し、可能性あり、との返事を得ていた)。

天心一行は、三月初めにニューヨークに着くとビゲローらや画家ジョン・ラファージ(明治十九年に来日して以来天心と親交のあった著名な画家、当時アメリカ美術家協会会長で、天心は彼を「米国の雅邦」と呼んでいた)らの歓迎を受け、前年に日本で世話をし五浦に招いたこともある声楽家サースビー夫人の家に滞在、三月末には、単身ボストンに向かった。

図5　ボストン滞在時の天心（後列の女性がガードナー夫人）

ボストンでは、インドで知り合ったオリ・ブル夫人（やはり前年に五浦に招待）の屋敷の客人となり、ビゲローの紹介でボストン美術館の幹部と会い、早速、同美術館が所蔵する厖大な日本・中国美術コレクションの整理と点検を依頼された。ボストン美術館は、ビゲロー、フェノロサ、ウェルド、モースらが日本で購入した厖大な美術品を吸収して当時（日本以外で）世界一の東洋美術品の蒐集量を誇っていたが（天心によれば総数十二万点、うち日本・中国絵画約四千七百点、漆工芸品五、六百点、金属工芸品二千点、刀剣四、五百点、陶器五千点、浮世絵二万点、画稿類二万五千点等）、最初に整理に手をつけたフェノロサ（明治二十三年に東京美術学校を辞した後、自らの日本美術蒐集品を売却して開設されたボストン美術館日本部の管理者に就任）が辞任して以来、ほとんど未整理のまま放置されていた。

天心はただちに日本・中国絵画の鑑定と目録作成の作業に着手し、四月には館長と会談して同美術館中国・日本部（一九〇三年に日本部より改称）のエキスパート（専門員）の肩書きを与えられ、三千六百四十二点の絵画目録を作成することになった（調査結果は翌年一月に「ボストン美術館蔵の日本・中国絵画（Japanese and Chinese Paintings in the Museum）」として『ボストン美術館紀要』に発表される）。ここに、以後十年にわたる天心とボストン美術館との本格的な関わりが始まるのである。

天心は、五月には六角紫水をニューヨークから呼んで漆工芸品の整理と修復の仕事に当たらせ、十二月にはサン・フランシスコにいた彫金家の岡部覚弥（元東京美術学校助教授、日本美術院正員）を呼んで金工品の整理を始めさせた。

ボストンでは、ラファージの紹介で、「ボストン社交界の女王」といわれた大富豪で蒐集家のイザベラ・ステュワート・ガードナー夫人（一八四〇〜一九二四）の知遇を得、以後長い親交が始まる〔図5〕。一九〇四年五月二十二日にガードナー夫人は、イタリアにいる美術史家バーナード・ベレンソンに宛てた手紙で、「岡倉はフェノロサのとき以来手のつけていなかった日本美術品のカタログ作成に忙しくしています。立派な偽物がいくつもいくつも出てくるとか。彼はフェノロサを大分嫌っている様子です」と書いている（堀岡弥寿子『岡倉天心――アジア文化宣揚の先覚者』）。

この間、九月には、セント・ルイス万国博覧会の芸術・科学会議（日本からは箕作佳吉、北里柴三郎らが参加）において、英語による講演「絵画における近代の問題（Modern Problems in Paintings）」を行なって好評を博し、十一月には英文による二冊目の著書『日本の覚醒（*The Awakening of Japan*）』（原稿は前年からこの年初めにかけて日本で完成）をニューヨークのセンチュリー社より刊行した〔口絵11〕。

一方、ニューヨークにいた大観と春草のために、天心はラファージの協力を得て、一流の展覧会場であるセンチュリー・アソシエーションで二人展を開催し（この展覧会のために大観と春草は各二十点の新作を急遽制作した）、カタログに「美術院――日本美術の新しい古派（The Bijutsu-in or the New Old School of Japanese Art）」を寄稿する（みずからも日本画の小品を出品）。この二人展は大好評を博し、続いて十一月にはボストンのオリ・ブル邸で大観・春草・観山・紫水の四人展を、翌年一月にはニューヨークのナショナル・アート・クラブで大観・春草・観山の三人展を開いて、成功を収めた。出品作は予想外の高額で売れ、大金を手にした大観と春草は、その一部の一千円を（負債償却のため）東京の日本美術院に送付し、残った分で半年にわたるヨーロッパ遊学の旅に発つのである。

天心は翌明治三十八年二月、ボストン美術館評議委員会において、今後の東洋美術コレクションの分類と整理、保存と修復、拡充などの方針について意見を述べ、日本での美術品蒐集活動のための報酬として月額二百五十ドルを受ける合意書をかわして、三月初めにサン・フランシスコから帰国の途についた（サン・フランシスコでは留学中の長男一雄と会う）。

五浦に六角堂と邸宅を建て、東京から本格的に移住したのは、この長いアメリカ滞在から帰国（三月二十六日）してまもない六月のことである。

ボストン美術館のために

帰国した天心は、五浦への移転を進めるかたわら、早速ボストン美術館のために美術品蒐集の活動を開始し、五月下旬には京都・奈良に滞在、九月にはボストン美術館に仏像・仏画類を収めた十四箱の梱包を発送した。

この年、天心は、生活の拠点とする五浦への移転を終え、経営困難に陥っていた日本美術院の組織整理（機関紙『日本美術』の移譲、辞任した橋本雅邦にかわって主幹を引き受ける）や、長男一雄名義になっていた豪華美術雑誌『國華』（明治二十二年に高橋健三と創刊）の発行権の朝日新聞社への移譲などを片づけると、十月六日、ボストン美術館との約束にもとづいて再びアメリカに旅立った。

この明治三十八年から没年の大正二年まで、天心は四回にわたって一年の約半分（冬から春）をアメリカで過ごすことになり、晩年の定期的な「日米迭住時代」が始まるのである。

以下、五回にわたるボストンでの活動と、それに関連する中国・インド旅行について略述しておこう。

明治三十八年（一九〇五）十月～三十九（一九〇六）年三月（アメリカ）

十月二十五日、ボストンに到着。

十一月二日、天心はボストン美術館理事会より中国・日本部長への就任を要請されたが、これを断わり、アドヴァイザー（顧問）に就任。

この二回目のボストン美術館勤務期の主な公務として、天心は帰国中に購入して日本から送付した新収蔵作品（平安・鎌倉期の仏像、馬遠、如拙等の水墨画）の解説を執筆し、翌年二月と（帰国後の）四月に、「中国・日本部の新収品（Recent Acquisitions of the Chinese and Japanese Department）」および「新設された日本陳列室の彫刻（Sculpture in the New Japanese Cabinet）」として『ボストン美術館紀要』に掲載された（ボストン時代の英語論文、講演記録、意見書等は、すべて平凡社版『岡倉天心全集』第二巻に収録）。

しかし、この滞米中の最も重要な仕事は、代表作となる英文著作『茶の本（*The Book of Tea*）』の執筆である。『茶の本』は、既に前年の滞米中（秋頃）から構想と執筆が進められ、その一部（第一章「人情の碗（The Cup of Humanity）」と第二章「茶の流派（The School of Tea）」）は、天心帰国中の四月に《*The International Quarterly*》誌に掲載されていた。天心は、ボストン到着後ただちに残る数章の執筆に着手し――このため日本から陸羽『茶経』や道教・禅関係の書物を持参（岡倉一雄、前掲書）――翌年早々に脱稿して、印刷に回された（原稿の一部はこの間ガードナー夫人らのサロンで天心自身によって朗読されたらしい）。こうして名著『茶の本』は、天心帰国後の五月に、ニューヨークのフォクス・ダフィールド社から出版されるのである。

明治三十九年（一九〇六）十月～四十年（一九〇七）二月（中国）

帰団した天心は、四月末にボストン美術館のための美術品購入のため京都・奈良に旅行し、また日本美術院の五浦移転の準備を見届けると、十月八日、ボストン美術館の中国美術品のコレクションを充実する目的で、助手の早崎稉吉を伴って中国に出発。翌年二月まで五ヵ月にわたって中国各地を旅行した。天心個人にとっては二回目の中国旅行であったが、今回は北京、洛陽、西安、成陽などを巡り、大小の石仏や絵画、多数の古鏡を蒐集してボストンに送った。この旅行中、天心は北京の白雲観や西安の八仙庵に中国道士の高雲渓や李宗陽を訪ね、個人的な交流を深めている（この間、天心不在中の日本では、大観・春草ら四画家が家族ともども五浦に移住した）。

明治四十年（一九〇七）十二月～四十一年（一九〇八）七月（アメリカ、ヨーロッパ）

三回目のボストン滞在中の主な仕事は、中国旅行中に購入された新収品の整理と調査で、その成果は四月にF・S・カーショウとの共著「中国および日本の鏡（Chinese and Japanese Mirrors）」として同美術館紀要に発表される。この間、ロンドンにいた富田幸次郎（一八九〇～一九七六、当時十七歳）をボストンに呼び、美術館の助手として雇い入れた（富田は天心没後その仕事を半世紀以上にわたって引き継ぎ、後にボストン美術館東洋部長となる）。

四月、ヨーロッパ経由で帰国するため、天心はボストン美術館での仕事を終えた六角紫水と岡部覚弥（二月に著書『日本の鐔（*Japanese Sword Guards*）』をボストン美術館より刊行、天心はその序文を執筆）を伴い出発、ロンドン、パリ、ベルリンを巡って美術館を見学し、シベリア、中国経由で七月に帰国した。この間ロンドンでは著名な美術批評家ロジャー・フライと会食し、パリのルーヴル美術館では偶然かつての師フェノロサと出会っている（フェノロサはその三ヵ月後ロンドンで五十五歳で客死した）。

明治四十三年（一九一〇）十月～四十四年（一九一一）八月（アメリカ、ヨーロッパ）

明治四十二年はボストン勤務は免除されたが、かわりに天心は二月に新納忠之介（日本美術院第二部正員として奈良で仏像修理に携わっていた）をボストン美術館に派遣し、一年余にわたって同館所蔵の仏像の整理・調査と修理に当たらせた。

四回目のボストン滞在は多忙をきわめた。日本帰国中の五月に、ボストン美術館理事会は天心を中国・日本部部長に任命し、天心は名実ともにこの部門の最高責任者となる。九月に日本を出発し、十月からボストンで勤務につくが、翌年一月から二月まで急遽ヨーロッパに出張することになった（ロンドン、パリなど）。

帰国すると、四月から五月にかけて、ボストン美術館で彼の東洋美術に関する見識を集約した三つの講演――「東洋芸術鑑識の性質と価値（The Nature and Value of Eastern Connoisseurship）」「東アジア美術における宗教（Religions in East Asiatic Art）」「東アジアの絵画における自然（Nature in East Asiatic Painting）」――をたて続けに行い、他にもボストン社交界のシアーズ夫人の私邸などでの講演を引き受けている。

六月二十八日には、ハーヴァード大学より名誉文学修士号を受け、八月に帰国した。

明治四十五・大正元年（一九一二）五月～六月、同八月～大正二年（一九一三）三月（中国、インド、アメリカ）

この年の五月初めから六月初めにかけて、天心はボストン美術館の美術品蒐集のために三度目の短い中国旅行を行う（現地で早崎稉吉と合流）。中国では辛亥革命の直後で、清朝貴族の蒐集品が売りに出され、北京で伝徽宗筆《搗練図》、董源筆《山水図》や多数の古代青銅器を購入するなど、予想以上の成果をあげることができた。

七月、ボストンよりの連絡でインド美術の蒐集の下調べのためインド経由でアメリカに向かうことになり、八月十四日に日本を出発。九月初めから十月中旬まで、カルカッタを中心にインドに滞在した。天心にとっては十年ぶり二度目のインド滞在である。カルカッタでは旧知のタゴール家の客となり、そこで縁戚にあたるプリヤンバダ・デーヴィー・バネルジー夫人と知り合うが、後述するように、この女流詩人との出会いは天心の最後のロマン的情熱を燃え上がらせることになった。天心と特に親しかったスレンドラナート・タゴールの回想によれば、この時天心の健康状態はすでに衰弱の兆しを示し、「体全体にある種の翳りがさしているといった感じだった」という（「岡倉覚三──ある回想」一九三六年）。

十一月初め、マルセイユ経由でボストンに到着、最後（五回目）の勤務につくが、健康状態はおもわしくなかった。

十二月、この年の中国旅行で蒐集した作品や前年秋の日本での購入品（天平期の観音像）の展覧会解説を美術館の紀要に執筆（「中国・日本美術新収集品展（Exhibition of Recent Acquisitions in Chinese and Japanese Art）」）。

大正二年二月初め、インドから詩人ラビンドラナート・タゴールが息子とともにボストン美術館を訪れ、天心と再会した。

同じ二月には、おそらくガードナー夫人の依頼で、オペラのための劇詩『白狐（*The White Fox*）』を書き上げる（これは作曲家の都合で作曲も上演もされず、未刊で終わった）。

健康のすぐれなかった天心は、ガードナー夫人らの勧めもあり、二月末に美術館に休職願を出し、一時マサチューセッツ州の山地で静養するが、三月に入り体調が悪化し、予定を早めて帰国の途につくことになった。ボストンでの仕事としては、帰国直前に執筆した『漆工芸図録』（六角紫水が準備してきたもの）のための序文と草稿「漆工史（The History of Lacquer）」が最後となり、出版に関する事後処理は富田幸次郎に託されたが、この図録は天心死去のため未刊で終わるのである。

二つの英文著書――『日本の覚醒』と『茶の本』

足かけ十年にわたるボストンでの活動（実質滞在日数は三年余）は、以上に見たように、日本の側から見ては想像もつかないほどめざましいものであった。天心は、日本での社会的不遇の生活とは対照的に、ボストン美術館から破格の高給（月給二百五十ドル、年俸三千ドル）と厖大な活動費・美術品購入費を与えられ、中国・日本部門の実質的な最高責任者として、美術館運営、日本と中国での古美術品蒐集、調査研究に思うがままの活動を展開することができた。日本美術院の経営破綻から生じた負債を返済することができたのも（これには大観・春草の展覧会の成功も寄与した）、五浦と赤倉に広大な別荘地を購入することができたのも、アメリカでの成功と潤沢な個人的収入の結果である。

ボストンの町では、大パトロンのイザベラ・ステュワート・ガードナー夫人をはじめ社交界の人びとから東洋の代表的知識人・詩人として尊敬を集め、サロンの名士としてさまざまな機会に温かく迎えられた。

こうした名誉ある文化人として地位をアメリカ社会でまたたく間に築くことができたのは、ビゲローやラファージをはじめとする古くからの個人的人脈もさることながら（ただしもう一人の長年の知己フェノロサは個人的スキャンダルですでにボストン美術館を去っており、ボストンではフェノロサの名は一時禁句とされていた）、英語を自在に使いこなし、英語でみずからの豊かな東洋的思想を披露することのできた国際人天心の才能と資性によるところが大であったことはいうまでもない。

アメリカ滞在中、天心は常に羽織袴や道服風の和服で通したが、最初の渡米時に六角紫水が我々も和服で行った方がよいかと尋ねると、天心は「英語を自由に話せたら和服の方がよろしいでしょう」と答えたといわれる。

やはり最初の渡米時に、ニューヨークで通りすがりの若者に、ぶしつけに、

「日本人か、中国人か、どっちだい（Which-nese are you, Japanese or Chinese?）」

と問われると、天心は、

「ヤンキーか、モンキー（猿）か、ドンキー（驢馬）か、そのどっちだい（Which-kee are you, Yankee, Monkey, or Donkey?）」と、とっさにやり返したという（斎藤隆三『岡倉天心』）。このエピソードも、天心一流の機転の早さと英語の達人ぶりをよく伝えている。

ボストンの社交界では、上流婦人の私邸に招かれて東洋美術についての講話会を行うこともあったが、婦人たちを前に落語を翻案して笑わせたり、日本の伝説を翻訳して聞かせることもあったという。

しかし、アメリカでの天心の東洋知識人・文明批評家としての名声を一挙に高らしめたのは、いうまでもなく、二つの英文著書『日本の覚醒』と『茶の本』の出版であった（『東洋の理想』の再版も『日本の覚醒』と同じ年にニューヨークのダットン社から刊行された）。

『日本の覚醒（*The Awakening of Japan*）』は、既に触れたように、天心が最初のボストン滞在時に日本でほぼ完成してあった原稿を持参し、ボストンのギルダー夫妻（天心の青年期の最初の欧米旅行のとき以来の知人）の紹介で、ニューヨークのセンチュリー社から明治三十七年（一九〇四）十一月に刊行したものである〔口絵11〕。

その内容は、二年前にインドで完成した『東洋の理想』（東洋と日本の文明と芸術の独自性と優位性を歴史的に論じる）や、直接的には、インド滞在中に執筆して未刊で終わった小冊子『東洋の覚醒』（インド民衆に西欧帝国主義のアジア支配からの独立と武力蜂起を激越な調子で呼びかける）を発展させたもので、日本の急成長に対して欧米で起こりつつあった「黄禍」論に対し西欧文明の侵略主義（白禍）を対置し、日本が鎖国から開国・維新を経て国際的地位と民族的自信を確立してきた歴史的過程を、豊富な語彙と卓抜な比喩とを用いながら「天馬空を行くが如き快筆をもって」（清見陸郎、前掲書）論じている。おりしも日露戦争時であり、日本の軍事的急成長と中国・朝鮮への領土的進出を正当化し弁護する論調が際立ち、文体も論争的で激しいものであるが、日本の帝国主義化への懸念がまだ強くなかった当時のアメリカでは、東洋の新興雄国の知識人による西欧文明への反撃と警世の書として大きな好奇心をもって迎えられた。多くの新聞雑誌で取り上げられ、「当時全米発刊書半ヶ年の統計中、第四位を占めた」（岡倉一雄、前掲書）ほどの売れ行きを示したという。

『日本の覚醒』は日露戦争という時局のなかで、天心の愛国的ナショナリストとしての政治的主張を強く打ち出した本であり、「日露戦争の軍事的プロパガンダの使命」をにない、それによって「アメリカの日本への支持と援助を意識した書物」（宮川寅雄『岡倉天心』）であったことは否定しがたい。天心自身、五浦移転当初に「露探」（ロシアのスパイ）という噂を立てられた時、「俺は剣こそとらないが、ペンを揮ってずいぶんロシアをやっつけたつもりだ」と述懐していたことは、すでに触れたとおりである。

一方、その一年半後（明治三十九年五月）にやはりニューヨークで出版された『茶の本（*The Book of Tea*）』は、芸術批評家としての天心の本来の主題に戻り、茶道という日本独自の芸術の歴史的紹介を通じて、東洋美学の精神と日本文化の真髄を論じたものである〔口絵12〕。『日本の覚醒』とは一転して論争的調子は消え、文体も軽妙洒脱さと詩的洗練を加え、全体にある種の哀感《ペーソス》の調子があらわれている。

『茶の本』の執筆動機は、第一章「人情の碗」でも語られているように、日清・日露戦争の勝利によって日本人を好戦的な国民と見なし、武士道の「死の術」にその本質を見出そうとする西洋人の紋切り型の日本文明観に対し、「生の術」としての茶道の本質を論じることによって、日本人の人生哲学と美学への内在的理解を求め、東西の文化の相互理解を促すことにあった。その草稿は、ボストン美術館での講話会や社交界のサロンで婦人たちのまえで天心自身によって朗読されたといわれるが、文体が論争的ではなく、精妙な対話と説得の調子をおびているのもそのためであろう。

全体は七章からなり、第一章「人情の碗（The Cup of Humanity）」では、執筆動機となった西洋人の東洋文化に対する無知と偏見に言及しながら、「審美主義の宗教」としての茶道の起源と本質を説き起こす。

茶のはじまりは薬用であり、のちに飲料となった。中国では、八世紀になって、茶は洗練された娯楽の一つとして、詩の領域に入った。十五世紀になると、日本で、審美主義の宗教である茶道に昂《たか》められた。茶道は、日常生活のむさくるしい諸事実の中にある美を崇拝することを根底とする儀式である。それは純粋と調和を、人が互いに思い遣りを抱くことの不思議さを、社会秩序のロマンティシズムを、諄々と心に刻みつける。それは本質的に不完全なものの崇拝であり、われわれが知っている人生というこの不可能なものの中に、何か可能なものをなし遂げようとする繊細な企てである。

茶の哲学は、世間で普通に言われている、単なる審美主義ではない。それは倫理と宗教に結びついて、人間と自然に関するわれわれの全見解を表現しているからである。それは衛生学である、清潔をつよく説くから。それは経済学である、複雑奢侈よりはむしろ単純さの中に慰安を示すから。それは精神の幾何学である、宇宙にたいするわれわれの比例感覚を定義するが故に。それは茶道のあらゆる信奉者を趣味の貴族にすることによって、東洋民主主義の真精神を表わしている。

（桶谷秀昭訳、以下同じ）

（TEA began as a medicine and grew into a beverage. In China, in the eighth century, it entered the realm of poetry as one of the polite amusements. The fifteenth century saw Japan ennoble it into a religion of aestheticism — Teaism. Teaism is a cult founded on the adoration of the beautiful among the sordid facts of everyday existence. It inculcates purity and harmony, the mystery of mutual charity, the romanticism of the social order. It is essentially a worship of the Imperfect, as it is a tender attempt to accomplish something possible in this impossible thing we know as life.

The Philosophy of Tea is not mere aestheticism in the ordinary acceptance of the term, for it expresses conjointly with ethics and religion our whole point of view about man and nature. It is hygiene, for it enforces cleanliness; it is economics for it shows comfort in simplicity rather than in the complex and costly; it is moral geometry, inasmuch as it defines our sense of proportion to the universe. It represents the true spirit of Eastern democracy by making all its votaries aristocrats in taste.）

第二章の「茶の流派（The School of Tea）」では、陸羽の『茶経』を紹介しながら中国における茶の流派と展開が語られ、「変装した道教」としての茶道が、主人と客が一緒になってつくりだす幸福な「生の術の宗教」「茶、花、絵画を素材に仕組んだ即興劇」として、日本の茶の湯において理想の頂点を極めたことを論じている。

第三章「道教と禅道（Taoism and Zennism）」では、天心の造詣の深い道教と禅の哲理――世界を「道《タオ》」すなわち永遠の「推移《パッセージ》」と無限の宇宙的生成と見なし、相対性を崇拝する世界観――と茶の精神との深い内的関係を語り、第四章「茶室（The Tea-Room）」では、禅の精神に基づく茶室の簡素さ、仮寓性（「空家《ヴェイカンシー》」）、意匠の不規則性（「数奇家《アンシンメトリカル》」）、「外界のわずらいをのがれた真の聖域」「美の崇拝」の空間としての個人主義的性格を論じている。この茶室のコンセプトが、天心自身が構想した六角堂のデザインの基底に存在することは容易に想像できよう。

第五章「芸術鑑賞（Art Appreciation）」では、道教徒の「琴馴らし」の物語（伯牙という琴の名手の演奏によって自然の神秘が開示される話）を引きながら、茶道芸術の一部をなす生命的共振の術としての芸術鑑賞の奥義が説かれている。

傑作は、われわれのきわめて繊細な感情という楽器が演奏する交響楽である。真の芸術は伯牙であり、われわれは龍門の琴である。美の不思議な手に触られると、われわれの存在の神秘の琴線が目を覚まし、その呼びかけに応じてふるえ、わななく。心は心に語りかける。われわれは言葉にならぬものに耳傾け、見えざるものを凝視する。巨匠はわれわれの知らない旋律を呼び起す。ながいあいだ忘れていた記憶がことごとく、新しい意義を帯びてよみがえる。不安によって息をとめられていた希望や、認める勇気のなかった翹望《ぎょうぼう》が、あらたな栄光に包まれてあらわれる。われわれの心は、画家が色を塗る画布である。画家の絵具は、われわれの感情である。その濃淡の配合は、歓びの光であり、悲しみの影である。われわれが傑作によって存在するごとく、傑作はわれわれによって存在する。

（The masterpiece is a symphony played upon our finest feelings. True art is Peiwoh, and we the harp of Lungmen. At the magic touch of the beautiful the secret chords of our being are awakened, we vibrate and thrill in response to its call. Mind speaks to mind. We listen to the unspoken, we gaze upon the unseen. The master calls forth notes we know not of. Memories long forgotten all come back to us with a new significance. Hopes stifled by fear, yearnings that we dare not recognise, stand forth in new glory. Our mind is the canvas on which the artists lay their colour; their pigments are our emotions; their chiaroscuro the light of joy, the shadow of sadness. The masterpiece is of ourselves, as we are of the masterpiece.）

第六章「花（Flowers）」は、茶室の床の間に添えられた花から、独自の芸術ジャンルとしての「生花」まで、日本人の生活にとって切っても切れない存在である花の美学を語り、前章と並んで、全体のなかでも最も詩的に高揚した一章をなす。

喜びにつけ悲しみにつけ、花はわれわれの不断の友である。われわれは花とともに食べ、飲み、歌い、踊り、恋にたわむれる。花を飾って結婚式を挙げ、洗礼式をおこなう。花がなくては死ぬこともできない。われわれは、百合の花とともに礼拝し、蓮の花とともに黙想に耽り、ばらと菊をつけて陣立を整えて突撃した。われわれは花言葉で話すことを企てさえした。どうして花がなくて生きられようか。花のない世の中を想っただけでも恐ろしくなる。花は病む者の病床にどれほどの慰藉をもたらすことだろう。疲れた霊魂の闇にどれほどの至福の光をもたらすことだろう。花の透明なやさしさは、美しい子供をじっとみつめていると失われた希望を取り戻すように、宇宙にたいして消えかかった信頼の念を回復してくれる。われわれが土に葬られるとき、墳墓の上を悲しみに暮れて立ち去らずにいるものは花である。

（In joy or sadness, flowers are our constant friends, We eat, drink, sing, dance, and flirt with them. We wed and christen with flowers. We dare not die without them. We have worshipped with the lily, we have meditated with the lotus, we have charged in battle array with the rose and the chrysanthemum. We have even attempted to speak in the language of flowers. How could we live without them? It frightens one to conceive of a world bereft of their presence. What solace do they not bring to the bedside of the sick, what a light of bliss to the darkness of weary spirits? Their serene tenderness restores to us our waning confidence in the universe even as the intent gaze of a beautiful child recalls our lost hopes. When we are laid low in the dust it is they who linger in sorrow over our graves.）

最後の第七章「茶の宗匠たち（Tea-Masters）」では、茶人の芸術性（「茶人たちは芸術家以上の何ものか、芸術そのものになろうと努めた」）と日本の芸術（建築、庭園、陶芸）への多面的な貢献、さらに人生の様式全般に及ぼした深い美的感化に言及し、美の体現者としての茶人の頂点たる偉大な利休の美しい死（最後の茶の湯と自刃）に触れて、この珠玉のような小篇は閉じられている。

天心の名作『茶の本』は、アメリカで『日本の覚醒』以上に大きな反響を呼び、中学校の教科書にも一部が掲載されたといわれる（斎藤隆三『岡倉天心』）。その後、ドイツ（一九二二年）、フランス（一九二七年）、スウェーデン、スペイン、中国などでも翻訳が出版された。こうして天心は、「ブック・オブ・ティーのオカクラ」として、東洋を代表する文明批評家として国際的に知られることになるが、日本で『茶の本』が翻訳されるのは、天心の没後十五年を経た昭和二年のことであった（最初の村岡博訳は雑誌『亡羊』に連載され、昭和四年に岩波文庫として刊行。その後、平凡社版『岡倉天心全集』第一巻所収の桶谷秀昭訳まで、計八種の邦訳が出版されている）。

海を越えたロマンス――インド女流詩人との愛の書簡

ボストンで病を重くした天心は、大正二年（一九一三）四月十一日に帰国し、五浦に戻った。四月末には腎臓炎が再発し、東京に出て橋本雅邦（故人）宅から通院することになり、この間十二指腸虫駆除の手術も受けた。五浦では天心がアメリカで設計し、模型まで持ち帰って造らせていた新型の釣舟龍王丸が完成し（七月）、彼を歓ばせたが、すでに病の進行していた天心はそれに数回しか乗ることができなかった。

図6　プリヤンバダ・デーヴィー・バネルジー夫人

七月には、息子一雄（既に家庭をもち、孫古志郎も生まれていた）の結婚を認めて、親類縁者をあつめた内輪の披露宴を東京で開き、孫や嫁を五浦に連れ帰った。

病勢は悪化していたが、八月七日には古社寺保存会に出席し、法隆寺金堂壁画の保存について建議案を作成する（これが天心最後の公的な仕事となる）。八月九日には、牧野伸顕（当時外相）から要請を受けていた次年度の日米交換教授を受諾した。

これに先立つ八月二日、天心はインドの女流詩人プリヤンバダ・デーヴィー・バネルジー〔図6〕に宛てて、手紙と辞世の詩「戒告」を秘かにしたためた。

奥様

何度も何度もペンをとりましたが、驚いたことに何ひとつ書くことがありません。すべては言い尽くされ、なし尽くされました――安んじて死を待つほか、何も残されていません。広大な空虚です――暗黒ではなく、驚異的な光にみちた空虚です。炸裂する雷鳴の、耳も聾せんばかりの轟音によって生みだされた、無辺際の静寂です。私はまるで、巨大な劇場にたった一人で坐り、みずから一人だけで演じている絢爛たる演技をみつめる王侯のような気持ちです。おわかりでしょうか？

いいえ――何も書くことはありません。

お元気でいらっしゃることを念じます。ほんとによくおなりですか。私は元気で幸せです。

敬具

覚三

戒　告

私が死んだら、
悲しみの鐘を鳴らすな、旗をたてるな。
人里遠い岸辺、つもる松葉の下ふかく、
ひっそりと埋めてくれ――あのひとの詩を私の胸に置いて。
私の挽歌は鷗《かもめ》らにうたわせよ。
もし碑をたてねばならぬとなら、

いささかの水仙と、たぐいまれな芳香を放つ一本の梅を。
さいわいにして、はるか遠い日、海もほのかに白む一夜、
甘美な月の光をふむ、あのひとの足音の聞こえることもあるだろう。

一九一三年八月一日

（大岡信訳、以下同じ）

An Injunction

When I am dead,
Beat no cymbals, no banners display.
Deep in the pine-leaves on a lonely shore,
Bury me quietly — her poems on my breast.
Let the sea-mews chant my dirge.
If a monument they must raise,
Plant me some narcissus, a plumtree of fragrance rare;
Perchance, one distant mist-white night
I may hear her footsteps on the moonlight sweet.

ここには、目前に迫った死を自覚した天心の最後の心境が吐露されているが、このプリヤンバダ・デーヴィー・バネルジーとはどんな女性だったのだろうか。天心の終焉にたどりつく前に、この女性との関係――秘められたラヴ・ロマンス――についで触れておかねばならない。

すでに述べたように、天心は最後のボストン行き（大正元年九月）の際に、インドの美術品購入のために十年ぶりにインドにわたり、旧知のタゴール家の世話になった。このとき、カルカッタのタゴール家や知人宅で出会ったのが、大詩人ラビンドラ

ナート・タゴールの外戚にあたる美しい女流詩人プリヤンバダ・デーヴィー・バネルジー（一八七一～一九三五）である。プリヤンバダ（ベンガル語で「美わしい語り手の」「宝石の声なるJewel-voiced」という意味）は、ベンガルの富裕階級の家に生まれ（母もやはり高名な女流詩人であった）、官立女子大学を卒業して文学士号をもつという例外的に高い学歴をもつ才媛で、十五歳の時から詩を書き始めていたが（生涯に五冊の詩集を出版）、弁護士ターラーダース・バネルジーと結婚後、夫と一人息子を亡くし、母とともに失意と悲哀の日々をおくっていた。

死の一年前の四十九歳の天心の心は繊細な魂を秘めたこの優雅でつつましやかな未亡人（当時四十一歳）に強く惹かれ、プリヤンバダも自分の詩に理解と関心を示してくれる口数少ない『茶の本』の著者に、ほのかな好意を抱いた。天心はインドを発つ日にボンベイから最初の手紙を投函、続けて船上から「玉樹」なる漢詩を添えた第二信を送った。

奥様

強い歓びをもってあなたの詩を読ませていただきました——どれもみな魅力的で、胸にしみこみます。ベンガル語が読めないのが残念です。原語でしたら素晴らしいにちがいありませんのに。……（第一信）

プリヤンバダ・デーヴィーさま

船が岸から遠ざかるにつれて、わけのわからない悲しみに襲われ、もう一度あなたの美わしのベンガルに戻りたいという熱望にとらえられています。

私はいくつか詩作などということさえやりました。中の一つを、お笑い草に写してお見せします。これは道教徒の不老不死の糧、玉華への憧れをうたったものです。それは永久に満たされない憧れでしょうか。それとも、永久に満たされないがゆえに憧れは美しいのでしょうか。（第二信）

「玉樹」（玉華）がプリヤンバダを指していることは言うまでもないが、天心のこのひそかな愛の呼びかけに、プリヤンバダの心は少しずつ開かれ、やがて驚くほどの速さで愛へと高まってゆく（ただし、ボストンの天心に宛てた彼女の手紙は日付のないもの二通しか現存しない）。

玉樹の花びらが一ひら、海を越えて舞いおりてきました――ミルザポールからのあなたのお手紙。それはこのうんざりするほど荒涼とした北米の冬のまっただなかに、光と陽光のありとあらゆる伝言を運んできてくれました。「美わしい語り手の」「宝石の声の」とは、なんとあなたにふさわしい名前をお持ちでしょう。私には自分が、あなたの魅惑の土地の、黄昏のうすらあかりへと飛びたつのが見えるようです。……

どうかあなたの詩の英訳を送って下さい。……どうしてこれらの詩がすてきではないのですか。……一滴の水、蓮の葉をころがる真珠のような一滴の露には、大海そのものと同じ高遠で普遍的な理想の大海が含まれ得ないとでもおっしゃるのですか。あなたの詩で私を深く感動させるのは、人間性をたたえたその妙なるタッチで、それゆえにこそ私はすばらしいというのです。私もまた、これらの詩をやさしく撫で、戯れます。これらは私自身の悲しみ、私自身の歓びです。……

（第三信、十二月三日、ボストンより）

天心はプリヤンバダに彼女の詩を送るように懇願し、その英訳の刊行をすすめ、また彼が書いていたオペラ劇詩『白狐』（「ある男を救うために美しい婦人に化身し、その結果苦悩を得ることになる狐の悲劇」）に彼女の詩を借用したことを伝える。

言葉は思想の寡婦《やもめ》でしかない
黒と白の、なんという冷たい服で装われて！
……

わがひとよ、私にはあなたを捉える術がない
あなたを縛る術がない、言葉によっても韻によっても。
わがひとよ、あなたを捉える術がない
私には術がない、こんなにも私の歌にあなたを編んで、私のものと呼びたいのに

（第六信、一九一三年二月二十日、ボストンより）

病を得てボストンを去る直前の天心の手紙には、確かな手応えをもって女性らしい心を開いてゆくプリヤンバダへの哀訴と自己の人生へのペシミスティックな回顧があらわれる。

……私の過去は、触れることもできない理想、むなしい憧憬を追っての、長い闘争でした。そして今、私はぼろぼろになり、疲れはて、しばしば長い長い眠りだけを欲する状態で放り出されています。私は、自分の殻の中にもぐりこみ、陰惨な歌をうたいたいとよく思います。……

私に好意を寄せてくれる人々の困ったところは、私が人生の重荷を背負いきれない弱虫であることを彼らが認めず、私の力を信頼しているということです。彼らは私が世界に直面するために勇敢さと自恃の仮面をつけているにすぎないこと、一皮むけば、一揺れごとに震えあがる臆病で小心な存在でしかないことを知らないのです。私は恐怖心から誇らしげにふるまっています。私は優しい高貴な方の衣のひだに顔をうずめ、泣いて泣いて泣きたいと思います。私は愛撫され、抱きしめられ、ふらちきわまることをするのを許してもらいたいと思います。……（第八信、一九一三年三月四日、ボストンより）

プリヤンバダも数々の詩に託して愛への憧れを伝え（ボストンに送った二通の日付不明の手紙）、天心への抑えきれぬ感情を率直に表白するようになる（現存する彼女の日付のある最初の手紙は一九一三年五月二十八日付の五浦宛のもの）。

夢の落とし子

腕の中にそなたを抱いて私は目ざめる。瞳からの光の愛撫で、そなたを目覚めさせる。心臓のかたわらにそなたを抱いて、私はまどろみ、私は夢みる。燃えるような日がな一日、くりかえしくりかえし、私はそなたにわが生命の聖らかな乳を与え、そなたをあやす。そなたを永遠《とわ》に生かすために。

一九一三年四月九日作

降伏

そなたがたとえ、手甲で固めたこぶしをもって私の門をたたいたとしても、きっと門は、屈服せず、そなたと力を競っただろう。
けれども、ためらいがちにそなたは触れてきた。子供のようにやわらかく、甘美に、まるで母の部屋の中へ入れてくれというように。ああ、いったいどんな女が、このようにやさしい願い、祈りをささげる手のささげものを拒むことができるだろうか。……

一九一三年五月四日作

取り消し不能

すべての想いは飛びたち、あなたを探した。張りつめた弓から放たれた矢のように。ああ、それらはもう決してもどってはこない。私の心のからっぽの震えを満たすことはない。

一九一三年五月一日作、五月二十八日

五浦に戻った天心は、彼女に病が重くなっていることを告げる。日本からの（主として五浦からの）手紙は、これまでの「奥様（Dear Lady）」という呼びかけにかわって、さまざまな詩的な呼びかけで始まるようになる――「たそがれ漂いくる芳香なる人に（My dear Fragrance-that-comes-in-the-Twilight）」「名前なき名の君なる人に（My dear One of the Nameless Name）」「水の中の月なる人に（My dear Moon in the Water）」「無数の名前なる人に（Dear One of Myriad Names）」「月の霊に（Dear Moon-Soul）」「宝石の声なる人に（Dear Jewel-voiced）」「蓮の宝石なる人に（Dear Jewel of the Lotus）」。

天心は、プリヤンバダに比べて言葉少ない手紙の中で、彼女から送られた「魅惑的な写真」を歓び、その「清らかに澄んだ月のような魂」を讃え、自分が見た不思議な夢（彼を天空高く連れ去る鳥＝プリヤンバダ）について語る。また彼女からの問いに答えて、自分の人生や家族のことを教え、馴初めの印象を回想し、海での釣りの生活や完成した龍王丸のことを語り、英語による意志疎通の難しさを訴えながら、迸り出る思いを詩に込めて書き送った。

告白

いにしえ、私は愛した、
あるいは、愛したと夢みた。
無益な歌の花束を編んで
美わしの乙女にそれを投げかけた。
まがいものの黄金の中に小石を詰め、
思いあがったわが額に、高々とそれをかかげた。

だがひとたびそなたの前にあれば、わがリュートは啞となり、
わが想いの花に弦を張る勇気もない。
わが卑しい声を張りあげる必要もない、おお、わが宝石よ、
海も星も、あげてそなたをたたえて歌っているのだから。

六月二十四日（第十五信、一九一三年七月七日、東京より）

一方、プリヤンバダは、天心の数倍に及ぶ分量の毎回の手紙の中で、愛の喜びと不安、希望と意気消沈のあいだを揺れ動きながら、自分自身や詩について謙遜して語り、詩作の秘密をあかし、日々の生活の模様をこまごまと書き綴る。また天心の病気を、自分の健康をそこねるほどあれこれと心配し、天心からの手紙が少ないことに不満を述べ、ときにはユーモアをこめて「あなたは私がいつの日か、燃える溶岩を噴出させ、あなたのブドウの木を、そしてあなたもついでに埋めつくしてしまうかも知れないのが、恐ろしくはありませんか」などと書く。手紙のなかで抑制された感情は、天心と同じように詩の中に奔出した。

しかし、到着に一ヵ月を要する秘められた書簡が五浦とカルカッタを往復するうちにも、天心の人生の終焉は確実に近づいていた。そして、八月二日、最初に引用した辞世の詩「戒告」を添えた手紙（第十七信）が書かれるのである。

続く八月十一日の手紙で、天心はプリヤンバダや彼女の母スレン（スレンドラナート・タゴール）の一家に羽織や帯、浴衣を送る旨を記している。最後の手紙（第十九信、八月二十一日）は、天心の死の十日前に、赤倉から発送された〔図7〕。

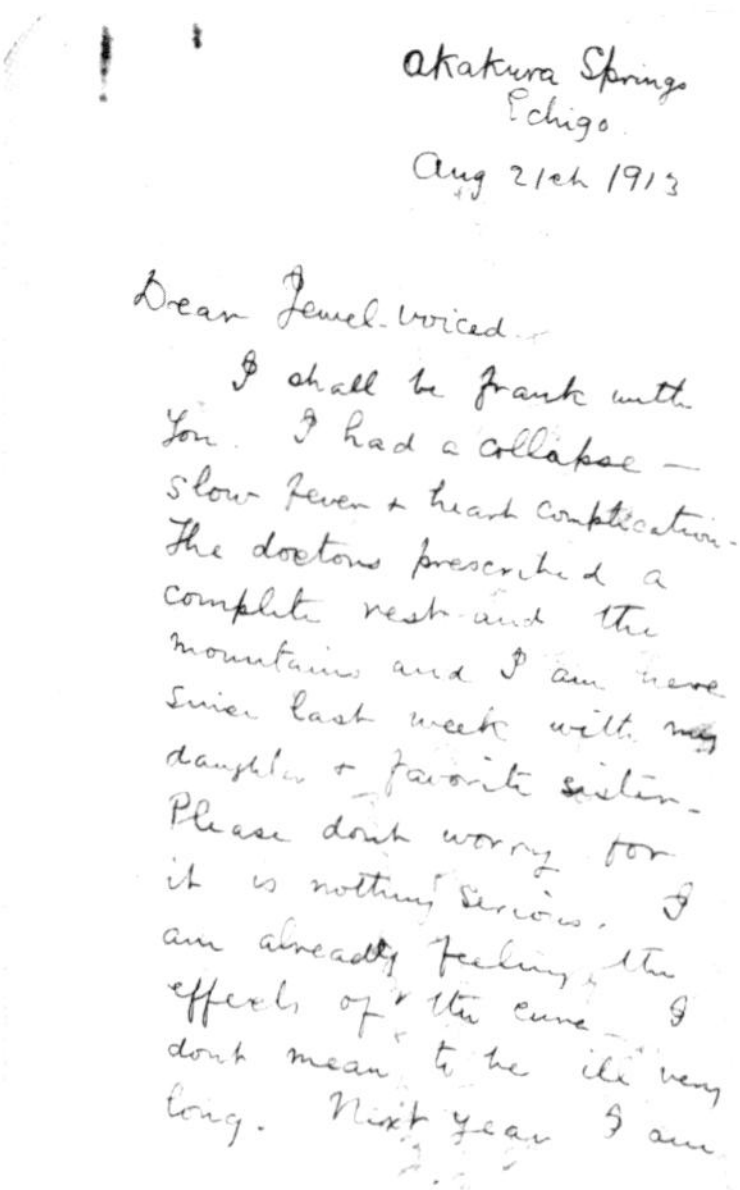
Akakura Springs
Echigo
Aug 21th 1913

Dear Jewel-voiced—
I shall be frank with you. I had a collapse— slow fever & heart complication. The doctors prescribed a complete rest and the mountains and I am here since last week with my daughter & favorite sister. Please don't worry for it is nothing serious. I am already feeling the effects of the cure. I don't mean to be ill very long. Next year I am

天心（大正2年8月）

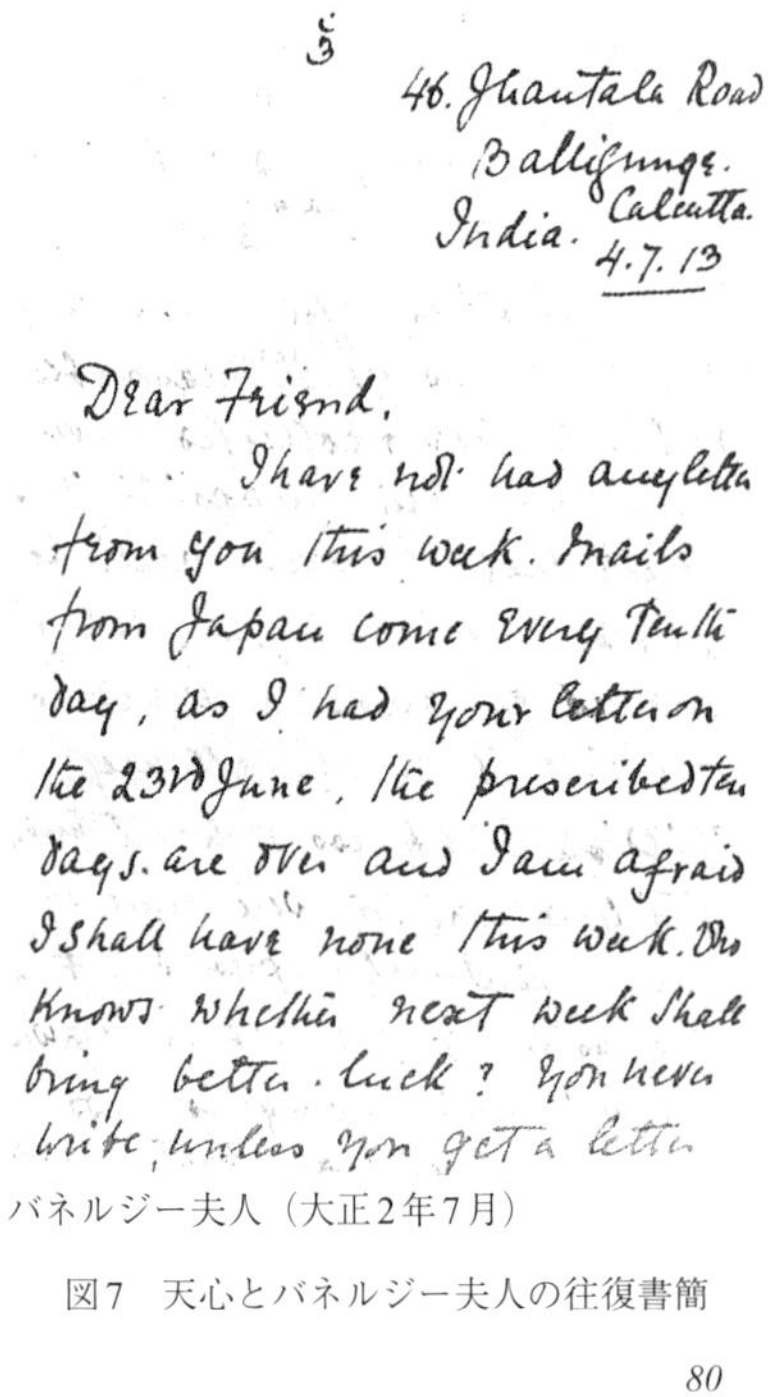
46. Jhautala Road
Ballygunge.
Calcutta.
India. 4.7.13

Dear Friend,
I have not had any letter from you this week. Mails from Japan come every tenth day, as I had your letter on the 23rd June, the prescribed ten days are over and I am afraid I shall have none this week. Who knows whether next week shall bring better luck? You never write, unless you get a letter

バネルジー夫人（大正2年7月）

図7　天心とバネルジー夫人の往復書簡

宝石の声なる人に

包みかくさず申しましょう。私は寝込んでしまいました。微熱と心臓障害のためです。……

今まであれほど頑健さを誇っていた私が、人生のよろこびを味わい始めるにいたったまさにその時、病《やまい》に倒れるとはなんたる運命のいたずらかと思います。多分、若い時分に野蛮で向こう見ずなことばかりしてきたことへの罰でしょう。けれども、私は完全に宇宙と仲良くやっており、それがこのごろになって私に与えてくれたものに対して、感謝、ええそうです、たいへんに感謝しています。私は完全に満足しています。あばれだしたいとさえ思うくらい幸福です。私はここまでもぐりこんで来て、枕のまわりでうずをまく雲に笑いかけます。……

天心の最晩年にプリヤンバダとの間に交わされた手紙は、日本では長い間知られずにきたが（タゴール家の内輪でのみ「天心のラヴ・レター」として知られていた）、一九五五年にインドのビッショ・バロティ大学（通称タゴール国際大学）の英文季刊誌に天心の手紙十九通が受取り人の名を伏せて公表され、春日井真也、岡倉古志郎両氏によって日本にも紹介された（最初の紹介と邦訳は、岡倉古志郎「インドの友へ――天心の未発表書簡について」『群像』第十三巻第四号、昭和三十三年）。その後、平凡社版『岡倉天心全集』の編纂過程で、天心の弟岡倉由三郎の子孫の家に伝えられる遺品の中からプリヤンバダの十二通の英文の手紙が発見された。こうして、天心の没後六十余年を経て、二人のあいだの秘められた魂の交流の全貌が明るみに出され、天心の晩年の人間像に新しい光が当てられることになったのである。

終焉とその後

八月七日の古社寺保存会で倒れた天心は、しばらく東京で療養した後、十六日に家族とともに赤倉山荘に移った。二十一日のプリヤンバダへの最後の手紙はこの時に病床で書かれたものである。遺書はすでに前年の渡米前（六月十六日）に書かれて弟

図8　五浦の天心の墓所

の由三郎に託され、妻や子供（私生児の和田三郎も含む）への財産分与が定められていた。

二十四日、天心は心臓発作をおこし、二十九日には腎臓炎による尿毒症を併発して重体におちいった。翌日から長男一雄夫妻、弟由三郎、弟子の大観、観山、武山、紫水らが次々と東京から駆けつけた。重態の苦しみのなかでも意識は確かであったが、「神さま、あなたのなさることには感心できないことがある」という言葉を最後に、三十日には昏睡状態となり、九月二日午前七時、ついに永眠するのである。享年五十（数え年五十二歳）であった。

翌三日、遺骸は遺族や弟子たちに守られて東京に移送され、橋本雅邦（故人）宅に安置。九月五日、谷中斎場で葬儀が営まれ、染井墓地（東京都豊島区）に埋葬された。法名は道教式で「釈天心」、墓も早崎稉吉の考案で道教式の土饅頭型の墓が築かれた。九月末には、五浦の天心邸の向かいの土坡に同じ形式の墓がつくられ、分骨が行なわれた。息子一雄の回想によれば、この時未亡人の基子は、懐から星崎波津子（天心のかつての愛人）の写真を取り出し、「この人も不運な人でした。ここに葬ってあげることが、ほんとうに所をえたものでしょう」と言って、墓の中に埋めたという。

我逝かば　花な手向けそ浜千鳥
呼びかふ声を印にて
落葉に深く埋めてよ
十二万年明月の夜
弔ひ来ん人を松の影

五浦の海を見おろす簡素な丸い墓は、天心の辞世と伝えられるこの歌（プリヤンバダに送った「戒告」のヴァリエーション）に込められた遺志を、そのままに生かしている〔図8〕。

十一月十六日には、東京美術学校で学界・美術界の関係者三百余人を集めて追悼法要が行われ、浜尾新、九鬼隆一、横山大観が弔辞を読んだ。なかでも天心の長年の上司であり良き理解者であった浜尾新の長大な追悼文は多くの人びとの感銘を呼んだという。

一方、アメリカのボストンでは、それに先立つ十月二十日、イザベラ・ステュワート・ガードナー夫人の主催で、その邸宅兼美術館フェンウェイ・コートの音楽堂において天心追悼礼拝が行われ、天心の劇詩『白狐』抜粋、道教や仏教の教典、タゴールの詩が朗読されて故人が偲ばれた。また同年十二月刊行の『ボストン美術館紀要』には、長年の友人ビゲローとジョン・エラートン・ロッジ（天心の没後に中国・日本部長となる）の連名で長い追悼文が寄せられた。そこでは、天心が日本とアメリカでなした美術教育家・学者としての全業績が紹介され、「東洋美術の偉大な学者」「簡潔な力強い英語表現」と「天才的単純性」、鋭く健全な判断力をもった「独創的著者」、そして百科全書的博識の持ち主として讃えられ、次のように結ばれている。

彼は有名なキップリングの「東は東、西は西、互いに相見ることなし」の詩句をまったく無効にしてしまった。東と西は岡倉覚三において出会ったのである。

（堀岡弥寿子、前掲書）

天心の葬送後、大観と観山を中心とする弟子や関係者のあいだでは、天心の遺志を引き継ぐために、五浦の地で朽ちはてていた日本美術院を復興する話が急速にもちあがった。大観の奔走によって、谷中上三崎南町の前東京美術学校長久保田鼎の邸跡が大観・観山名義で購入され、翌年の天心一周忌の日（大正三年九月二日）に再興日本美術院として開院式が挙行された。設立の中心となった経営者・同人は、横山大観、下村観山、木村武山、安田靫彦、今村紫紅、小杉未醒の六名、これに院友二十余名（速水御舟、富田渓仙、小野竹喬、堅山南風、中村岳陵、飛田周山など）、研究会員約九十名が名を連ねた。この再興日本美術院

（当初は邦画・洋画・彫刻の三部を置く）が、その後種々の曲折を経て今日まで継承されていることは周知の通りである。

最後に、天心没後の五浦について一瞥しておこう。

天心の没後、五浦の天心邸には未亡人基子が十年ほど暮らしていたが、大正十三年（一九二四）八月に基子が病没すると、翌年五浦の邸は娘の（米山）高麗子に相続され、天心の忠実な船頭であった渡辺千代次の一家がそこに住んでいた。その後、渡辺一家も出て、天心邸はしばらく無人の状態で荒れはてていたが、昭和十七年（一九四二）に大観が発起人となって財団法人岡倉天心偉績顕彰会（理事長横山大観、専務理事斎藤隆三）が設立されると、同顕彰会の名義に変更された（この間に、奥の間、離室、湯殿等は取り毀され、現在の母屋だけが残される）。顕彰会への移管後、戦後はしばらく高麗子が独りで住んでいたが、昭和三十年（一九五五）七月、茨城大学の申し出により同偉績顕彰会より大学に土地・家屋一切が寄付され（米山高麗子は同年十二月逝去まで管理人とされる）、翌年より六角堂と邸宅を含む天心遺跡は茨城大学五浦研究所として継承されることになった。

大学移管後、六角堂と天心邸は二度にわたって補修工事が施され、また昭和三十七年（一九六二）の天心生誕百周年を記念して彫刻家平櫛田中が制作した《五浦釣人》像の寄贈申し入れを受けて、昭和三十七年十二月に「天心記念館」が着工され、翌年三月に完成。十一月五日、平櫛田中、富田幸次郎夫妻、奥村土牛らを迎えて、開館式と除幕式がとりおこなわれた。

同じ昭和三十八年八月、五浦研究所の名称は茨城大学五浦美術研究所と改称され、さらに昭和四十五年十二月には茨城大学五浦美術文化研究所と改められて、今日に至っている。

明治・大正期の五浦と北茨城

小野寺 淳

岡倉天心の目に映った五浦の風景

岡倉天心がはじめて五浦の地を訪れたのは、明治三十六年（一九〇三）の五月初旬頃であったという。案内役をつとめた弟子の飛田周山は、その時の様子を次のように回想している。

私の郷里〔北茨城市磯原〕の近くに五浦といひまして、五ツの浦を為して居る所で、人里から全く離れた隠れた景勝の地があると申しましたら、それでは帰りがけにそれを見ようといふことで、綴《つづら》の駅で汽車を降り、勿来《なこそ》の浜から、平潟、長浜の白砂を徒歩で悠々と運び、草を踏み分けて、五浦の地までやつて来ました。（斎藤隆三『日本美術院史』）

天心と周山は海岸線綴駅を降り立った。海岸線とは、三年後の明治三十九年十一月一日に国有化された常磐線のことである。湯本・平間の綴駅では遠すぎるので勿来駅の誤りではないかとする説もあるが、ともかく二人は雄大な太平洋を左に眺め勿来の浜を南下し、おそらく安永四年（一七七五）に開削された平潟洞門をくぐって平潟に入ったであろう。平潟港は大原幽学が「まれなる景色の良いところ」（北茨城市史編さん委員会『図説北茨城市史』北茨城市、昭和五十八年）と評したほど、深い入り江の天然の良港であった。江戸時代の平潟は棚倉藩領ではあったが、棚倉藩のほか仙台藩の陣屋も置かれ、河村瑞軒の東廻り航路の寄港地となり、鈴木主水が浦役人を勤めた。両藩の庇護のもと廻船業を営む豪商が生まれ、また棚倉街道を通って福島中通り地方や会津地方へ塩などを移出する港町として繁栄した。明治期も海岸線が開通するまで、平潟は石炭などの積出港として賑わったが、天心と周山が訪れた頃は、昔日の繁栄を失いつつあった。天心と周山は平潟から長浜の砂浜海岸を通り、岩石海岸の五浦まで草を踏み分け道なき道を登った。

五浦に到着して二人が目にしたものは、「前面は怒濤躍る荒海、背後は松の生ふる丘陵の起伏」であった。周山はすかさず、ここは「自然荒廃に委ねられて居た所です」と天心に説明したところ、周山の心配をよそに天心は「中央の草原にドッカと腰を下ろし、これはよろしい、ここにきめます。飛田サン、スグに此処を買って来て下さい」といったという。五浦は太平洋の荒波を一望し、阿武隈高地東縁の小さな入り江を幾つも持つ岩石海岸である。日本美術院の移転先は、こうして風光明媚な景勝の地五浦に決まった。

景勝の地五浦海岸――岩石海岸の造形美

阿武隈高地の東縁を縁取る海岸線は、湾入部の砂浜海岸と岬部の海食崖をもつ岩石海岸が交互に繰り返される。岩石海岸の五浦も、北の長浜と南の大津の二つの砂浜海岸に挟まれ、変化に富んだ景観を見ることができる。岩石海岸は岬先端はもちろん、入り江の奥まで波が岩肌を洗い、また海食崖の崩落もみられる。五浦海岸の海食崖の高さは三〇メートルを超えるところが多く、大五浦、小五浦のような出入りの激しい海岸線が約三・六キロメートルに及んで連なる。

大津・五浦間の海食崖は多賀層群の砂岩や砂質泥岩の岩壁から形成されている（早川唯弘・遠藤康「常磐海岸南部における海岸侵食と海食地形の発達」『茨城大学教育学部紀要』〔自然科学〕第四十四号、平成七年）。北部には亀磯、端磯、貉磯、中磯、棚磯と呼ばれる波食棚が多くみられ、これらの波食棚は第三紀層中の石灰質の地層が侵食されて形成されたものである。昭和七年に発行された観光用地誌書の市原陸郎著『大津みやげ』（鳥居政次発行、昭和七年）に掲載されている「大津町近郊略図」〔図1〕には、これらの波食棚などが記載されており、すでに名所の一つとなっていたことが知られて興味深い。また蛇頭のようなキノコ型の離れ岩もみられ、五浦海岸に彩りをそえている。これらは石灰質の下位の泥炭層が選択侵食されて形成されたもので、地形用語ではマッシュルームスタックと呼ばれる。

五浦海岸は海食崖であるため常に侵食に曝されている。とくに南東に面した海岸線では、侵食が顕著である。また岬先端も侵食され、鵜島の鼻周辺はかつては緩やかに突出していた。岬の南部の湾入が形成されたのは、地形図によると昭和八年（一九三三）から二十六年の間であった。鵜島の鼻と戸倉の岬の間（沼ノ田）にはわずかに突出した岬がみられたが、現在は湾入となっている。また手掛の鼻は侵食により昭和四十年頃にはなくなったといわれている。

このように現在は小さい湾入部が後退し、岬先端の侵食がみられるが、岡倉天心が五浦に居住した時代には現在ほどは入り江は奥深くなく、岬先端の侵食も進んではいなかった。当時の五浦海岸はまた、入り江の内部に椿磯のような小さな岩礁が数

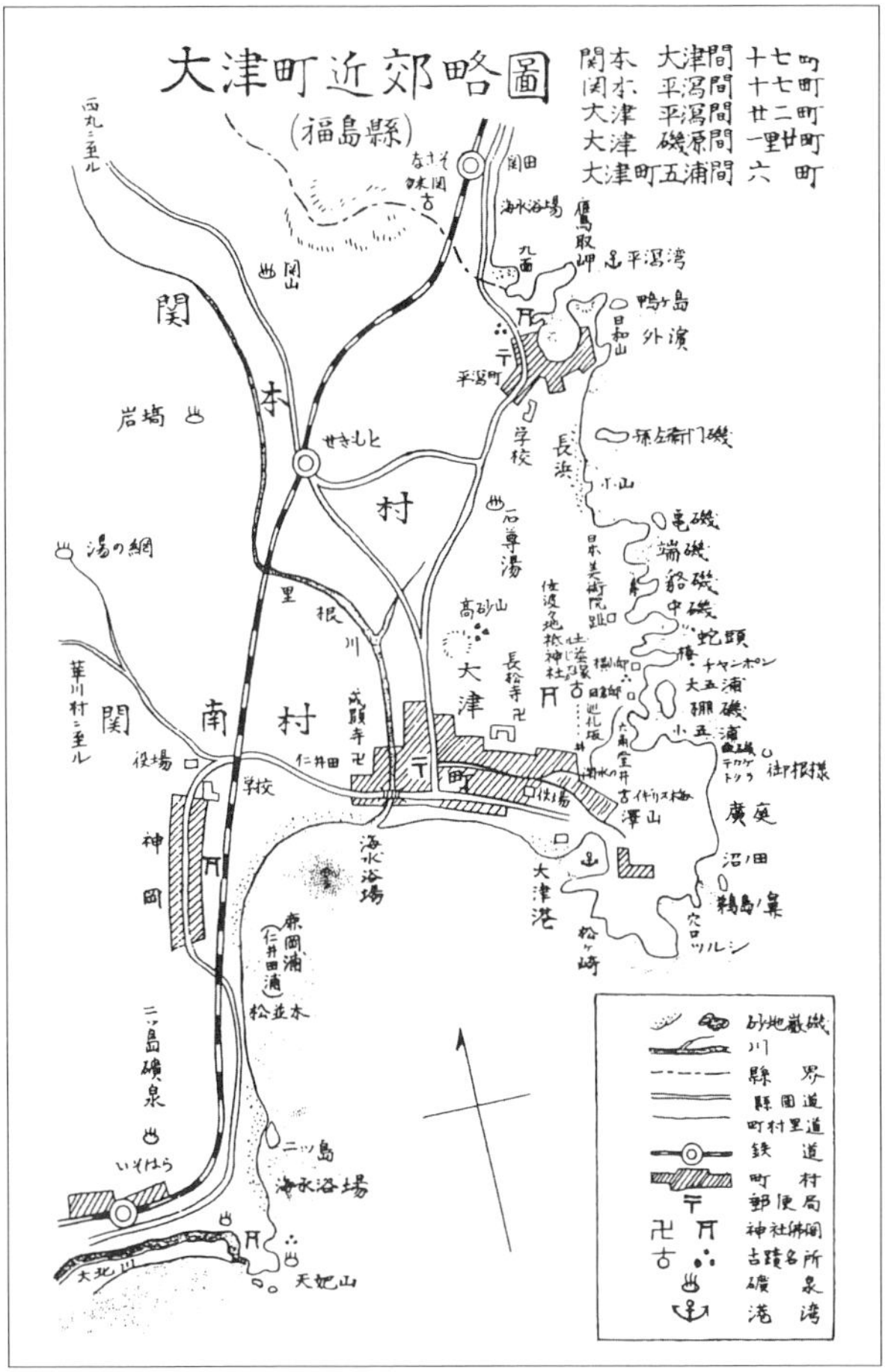

図1 「大津町近郊略図」（『大津みやげ』鳥居政次発行、昭和7年）

多くあったと考えられる。こうした海岸線の変化は暴風雨などにより、波が入り江の最深部の崖を削り取り、入り江内部の堆積物が外洋へ運ばれたためである。六角堂も建築されてから九十年近くが経過し、六角堂の建つ岬もまた侵食にさらされたため、平成三〜四年には護岸工事を行わなければならなかった。

大津町と五浦を結ぶ道——現世と理想郷

江戸時代、五浦の地は多賀郡大津村に含まれ、水戸藩附家老中山家が拝領した知行地松岡領に属す村であった。大津村の明治初年の石高はわずか三百六十五石余りであったが、石高にくらべて戸数は多く三百戸余り、人口も千五百人に及んでいたように、大津村は農業よりも漁業や商業で生計をたてる者が多かったことがわかる。

文政七年（一八二四）五月二十八日、大津村を歴史上有名にした事件が起こった。イギリスの捕鯨船が大津沖に停泊し、異人十二人が大津浜に上陸したのである。水戸藩は会沢正志斎と飛田逸民を通訳として派遣、幕府も役人を急ぎ派遣した。取り調べの結果、異人上陸は食料の補給のためとわかり、無断上陸を責めつつも食料を与えて戻した。こうして事件は穏便に解決したが、幕府や水戸藩に大きな危機感を抱かせ、翌年には異国船打払令が出される契機となった事件であった（北茨城市史編さん委員会『北茨城市史』上巻、北茨城市、昭和六十三年）。

写真は松岡領中山家に仕えた高橋家所蔵の「大津村絵図」（茨城県立歴史館蔵）である（図2）。高橋家に村から提出された絵図ならば清絵図でなければならないが、この絵図は下図である。おそらく郡奉行を勤めた高橋家の先祖が作成、あるいは作成を命じた絵図の下絵図とみるのが妥当であろう。作成年は記載されておらず、年代推定も難しいが、高橋家が郡奉行を勤めた幕末から明治初年頃の絵図と推定される。この絵図には大津村から隣村への里程が記され、耕地の分布を図示することに主眼があり、大津村の地形や耕地の状況が詳しく描かれている。

絵図の中央には神社と記された森が描かれている。この森は唐帰山の上に鎮座する佐波波地祇神社である。佐波波地祇神社は海上からの船の位置を知るための目当てともされ、漁民や船乗りの信仰を集めてきた。水田は村の西境となる里根川の沖積地と、丘陵上から東へ流れ出る小河川の狭小な谷津田である。畑は丘陵の狭い段丘面に開かれており、絵図では段々畑のように表現されている。起伏に富んだ海岸線を描き、椿磯には岩礁が数多く描かれている。

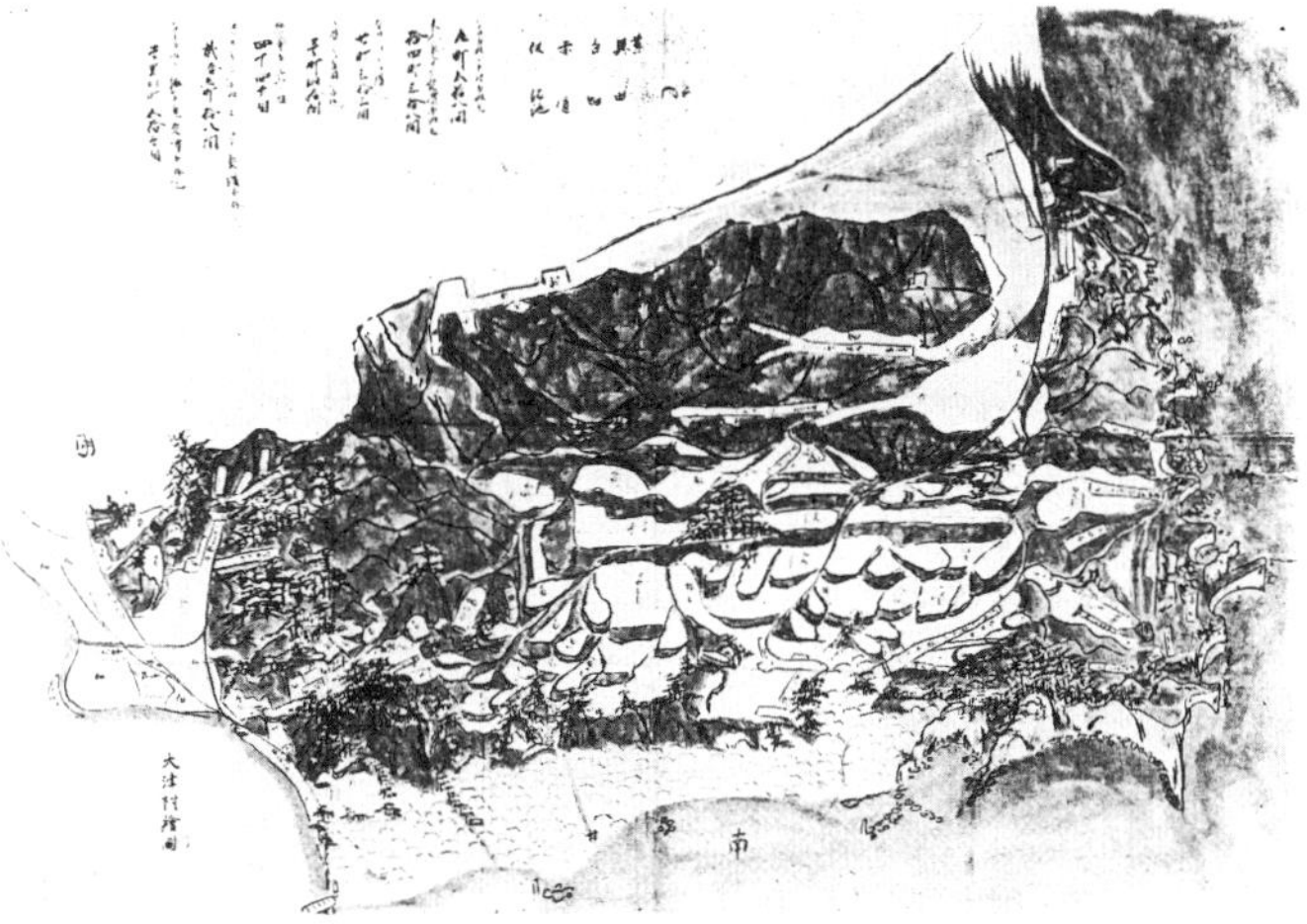

図2　「大津村絵図」（高橋家所蔵、茨城県立歴史館）

五浦へ向かうとき、天心は関本駅（現在の大津港駅）からどのような道を通ったのであろうか。現在ならば大津の市街地から海岸沿いに迂回する道路ができているが、当時は陸前浜街道からの里道や峠道を越えねばならなかった。当時の道を、大津村絵図、明治期の地形図、空中写真をもとに推定した上で、実際に古道を歩いて復原を試みた（図3）。五浦への一般的な道は、大津町の東端から標高五〇メートル足らずの峠を越えて、人家がまばらに建っている段丘の縁をたどりながら下る里道であった。しかし、この里道は昭和初年に改修されて町道となり、一部は昭和五十二年から五十五年にかけての土地区画整理事業で宅地化したため、今は昔日の面影がみられない（中川浩一「天心五浦隠棲当時の道を調べる」『茨城大学五浦美術文化研究所報』第十二号、平成元年）。

もうひとつの生活道は、丘陵上に道しるべと漂着民の無縁仏を祀る石碑がひっそりとたたずむ通称無縁様を経由する峠道である。この道は段々に形作られた畑を耕作しに行く生活道であるが、無縁仏が眠る黄泉の世界への道でもあったろう。大津の町の東端から巡礼坂（行者坂とも）と呼ばれる小道を登って無縁様へ出る道、佐波波地祇神社から東へ畑を横切って無縁様へ向かう道があり、無縁様からは大津・五浦を見渡すことができた。無

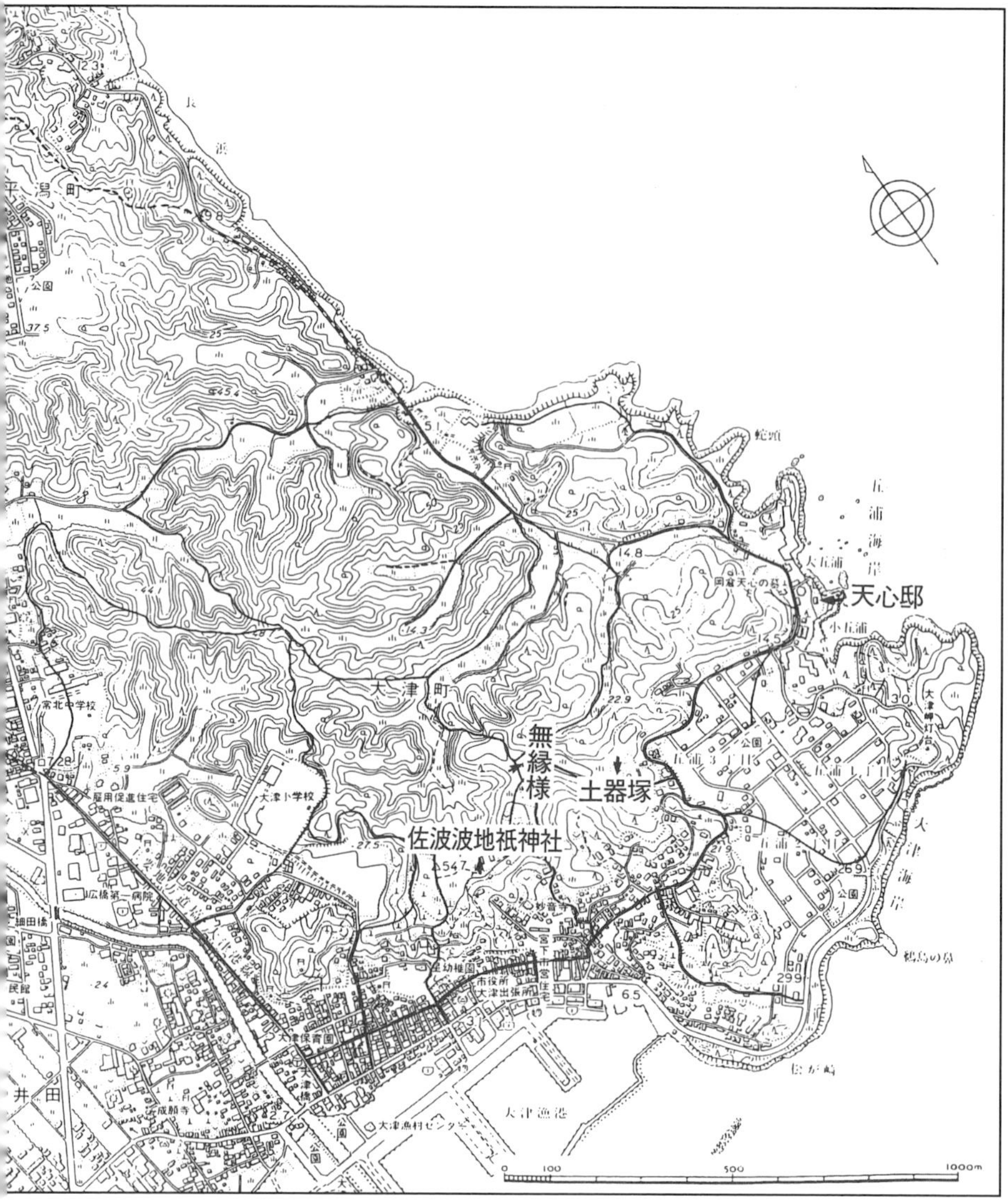

図3　明治後期における大津・五浦の道（「大津村絵図」、明治41年測量50000分の1、昭和50年測量空中写真、平成3年測量2500分の1ならびに現地調査より、10000分の1地形図上に古道を復原）

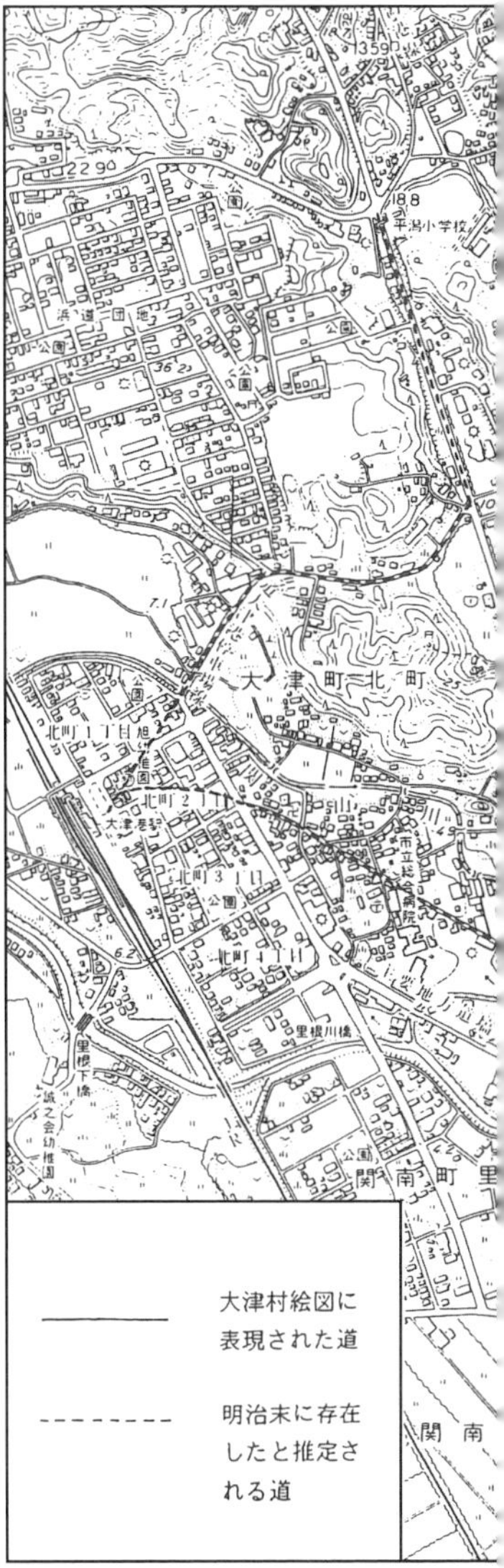

縁様から五浦へは土器塚《かわらけ》を通って町道へ下るか、谷津田沿いに下って日本美術院の北へ出る道があった。天心や画家たちは、今は草むらに埋もれた古道であるが、眺望のよい無縁様を経由する峠の道を好んで歩いたのではなかろうか。理想郷五浦と現世大津町を往来するがごとくに。

大津・五浦の漁業と天心——遊食の楽しみ

天心と周山がはじめて五浦を訪れた後、さっそく周山は天心の住居として、実業家柴田稲作が残した観浦楼を周山の父親名義で購入している。柴田稲作は文政元年（一八一八）二月に多賀郡川尻村で生まれ、北中郷村木皿の柴田家の養子となり、華園、楊舟と号して絵も嗜んだ文化人であった。また五浦湾の気象や潮流を十一年間観察し、鮑《あわび》漁を盛んにするとともに、明治十四年（一八八一）には明治政府の許可を得て海岸を削って道を通し、岩礁を削り漁船の繋留を可能にした。柴田稲作は明治十七年頃には五浦に観浦楼と称した住居を構えたが、二十一年六月に没した。

この柴田稲作の遺した観浦楼を、周山は明治三十六年八月一日付けで天心名義に変更し、後部に風呂場を建て増して天心の住居としたのである。三十八年には、観浦楼の改築を行うとともに、六角堂の建築が行われた。六角堂には明治三十八年六月の棟札が今も残されている。三十九年十一月九日には横山大観、菱田春草、下村観山、木村武山の四人の画家が家族ともども五浦に移り住んだ。日本美術院は蛇頭の岬を前にした椿浦の上に建てられ、三十九年秋から大正二年まで、景勝地五浦にあった。

天心をはじめ四人の画家やその家族の食料品や日常生活品は、おもに大津町で購入されたであろう。大津は水戸藩の学者青山延寿が「社の下には人家が並び、煙や火の色がにぎやかで、実にわが藩の一小都会である」（山川菊栄「青山延寿『遊常北日記』」『茨城県史研究』第十二号、昭和四十三年）と形容した港町である。日本美術院時代の大津町の戸数は約七百、平潟の戸数は約四百二十である（「茨城県農業統計」）。鰹、鰯、鰤、鮟、鯵などが水揚げされ、これらの漁獲物は水戸や常陸太田はもとより遠く江戸まで運ばれた。とくに一本釣りの鰹漁が盛んであり、鰹節に加工された。大津港の「常州大津節」、平潟港の「奥州平潟節」と並び称され、諸国に知られた産物であった。こうした鰹漁で賑わう漁港の活気に触れ、五浦滞在中の天心は大津の漁船を雇い、鰹釣りにでかけたという。

しかし、鰹漁は明治四十年代には衰退期に入り、日本美術院時代の五浦は採鮑の全盛期であった（『北茨城市史』下巻、昭和六十二年）。もともと鮑漁は盛んであったが、文久元年（一八六一）に鉄伝七が乾鮑を作り、慶応二年（一八六六）には柴田稲作が水戸藩御用生産係となって乾鮑の改良を行なった。明治十五年（一八八二）には鮑缶詰製造工場が設立され、三十五年の採鮑量は一万四千三百五十貫にものぼり、その三分の一が乾鮑に加工された。

天心もまた、このような採鮑漁を目にし、新鮮な鮑を食したことであろう。鮑のほか、五浦海岸ではカジメ、ワカメなどの海草が繁茂し、アイナメ、ドンコなどの磯魚を楽しむことができた。風景の美しさに恵まれ、魚介類に舌鼓をうち、俗世から隔絶した五浦の地は、近代日本美術の夜明けを迎えるに最もふさわしい場であったといえよう。

天心と建築

後藤 末吉

岡倉天心が晩年の約十年間を生活の本拠としていた五浦には、天心が自ら設計して施工させ、それを利用した建物が残っている。天心ゆかりの地は他にもあるが、建物が現存するのは五浦のみである。この建物と、それに関わる諸記録を検討することによって、建築に関する天心の考え方を探ってゆきたい。

一 天心の設計した建築

六角堂

五浦の観光名所となった感がある六角堂は、茨城県北茨城市大津町五浦七二七—二（現在茨城大学五浦美術文化研究所敷地）にある〔図1〕。太平洋に面し、東側の大五浦、南側の小五浦の二つの湾の境に突き出した岩盤の上に、赤い六角堂が立つ様は、極めて印象的である。

六角堂は高さ一メートル余りの六角形基礎の上に立つ木造瓦葺で、一辺六尺の正六角形に床の間が附属し、三坪の面積である。

長年月風雨に曝され、損傷の目立ったこの建物は、昭和三十年、他の建物、土地と共に茨城大学で管理するところとなった。小修理を何度か施した後、昭和三十八年に大改修をして現在の形となったものである。この時の改修は、六角堂の土台、柱、桁、

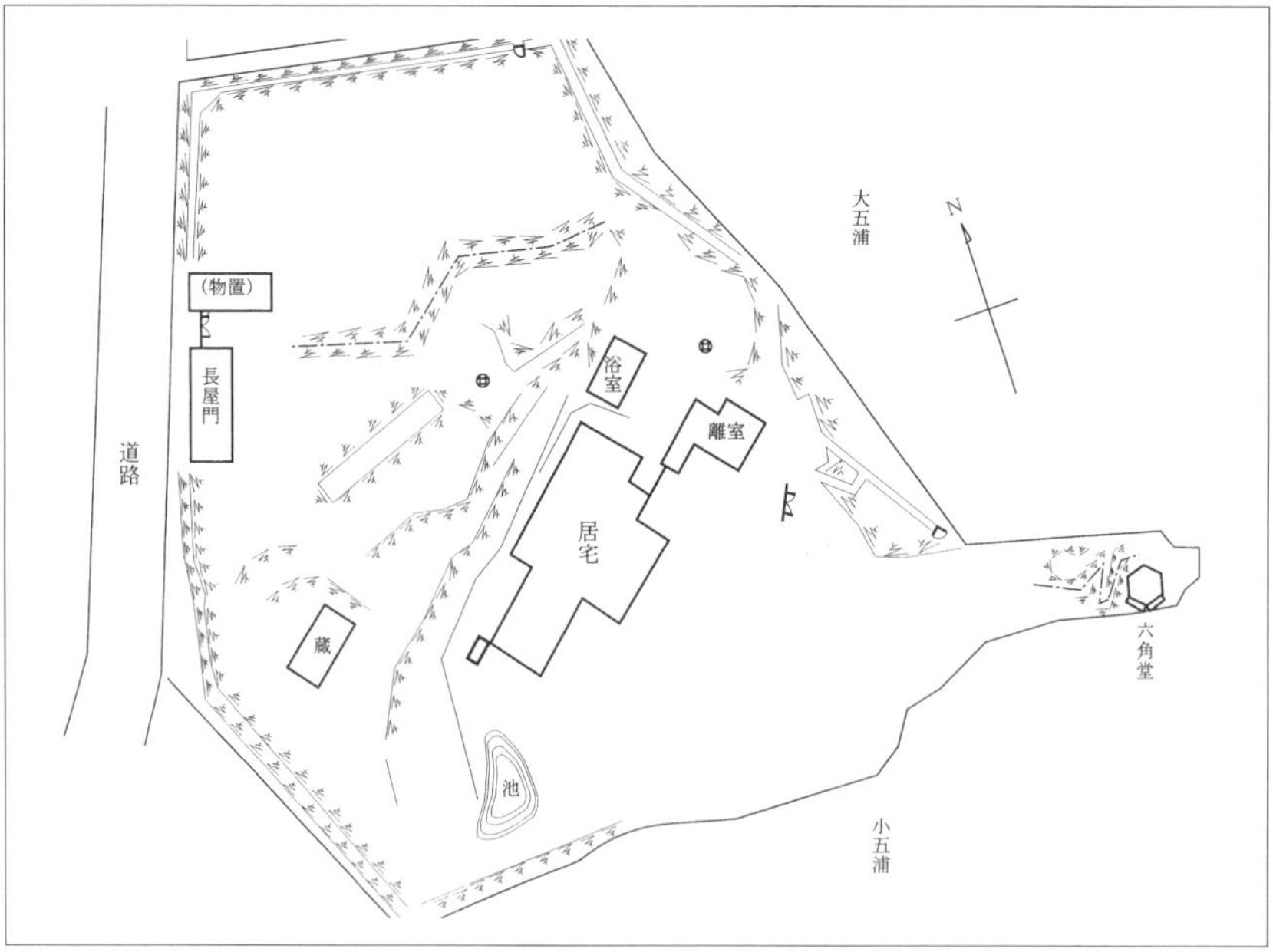

図1　天心邸家屋配置図（明治40年頃。土地道路は昭和30年の測量に基づく）

梁を残し、他を新材に替えている。

改修時に発見された棟札には、次の文字が天心の自筆で記されている。

茲に明治参拾八年六月吉辰　常陸国大津町五浦の
海に面して六角形観瀾亭子壱宇を造立す
主人天心居士　大工平潟住小倉源蔵

この棟札により、建築時期、建築施工者名が判明する。

建築当初の頃の六角堂の写真は、それほど多くは残っていない。また堂そのものを大写しにしたものは無い。六角堂の東側平地は、数メートルに過ぎず、堂の全容をカメラに収め得る距離ではない。南北は人一人が通れる余地を残すのみで、切り立った崖が海に裾を洗われている。西側は、堂のすぐ側から登る急崖である。このため六角堂を大写しにするには、湾を隔てた南北の高台から、望遠レンズで撮影するか、近くの岩礁から仰角で写すしかない。殆どの写真が、六角堂を点景的に写しているのは、このような地形的条件による〔図2〕。

これらの写真と現状を比較すると、外観上若干の差が見られる。当時の写真により確認できるものとして、当初南側に出窓があったものが、昭和三十八年の改修時に、他の三面と同じく総ガラスの引違窓になったことである。

内部については、当初の写真がなく、現状との比較はできない。ただ、昭和三十八年以前に六角堂へ入った経験を持つ数人の証言によると、六角堂の床は板（平成二十三年までは台形の畳を八枚敷いていた）で、中央に六角形の炉が切ってあったという。炉の大きさは不詳であるが、茶室の炉が一尺五寸角であることから推して、六角形の一辺八寸、径一尺六寸程度であったと思われる。昭和三十八年改修の際の設計では、床は炉を省いた板張とし、うすべりを敷く計画になっていた。施工の段階で畳敷となったものである。（その後東日本大震災の大津波で流出し、翌平成二十四年当初の姿で復原再建された。）

窓は、中桟のない総ガラスの引違で、これは当初からその形であった。ガラス戸の内側に鴨居、敷居が設けられて、障子が入るようになっている。当初の写真で、障子が入っていると断定できるものは無い。

図2　大正時代の六角堂（南面）

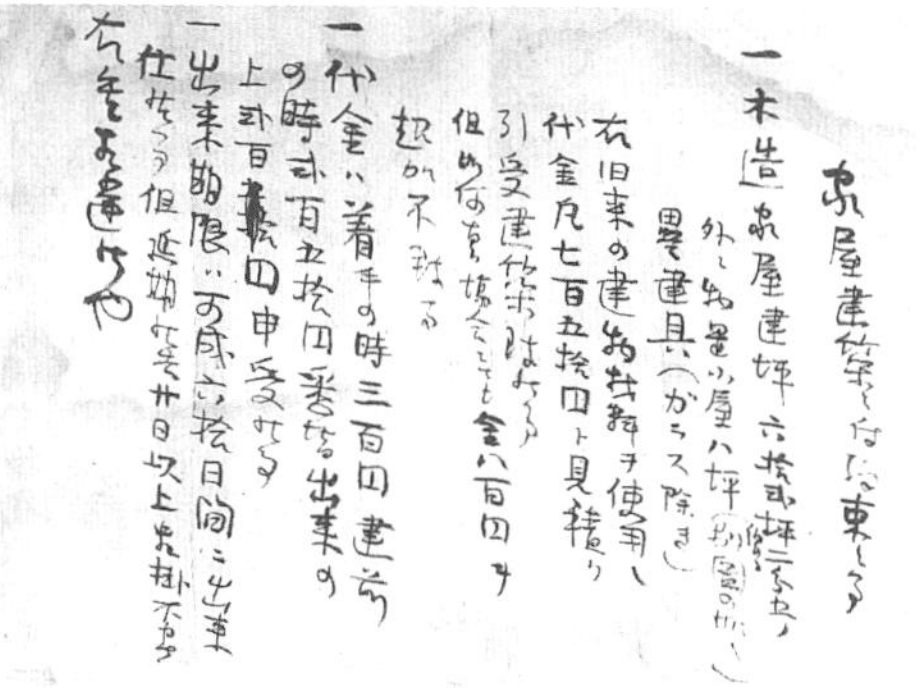

図3　天心が示した契約書の見本（明治38年）

居宅

現在茨城大学で研究室として保存しているのは、かつての天心居宅の一部である。昭和三十年の受入時に、登記簿上四十八・二八坪、実面積四十六・一八坪であったこの建物は、天心在世中には、主屋、離座敷を併せて一百余坪という広大なものであった。

建築の経緯を見ると、明治三十八年に、旧観浦楼[1]の古材を使用して、現在地に建てたのが最初である。この時、大工の小倉源蔵との間に交わした契約書の見本〔図3〕によると、建坪六

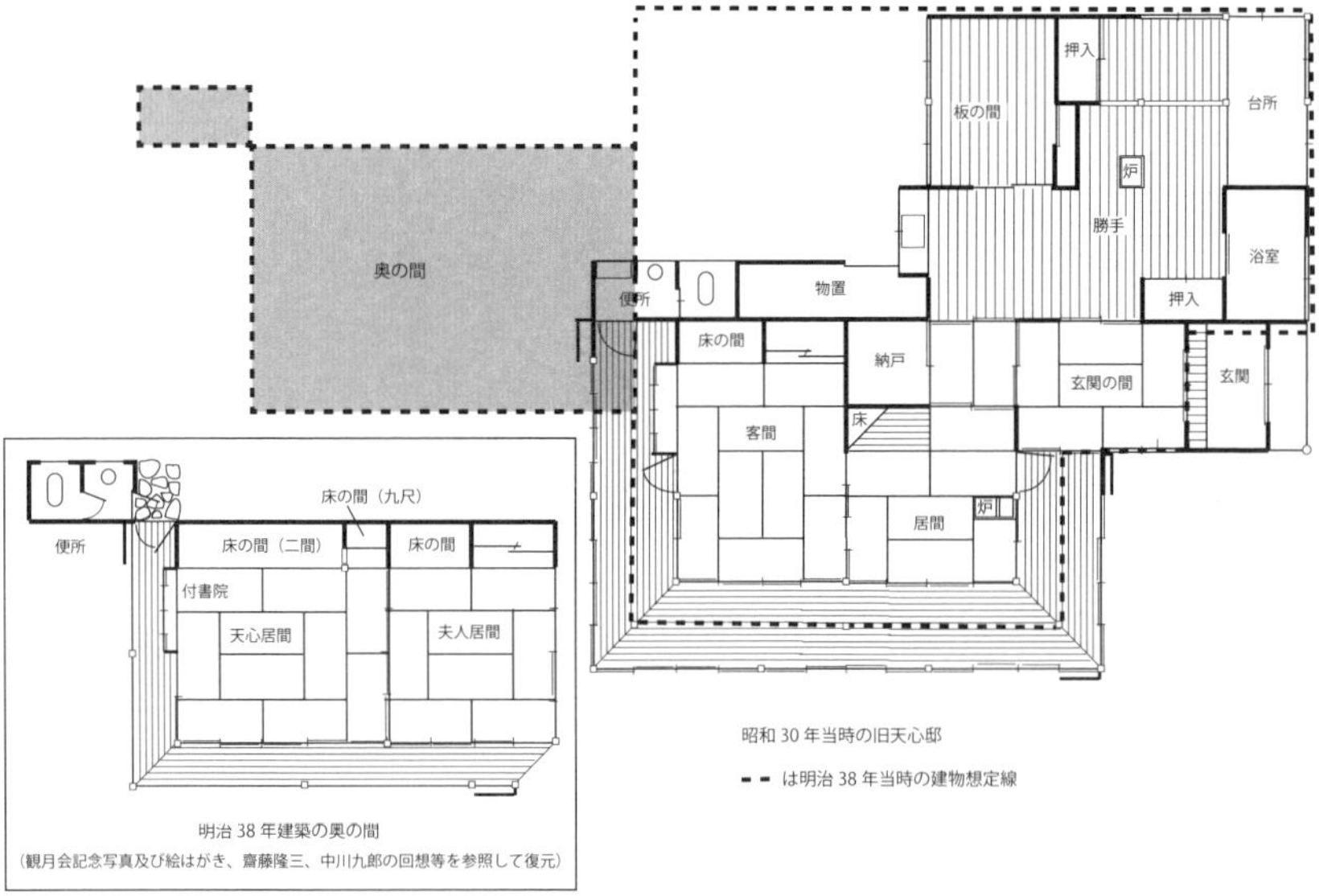

図4　天心居宅の現状と復原平面図

十二・二五坪の居宅と、八坪の物置を建築することになって居り、七月には完成したものと思われる(2)〔図4〕。

この時の図面は発見されていないが、明治四十一年頃発行されたと見られる絵はがき〔口絵5〕から居宅の外形が判る。この絵はがきでは、三十八年建築の居宅の東側に、廊下で繋いだ形の小規模家屋(3)が増築され、その北側には三間×二間の浴室が作られている〔図5-①・④〕。この浴室は、後に二十八坪の「離座敷」（登記簿の呼称）に改築され、昭和初期まで存続した。

主屋は、中央の客間、居間の三方に作られた廊下が、明治四十年以降六尺廊下（内側の半分は畳敷）に改造され、奥の間（天心および夫人居間）も、改造されている(4)。

大正二年に天心が逝去し、十一年に至って基子夫人によって、登記がなされた。この時期の実積に基いていると考えられるが、居宅七十九坪、離座敷二十八坪（後段の登記簿抜粋を参照）となっている。

大正十四年には、天心の娘米山高麗子により相続登記がなされ、この時は所有者名の変更のみで、内容の変更は登記されていない。しかし前後の経緯を考えると、米山高麗子が相続した時点では、既に居宅の規模縮小が行われていたと考えられる。

大正十年に天心邸で生まれ、家族と共に昭和十年頃まで住んだ渡辺やす[5]の記憶では、離座敷はあったが、その南の増築部分（岡倉一雄のいう「離室」）は記憶していないという〔図6〕。

天心令孫岡倉古志郎の記憶は少し異なり、昭和十一年に来浦、一雄のいう離室に宿泊、浴室に入ったが、離座敷は無かったとのことである。

奥の間は、渡辺やすの記憶では、一室で畳敷は十～十二ぐらい、細長い部屋だったというから、これも基子夫人による改造と考えることもできよう。

大規模な縮小は昭和十七年までに、米山氏によって行われ、主屋は四十八・二八坪となった。奥の間と主屋中心部の後方が撤

図5　絵はがき「常陸五浦の景　其の一」（明治41年頃）
（①は離室、②は長屋門の一部、③は木戸、④は浴室）

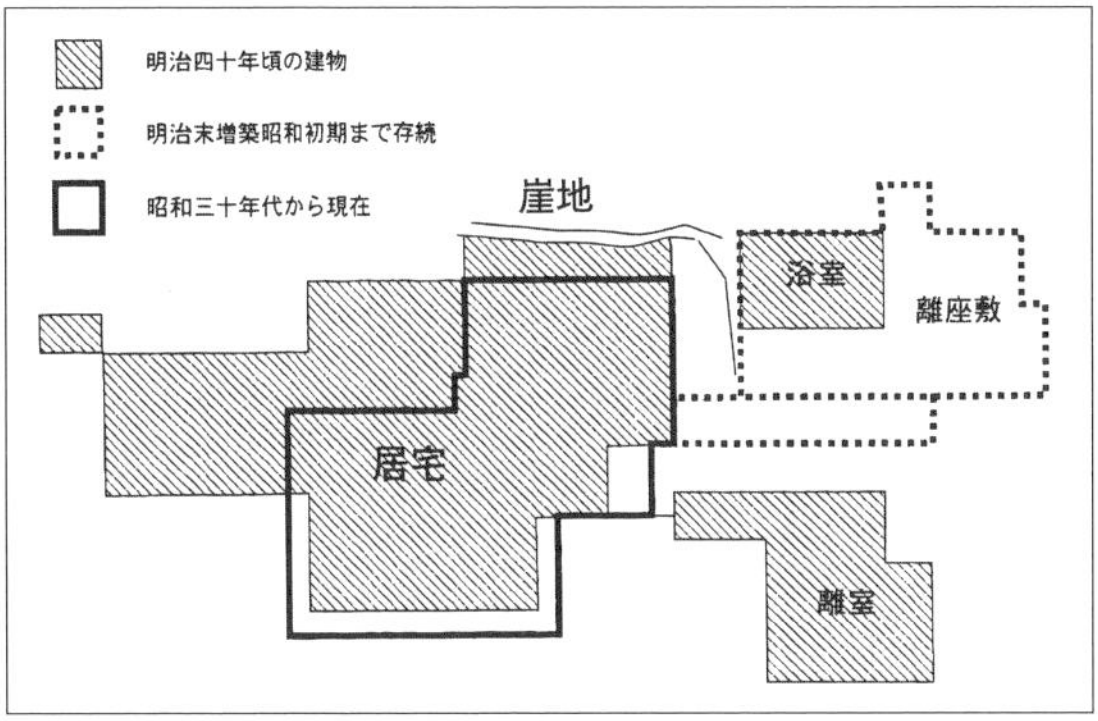

図6　天心居宅の変遷図

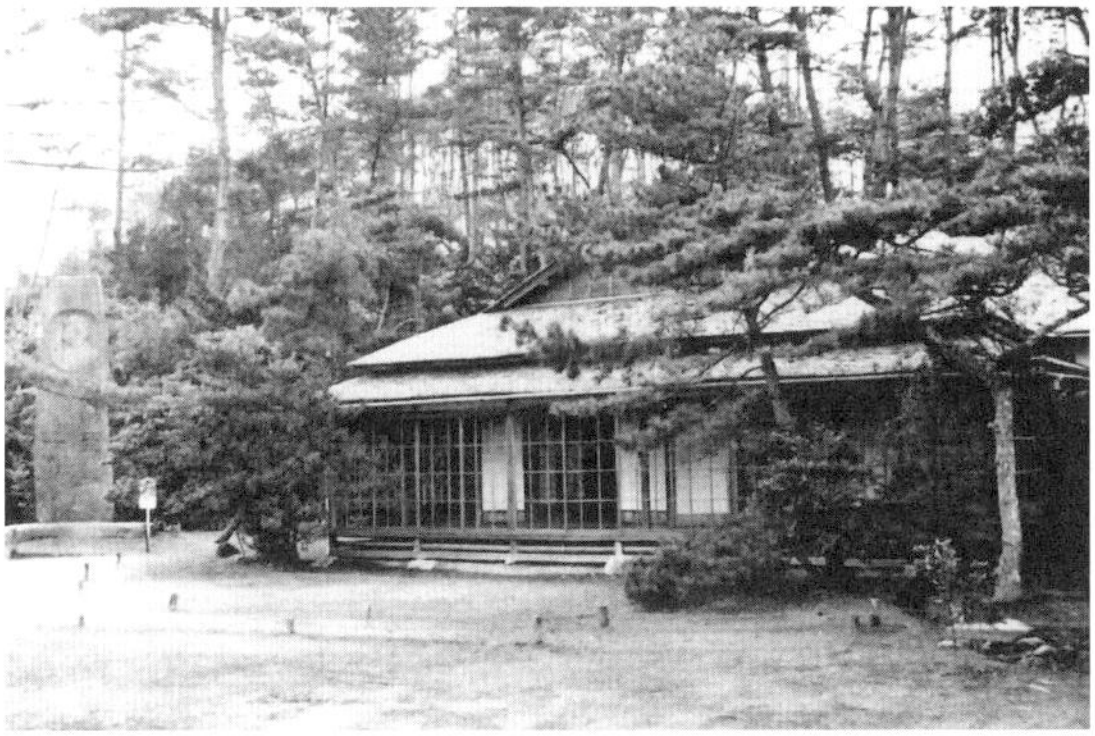

図7　昭和30年代の天心居宅

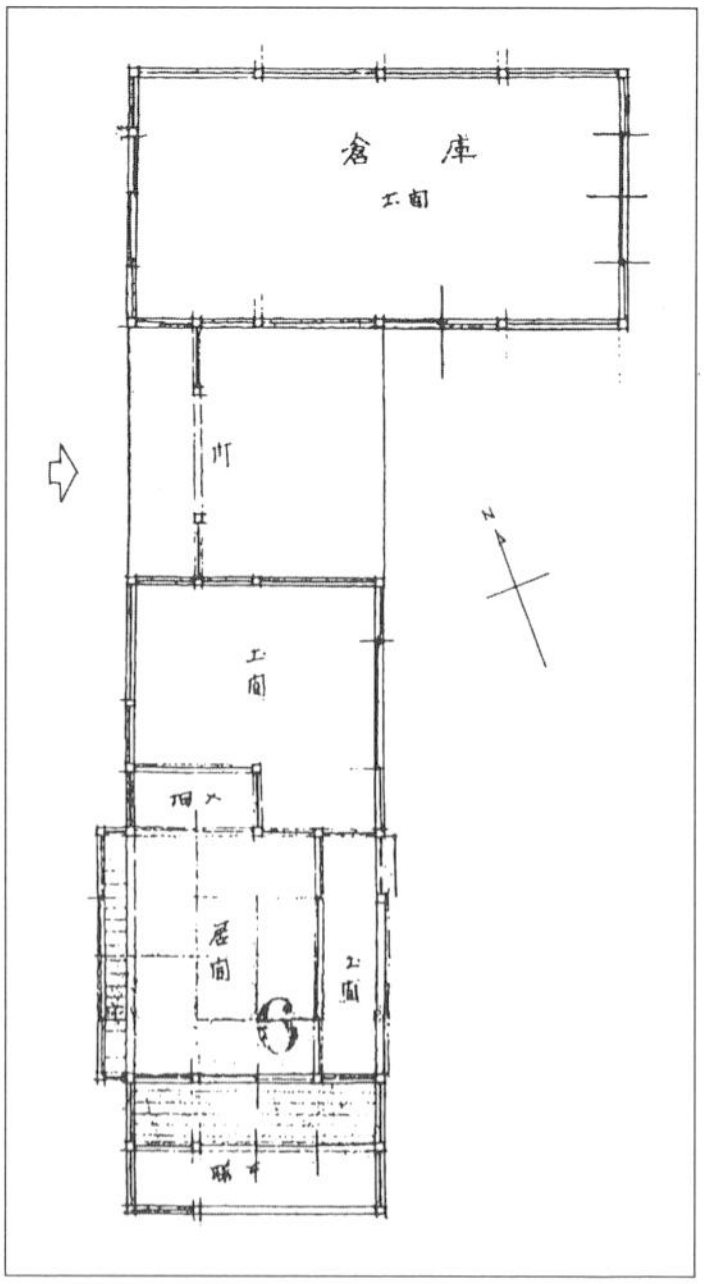

図8　長屋門平面図（昭和30年調査）

去されたのである〔図4・7〕。茨城大学移管後の昭和四十七年、木羽葺の屋根はアスファルトパネルに替えられ、現在に至っている。内部は床板の張替など小規模の修理を重ねたが、おおむね旧状を保っている〔図4〕。

離座敷は、まず渡廊下と玄関が取り払われ(6)、昭和七年頃全部解体されて、渡辺千代(7)次宅に移築された（拙論「五浦と天心」『茨城大学五浦美術文化研究所報』第十号、四三頁参照）。

長屋門

道路に面して立つ木造杉皮葺の長屋門は、明治三十八年の居宅新築後まもなく建てられたと考えられる。この門には、明らかに古材を使用したことを証拠立てる貫孔を埋木した柱、前の建築の垂木跡をそのまま残す軒桁がある。また前出の絵はがきには、この門の一部（物置部分）が写しこまれている〔図5-②〕。

門扉の部分を除いて、居住部分十坪、物置部分八坪であり、この規模は、ずっと変わらなかったと考えられる。

内部については、茨城大学で管理するようになってから、細部の変更が加えられた。受入れ時に茨城大学で作製した図面は、もっとも古い形に近いと思われるので、その図を掲げる〔図8〕。

これによると、門を入って左側に総土間の物置（倉庫）があり、ここには引き違いのガラス戸を開けて入る。この部分は絵はがきにも写っているところである。戸の右手は板壁となっていたと思われるが、昭和三十八年までには、腰羽目の上に引き違いガラス窓へと変更された。海側の外壁は、現在二間幅いっぱいに窓がついている。絵はがきでは、手前三尺が壁で、次が窓と見えるが、その先に正体不明の黒い影状のものが写っている。またこの窓の上部に小庇があるように見える。現場を点検すると、南側の柱には、それと思われる傷跡が残されている。

この物置部分は、龍王丸(8)の残欠を長く陳列していたが、平成八年度に床板を張った。右側の居住部分には、門扉に近い位置に、二間×二間、三坪半（半坪は居間からの押入）の土間があったが、茨城大学受入れ後、受付用の部屋に改造した。また居間の東にあった土間は、板を張って廊下に変更した。外観は、当初の姿をそのまま伝えていると考えられる。

この建物は、昭和十七年の所有権移転登記の際に、それぞれが居宅九坪と登記された。茨城大学移管の時にも、そのまま引き継がれている。

しかし現状を点検すると、建物面積に増減のあるような改造があったとは考え難く、おそらくは単なる錯誤によるものであろう。

倉庫（土蔵）

明治三十八年に八坪の物置が建てられたが、これは明治四十年に二階建土蔵となり、その後、大正十一年から昭和十七年までの間に平屋建十坪の形に改築された。

昭和三十年にはこの状態であったが、損傷がひどく、昭和五十七年の台風十五号で屋根が抜け落ちたのを機に、翌年撤去した。残された二・五間×四間のコンクリート布基礎の内側に沿って、砂岩の土台石が並んでおり、前の土蔵が、同じ位置に二間×四間の規模で立っていたことを物語っている。

邸内の雑工作物

井戸　明治三十八年以前には、数十メートル離れた外部の「黄門の井戸」(9)から水を汲んでいたが、その後邸内に二ヵ所、井戸を掘っている。海岸近く、離座敷の前には、空井戸が忘れ去られている。これが最初に掘った井戸と思われ、昭和初期には水があった（渡辺やす談）。居宅の背後、長屋門から真向かいの位置にある井戸は、今も水を湛えている。昭和三十年代

図9　天心居宅後方の井戸（昭和30年代）

に撮られた写真〔図9〕を掲げる。

木戸　絵はがきには、敷地の東北隅に、不鮮明ながら木製と判断される片開きの木戸が写っている〔図5−③〕。

また東の海上（多分大棚の上）から撮された写真には、天心邸前庭の東側崖近くに、背の低い両開きの木戸と、崖に沿って下る道の海岸近くに、片開きの木戸が写っている〔口絵6〕。

石垣　前出の写真には、崖裾に高さ一間ほどの石垣が見える。明治四十年の観月会の折にはまだ石垣は無かったという回想もあるが[10]、この上に、四人の画家の模擬店が出され、潮の満ちるにつれて、客の足元に飛沫がかかったようである。

崖の保護を意図して天心が築かせた石垣であったろうが、この所にかかる波は特に強く[11]、石垣は波に運ばれて、現在その痕跡もない。

登記簿に残る天心邸の家屋

天心在世中には、天心邸内の家屋の登記はされなかった模様で、大正十一年、天心夫人基子（登記簿では岡倉もと）によって、登記がはじめてなされた。最初の登記であり、夫人はそこに住んでいたから、当時の家屋の規模が正しく反映していると考えられる（但し六角堂は登記されなかった）。

米山高麗子（登記簿では米山こま）が、大正十四年に相続登記をした時、高麗子は東京田端に居住して居た。恐らく正確な現場確認をせず、名義変更を行なったものと思われる。昭和十七年までの間に家屋の規模変更があったが[12]、その都度登記はされなかった。昭和十七年に、財団法人岡倉天心偉績顕彰会が発足し、五浦の土地建物（現在の五浦美術文化研究所内）が、米山氏から顕彰会に贈与された。その時はじめて、それまでの変更が登記されたのである。

不動産登記は、第三者に対する権利の主張であり、権利を侵害される心配のない情況〔自分の土地に家を建て、自分が住んでいるといった場合〕では、登記しない場合もあり得る。固定資産税の課税は登記の有無にかかわらず家屋の実勢調査に基づき行われるから、その面でも登記は必要条件にはならないのである。

売買等の場合には、正しく現場の確認が行われ、それに基づいて登記がなされるのが常であり、登記の日付も、売買の日時から遠くない時点であることが多い。しかし相続や、親族間の贈与などの場合には、登記簿と実態が一致しない場合も有り得る。

登記簿謄本から抜粋した岡倉天心に関わる家屋の一覧表を掲げる〔表〕。

日本美術院研究所

天心の設計した建物のうち、自筆の平面図が残っているのが、天心邸の北方数百メートルの地に建てられた日本美術院研究所である。

この研究所については、斎藤隆三著『日本美術院史』に述べられた内容と、観山、大観、春草、武山の四画家が座している研究所内部の写真〔口絵7〕が、従来良く知られていた。建物の全景を知るものとしては、斎藤隆三著『岡倉天心』に収められた極めて不鮮明な写真がある。

平凡社が『岡倉天心全集』編集のために収集した資料の中に、研究所全景の写真があり、昭和六十二年には、天心自筆の研究所平面図が発見された[13]〔口絵8〕。

この図では内部造作が色別して示され[14]、興味深い。「総建坪七拾一坪五合　内訳畳坪四十七坪　押入四坪五合」などの記入もあり、研究所建築にかける天心の情熱の程を窺い知ることができる。

これらの資料を照合すると、天心の設計〔平面図〕にかなり忠実な施工が行われた模様である。設計と異なって施工されたことが確認されるのは、次の通りである。

登記簿登載家屋一覧表

表題部表示	登記日付	登記理由	登記権利者	家屋種類 居宅	家屋種類 座敷	家屋種類 土蔵	家屋種類 長屋門	家屋種類 長屋門
一番	大正11年11月3日	所有権登記	岡倉も登	①木造木羽葺平家建 本家一棟 建坪七十九坪	②木造木羽葺平家建 離座敷一棟 建坪二十八坪	③木造瓦葺二階建 土蔵一棟 建坪八坪二階坪八坪	④木造杉皮葺平家建 物置一棟 建坪八坪	⑤木造杉皮葺平家建 長屋門一棟 建坪十坪
	大正14年3月11日	相続登記	米山古ま	同上	同上	同上	同上	同上
二番	昭和17年11月11日	表示更正登記		①木造木羽葺平家建 居宅一棟 建坪七十九坪	②木造木羽葺平家建 離座敷一棟 建坪二十八坪	③木造瓦葺二階建 土蔵一棟 建坪八坪二階坪八坪	④木造杉皮葺平家建 居宅一棟 建坪九坪	⑤木造杉皮葺平家建 居宅一棟 建坪九坪
三番	昭和17年11月11日	変更登記		①木造木羽葺平家建 居宅一棟 建坪七十九坪			④木造杉皮葺平家建 居宅一棟 建坪九坪	⑤木造杉皮葺平家建 居宅一棟 建坪九坪
四番	昭和17年11月11日	変更登記		①木造木羽葺平家建 居宅一棟 建坪四十八坪二合八勺			④木造杉皮葺平家建 居宅一棟 建坪九坪	⑤木造杉皮葺平家建 居宅一棟 建坪九坪

表題部表示	登記日付	登記理由	登記権利者	居宅
五番	昭和17年11月11日	家屋番号変更 ＊1		③木造木羽葺平家建 居宅一棟 建坪四十八坪二合八勺
六番	昭和17年11月11日	変更登記		③木造木羽葺平家建 居宅一棟 建坪四十八坪二合八勺
	昭和17年11月11日	所有権移転	岡倉天心偉績顕彰会	同上
	昭和30年7月18日	所有権移転	文部省	同上
		平方メートルに書替		木造板葺平家建 居宅 一五九・六〇㎡

家屋種類					
倉庫		①木造瓦葺平家建 倉庫一棟 建坪十坪 ＊2	同上	同上	木造瓦葺平家建 倉庫 三三・〇五㎡
居宅（長屋門）	①木造杉皮葺平家建 居宅一棟 建坪九坪	①木造杉皮葺平家建 居宅一棟 建坪九坪	同上	同上	木造杉皮葺平家建 居宅 二九・七五㎡
	②木造杉皮葺平家建 居宅一棟 建坪九坪	②木造杉皮葺平家建 居宅一棟 建坪九坪	同上	同上	木造杉皮葺平家建 居宅 二九・七五㎡
六角堂		④木造瓦葺平家建 六角堂一棟 建坪三坪	同上	同上	木造瓦葺平家建 六角堂 九・九一㎡

＊1　従来家屋所在地で表示されていたが、家屋番号五浦区九番と表示される
＊2　この倉庫のみ家屋番号五浦区一〇番

正員画室棟と研究会員画室棟との間は、設計よりも三～四・五尺広がり、中央小屋に昇る階段は、研究会員画室棟の途中から出るようになっていたものを、端からに改められた。設計通りに施工すると、研究会員画室棟の隅柱が、階段の途中に入って邪魔になり、これを避けて柱を内側に送りこめば、強度が低下する。恐らく大工の意見に従って変更したものであろう。

正員画室の畳は四十畳の計画が三十五畳に改められた。[15]室内は二間半の幅であることは写真によって確認できるし、長さ八間分は研究所全景写真から判るので、五畳分は板の間および土間と推定できる。

二　天心の建築観

景観との関連

天心が五浦の地に遭遇し、自宅の建築、日本美術院研究所の場とした動機は、極めて偶然的（ある意味では運命的）なものである。福島県草野（現いわき市草野）の土地を斡旋する人があって検分に出かけたところ、意に満たず、案内役の飛田周山の一

言に誘われて帰途立ち寄った五浦に魅了され、これが直ちに土地購入の決意に結びついたのである。(16)

五浦は、その名の通り五つの浦が湾入し、それを区分する岬が突出して、高低起伏に富んだ奇勝を形づくっている。天心は、この海岸の南北約一キロメートルにわたる一万数千坪を入手したのだった。単に住むための家屋を建てるならせいぜい三百坪もあれば十分であろうし、研究所や日本美術院画家の住居に充当する分も、それほど面積を必要とするとは思えない。とすれば、厖大な土地は、実用よりも景観の中に住むということ自体に意味があったと言えよう。飛田周山談の中に、「前面の海上に突出して居る山地まで、それが他日他人の有になってヘンな家でも建てられたら、この邸地の景色はなくなるといふので、それまで買ひ取り……(17)」とあるのが、それを物語っている。

それにしても、天心が五浦に魅せられ、土地入手を決意し、五浦にのめりこんだ背景には何があったのだろうか。筆者は、松島の景観が影響しているのではないかと想像している。松島湾に、松を戴いて点在する多くの島と岬、この印象が脳裏に閃き誘因となったと考えるのである。

明治三十一年、東京美術学校騒動で野に下った天心は、直ちに日本美術院を発足させ、華々しい活動を展開した。そのひとつとして日本美術院の巡回展を開催し、皮切りに十一月二十二日から三十日まで仙台展、続いて盛岡、秋田、大曲、横手と開催した。仙台では二十三日、市内の揺翠館で自ら美術講演を行い、更に盛岡展に同行し、秋田でも講演している。

この折に天心は松島を訪れたであろう。仙台での講演後、展覧会終了まで一週間余の日時があり、仙台と松島との距離は鉄道で二三・四キロメートルであるから、日本三景の一つである松島を見ずに帰ったとは考え難い。松島と五浦は自然景観の類似のほかに、幾つかの関連がある。

(1)岬の突端近くに六角堂を置いた五浦の景は、松島五大堂を偲ばせる。

(2)六角堂棟札には、六角形観瀾亭子とあるが、松島には、伊達政宗が豊臣秀吉から桃山城の茶室を拝領して、二代藩主忠宗が現在地に移築した観瀾亭がある。

(3)松島湾には蛇島岬が突出しているが、五浦には蛇頭岬がある。

湾内の松島が波穏やかで静的なのに対し、五浦は太平洋の怒濤が打ち寄せる男性的な景観が特徴となる。その点は、天心をして五浦に熱中させる大きな要因となったであろう。

地形との関連

五浦の奇勝と建築の組合せ。これには大綱においては既存の地形を生かしながら、細部に変更を加えて、天心独自の考え方を強調している。

天心邸の長屋門を通って真直に進むと、すぐ下り坂となり、土手に挟まれる形で道が蛇行する。山道を下る感覚であるが、これは自然の凹みでなく、天心が掘らせた道という。[18] 海岸の断崖直前まで行くと右折し、そこで初めて天心邸の離座敷が姿を現すが、主屋はまだ見えない。離座敷の玄関を入って建物を横断し、渡廊下を右に下って天心邸主屋に到達する。離座敷と主屋は約一メートルの段差があり、渡り廊下の勾配も十度ぐらいになる。わざわざ高低曲折を作っているのは、山荘の趣を強調する意図によると思われる。

主屋の背後は崖となって居り、一部に黒っぽい石灰岩層が不規則な凹凸を露わにし、主屋の北一メートルまで迫っている。これも天心が傾斜地を削り取らせたものである。

天心居宅から西に出て坂道を登り、倉庫（今は基礎のみ残っている）付近に立つと、樹々を通して、天心邸の屋根が眼よりも下に見える。坂を登り切って長屋門前から振り返れば、天心邸背後辺りに人工の土手が作られ、建物は全く見えなくなってしまい、波音だけが響いて来る。都会風の庭園でなく、野趣を強調した意図が感じられる配置である。

居宅完成の披露宴に、地元の有力者を招いた挨拶状の中で、「……偖て野生儀今般御地五浦に草堂を営み候に付……」（傍点筆者）と述べているのは、この居宅新築の意図を反映していると思われる。

天心邸の前を東南に進むと、急崖を下って六角堂に達する。堂に入って座すると、東には太平洋が広がり、南北には、直立する岸壁に怒濤が打ち寄せ、絶え間ない波音が響いてくる。六角堂が岩盤の上にあることを忘れ、洋上に舟を浮かべたような錯覚に陥る。

ここで天心は書を読み、瞑想に耽った。俗世から隔絶された世界を現出するために、まさに理想的な演出を試み、そしてそれは天心の意図を完璧に実現したのである。

日本美術院研究所は、天心邸から北方数百メートルの地に建築された〔本書四五頁の図4参照〕。東は太平洋、南は仲磯を隔てて蛇頭岬を一望する。元々山地だった所を削り(19)、断崖に接して建てたものである。仲磯に面する岸壁のカーブに沿って、二つの画室が、くの字型に位置するのも、当初からの意図によっている。中央に位置する小屋は、断崖に乗り出さんばかりの位置にあり、柱は床下から一間半程脚を伸ばし、岩の凹みに辛うじて踏み留まっている。

施工が難しく、耐久性を期待できない位置にわざわざ建築したところに、天心の非凡さが窺われる。投げ入れ堂などと呼ばれる断崖の寺や、清水の舞台に見られる舞台造の建築を知っていても、それを自らのものとして建築に採り入れることは、常人では考えも及ばないことである。

この小屋に入ったことを想像すると、鳥になって仲磯の上を舞い、蛇頭岬に向かって飛ぶような感じを味わうだろう。

蛇頭岬は、鎌首をもたげる蛇のように、東の海に向かって高くなる雄大な岬である。天心は、この岬に強い関心を抱いていたに違いない。四人の画家に五浦移転を促し、四人が五浦検分に出かける折、地元の矢部清助、河合寅次両名に案内を依頼した手紙の中で、「……蛇頭始メ所有の地所不残御案内申し被下度……(20)」と述べている。天心は、研究所に対面する形で、四人の画家が蛇頭岬に居を構えることをひそかに期待していたのかも知れない。

数寄屋建築との関連

明治三十八年に建築した居宅が、古材を使用して建てられたことは、契約書見本〔図3〕によって判明するが、現存部分を点

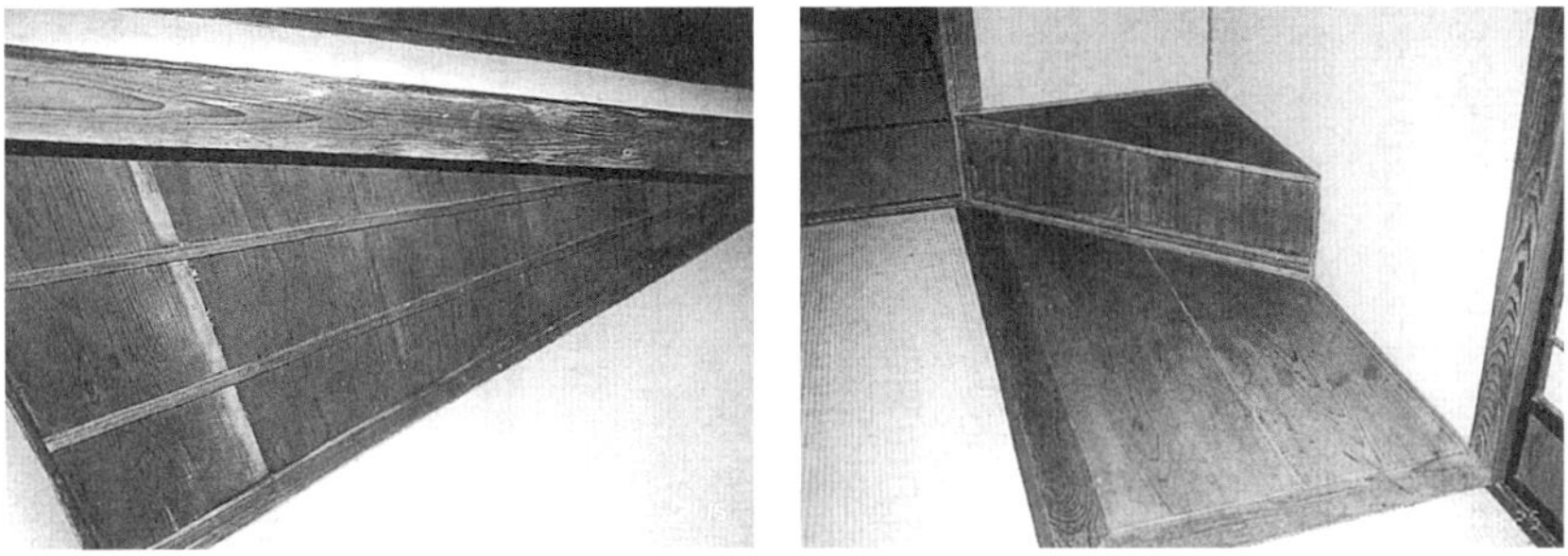

図10　居間の隅の三角棚（右）とその真上の天井部分

検することによっても確認できる。柱を見ると、古い家屋（観浦楼）の時に開けられた貫孔を塞ぐため、柱の面全体に薄板を貼ったものが、三十本前後使われている。中には柱の二面、三面が薄板貼になったものもあって、それが土壁の部分に使われていた様子を窺わせる。一箇の貫孔を埋木したものも、数ヵ所に見られる。

古材を使用する場合、その表面を削り直すことが多いから、元の材より細くなることは当然である。現在残る柱は、大部分が九センチから一〇センチであり、普通なら太めの良材を使う床柱も、槐の九・五センチ角が使われている。六尺廊下の外縁には、皮をはいだ丸太の面を内側に向けた柱がある。

これらを総合して考えると、やむを得ず細い木を使ったと考えるよりは、むしろ積極的に簡素な造りを意図したと考えた方が良さそうである。六角堂と土蔵に瓦屋根を用いながら主屋は木羽葺とし、長屋門を杉皮葺としたあたりは、数寄屋建築を念頭に置いたものと考えられよう。

具体的に茶との関連が考えられるのは、現在残っている客間に隣り合った六畳の間に、炉を設けていることである。この部屋の反対側には一畳の板敷が設けられ[21]、隅には三角形の棚（床）がある（図4）。この棚が三尺の二等辺三角形であるのに対して、その上の天井は、三尺に六尺の長い三角形であり、小壁の陰にかくれている。このような天井が他にあるのか筆者には不明であるが、印象としては、天心の独創といった感が強い（図10）。

台所に隣り合った板の間にも、炉が切ってある。炉縁が高く、周囲が元畳敷であったことを窺わせる。茶室の炉よりは大きく暖房目的と考えられる。

天心の居宅には、茶室というまとまった空間はない。『茶の本』を書き、茶の精神を外国人に説いた天心にとっては、茶室という限定した空間は、それほど重要なものとは考えなかったのかも知れない。

住空間としての意匠

建築は外形も重要であるが、住宅に限定すれば、内部空間と、そこを移動する感覚が住心地を左右する。別な立場から言えば、どういう住み方をするかということが、住宅設計の基本に必要である。

⑴ 動線

天心邸の全容を窺わせる絵はがき〔口絵5・図5〕を見れば、一見して建物の曲折の多さに気づく。主屋中央部が東南方向に突き出し、奥の間（天心および夫人の居間）が西南方向に出ている。これらの外側には廊下が廻らされていたから、ここを通っていくと、曲折が多く、かなりの距離を歩く印象になる。東北側に突き出した部分の内部構造については、まだ明らかにされていないが、ここにも建物の曲折に沿った廊下がついていた可能性がある。現代の住宅建築は、動線を短かく、効率的な移動ができることを良しとしている。それとは正反対の行き方である。

建物に凹凸曲折が多いことは、屋根構造も複雑にする。特に曲りの谷部の雨仕舞を厳重にすることが、家屋の耐久性のために要求され、構造上は不利である。

この様な建物を敢えて作ったのは、天心が若い時分に視察した京都の建物の影響ではないだろうか。桂離宮の書院は、廊下を廻らせた古書院、中書院、新書院の雁行する形であり、廊下の手前と向うの幅を変えて、実際より長く見せるなどという工夫もされている。伝統的な日本建築の良さを、天心が採り入れていると考えられるのである。

⑵ 遊び

天心が床柱を眺めながら、それを上部で切らせ、さらに中程、下部と切り縮めさせたというエピソードを、中川九郎が紹介している。[22] また天心居間の床の間は揚げ蓋式になっていて、鎧を入れて置いたという。[23] 一見無謀とも思える事や、意表をつく考えを建築の中に実現していることは、天心が建築を固定観念で見ていないことを、端的に示している。夫妻で住むには充分過ぎる居宅を、次から次へと増改築したのも、天心の遊び心と見ることができる。現代流に言えば「自在に広がるイメージを建築によって表現する態度」と言ってよいかも知れない。

そしてそれは、五浦の海と山という壮大な空間に触発され、そこにふさわしい大邸宅を作り上げようとする、天心の夢の実現としてなされたのである。

天心邸をはじめとする五浦の建築については、数人の回想記録があり、それらは各人の記憶によっており、すこしずつ異なっている。その違いは、記憶の誤りの場合や、実見の時期の差による建物の実情の違いなどが混在している。それらの資料と、写真、登記簿等を照合し、かつ建築工法の見地から検討を加えて、天心設計の建物の復元を試みた。

本稿の趣旨は、天心の建築に対する考えを明かにすることであり、かつ与えられた紙数の制限もあるので、建築の細部に関する論述を省いている。省略した部分については、別の機会に論じたいと考えている。

註

1 柴田稲作によって作られた料亭。天心はこの家と土地を併せて買い取った。
2 七月十八日に新築披露宴が行われた。
3 岡倉一雄が『父岡倉天心』の中で述べている明治四十年四～五月頃に増築した「離室」がこれに相当すると考えられる。
4 渡辺やすの記憶に基づき推定。
5 渡辺千代次長女。
6 斎藤隆三「五浦天心荘」『芸苑今昔』昭和二十三年。
7 天心釣舟の船頭。明治十六年頃～昭和三十九年。
8 天心設計による釣舟。大正二年進水。
9 天心墓近くの山裾にある湧き水。
10 小倉源蔵長女島田きちの記憶によるが、明治四十年八月二十八日『いはらき』に写真〔口絵6〕が掲載されている。
11 台風時に崖上の庭まで波を冠ることがある。
12 前掲「五浦天心荘」。

13　大工小倉源蔵の曾孫が所持していた。
14　『日本美術院百年史』三巻下、日本美術院。
15　斎藤隆三『日本美術院史』中央公論美術出版、昭和四十九年、一一五頁。
16　飛田周山談。前掲『日本美術院史』一一二頁。
17　飛田周山談。前掲『日本美術院史』一一三頁。
18　中川九郎「天心居士の片影」『美之国』第二巻第十号。
19　島田きち談。
20　『岡倉天心全集』第六巻、平凡社、昭和五十五年、一二四頁。
21　昭和三十年に茨城大学で作成した図面では縦長の二畳分板敷となっている。
22　前掲「天心居士の片影」。
23　渡辺やす談。

龍王丸をめぐって

後藤　末吉

五浦の天心記念館に入ると、平櫛田中が岡倉天心の釣姿を写した木彫の大作《五浦釣人》像が眼をひく〔口絵18〕。その傍らに、釣人の乗るのを待つかのように、一艘の小舟〔図1・2〕が姿を現したのは、平成八年二月のことである。

「龍王丸」と名付けられたこの釣舟は、岡倉天心の愛用したもので、天心逝去後八十余年の間に老朽化が進み、茨城大学で天心遺跡を管理するようになった昭和三十年以後は長屋門の物置に、残欠が保存されていた。舷側が舳先と艫に支えられ、辛うじて舟の形を留めて居り、舟底と櫓の一部も残っていた。

この残欠を元に、龍王丸を復元しようとする動きは、平成になってから起こり、その準備が五浦美術文化研究所によって進められて来た。龍王丸の構造・形体に関する正確な記録は無く、完全復元には十分な条件が調っていないが、主要な部分である船体のみを完成したものである。

龍王丸が、当時五浦付近で用いられた漁船と大きく異なっている点は、ヨットの利点を採り入れていたことである。岡倉天心がヨットの性能に注目したのは、おそらく日本においてではなく、明治三十七年からのアメリカ滞在中のことであろう。天心がボストン美術館に勤務した滞米中にも、折をみて釣を試みたことは、天心書簡の数通に、米国東海岸での釣について述べていることからも確かめられる。

ボストン社交界の中心的人物で、天心に大きな庇護を与えたイザベラ・ステュワート・ガードナー夫人に宛てた、明治三十七年十月二十一日付天心書簡には、「……潮もよし、魚もよし、舟は非のうちどころなし……まちがいなくこれが今年最後の釣

図1　復元された「龍王丸」船体

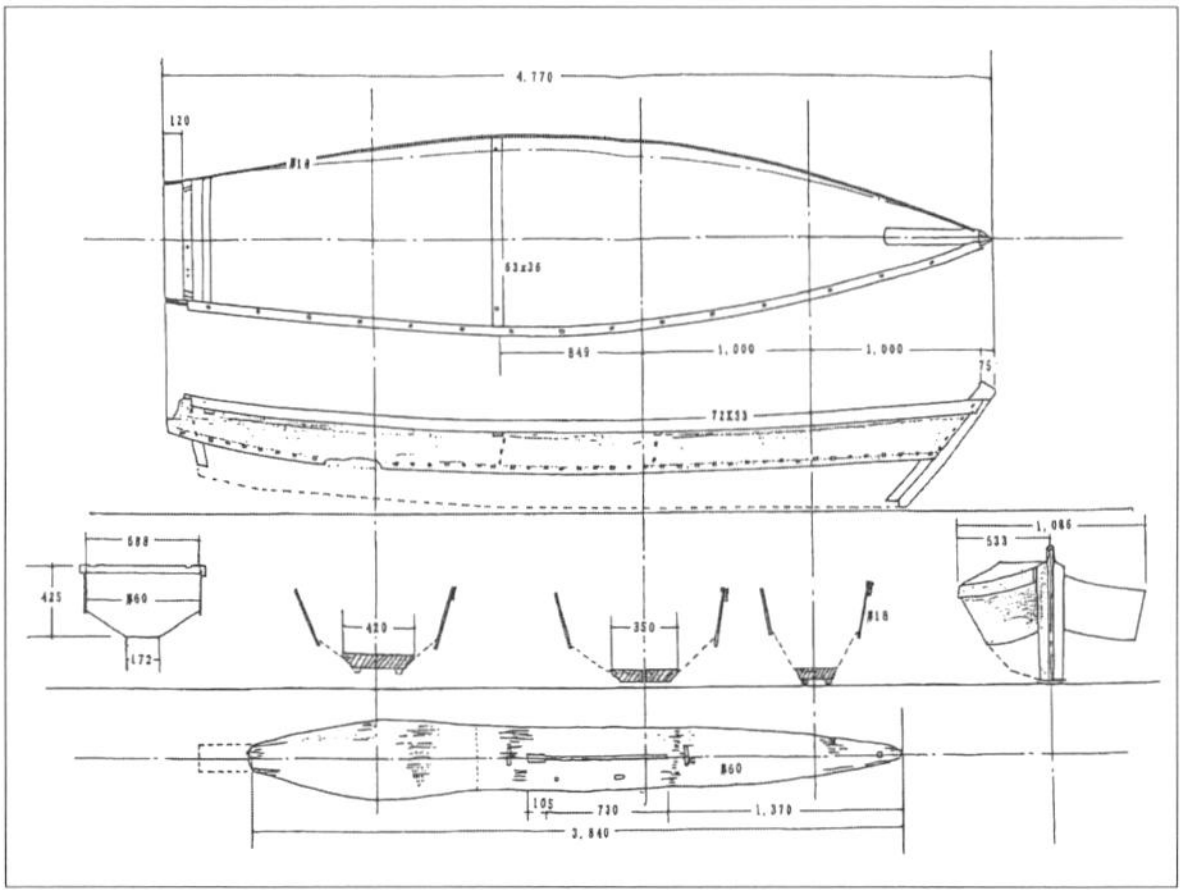

図2　龍王丸復元前実測図（縮尺1：70）

になるでしょう……」とある。

天心がアメリカの釣舟に注目し、その性能に満足していることが窺われる。この舟がどのタイプであったかは不明だが、後に「龍王丸」を自ら設計するきっかけになったと考えれば、おそらくはセンターボード付き小型ヨットであったろう。センターボードは、舟の龍骨中央部に開けられた隙間から海中に垂らす金属板で、横波を受けた時、舟の安定を保つ働きをする。これは日本の舟に見られなかった構造であり、利点である。

岡倉天心が、ヨットと和舟を折衷して、最後の釣舟「龍王丸」を作ったことは、数人の著書の中に出てくるが、嗣子岡倉一雄が『父天心』（聖文閣、昭和十四年）で述べたものがある。一雄は「龍王丸」を直接見分した経験を持ち、父天心から建造の経緯を聞いていたと考えられ、記述はもっともくわしい。大正二年に天心が最後の帰朝をした件で、次のように述べている。

天心は帰京して、いったん橋本家に入ったが、二三日たつと、早くも五浦の人となってしまった。これには前年の渡米に際し、日米二人の船匠に委嘱して考案させておいた釣船が、果して雛形通り建造されているや否や、一日も早く検分したいという心が動いたからであった。そして、この小船が上手に仕上げられて、庭前の小五浦湾に浮かんでいるのを見ると、非常に満足して、造船監督格の操舟者渡辺千代次の労を犒い、造船者の金大工や鈴木庄兵衛らの、平潟小船組合頭目の釣師を招いて、新造祝いの宴を張った。そして、翌朝からこの龍王丸に駕して、好きな鱸釣に出漁するのであった。この新造船は、砂浜に曳きあげる関係から、船底につけた二条の竜骨だけを除き、他は雛形通りに造られていた。ことに中部の胴のあいだから、風浪の強弱に応じて、海中に下ろす仕掛けになっていた、七貫目あまりの真鍮板は、すこぶる操帆を自由自在にするという特徴を有していた。また龍王丸と、この小船に命名したのは、ここらあたりで、八大龍王を小船の守護神とするからで、現に鯛釣の達人鈴木庄兵衛にたいして、橋本永邦描くところの八大龍王の尊像に、天心みずから四言四句の讃を題して贈っている。そして、今それは平潟小舟組合の至宝となっている。

斎藤隆三は『岡倉天心』（吉川弘文館、昭和三十五年）で次のように述べている。

> 前年米国滞在中に自ら案を練って設計し、更に日本に持ち帰って、平潟の船大工の説を聴き、意匠を凝らして作らしめた新しい船が落成して天心を待っていた。

茨城大学には、龍王丸の由来に関して、無記名の簡単なメモが残っている。

> この舟は天心先生が魚釣の愛用舟として使用したもので、先生がアメリカボストン博物館滞在中　日本の舟大工とアメリカの建築造者によって設計されたもので、その縮図十分の一持ち帰り、大津の鈴木金次郎氏に建造された《ママ》もので　舟底には中板なる重さ約六貫匁のアメリカ製の真鍮板を取り付けてありましたが、戦時中供出してしまひました。龍王丸は海の

守り神といふところから選んだものと言ひます。

茨城大学名入りの罫紙に書かれたこのメモには、記入者名、聞き取り相手、年月日が書かれていないが、茨城大学の事務官が、昭和三十年代はじめに、渡辺千代次の口述を筆記したものと推定される（天心の釣舟の船頭をつとめた千代次は、昭和三十一年四月から三十二年四月まで、茨城大学に移管された天心遺跡の管理人となった）。

これらの資料は、若干の異同があるものの、龍王丸の考案が天心によってなされ、専門の造船技術者の意見によって修正を加えられ、十分の一の雛形を元に、天心渡米中に地元で施工されていたことを想定させる。

センターボードの真鍮板は、戦時中の金属供出により失われたため、その形が不明であるが、茨城大学のメモには、アメリカ製とあるので、大正元年頃アメリカで使われていた五メートル級ヨットのセンターボードの中に、龍王丸に使われたものと同型のボードを、探し出すことができるかも知れない。龍王丸の舟底に残されたセンターボード孔（長さ八三・五、幅一・一センチ）が、センターボード特定の手がかりになろう。

復元された龍王丸の船体は、当時の和舟に較べて、スピード感がある。五浦付近で当時漁に使われた伝馬船と呼ばれる小舟は、幅広の舟底を取り囲む舷側が、単純な曲面でできている。舟の横断面は、中央部の逆台形から舳先の楔形に至るまで、舟底の幅が変わっても舷側の傾斜はあまり変わらない。ヨットは縦方向中央の龍骨から横に狭い間隔で肋骨を出し、そのカーブを変えることによつて、変化のある曲面を作り出し、水の抵抗を少なくすることができる。龍王丸の場合は、舟底に近い板にひねりを加えることにより、吃水線から下の水の抵抗を少なくしているところが、独特である。龍骨と肋骨という構造を用いず、従来の日本の造船工法を応用して、なおヨットの性能に近づける工夫がされたと言えよう。

このことが、どの程度の性能向上をもたらしたかを客観的に示す資料はないが、それを想定させる記述が『父天心』にある。

勿来に間近い菊田浦に小鯛の寄りがあるというので、天心とともに舳を揃えてでかけたことがあったが、各船三十余尾を釣上げた時に、急に天候が変って、風が吹きたってきた。あわただしく帆を張って、驀地に家路を指して帆走ったが、私の乗った「かもめ丸」は、彼の龍王丸より三十分もおくれて、ようやく小五浦にたどりついたのであった。これで天心は、よほど龍王丸の性能に自信を得たものか、翌日も、翌々日も、小鯛や鱸を追って、沖に乗りだしていた。

菊田浦は、五浦の北方三～九キロ、東南に向かって開いている。天心、一雄が小鯛を釣ったのが、鮫川河口付近と考えれば、小五浦の北方約八キロである。この距離を走って三十分の差があるということは、かもめ丸と龍王丸の速度差はかなり大きいと言える。風速、風向、操船技術が大きく関係するので、この数字がそのまま客観的な性能の差とは言い切れないが、かなり龍王丸の性能の良さを裏付けていると言ってよい。

岡倉天心最晩年のプラトニック・ラヴの相手、インドの女流詩人プリヤンバダ・デーヴィー・バネルジー夫人に宛てた天心の手紙が残っている。その一通、大正二年七月七日付の書簡には、次のように記されている。

三日前、私は新しい船を進水させました――龍王（ドラゴン・キング）丸です。設計は私自身がやりました――日本の漁船とアメリカのヨットの組み合せです。まるで優秀な水夫のように見えます。今年の夏は大半海の上で暮らすでしょう――私はよろこびの大洋にただよっているのです。

このように天心を喜ばせた龍王丸であったが、天心は数回の乗船をしただけで、二ヵ月も経ずに世を去り、舟は主を失ってしまった。

六角堂の系譜と天心

熊田 由美子

五浦の海の波打つ岩頭に、岡倉天心は六角形の小堂を自室として建てた。天心自ら考案し、明治三十八年（一九〇五）六月、地元平潟の大工小倉源蔵によって造られたという(1)。多少の改変を経ながらも、現地に保存されているその遺構は、天心による銘「観瀾亭」より「六角堂」の通称で親しまれ、同時期に建てられた同じ敷地内の天心邸遺構にもまして、今日では五浦の景観シンボルとして名所的位置をしめている。そのロケーションや瞑想室的機能の特異性もさることながら、六角形という意匠の卓抜さによるところ大であるといえるであろう。

天心は六角形にこだわった。棟札にも「六角形観瀾亭」と書し、当初、室内には炉が切られていたが、これも六角形に象られた。かつ堂宇の一辺も長さ六尺であった。そうした構想の意味については後に考察することとし、まず六角円堂の歴史的遺構をここに概略、たずねてみることにしたい。中国・日本の古美術に通暁していた天心であってみれば、そうした作例を着想源とすることはありうることであり、また逆にそうした前例との異質性を知ることによって五浦六角堂の構想の独自性も確かめうるからである。

一　多角円堂の歴史と作例――八角円堂と六角円堂

わが国における多角円堂の歴史は、仏教伝来以降、中国の影響によって始まる。中国における多角円堂は、敦煌石窟壁画の初唐三四一窟、二一七窟に変相図中の宝楼閣として八角円堂が描かれ、中唐一一二窟〔図1-a〕、二三一窟、三二一窟〔図1-b〕には六角円堂が描かれていることから、その頃既に一般化していたと思われるが、初期遺構は現存していない。ただし多角仏塔では十二角十五檐の嵩岳寺塔（六世紀前半・後半両説）が現存し、五代～宋・遼（十～十一世紀）以後の八角塔、六角塔の遺作例は比較的多く現存する。朝鮮においても、高句麗の清岩里廃寺址（四世紀）に八角塔基壇跡があることが知られている。中国では仏教伝来以前すでに周代から、「天円・地方」の思想に基づき、天を祀る建物を円形とすることが始まっていた。仏堂や仏塔に、しだいに多角円形が志向されるのは、仏教の中国化の一現象であろう。また、もともと宮殿・官衙・住宅・道観・祠廟であった建物を仏教寺院とすることの多かった中国において、唐代以降、仏教普及と世俗化に伴い、仏教以外の建物が多く寺院に取り込まれた結果、多角円堂も急速に一般化したものであろう。やがて八や六という数字への道家的思想を融合しつつ盛行したと考えられる。(2)

わが国に現存する古代～中世の多角円堂の多くは、むしろ八角形であり、国指定重要文化財として以下の七件が知られている（多角層塔では安楽寺八角三重塔（裳階付）が現存するが、円堂に限定する）。

(1)法隆寺夢殿（天平十一年〔七三九〕、一部寛喜二年〔一二三〇〕改造、聖徳太子追善）

(2)栄山寺八角堂（天平宝字年間〔七五七～七六四〕、藤原武智麻呂追善）

(3)興福寺北円堂（承元四年〔一二一〇〕、創建は養老五年〔七二一〕、藤原不比等追善）

(4)法隆寺西円堂（建長二年〔一二五〇〕、創建は天平年間、橘夫人発願伝説）

図1-a　敦煌石窟第112窟北壁東側薬師浄土変相部分

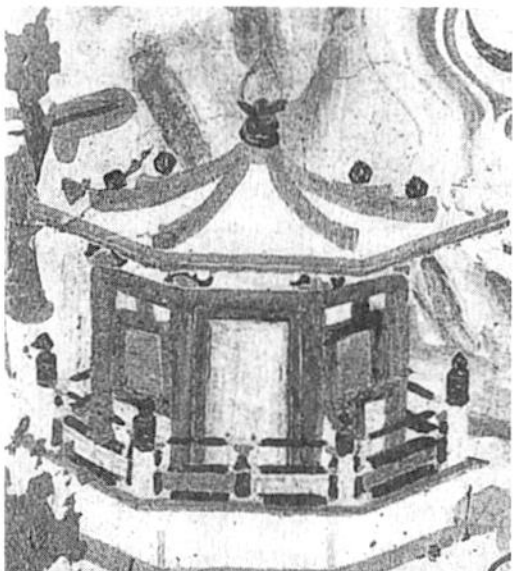

図1-b　第321窟東壁北側維摩経変相部分（左）

(5)広隆寺桂宮院本堂（建長年間〔一二四九～五六〕、聖徳太子祠堂）
(6)旧万寿寺愛染堂（現在東福寺に移築）（室町時代初期～中期）
(7)興福寺南円堂（寛保元年〔一七四一〕、創建は弘仁四年〔八一三〕、藤原冬嗣建立）

奈良時代初期に創建された例と鎌倉時代に再建・改修された例が目立ち、その流行した時代をうかがい得るが、上記八角円堂の多くは、その創建事情からみて、故人の記念碑的追善供養堂としての性格が強かったことが明らかにされている。(3) 堂内は内陣柱を立てて(5)(6)を除く）、仏像を安置し、土間床とし(5)のみ板敷）、小仏堂空間とはいえ差し渡し寸法は六角堂と比べていずれもはるかに規模が大きい（最大は(7)で一五・四五メートル、最小は(5)で五・一五メートル）。

先にあげた敦煌壁画でみる限りにおいて、中国では六角円堂は八角円堂よりやや遅れて中唐頃から多くなるが、その後はむしろ八角円堂以上に流行したようである。両者は機能的にはほとんど同様であったらしく、画面上は扱われ方に大きな違いはない。しかしわが国においては、六角円堂の遺構は極めて珍しく、現在、国指定重要文化財としてはわずかに以下三例を数えるに過ぎず、時代も室町以降に限られる。また、八角円堂とはその社会的機能も異にしたようである。

(1)愛知・長光寺地蔵堂（室町時代、永正七年〔一五一〇〕）
(2)岐阜・鹿苑寺地蔵堂（室町後期、天文三年〔一五三四〕以前）
(3)京都・万福寺寿蔵（江戸時代、寛文三年〔一六六三〕）

ただし明治八年（一八七五）に再建された建築であるために重文指定はなされていないものの、聖徳太子創建伝説（延喜十七年〔九一七〕頃成立『聖徳太子伝暦』による）をもち、中世から近世にかけて京都市中における町衆の一大拠点とされてきた、世に名高い京都・頂法寺六角堂の存在は、わが国における六角堂の歴史においては重要であろう。また、二上山麓の当麻・加守二廃

図2　長光寺地蔵堂

図3　鹿苑寺地蔵堂

寺南遺跡からは、大津皇子の追善供養堂と推定される八世紀の細長い長六角堂の遺構が発掘されている。極めて特殊な例であるが、一部には古代にも造られていたようである。

ここで各作例の特徴について概観しておきたい。

⑴長光寺〔図2〕は、古くは法相宗・真言宗を兼ねた古刹で、応保元年（一一六一）創立の寺伝をもつが、明応八年（一四九九）に再興された際に、臨済宗に変わり、禅宗様の六角円堂は露盤銘によって永正七年（一五一〇）の建築であることが知られる。ただし本尊の地蔵菩薩は文暦二年（一二三五）銘をもつ鉄造地蔵菩薩立像であり、当寺が禅宗化する以前から庶民信仰をあつめていた地蔵菩薩像をまつる堂宇として造られたものであろう。長光寺のある稲沢市は古く尾張国分寺や国府のあった地で、付近には古刹が多いが、六角堂町の長光寺の位置は、名古屋から北西方向に尾張一宮へと至る街道と、尾張国分寺へと至る街道との岐路にあり、古来交通の要所である。中世には交通の要所における小堂が、辻堂として庶民の勧進や商業活動の拠点となり、広く「無縁」の場を形成するが、錫杖をもつ地蔵菩薩像をまつる長光寺地蔵堂もまた、元来庶民的な辻堂・町堂として生まれ、禅宗に吸収されて六角堂の成立をみたものであろう。差し渡し四・三七メートルの六角円堂を内陣とし、参籠する庶民の増大に対応して、これに吹き放ちの外陣と回縁をつけた特異な形である。

⑵鹿苑寺〔図3〕は、美濃から郡上八幡に至る街道の途中、佐ケ坂の地蔵峠上にある臨済宗妙心寺派の寺院である。廬山大悲院と号す当寺の観音堂には、平安前期一木造の特色を残す観音菩薩立像が伝えられており、創建はさらに遡りうるであろう。地元で六角堂と称される地蔵堂は、峠脇に建ち、来迎柱に天文三年（一五三四）と同十三年の墨書を

図4　万福寺寿蔵

もつことから建築年代を知ることができる。差し渡し三・三六メートル、一辺六尺五寸を六角とした規模は、五浦六角堂にもっとも近い。ただし屋根は檜皮葺き、軒は六方に出た大垂木の間にやや細めの垂木を一本置く疎垂木の構成である。円柱上に頭貫を組み内側に二斗、外側に一斗出しの連三斗、木鼻には禅宗様の紋様がつく。柱間正面は板扉、背面に片引板戸を建てるほかは縦板壁で窓はない。周囲には切目縁を回す。内部は拭板敷に竿縁天井、後ろ寄りに来迎柱を立てて小さな仏壇を構え、厨子入り地蔵菩薩立像（室町・県指定重文）と一対の円空作天部像を安置する。後補であるが露盤と宝珠を屋根上に置く。当堂も、往還の無事を祈る庶民信仰を示す辻堂的な遺構であることが指摘されている。(4)

(3)万福寺〔図4〕は、明僧隠元が福建省の住寺にならって創立したことで知られる黄檗宗の禅宗寺院である。寿蔵は三門を入った北側、隠元が晩年の隠棲地とした松隠堂の地の一隅にある。寿蔵とは生前から用意される墓所であり、隠元存命中の寛文三年（一六六三）に六角円堂の寿蔵が設けられた。規模は差し渡し三・八二メートル、墓所とはいえ内部床は拭板敷き、鏡天井とする。柱間各面を漆喰壁とし、正面と両隣りの柱間に円窓を開く。正面内側は両開き板扉、脇間内側は板戸とし、背面東脇間に引違板戸を設けて出入り口とする。架構は円柱の上に台輪を載せ、組物を出組に組み、軒は二軒扇垂木とする。

二　わが国における六角堂の伝統と天心

(1)から(3)の六角堂に共通するのは、いずれも禅宗系建築であるという点である。中国で八角円堂に遅れて流行したと考えられる六角円堂は、わが国へは創建期の京都六角堂や記録上の数例の他多くは伝わらず流行もしないまま、鎌倉時代に新たに唐

図5 《聖徳太子絵伝》 第二幅　六角堂部分（京都頂法寺蔵、室町時代）

様のかたちで受け入れられたのであろう。鎌倉時代に東大寺を復興した重源上人が六角七重塔を建てようとしたのも、新たな宋風志向であった。

また墓所である万福寺寿蔵を除く二例が、庶民の辻堂的性格をもっていることは、八角円堂と異なる社会的機能を担った、わが国における六角円堂のあり方を考えるうえで重要である。平安時代以降、京都には六角堂、因幡堂、革堂などの町堂が、庶民の信仰と生活の拠点として発展した。京都六角堂の始源じたいは明らかではなく『聖徳太子伝暦』にみえる太子創建説も他の史料にはみえないので、起源を太子伝説と結びつけて職能と特権を守る必要の生じた平安時代以降に成立したものとみなされている。ただし平安京成立に先立って六角堂が存在した可能性は高く[5]、元来は渡来系氏族の一小堂であったかもしれない。だが京都六角町は、鎌倉時代には生魚供御人や町人の居住地となり、辻子が形成され、その中心となる六角堂は、下京の町組の集会場となった。そこは検非違使の検断権の及ばぬ「無縁」のアジールとして、貴賤の人々の祈念参籠の堂となり、戦乱に際しては都市町人の籠もる拠点ともなった[6]。そうした町堂や辻堂の形成はやがて諸国に及ぶが、なかで禅宗と接点をもった長光寺や鹿苑寺の地蔵堂に、ふたたび六角堂があらたな禅宗様形式で登場したのである。京都六角堂を先例とする、庶民の「無縁」のアジールとしてのシンボル的イメージの伝統が、新形式によって再生されたのであろう。

また、浄土真宗系の聖徳太子絵伝にはしばしば六角堂が描かれる。すでに太子建立伝説が定着した鎌倉時代の建仁元年（一二〇一）、開祖親鸞は京都の頂法寺六角堂に百日参籠した折、夢告によって太子から有名な「行者宿報設女犯　我成玉女身被犯」の偈《げ》を得、愛欲の悩みから覚りを得て叡山を下り、法然の弟子となった。六角堂はその名蹟とされて《聖徳太子絵伝》に描かれ、浄土真宗と太子信仰と頂法寺六角堂は結びつきつつ、庶民信仰として普及してゆく。真宗系寺院には仏堂としての六角堂建築は普及しなかったようであるが、信仰史的には六角堂＝教祖改悟の参籠堂としてのシンボリズムは、明治期はもとより今日に至るまでなお生き続けているのである〔図5〕。

さて、天心の視野には、以上の遺構例や六角堂＝参籠堂というわが国における意味が、どの程度入っていたであろうか。天心は八角円堂(1)(2)(3)(7)に関しては「奈良古社寺調査手録」「近畿宝物調査手録」（『全集』八）において言及し、(5)についても講義筆記録「日本美術史」（『全集』四、三六頁）において述べているから、(6)以外は確実にみていると考えてよいであろう。(6)についても現京都博物館建設地を幾度か検分し、東福寺も訪ねていることから、近在の名刹・旧万寿寺をみていないとも限らない。しかしわが国の六角円堂については、天心は具体的な言及をしていない。天心は、明治三十三年（一九〇〇）五月十六日に日本美術院岐阜展のために岐阜市内で講演し、翌日、美術院正員の旅行と古社寺調査をかねて、大観、春草ら六名と飛騨地方へ出発、郡上八幡から高山に入り、二十四日にひとり岐阜に戻っている。(2)のある郡上街道を通ってはいるはずであるが、峠の六角堂は目に入ったであろうか。また宇治地方では平等院から蟹満寺へと訪ねていることが確認されるが、途中の万福寺には立ち寄ったであろうか。名古屋は度々赴いた京阪への途次でもあり、明治二十三年一月には旅中一泊している。日本各地を旅し、旺盛かつ綿密な古社寺調査を行なった天心の軌跡からみて、規模や形状に共通点の多い（五浦六角堂も元来は拭板敷きであった）(2)に関しては、影響関係を認めてもよいように思われる。しかし五浦六角堂の、広い窓をもつパノラマ的景観遠望の性格や茶室的機能は、もちろん(2)には全くない。天心にとっては、(2)のようなわが国における六角堂遺構だけではなく、六角堂の歴史的源流である中国建築や道教も視野にあったのであり、着想源はその面からも検討されて然るべきであろう。

しかし遺構を見たか否かにかかわらず、先に述べたわが国における六角堂＝参籠堂の認識は、天心にも少なからずあったと考えられる。天心の宗教への関心は広汎で、宗派を超えていたが、その葬儀じたいは浄土真宗で行われているように[7]、真宗布教のすすんだ越前出身の家系の人として、親鸞や真宗はもとより身近であった。著作『東洋の理想』や講義録「日本美術史」にみる、親鸞に関する記述はさほどの比重をしめてはいないが、後半生において宗教研究に傾倒し、古今の仏教書を多く繙き、真宗大谷派の織田得能（越前生まれ）と共に東洋宗教会議開催さえ計画した天心にとっては、親鸞伝記やその思想の核をなす偈《げ》は視野に入っていたであろう[8]。その点、参籠堂的性格をも備えた六角堂構想の潜在的要素としては、なお考慮すべきである。

また八角円堂と六角円堂のわが国における史的意味のちがいは、五浦六角堂を直ちに法隆寺夢殿と関連づけ、その簡略形とする見方を成り立ちがたくする。小規模で拭板敷の、参籠堂的性格をもつ六角堂は、記念碑的な華麗な小仏堂としての八角円堂の歴史的遺構とは、わが国においてはかなり異質なものである。その違いを、天心が今日的研究水準において理解していたわけではもちろんないが、五浦の住まいを天心は自ら「草堂」と呼び、「野生の儀」あるを旨としていることからも、夢殿を直接、範としたとは考え難い。夢殿起源説は、天心といえば夢殿調査、多角堂といえば夢殿という単純な連想に基づく、後世の付会であって、天心の調査体験や作品視野は言うまでもなくはるかに広汎であった。天心の「六角」へのこだわりは、単に簡略便化という消極的理由で選んだ形ではないからであろう。ここでその構想源をさらに中国建築体験と道教にたずねてみることにしよう。[9]

三　天心の中国建築体験――塔と亭の再発見

天心は生涯に四度、中国を旅し、精力的に美術調査や収集を行なっているが、ここでは五浦六角堂の造立以前である最初の中国旅行の記録「支那旅行日誌」（明治二十六年）と、帰国後の報告稿・講演記録である「支那行雑綴」（ともに『全集』五）に基づき、天心の中国建築体験について検討したい。

明治二十六年（一八九三）七月から十二月の五ヵ月間、日清戦争直前の治安の悪化していた清国を、天心は弁髪に支那服の姿で弟子の早崎稉吉と共に、天津、北京から開封、洛陽、西安、さらに奥地の広元、成都、徐州、重慶を経て漢口、南京、上海へと旅した。最初の、かつ最長のこの中国旅行で、天心は自然や風土、生活、史跡、仏像、絵画を、時にスケッチ入りで記録しているが、建築に関しては各地の仏塔に最も注目し、多角多層の数や形状をこまめに記している。東白馬寺塔や太平寺九層塔のスケッチは「日誌」中、もっとも丁寧な描写に属すものであろう。帰国後の講演メモでも特色の一項に「塔の多きこと」をあげ、幾つかの実例をあげる。天心が記している塔は、別表のとおりであるが、その多くが八角ないし六角の多角塔であり、

表「支那旅行日誌」（明治二十六年）に記録された層塔・檐塔一覧

頁	所在地	寺塔名称および年代（以上、天心の記述による）	備考
28	北京市	天寧寺八角九層二十七丈塔、隋、明代修復	八角十三檐塼塔、遼、明・清代修復
29	良郷県	塔仏寺五層塔、高さ十余丈（長新鎮塔窪村）	八角六層塼塔、遼・一〇九二年頃
29	涿州	双塔（北）雲居寺塔六層、遼・金、明代修復	八角五層塼塔、遼末金初、現破損
		（南）智度禅寺塔五層、遼・金、明・清代修復	
31	固城舗	白塔寺七層塔、遼・金、明代（成化頃ヵ）修復	
37	正定	天寧万寿禅寺九層木塔、唐創建、明・清代修復	八角九層塼壁木檐塔、宋、明代改築
39	正定	臨済寺九層小塔、宋	八角九檐塔、金
39	正定	広恵寺塔、唐、明代修復	花塔、金、明代改築
40	趙州	栢林寺小塔、金、明代修復（臨済寺に相似とする）	
41	彰徳府	天寧寺塔（印度形）、隋、元代修復	
43	衛輝府	霊塔寺霊応塔八層、清代修復	
44	開封	祐国寺十三層鉄塔、宋・金の趣、明・清代修復	八角十三層塔、北宋・一〇四九年
45	定州	開元寺八角十一層塔（瞭敵塔）、宋、明代修復	北宋・一〇〇一～一〇五五年
48	洛陽	東白馬寺塔、金、明代修復（スケッチは九層）	方形十三層塼塔（斉雲塔）
61	陝州	万寿寺十三塔、隋、明・清代修復	現三門峡市
66	西安	慈恩寺大雁塔、七層二百尺、唐	方形七層塼塔、唐・七〇四年
68	西安	薦福寺小雁塔、十三層、唐	方形、もと十五層塼塔、七〇七年
69	興平県	保寧寺北塔八角円、南塔四角七層、唐、明代修復	
71	岐山県	太平寺九層塔、宋（スケッチは多角）	
90	勉県	六角十三層塔（県城近在、寺なし）、唐ヵ	
95	広元県	光沢寺十五層白塔	広元市皇沢寺則天武侯祠近在ヵ
101	梓潼県	六角九層塔、六方に柱（銅瓦舗近在）	
101	綿州	城北山上白塔（天寧寺形）、城東小塔（柱付、多層）	

多角建築への関心は直接にはこの中国旅行を契機としていると考えてよいであろう。しかし、多角円堂の記述はここにはない。

天心はいくつかの塔に登り眺望を楽しんでいるが、この体験は新鮮なものであったはずだ。わが国にも五重塔は多いとはいえ、元来、人が登楼するための建物ではなく、室町時代以降は楼閣建築や城郭建築があるとはいえ、なお一部為政者のものであった。わが国の庶民にとっての景観眺望の場は、自然の山があるとはいえ、建築的には山頂の懸造りの仏堂（清水寺、長谷寺など）や、湖や海岸の仏堂（浮御堂、松島五大堂など）に限られていた。江戸時代にそうした場が参詣名所として人気をあつめたのは、単に宗教心からではなく、景観眺望の魅力があったからである。仏教伝来以前から高楼建築の伝統があり、それらが仏寺に取り込まれた中国では、人の登楼を前提とした仏塔が多く、景観眺望のための建物という機能が実用的に生き続けた。天心はこの建築体験を通じて、景観眺望の機能をもつ建築の魅力を再発見したのではないであろうか。

「支那旅行日誌」をみると、西安を過ぎ四川に入った頃から、その記述はやや変化をみせる。天心の筆力は、風邪や不潔な宿の害虫や盗賊の危険にもめげず、衰えをみせないが、しだいに美術研究者の目から詩人の目で、自然風景そのものを描きだす。奇岩峡谷の多い風景は天心の心をとらえたらしく、景色を評して「奇致あり　雪舟の泣くところなり」とか「高然暉の本色、郭熙の真髄」と、脳裡に名画家たちの絵を想う。朝天関に至っては、

三景ヲ挙クレハ一ハ……東北の山両三重りて峡ヲなし　大山之ヲ圧して位置ヲ取リタル平沙流水の処　元信の夢し処ナルへし　二は山の半腹より北の方瀑布の高岡ニかゝり諸山層重の処　米家の墨ヲ思ハしむ……第三は頂上四望の趣　雪舟夏珪の遺意　金岡ヲして見セしめは更ニ幾層の緑ヲ写し出セしカ　第一の如き特ニ記憶スへき処なり。

（『全集』五、九三頁、傍点は筆者による）

と、風景を全く「絵画化」して見立てている。この点は、後に妙高山の山麓や五浦海岸などのやや険しい「奇勝」に居を求める天心の姿勢を、暗示しているといえるであろう。

この間の旅行で建築的に注目しうるのは、天心が風景のなかの亭子について日誌に記していることである。すなわち蜀山に入り柴関嶺に至った時、「紅葉煙雨最モ妙ナリ　紫柏板《ママ》ニ至レハ柏樹松杉紅於ヲ交ヘ小高き処ニ小亭アリ　望極めて好し」（前掲書、七九頁）とし、廟小台をスケッチして八角の亭を描いている〔図6〕。また梓潼県送険亭に至って、「一個の亭子石壇の上ニ在リ　亦趣なきニ非ス」（前掲書、一〇〇頁）と記している。

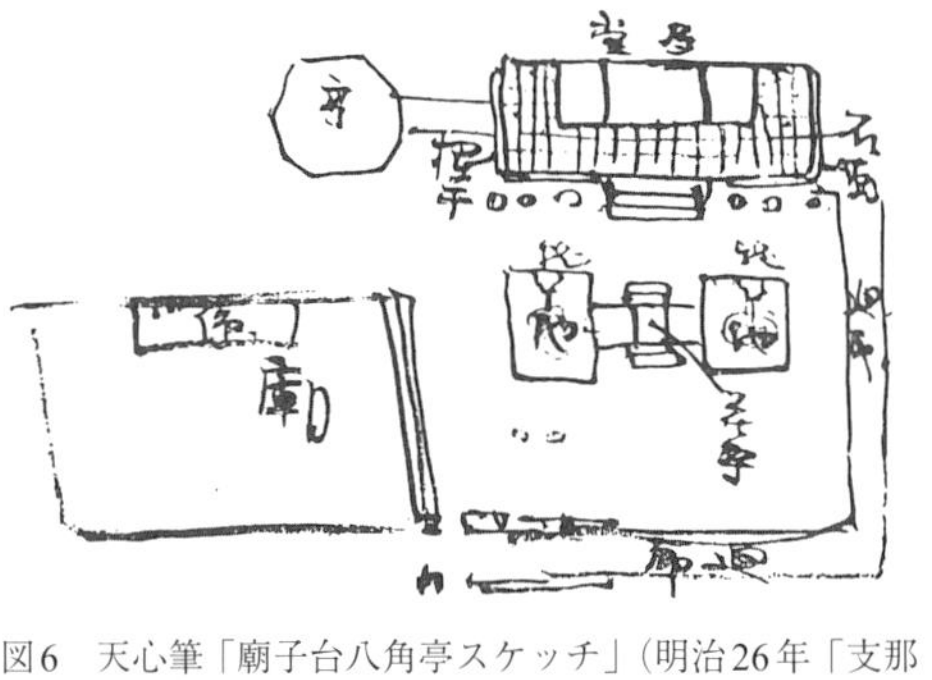

図6　天心筆「廟子台八角亭スケッチ」（明治26年「支那旅行日誌」より）

風景の途中に点在する休息のための亭子は、古来、山水画の点景をなし、またそこから景観眺望を得るための建物であり、わが国の庭園にも造られてきた歴史はある。しかし中国の、とくに明代以降の亭子建築に、八角形や六角形が多いことはつとに指摘されているところである。[10] 多角円形の亭子建築は多角円堂と元来、無縁の建物ではなく、初唐の釈道宣『戒壇図経』〔図7〕にみえる寺院図には、方形仏堂と共に、寺院内の園池のほとりに六角円形の亭子が描かれている。宮廷の亭子建築としてあった多角円形が、やがて仏堂にも取り入れられるのであって、むしろこちらの方が原点といえる。「日誌」には八角形亭子のスケッチは一箇所見えるだけであるが、天心がその趣に関心あったことは、文中にうかがうことができる。

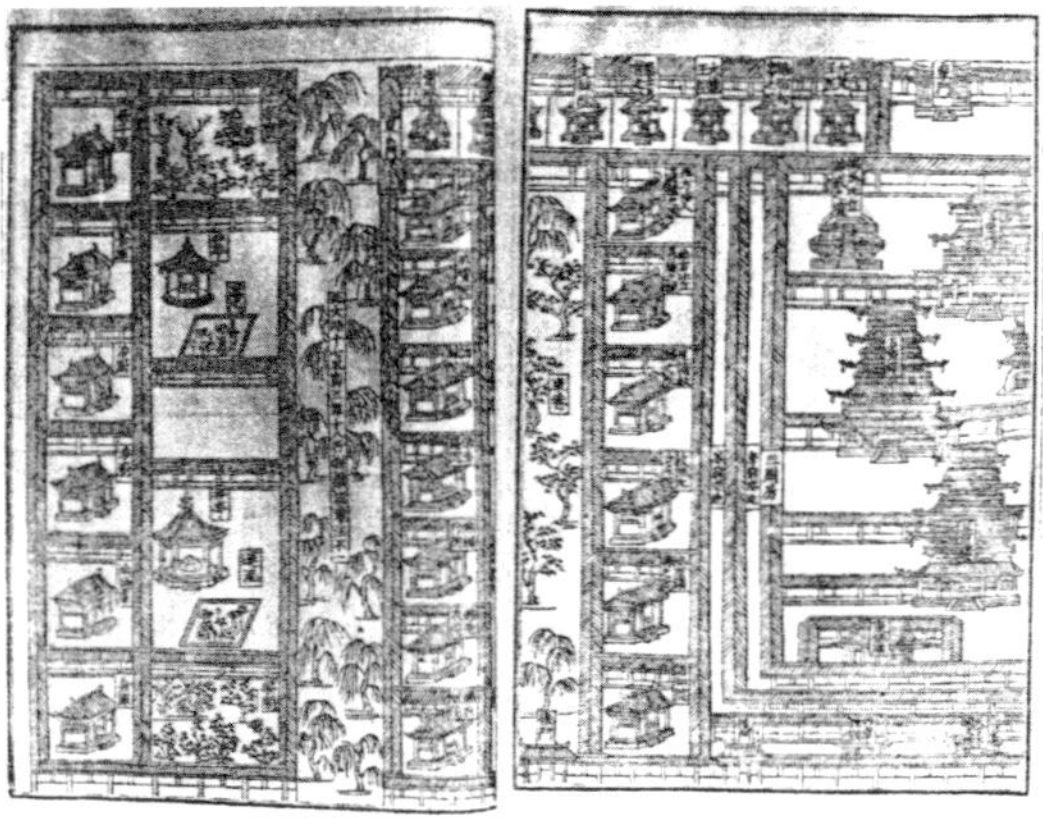

図7　『戒壇図経』部分（初唐）

さらに成都に至った天心は、「草堂寺」をたずねている。成都の浣花渓の畔の草堂寺は、盛唐の詩人杜甫が居を構えた址であり、流浪の生涯の中でも比較的安定した四年間の生活をおくり、多くの詩を生んだところである。古来「杜甫草堂」として記念され、北宋の呂大防が故居に杜公祠を建立したのに始まり、元・明・清の各時代に整備が行われて公園化した。天心が訪れた頃は、すでに曹六興に

図8　「杜公草堂図」（1811年）とその祠堂裏草亭部分

図9　果親王「小陵草堂」碑六角亭

よって一八一一年〔嘉慶十六〕に再建・修築された現存の記念的建造物群の多くが建っていたもので、当時の様子は「杜公草堂圖」にほぼみることができる(11)〔図8〕。図には居宅の離れとして六角円形の亭子が建てられているが、元来杜甫の住居があったと推定されているこの工部祠裏の地、錦江の岸近くには、現在も清の果親王による詩碑の六角亭子が建っている〔図9〕。「日誌」にはこの部分が遺っておらず、「支那行雑綴」の旅程表と「支那旅行——幻燈説明」（『全集』五）で補うほかはないが、

……〔草堂寺《ソウトウジ》〕があります　其建築等は残ッて居ります……中に、〔浣花亭《カンカチン》〕があッて誠に心持の宜い所で昔の〔月山《ゲッサン》〕か子昂《すごう》でも画きさうな趣きであります。　（前掲書、一五五頁）

と、天心は講演でその感興を語っている。建物年代については誤認があるとはいえ、詩聖の「寓居」とされたその趣は、漢詩を愛好した天心の心をとらえ、「草堂」の呼称や離れとしての六角形亭子として、後の五浦邸造営に取り入れられたものと考えられる。草堂は一般名称であるが、漢詩の世界において「草堂」といえば「杜甫」なのである(12)。

以上のように、最初の中国旅行において天心は、(1)豊富な八角形や六角形の層塔を目のあたりにしたこと、(2)塔と亭という景観眺望のための建築を豊富に体験したこと、(3)雄大な自然景への絵画的視覚の再発見、(4)詩人杜甫の寓居としての「草堂」や「六角亭子」との出会いなど、後の五浦六角堂の造立に連なる多くの体験をしたのである。

四　天心における「六角」の図像学と六角堂構想

ここで五浦六角堂そのものに立ち返ってみよう。天心が、弟子の飛田周山の案内で、北茨城の五浦海岸を見出し、その奇勝をひと目で気に入って早速、購入を開始したのは明治三十六年（一九〇三）五月頃という。当初はすでにあった観浦楼という二階建て民家を用いていたが、明治三十八年六月に「六角形観瀾亭」と掲げられた六角堂が建てられ、その室内には六角形の炉が切られた。同じ七月に、もとの観浦楼の古材を多く用いて居宅の新築が行われたが、居宅内の客間の隣にも炉を設けた六畳間が造られ、茶室的機能をもっていたことは、六角堂と同時期の一連の工事であっただけに注目される。この六畳間の部屋の反対側には一畳の板敷きが設けられているが、その隅には三尺、二等辺三角形の三角棚が造られ、その上部天井は、やはり三尺に六尺の三角形と、変わった意匠になっている〔本書一〇七頁の図10参照〕。天心はこの部分では「三」にこだわっているのである。

周知のように、天心の本名は岡倉覚蔵であるが、本人は「蔵」の字を嫌って自ら覚三と改めた。覚三の「三」は「天・地・人」の「三元（＝三才）」に基づくもので、道教の数理学的意味をもつことがすでに指摘されている。[13] 天心自身、「天は無限なもの、霊的なものを表わし、地は有限なもの、感覚的なものを表わし、人はこれらの二元要素、即ち精神と感覚をそなえ、なかに立って二つのものを和合させねばならない」（「東アジア美術における宗教」『全集』二、一五一頁）と解釈した「天地人の三元」の「三」は、天心にとってその人生哲学を象徴する数なのである。

では「六」は何を意味したのだろうか。『易』によって陽を象徴的に示す象数「九」に対して、陰の象数とされる「六」は、道教的数理学では古来重視されているが、[14] そうした一般的な意味にとどまらず、「三」と「六」で統一された造営が一連の仕事であったことを考慮すれば、「六位・三才」の語に基づくものとみることが妥当であろう。「六位」は、三才とほぼ同義だが、天道を陰・陽に、地道を剛・柔に、人道を仁・義にさらに象ったものとされる。それは上下四方の宇宙をあらわす「六虚」「六極」の意にも通じている。[15] 天心が六角形の堂宇、六角形の炉、一辺六尺、広さ三坪という数字に統一している意味も、この辺りにあると考えてよいであろう。ただしこの数合わせには多少、遊び心も働いていそうである。

五浦六角堂は天心のこうした哲学のもとに、三種の意匠的機能的性格をもつ建物として設計された。

(1) パノラマ的眺望機能をもつ亭子としての性格

図10-a　天心筆《驢馬に乗る行人図》部分

図10-b　足利義持筆《杜子美図》部分

中国旅行における、風景を絵画化し、また風景を眺めるための建築としての塔と亭子の体験に基づき、なかでも杜甫草堂の六角亭子のイメージがここに用いられた。六角亭子は吹き放ち形式であるが、五浦六角堂のうちの四面は、中桟のない総ガラスの引き違い窓をめぐらし、吹き放ちに近い感覚となっている。瀾《らん》（大波）を観るための亭としての「観瀾亭」である。杜甫も草堂からの錦江の眺めを楽しみ、時には水檻という釣殿から、眼前にひらける錦江に向き合って釣りを楽しんだという。かつての中国旅行から十二年を経た五浦時代の天心は、杜甫と同様に時勢に合わず、官を辞して年の大半を旅に過ごす人となっていた。日本の官界でその才を十分に活かせない失意は、天心をいっそう杜甫に近づけたらしく、天心はしばしば杜甫像でもあり、自己像でもあると考えられる《驢馬に乗る行人図》を自ら描いている〔図10-a、参考b〕。また、弟子の横山大観は天心が漢詩人のなかでもとくに杜甫に傾倒していたことを語っている[16]。そうした天心にとって、杜甫草堂のイメージは余生を詩人として自己演出するにふさわしいかたちであったであろう。ただし天心は草堂のイメージを基本としつつも、自らは日本の詩人として、浮御堂や松島五大堂などの伝統的名所のロケーションをも踏まえつつ五浦を選び、六角堂を含む風景じたいを、より新奇な「風景画」として絵画化する意図があったように思われる[17]。亭子が仙境の象徴として山水画に描かれたように、六角堂は天心が造営するところの〝仙境〟において、道家（老荘）的世界を象徴する点景物とみなされたのである。

(2)参籠・瞑想的空間機能をもつ仏堂としての性格

内部を拭板敷き、屋根を瓦葺きとし、宝珠を掲げることで、参籠仏堂としての六角堂のイメージが重ねられた。景観眺望できるとはいえ、六角堂は家族にも開かれた娯楽的空間ではなく、天心自身の実務的書斎でもなく、極めて個人的な瞑想室的書斎として用いられたようである。[18] 親鸞が夢告で偈《げ》を得たように、深奥の苦悩と向き合う場、創造へのインスピレーションを得る場、俗世から隔絶された精神のアジールとして位置づけられていたのであろう。ただし礼拝対象を置く内陣や厨子はなく、床の間に仏像や仏画を置いたという記録や伝えはない。天心にとっては、むしろ眼前にひろがる天空と海原が、祈りの対象であったように思える。

(3)芸術的鑑賞と対話の場としての茶室的性格

床の間と炉を設け、茶室的空間とした。出入りは小さなにじり口とせず、高さ一・七二メートルの引き違い板戸とする。炉を中央に切るのは、亭主と客の位置を決め難くするため一般的ではないが、敢えて破格の自由な構成をとる。接客空間としての茶室というより、ごく私的で素朴な喫茶空間であったのであろう。茶室について、天心はその著『茶の本』で、「茶室は生存の寂寞たる荒野の中のオアシスであり、疲れた旅人はそこに出会って、藝術鑑賞という共同の泉から渇きをいやすことができた」（『全集』一、二八〇頁）と述べているので、芸術鑑賞と対話のための茶室機能と考えられる。同書では茶の湯は「禅の儀式の発展したもの」ととらえられ、その背後にある哲理としての道家思想と禅道について詳しく語られている。また、破格の形式は、次のような茶室観から生まれたものと考えられる。

> 茶室が或る個人の趣味にかなうように作られねばならぬということは、藝術における生命力の原理の強い主張である。藝術は、充分な鑑賞に耐えるためには、同時代の生活にとって真実なものでなければならない。それは、われわれが後世の要

求を無視してよいということでなく、今日の生活を求めてもっと楽しむべきだということである。それは、われわれが過去の創造を無視してよいということでなく、それをわれわれの意識に同化しようとつとめるべきだということである。伝統と型式に屈従することは、建築において個性の表現を束縛するものである。

（『全集』一、二九六〜二九七頁）

『茶の本』、の出版は、明治三十九年（一九〇六）五月であるが、その構想は、六角堂造立に先立つ明治三十七年秋頃から始まっており、翌年初春には執筆に着手されていたと考えられている。[19]六角堂は、茶室という面では、『茶の本』に述べられている上記のような理論の一つの実践であった。だが六角堂は茶室という以上に、さらに総合的に、天心のこの時点での価値観を示した建築作品でもあるのである。

五浦六角堂は、「亭（子）」と「（仏）堂」と「（茶）室」という三系統の建築の機能と意匠が、渾然と結び合わされることによって成り立っている。いずれも中国と日本の伝統のなかに着想源をもちながらも、その一つだけを範とするのではなく、天心自身の体験と関心と必要によって再構成され総合化されたもので、「過去の創造の同化」がここに試みられている。それは単なる感覚的な恣意的な形式混淆ではなく、何よりも天心のイデアに基づいたものであった。

天心は、芸術の三要素を「観念」「意匠」「技術」と考えたが、[20]「亭」「堂」「室」は、天心にとっては単なる意匠にとどまらず、それぞれ「道家（老荘）思想」「仏教思想」「禅宗思想」をあらわすシンボル・イメージであったと考えられる。『茶の本』には、道家思想と禅宗思想が、『東洋の理想』には道家思想と仏教思想が、芸術創造に最も力を付与した思想として語られているが、五浦時代の天心は、道家思想、仏教、禅への思想的傾倒を強くしていた。天心には「六位・三才」の意味する「天（陰陽）・地（剛柔）・人（仁義）」の世界を、「道」「仏」「禅」が成り立たせるというコンセプトがあり、「亭」「堂」「室」はそうしたコンセプトの意匠化として、選択され混淆されたものであろう。ここでもっとも包括的な思想と位置づけられている「道」について、天心は『茶の本』で老子の語を引用しつつ説明し、自身の次の語で結んでいる。

それ（道）は「宇宙的変化」の精神――新しい形を生むために自身に回帰するところの永遠の生成である。（二八二頁）

天心の六角堂には、この「道（タオ）」世界の形象化が意図されたと考えられるのである。そしてこの言葉は同じ『茶の本』に、次の述懐としてより詳しく語られている。

> われわれが人生と呼ぶ、愚かしい労苦の狂瀾怒濤に浮かぶ自分自身の存在を、正しく律する秘訣を知らない人びとは、幸福と自足の外観をよそおうことにむなしく努めながらも、いつも悲惨な状態にいる。われわれは、精神の平静を保とうとしてはよろめき、水平線上に浮かぶどの雲にも、嵐の前兆をみる。しかし、永遠にむかってうねって行く大波の中に、喜びと美がある。なぜ、大波の霊に共鳴しないのか。あるいは列子のように、つむじ風に跨って行こうとしないのか。
> （三二八～三二九頁）

ここで大波は「永遠の生成」の象徴であり、瀾（大波）を観る「観瀾亭」と天心が名付けた想いは、この一節とほぼ符合するのではないだろうか。

太平洋に向かって、波頭打つ岩盤上に立つ小さな六角堂は、奇勝のなかの点景として絵画的な魅力のある建物である。しかし近在の民家とさして違わぬ下見板張りの一見ありふれた技術的仕様は、建築そのものとしては必ずしも美麗なものではない。造立に際しては、施工や仕様のほとんどが地元大工の小倉源蔵に委ねられたという。だがそのことじたいに、「芸術の追及するものは美ではなく関心である」(21)とし、「野生の儀」を好んだIdealist天心の姿勢があらわれているといえなくもない。六角堂にこめられた思考と意匠と機能の密度は極めて高く、その源流をなす範囲は時間的にも空間的にも広闊である。それは五浦時代の天心の個性や思想、心情さえもが、もっとも集約的に形象化された記念碑的造形物と言いうるものである。

註

1　六角堂棟札。以下、五浦の土地購入と造営経緯については斎藤隆三『日本美術院史』創元社、昭和十九年、による。六角堂実測寸法については「五浦美術研究所補修其の他工事」報告書（茨城大学蔵）および川又正・後藤末吉「五浦の建築関係資料」『茨城大学五浦美術文化研究所報』第十一号、昭和六十二年による。

2　「易の数、陰は六に変じ八に正し。入に従ひ八に従う」（『説文』十四下）。福永光司氏によれば道教教典『淮南鴻烈』原道篇に初見する「八紘」、『南華真経』斉物論篇の「六合」は、ともに全宇宙を意味し、世界の全体を八角形として把握認識する宗教哲学は中国では二世紀頃すでに成立し、宇宙の最高神（太一神）の祭りが八角形壇上でなされていたという。以上の事実は、多角層塔や多角円堂の中国における盛行の源とみなしうるであろう（福永光司「八角古墳と八陵鏡」『道教と日本文化』人文書院、昭和五十七年。および同「天皇と八角形」『道教と古代日本』人文書院、昭和六十二年）。ただし、わが国の八角円堂もすべて中国的道教理解の上に立っての造営とみなしうるかどうか、すでに意匠として一般的に普及していた初唐美術の影響下での造営であるだけに、なお問題を残すといえるであろう。

3　杉山信三「八角円堂によする考え」『朝鮮と建築』第十六巻第二号。田中重久「記録に遺る大和の円堂」『大和志』第十巻第九号。菅谷文則「八角堂の建立を通じてみた古墳終末期の一様相」森浩一編『論集・終末期古墳』塙書房、昭和四十八年。菅谷論文は、わが国の八角円堂が追善供養堂であるのは七世紀末〜八世紀初めの古墳の一部に八角古墳が造られたことに起因するとしている。

4　『解説版／新指定重要文化財十一建造物Ⅰ』毎日新聞社、昭和五十六年、八三頁。

5　平安京造営に際して東西の小路が御堂に突きあたるので、堂が北に動いたとの伝説から、平安京造営に伴い移建があったとも考えうる。

6　高橋康夫「京都・六角町——マチからチョウへ」『日本都市史入門Ⅱ』、東京大学出版会、平成二年、二〇三頁。五味文彦編『都市の中世』吉川弘文館、平成四年、一二頁。

7　平櫛田中「岡倉先生」『岡倉天心　人と思想』平凡社、昭和五十七年、二五頁。

8　この親鸞の得た偈《げ》に、天心が星崎波津子や八杉貞との関係をめぐる苦悩からの解脱を求めたと見ることも可能であろう。

9　「……偖て野生儀今般御地五浦に草堂を営み候に付今後種々御高庇に依り候こと、存候……」河合寅次宛書簡（明治三十八年七月十七日）『全集』六、平凡社、昭和五十五年、二〇五頁。

10　中国建築史編集委員会編、田中淡訳編『中国建築の歴史』平凡社、昭和五十六年、二六一頁。

11　土岐善麿「杜甫草堂記」『杜甫への道』光風社書店、昭和四十八年、二五頁。

12 「草堂倡和」像中の王邦鏡題賛「草堂先生世之所謂詩史者也ト居浣花草堂」や義堂周信『空華集』の「草堂南隣図」等。土岐善麿、前掲書による。

13 福永光司「岡倉天心と道教」『全集』八、平凡社、昭和五十四年。

14 阿辻哲次『漢字学――『説文解字』の世界』東海大学出版会、昭和六十年。

15 『諸橋大漢和辞典』第二巻、大修館書店、四五頁。

16 『大観自伝』講談社学術文庫、昭和五十六年、一二〇頁。

17 天心は明治二十七年三月、橋本雅邦と福島、仙台、松島、中尊寺に遊ぶ。『全集』別巻、年譜、昭和五十六年。

18 岡倉一雄「父の書斎」、橋川文三編『岡倉天心　人と思想』、五七頁。

19 『全集』一、解題（木下長宏）、四八八頁。

20 「欧州視察日誌」（明治二十年）の巻末ノート（明治二十八年頃の記入）、『全集』五、三六八頁。

21 「東アジアの絵画における自然」『全集』二、一六五頁。

五浦をめぐる岡倉覚三のヴィジョン

清水 恵美子

はじめに——転回点としてのインド

明治三十四年（一九〇一）十二月インドに向かい門司を出港した岡倉覚三は、翌年十月まで彼の地で過ごした。従来インド行きは、彼の衝動的な現実逃避と見なされてきた。当時、彼は日本美術院の経営的苦境に加えて、星崎初子との恋愛関係によって家庭生活に破綻が生じていたからである。だが、インドの宗教家スワーミー・ヴィヴェーカーナンダに会うための数ヵ月に及ぶ渡航準備、仏祖の国への憧憬、日本美術の源流の確認と美術史構築の発展という展望を考えると、渡印の動機はそれほど単純ではない。行き詰った現状の打破、仏跡巡礼、「日本美術史」の構築など、複数の動機が結合して、彼の渡印を促したと考えるのが妥当であろう。

インドで岡倉が得たのは、ヴィヴェーカーナンダや詩聖ラビンドラナート・タゴールをはじめとする人的交流であった。ヴィヴェーカーナンダもタゴールも、西洋文明が圧倒的な優位を誇る時代に、「アジア」を代表する知識人として、自国の芸術、宗教、歴史、生活など伝統的文化を西欧社会に伝え、その理解を求めていた。芸術や宗教を通して、「西洋」と「東洋」の持つ普遍的要素を唱え、その相互理解と調和を願った。彼らとの出会いは、岡倉の思想とその後の活動に影響を与えることとなった。

明治三十五年十月、インドから帰国した岡倉は、旧知の間柄でボストン美術館理事となったウィリアム・スタージス・ビゲロウと京都で会した。後に岡倉は、インド滞在中にビゲロウに書簡を送り、ボストン美術館所蔵コレクションの整理と二千ドルの報酬額の希望を伝えたところ、"possible"という返事を受け取ったので渡米した、とボストン美術館長エドワード・ロビンソンに伝えている。(1)彼の新たな舞台となるボストンへの足がかりは、インドで準備され、帰国後ビゲロウとの会見を経て具体化したのである。

一方、岡倉のもうひとつの活躍の舞台となる五浦を訪問したのは、ビゲロウとの会見後、明治三十六年四、五月頃である。同年八月に五浦の土地を購入すると、翌三十七年にボストン美術館での勤務を開始した。明治三十八年に米国から帰国すると、東京から五浦に居を移し、明治三十九年に日本美術院第一部を五浦に移転して再起を図ることとなる。以後大正二年九月に死去するまで、五浦とボストンという二つの拠点を往復する生活を続けた。

このように岡倉の人生は、渡印を挟んで挫折から再起へと転換しており、インドでの体験が、*The Ideals of the East with Special Reference to the Art of Japan*（邦題『東洋の理想』、以下邦題を表記、一九〇三年）に見られるアジア観の構築だけでなく、生き方そのものの転機となったと考えられる。そこで本稿では、インド体験の影響とボストンでの活動との連動という視座から、「五浦時代」の再考を試みる。

また、五浦訪問とアメリカ進出の準備は、ほぼ同時期に行われており、岡倉が五浦で過ごした「五浦時代」は、ボストン美術館に勤務した「ボストン時代」と重なっている。そのため「五浦時代」を考察するには、ボストン側と五浦側の視座から、双方向的に彼の活動を見る必要がある。グローバルな活動と照応しながら、岡倉が五浦で描いたヴィジョンを考察したい。

一　五浦の発見

岡倉の五浦訪問の経緯を伝える資料として、同行者の飛田周山と、長男の一雄による回想がある。(2)二人の証言には、複数の相違が認められるものの、どちらも景勝の地を探して茨城、福島の海岸地方をめぐったことが記され、土地の希求という旅の目的は一致している。大事なのは、岡倉が五浦を一目見て気に入った、ということである。
では、五浦のどこが岡倉の心に適ったのであろうか。

これについて、平成二十三年三月の東日本大震災で流失した六角堂再建に尽力した小泉晋弥氏の的確な論がある。震災後の調査によって、六角堂前の岩石が炭酸塩コンクリーションという特殊な経過でできた岩石であったことが判明した。この形態が、中国庭園で珍重される太湖石に類似していることに注目し、岡倉は水中の太湖石に面して草堂、すなわち六角堂を建てることで、中国庭園の理想的風景を五浦に創出したと指摘する。また、『八種画譜』などに見る水辺の小さな草堂の画には、水の傍らに文人が佇んでいるイメージがあり、それが五浦の風景と重なることから、岡倉が自分の住まいを文人の住まいに準えようとする意図で五浦を選んだと推察する。そして、この意図は、岡倉の服装にも投影されているという。旅に同行した飛田周山は、当日の岡倉の様子を「頭には風帽を戴き、身には道服を着け、六尺に余る竹の杖を手にするといふ有様なので、人々は皆目を聳てたものです」と回想している。この格好には自らを陶淵明に擬して下野した人間だという立場を示す意図があり、岡倉は着用する服装によって自らの立場を表現していたと指摘する。(3)

岡倉はインドでも旅行の際は、自らデザインした道服のような外套と頭巾を身につけていた。中国のプリント柄で、カルカッタ（現コルカタ）の仕立屋に作らせたものである。その格好は、農村部では「バウル」（ベンガル地方の放浪詩人、宗教歌を歌い托鉢を行うことによって生活する宗教芸能集団）らの服装と違和感なく馴染み、土地の風景にすっと溶け込んでいたという。(4)バウルは家庭を捨てた世捨て人で、社会から逸脱した集団だったが、ラビンドラナート・タゴールは彼らと親しく交わり、その歌にベンガル文化の本質が凝縮されていると考え、共感した。(5)ヴィヴェーカーナンダが理想とした「サンニャーシン」もまた、神を悟るために世間を捨てた者、遊行者であった。それゆえ岡倉の旅行服には、陶淵明、バウル、サンニャーシンという複合したイメージが重なりあう。岡倉は『東洋の理想』で、「みずからの手で紡ぎ出した衣服を着ることは、みずからの家に住むことであり、その領域に精神を創り出すことだ」と述べ、日本は飛鳥時代初期に、「インドの理想と中国の倫理の受容者」となる運命を授かったと説いた。インドでの経験が、岡倉に西洋文明的な都会への執着を捨てさせ、自然の中で精神的な健康を得られ

図1　シャンティニケトンのビッショ・バロティ大学
（2011年筆者撮影）

る「みずからの家」を希求させたことが推察できる。

一方、五浦を日本美術院の新たな出発の地として見れば、再びインドとの関係が浮かび上がってくる。岡倉が都市から離れた田舎に住まいを求め、理想を実現すべく日本美術院を五浦に移転させた行動は、タゴールが古代の森の学校をモデルに、一九〇一年シャンティニケトンに小さな学校（現ビッショ・バロティ大学）を開設したことと重なる〔図1〕。小泉晋弥氏も中国の文人思想に加えて、五浦移転のきっかけにはタゴールとの出会いがあったと指摘する。岡倉には都会から離れた脱俗の場所における少人数の教育というイメージがあり、そこにはタゴールがシャンティニケトンで実践していた理想の教育への共鳴があったと仮定する。[6] タゴールとの交流を通して、岡倉が世俗から離れ芸術に専念する場を創出するという構想を得たことは十分考えられる。

さらに、自然の中での教育を根幹とする点で、ヴィヴェーカーナンダが、不二一元論の修行を通して霊性の生活を開発するため、一八九九年、ヒマラヤ山中に設立したアドヴァイタ・アーシュラムにも通じている。実際、このヒマラヤでの生活が、岡倉に再び日本美術院の経営に向わせる活力を取り戻させたことが、日本美術院に宛てた書簡（明治三十五年五月十八日付書簡、『岡倉天心全集』六、平凡社、一九八〇年、以下『全集』と略記）から窺える。

八月に土地を得た岡倉は早速五浦へ移り、娘の高麗子に手紙を書いた。「此程皮膚の病も最早癒へ申候間安神被下へく候　Maman も大に元気にて子供一同楽しく日を送り居候　海水にのみ身を涵し居海法師の種類に相成候」（明治三十六年八月六日付書簡、『全集』六）手紙には、「皮膚の病」が快癒したことが綴られている。

もともと日本では潮湯治が民間療法として親しまれていたが、本格的な西洋医学の見地から、健康増進のための海水浴が奨励されるようになった。海水に身体を浸し、波の圧力を受けて皮膚を刺激し、海辺の清浄な空気を吸い、太陽の日差しを浴びると高い健康的効果が得られると説かれた。海水浴場の立地条件も現在と異なり、波浪は激しいことが好ましく、海底は清浄で、塩気のある海水が良いため河川が海岸に流入していないことが望まれた(7)。

この海水浴人気に貢献したのが鉄道会社である。岡倉の五浦訪問の背景にも、県内の交通網の整備とそれに伴う地域の開発があった。明治三十四年、土浦線、水戸線の友部——水戸区間、磐城線が統合され、日本鉄道海岸線（現在の常磐線）と改称された。複数の民間鉄道の統合は、東京と常磐地方の移動時間短縮に寄与し、茨城県の海岸地帯は、大洗や助川（現在の日立市）などの海水浴や避暑地として次第に有名になっていた。

これらのことを考えると、岡倉が海岸沿いを歩いた現実的動機として、健康増進に適した海水浴場探しの目的もあったのではないだろうか。インドで同い年のヴィヴェーカーナンダの病死に直面し、身体の健康がなにより重要であることを深刻に受け止めたはずである。それゆえ、最初に訪れた行楽地的海水浴の適地である草野の海岸は意に染まなかったのだろう。岡倉が五浦を一目見て気に入ったのは、その景観に彼の心に強く刻まれたいくつかの風景が理想化されて重なったことに加えて、そこを療養的海水浴の適地とみなした現実的動機があった可能性も無視できない。

渡米を二ヶ月後に控えた岡倉は、嫁いだばかりの娘高麗子に再び手紙を送った。「父も理想ニ棲ミ其理想も幾度か破れて今は世ニもあられぬ身なれとも当初よりの天然の誠ニ至りては終始一貫の積り　古今万国の道も此外ニあらずと候　真情を忘るへからす」（明治三十六年十二月九日付書簡、『全集』六）。「理想も幾度か破れて」今は社会的地位もないが、初志を忘れず、心を偽らずに生きることへの決意が素直に綴られている。挫折を繰り返しながら理想を捨てず、隠棲者への憧憬を抱きながら放棄の道を取らず、岡倉は自己に再度使命を課し、再起を図ろうとしていたことが窺われる。岡倉はこの時、自分の使命を新たな土地に見つけ、世俗の仕事に取り組もうとしていた。その遂行のために、自分に霊的活力を呼び戻すことのできる特別な場、精神的にも身体的にも健康になれる空間を探し求めた結果、五浦の発見に至ったのだと考える。

二　六角堂の空間建築

ボストンで活動を始めるにあたって、岡倉がまず重視したのは地元の人脈構築である。明治三十七年三月二十三日ボストン美術館に赴いた岡倉は、同月二十七日に紹介状を持参してイザベラ・スチュワート・ガードナーを訪問した。彼女は、ボストンの裕福な美術収集家で、私邸を美術館（現イザベラ・スチュワート・ガードナー美術館）〔図2〕として公開し、ボストン美術館をはじめ広範囲な文化団体、医療機関に経済的援助を行った人物である。岡倉はビゲロウのコネクションに加えて、イザベラ・ガードナーのパトロネージを得、裕福な知識人や芸術家たちとネットワークを築いていった。彼女のサロンは、岡倉がボストンで地歩を固め、芸術的な活動を行う上で重要な拠点となった。

着任当初のコレクション調査は、その概要把握を目指すものであったが、やがて目的は東洋美術コレクション発展へと転換した。それは、コレクションで日本美術史を説明することは、美術館だけではなく日本から見ても望ましいと考えたためであった。明治三十八年二月二十三日、岡倉は美術館評議委員会で、アメリカを「東洋と西洋の中間の家」と喩え、西洋社会で質、量ともに優れた日本美術コレクションが形成されることは「東洋と西洋がお互いをより良く理解しあう」ために有意義であると働きかけた（*OKAKURA KAKUZO collected English writings*, vol. 3 註4参照）。「東洋と西洋の中間の家」とは、地理的な意味のみでなく、芸術への共感を通して「東洋」と「西洋」が理解しあえる場を意味し、ボストン美術館をそういう場にすることが彼の経営理念の根幹になったといえる。美術館はそれに応えて基金を設け、日本美術品の購入資金を拠出することを決定した。

同年三月、第一回目の美術館勤務を終えて帰国すると、岡倉は本居を東京から五浦に移すため、居宅改修と六角堂建築に着手した。六角堂は熊田由美子氏の研究から、唐の詩人杜甫の草堂に代表される亭子建築であり、朱塗りの柱や如意宝珠のある仏堂であり、床の間と炉を備えた茶室的空間であり、明治三十八年に出版された *The Book of Tea*（邦題『茶の本』、以下邦題を表記）に通じる岡倉の世界観（道教・仏教・茶道）が具現化した空間だと位置づけられてきた。[8] 六角堂は、仏教、道教、茶道が成立したインド・中国・日本の要素が複合された建築物だといえる。

ここで、『いはらき』新聞（明治四十年八月二十八日号）に掲載された一枚の写真（口絵6）に注目し、六角堂の建築を含む五浦の空間構成について考えてみたい。この写真は、六角堂と岡倉邸を海から撮影したもので、磯に下りる石段と人工的に整備された石垣が写っている。戦後、崖崩れ防止のためコンクリートで塗り固められてしまったが、かつて岡倉邸から六角堂下の海へと続く階段があった。岡倉一雄によると、居邸の敷地を広める際、「ダイナマイトを使用し、岩を割り、土地を拡げていた」（『父岡倉天心』註2参照）とあるので、石段はこのとき造られたと考えられる。石垣は一見、船着き場のように見えるが、潮が引くと海面に太湖石のような奇岩がいくつも現れるため、船が停泊することはできない。

高麗子宛ての書簡に「海水にのみ身を涵し居海法師の種類に相成候」と書いたように、岡倉はこの石段を下りて、身体を海に浸していた。この行為を考えると、おのずと彼のインド体験とつながる。岡倉はカルカッタ到着直後、明治三十五年一月十日に日本美術院に手紙を送った。そこには、ヴィヴェーカーナンダと対面したベルール・マトについて「恒沙河《ガンジス》の支流フーグリ河に面して、その景色また絶佳なり」（『日本美術』三七、明治三十五年二月）と記された（図3）。岡倉が美しいと評したベルール・マトには、河に面してガート（沐浴場）が設置されている。沐浴をする人、洗濯をする人、身体を洗う人、供養をする人、老若男女が集まる。ガートは人々の聖域であり生活空間でもある。ベルール・マトのヴィ

図2　イザベラ・スチュワート・ガードナー邸の中庭

図3　1900年頃のベルール・マト

ヴェーカーナンダ邸には、庭先に個人用のガートが造られていた。訪問すれば、当然このガートが目に入る。インド亜大陸の最南端、ヒンドゥ教の聖地カンニヤークマリ（コモリン岬）では、信者は太陽を拝しながら、海水で沐浴を行う。ここは渡米前のヴィヴェーカーナンダが、海岸から離れた岩で瞑想し、アメリカ行きのヴィジョンを得た場所でもある。インドを旅した岡倉は、河川流域の至るところでガートを目にしたことだろう。その光景は、敬虔で逞しい人々の営みとともに印象に残ったのではないだろうか。

岡倉はインドから帰国後、横山大観と菱田春草をインドに派遣した。明治三十六年一月、インドに発った二人は、カルカッタやダージリンで展覧会を開き、ヒンドゥ教の神々を描いた。大観の《釈迦の魔女》《釈迦父に逢ふ》や春草の《乳糜供養》等は、帰国直後に制作したと考えられ、彼らが仏教を新しい日本画の画題として取り入れた様子が窺える。インド旅行で見た風景をもとに五浦で制作した作品として著名な大観の《流燈》〔本書一八五頁の図11参照〕は、ワーラーナシーの滞在時に見たガンジスの灯篭流しを描いたものである。大観は後に「あの画面のような風景をインドのベナラスというところで見たのです。ガンジス河というのは、干満の差のはなはだしい河で二十五尺（約七メートル）も水位が違うのです。満潮になっても、川の水が入って来ないように、石垣が築いてありました。干潮の際にも、水面まで降りて行かれるように、非常に高い階段ができています。その石段を、盛装した未婚の婦人が、手に手に、日本のかわらけと同じような器を持って降りてきます」（『大観自伝』講談社、一九八一年）と語っている。ガンジス河で見た民族の風習は、ガートの高い石垣とともに大観に強い印象を残したのである。

大観と春草が半年余のインド滞在で得た強烈な印象を作品に投影したように、岡倉は『東洋の理想』を執筆した。さらに五浦を彼のインド体験の表れとして考える時、人工的に建造した石段や海に面した石垣に、ガートの再現が意識されたように思われる。神聖な空間であるとともに日常の生活空間でもあるガートは、聖性と日常性が同時に存在する。全てを受け入れ、全てを流し去る命の源の海は、母なるガンガーに通じ、そこに身体を浸すことは、けがれ（病い）を取り除き、俗（アメリカ）から聖（五浦）への移行を促進する。五浦を、ひと時の静寂と平和を与えてくれる空間だったと捉えれば、石段と石垣に囲まれた空間はガートのように見えるのである。

さらに、六角堂建築を手がけた地元の大工、小倉源蔵に依頼した建具にガラスが入っていなかったことに注目したい。東日本大震災後の調査で、六角堂の窓ガラスは当時の国産品ではサイズに対応できないことが判明し、ボストンからの輸入品の可能性が高いことがわかった。また孫の岡倉古志郎は、庭には祖父がアメリカから種子を持ち帰って蒔いた「ロング・グラース」が青々と茂っていたと回想する。(9) 明治四十一年の絵はがきに見える岡倉邸の広々とした前庭は、芝生が事実であったことを物語る〔口絵5〕。

これまで見てきたように、六角堂を中心とした岡倉邸の空間には、日本と中国とインドの要素で表象された「アジア」が出現していた。それは、彼がボストン美術館で理解を求めようとした「アジア」の芸術や思想であり、六角堂が面する太平洋の先にはアメリカがあった。だが、この空間が単純な「西洋」、「東洋」の二項対立の構図になっていないことは、六角堂のガラスや庭の芝生から明らかである。アメリカでの体験が反映された空間は、東西の民族の生活文化が融和した世界となっていた。岡倉は、理想とした新しい日本美術のように、「アジア」と「西洋」が融合された空間を五浦に創出したのではないだろうか。

三　ボストンとの連動

六角堂が落成すると、岡倉は明治三十八年七月十八日、地元有志を大津町の料亭八勝園に招待した。七月二十二日にはボストンのイザベラ・ガードナーに手紙を送り、次のように述べた。「私が懸念していた『美術院』（美術研究所）について、ご報告できることを嬉しく思います（あなたはこの件に大変興味をお持ちなので）。私は、老若の同士のため、少なくとも今後二年間の仕事と生活の手段を確保いたしました。一週間前にこの件はすべて片がつき、今私はゆったりとした気分で、ここ五浦――以前お話しした田舎の農園――でひと休みしています」（*OKAKURA KAKUZO collected English writings*, vol. 3 註4参照）。書中の「老若の同士」が「美術院」の仲間を指すことは文脈から明らかである。では「今後二年間の仕事と生活の手段を確保」したというのは、何を指しているのだろうか。

岡倉がボストンを発つ直前の明治三十八年二月二十三日、ボストン美術館評議委員会は彼の雇用に関する討議を行い、次のような合議に達したことに注目したい。

総裁は、日本での岡倉氏の雇用を諦めたと明言した。総裁は、向こうでどの程度我々を援助できるのか聞くために、岡倉氏と話をした。岡倉氏は、限られた期間内でこの目的に従事することを検討しているようであった。美術館自体は援助する立場にはなかった。評議委員会が、この状況下で何をなすべきか検討することが求められた。総裁は、年間一万五千ドルで二年間あれば、十分な額であろうと提案した。岡倉氏は、特に彫刻の購入を切望している。部のコレクションの中でも貧弱だからだ。岡倉氏は、長旅の旅費とともに月額二百五十ドルを受け取ることを了解した。（中略）年額一万五千ドルを二年間にわたり調達する問題が討議され、この額のために保証基金を獲得することが合意された。

（ボストン美術館所蔵資料）

この討議の結果、岡倉はボストンで「今後二年間の仕事と生活の手段を確保」したことがわかる。ガードナー宛の書簡には、それが「老若の同士のため」と記されていることから、彼がボストンで、日本美術院のため資金捻出に努めていたことが推察できる。また「一週間前」には、地元有志に大津町の料亭八勝園への招待状を送っている。以上のことを総合すると、「この件はすべて片がつき」とは、ボストンにおける資金確保とともに、五浦における受容基盤の形成もめどがついたことを指していると考えられる。五浦の基盤とボストンの資金を得たことで、ようやく日本美術院の再起が実行可能なものとなった。このことを、ボストンの支援者であるイザベラ・ガードナーに報告している手紙と考えられる。実際にこの頃から、日本美術院移転に向けての準備が具体的に進んでいく。拠点を五浦に定めた岡倉が詠んだ漢詩が「五浦即事」〔本書四一頁の図2参照〕である。この詩からは山と海の恵みの満ちた五浦で生きていくことを決意し、広がる大海原を静かに見つめる岡倉の姿が浮かびあがってくる。

岡倉は明治三十八年十月に日本を離れ、二回目のボストン美術館勤務を開始した〔図4〕。十一月二日、ボストン美術館理事会は、岡倉を中国日本美術部キュレイターに任命した。だが彼は日本での仕事を理由に辞退を考えたため、理事会はアドバイザーという地位を与えた。翌三十九年一月十二日、理事会はあらためて岡倉をキュレイターに任命する。美術館にとって、もはや彼は中国日本美術部の経営全般に必要不可欠な人物となっていた。だが岡倉は「日本での仕事に大変な時間がかかるため、この地位を断らざるを得ない」（ボストン美術館所蔵資料）という理由で固辞した。断った理由が日本美術院の立て直しにあることは明らかであろう。この時の岡倉は、ボストン美術館中国日本美術部での活動より、日本美術院の再起に力を注いでいたのである。

図4　1900年代初頭のボストン美術館全景

明治三十九年十一月九日、横山大観、下村観山、菱田春草、木村武山が家族とともに五浦に転居した。彼らは、五浦で集中して研鑽を積んだ成果を、翌四十年に開催された第一回文部省美術展覧会に出品して、世に問うた。その結果、春草の《賢首菩薩》は二等賞を、武山の《阿房劫火》は三等賞を受賞し、観山の《木の間の秋》は政府買い上げとなった。さらに明治四十二年に開催された第三回文部省美術展覧会では、春草の《落葉》が二等賞となり、大観の《流燈》が文部省買い上げとなった。

これで、岡倉は画家たちの行く末に安堵したのであろう。明治四十三年五月五日、ボストン美術館から再度中国日本美術部キュレイターを要請されると、快諾した。一方、同年七月二十八日、第四回文展の日本画部審査委員に任命されると、渡米を理由に辞退し、代わりに菱田春草を推挙した。明治三十八年ボストン美術館からキュレイターを要請された時、国内での仕事を理由に辞退したことを思えば、対照的な対応であった。

この頃の中国日本美術部は、岡倉の不在時に部員間の不和が生じていた。主因は同部のアシスタント・キュレイターに任命されたラングドン・ウォーナーと、他部員との人間関係の悪化にあった。日本美術院が再起を果たした今、岡倉が優先すべきことは中国日本美術部の組織再生へと入れ替わった。明治四十三年十月から第四回目のボストン美術館勤務に就いた岡倉は、正式に美術館から中国日本美術部キュレイターに任命される。一年間の契約であったが、ボストン美術館は翌年、年棒を二千五百ドルに上げて岡倉を再任し、さらに大正二年には五千ドルに倍増した。キュレイターに就任した岡倉は、中国日本美術部をさらなる東洋文化発信の拠点に発展させるため、明治四十三年、美術館総裁レーンに、インド仏教美術部門の設置を要望した。翌年には手紙で、後にインド美術部門の長となるアーナンダ・K・クーマラスワーミーに面会を申し入れた。大正元年には、インド美術品購入のため再び渡印し、タゴール家の客となった。この後欧州経由で帰米、第五回目のボストン美術館勤務を開始し、インド美術部門設置に向けて準備を進めていった。

おわりに——五浦と『茶の本』

幼少期を五浦に過ごした下村観山の息子英時は、その眼底に焼きついた岡倉の姿を「六角堂内で読書をしている時、その堂の下の岩角、双竜玉を争う老松の間から沖釣に船出する時、松林の間に隠見する客と庭前を散歩する時」だと回想した（「五浦の回想」『日本美術院百年史』三巻下、日本美術院、一九九二年）。ここから想起されるのは、『茶の本』第一章の最後である。

東西両洋は、立ち騒ぐ海に投げ入れられた二竜のごとく、人生の宝玉を得ようとすれどそのかいもない。この大荒廃を繕うために再び女禍を必要とする。われわれは大権化《アバター》の出現を待つ。まあ、茶でも一杯すすろうではないか。明るい午後の日は竹林にはえ、泉水はうれしげな音をたて、松籟はわが茶釜に聞こえている。はかないことを夢見て、美しい取りとめのないことをあれやこれやと考えようではないか。

（村岡博訳）

岡倉が『茶の本』の構想を練ったのは、六角堂を建て五浦の空間をデザインした時期と重なる。立ち騒ぐ海、六角堂下に生えた「双竜玉を争う老松」、竹林に射す陽光、井戸から汲み上げた水、松籟等は五浦を構成する諸要素であり、『茶の本』の執筆に五浦での生活が反映されたことが窺える。龍はそれぞれ「アジアの理想」と「ヨーロッパの科学」を象徴し、二つに引き裂かれた「東洋」と「西洋」を暗示する。富貴権勢を争う空しい努力を続けるより、「東洋」と「西洋」が融和した「ヒューマニティー」という茶を飲もうと読者に呼びかける。岡倉は、争いの連鎖の海から抜け出して、穏やかで平和な世界である「茶室」にいらっしゃい、と誘ったのである。

活躍の場が国際的に広がっても、岡倉は五浦に住み続け、仕事の合間にたびたび帰ってきた。世俗での仕事が忙しくなればなるほど、六角堂の中で、あるいは釣舟の上で、大海の流れとうねりを感じながら自然と一体化し、自分と向き合う時間が必要だったのではなかったか。おそらく最晩年の五浦は、俗事を離れて思想を熟成させる空間になっていたのだろう。五浦は、「西洋」と「アジア」を往来する岡倉の思想の結節点であり、困難な仕事に取り組む彼にひと時の静寂と平和を与えてくれる日常の聖域――『茶の本』で描かれた「茶室」――のような空間であったと思われる。

註

1　“Memorandum”（April 11, 1904.）ボストン美術館所蔵。

2　斎藤隆三『日本美術院史』中央公論美術出版、一九七四年、一二二～一二四頁。岡倉一雄『父岡倉天心』中央公論社、一九七一年、一八六～一八七頁。

3　小泉晋弥「附論：天心はなぜ五浦海岸を選んだのか」『五浦論叢』第十八号、茨城大学五浦美術文化研究所、二〇一一年、（二〇）～（二一）頁。「天心にとっての五浦」「岡倉天心――芸術教育の歩み――」展実行委員会編『いま　天心を語る　東京藝術大学創立一二〇周年　岡倉天心展記念シンポジウム』東京藝術大学出版会、二〇一〇年、一六五～一六七頁。

4　“Kakuzo Okakura: Some Reminiscences by Srendranath Tagore”, ed., Sunao Nakamura, *OKAKURA KAKUZO Collected English Writings, vol. 3*, Heibonsha Limited, Publishers, 1984, p. 241.

5　丹羽京子『タゴール』清水書院、二〇一一年、一一九～一二〇頁。

6　小泉晋弥、前掲注3「附論：天心はなぜ五浦海岸を選んだのか」、（二一二）頁。

7　畔柳昭雄『海水浴と日本人』中央公論新社、二〇一〇年。明治も半ばになると、海水浴は神奈川、千葉、茨城など遠浅の海岸において流行し始め、次第に療養的なものから、遊泳や娯楽的活動の色彩を濃くしていった。

8　熊田由美子「天心と六角堂——中国建築体験を中心に着想源をさぐる」『五浦論叢』第五号、一九九八年、九〜二〇頁。

9　岡倉古志郎「祖父天心と父一雄のことども——『父岡倉天心』の解説にかえて」前掲『父岡倉天心』、二八二頁。

付記

本稿は、拙著『五浦の岡倉天心と日本美術院』（茨城大学五浦美術文化研究所（五浦歴史叢書6）、岩田書院、二〇一三年）の一部を加筆修正したものである。

天心と五浦日本美術院と『いはらき』新聞

小泉晋弥

『いはらき』新聞のキャンペーン

日本美術院が五浦に移ってくるという事態に地元新聞『いはらき』は、一大キャンペーンを繰り広げた。その全体像は清水恵美子氏の研究（『五浦の岡倉天心と日本美術院』二〇一三年）や『茨城新聞百年史』（茨城新聞社、平成四年）に詳しいが、次のように新聞の記事名を一覧するだけで、その肩入れの様子が浮かんでくる（「　」は記事タイトル、《　》は挿絵を示す）。

明治三十八年

九月　十九日「○世界美術観（一）画伯横山大観氏の談」（美術工芸の市場価値について論じ、パリのサロンも衰退していると述べる）。

九月二十一日「○世界美術観（続）画伯横山大観氏の談」（独米英仏の現状について述べ、アジア思想の開発が大事と述べる）。

明治三十九年

九月二十八日「○美術院の土浦町移転説（創立者は新派画界の泰斗）」（パリではなくバルビゾンから新派が出たように日本美術院が東京から土浦に移ると報道）。

九月三十　日「○東洋美術の中心（風光明媚なる本県五浦に移る）」（二十八日付けの土浦報道を誤植として五浦に訂正）。

十一月　六日「○日本美術院の移転（いよ〳〵来る九日五浦に）」（移転日程の告知）。

十一月　十一日「○美術院いよ〳〵移転す」（四人の画家が家族とともに移転した報告）。

十一月　十四日「○五浦派と下村観山氏」（東京美術学校教授でありながら五浦に移る状況を説明）。

明治四十年

一月　一日　一面：《蓬萊春萬年　竹葉酔一宵（小川芋銭）》〔図1〕「五浦の松（写真：下妻町藤倉愚仙氏撮影）」「五浦の　清き渚の　しほかひに　貝や拾はむ　たまや拾はむ（古歌）」（催馬楽「伊勢の海の…」の古歌を五浦に代えたもの）二面《五浦の松（下村観山氏筆）》《あさひ（横山大観氏筆）》六面：《蘇武（木村武山氏筆）》七面：《太平六新之図（小杉未醒氏筆）》《己が春の小鳥打つなと叱りけり（小川芋銭氏筆）》十五面：《高山の月　菱田春草筆》十八面：《異境逢春　蘇武之恋　小川芋銭氏筆》十九面：《都鄙二様元日　小川芋銭氏筆》二十五面：《鍬始八重九重千代春図（小川芋銭氏筆）》二十九面：《亡羊（小川芋銭氏筆）》

一月　九日「○日本美術院近況」（五浦のルポルタージュ。研究所は工事が遅れ三月竣工と伝える。佐藤秋蘋執筆か）。

一月　十　日《五浦へびがしらの景（美術院研究所の位置）木村武山氏》〔図2〕

一月　十二日《五浦めぐり（二）露泉》（五浦岡倉氏六角堂　露泉写）〔口絵13〕

一月　十五日「○五浦画派招待会」（五十余名が出席して十三日に開催された様子を伝える。発起人の一人斎藤隆三が歓迎の意を表し、大観が応えてミレーと「バロビゾン」の話をする）。

一月　十六日「○倫敦に於ける五浦派絵画展覧会」（ロンドンでの海外展が九回目であると伝える）。

一月　十七日「日本美術院並に生等同人／一月十五日下村観山　菱田春草　木村武山　横山大観」（広告）〔図3〕

五月　十一日「含蓄論（二）」（社説に代わるものとして連載された佐藤秋蘋の審美論。朦朧派に言及する）。

五月三十　日「春草画談（一）」（X生によるインタヴュー。強い色彩を使って「高尚な美相」を実現する重要性を述べる）。「○鶯愁蝶根記」（佐藤秋蘋のエッセイ。「五浦の大観に贈りし鸚鵡を思い出し、「主人病みて鸚鵡言《ものい》はず春の暮」と口吟みし病中の当時を追想する」と記す）。

八月二十二日「日本美術院に於て四画伯揮毫図　本社写真部撮影」（五浦日本美術院を象徴する写真）〔口絵7〕

八月二十八日「五浦岡倉氏別荘（海岸線関本駅より約半里）本社写真部撮影」（海からの六角堂写真）〔口絵6〕

九月　八日「五浦派の活動」（国画玉成会設立情報。二段抜きで詳細を伝える）。

九月二十四日「〇一昨日の五浦観月会」（二十二日開催の観月会第一報）。

図1　小川芋銭《蓬莱春萬年竹葉酔一宵》『いはらき』明治40年1月1日

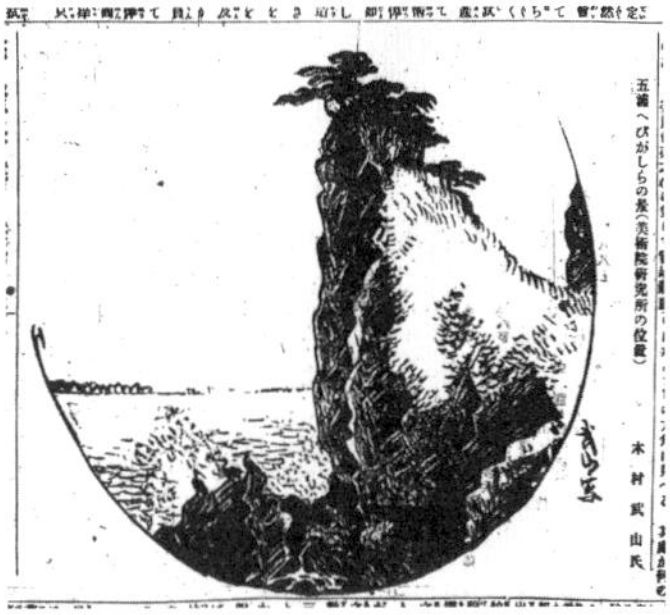

図2　木村武山《五浦へびがしらの景》『いはらき』明治40年1月10日

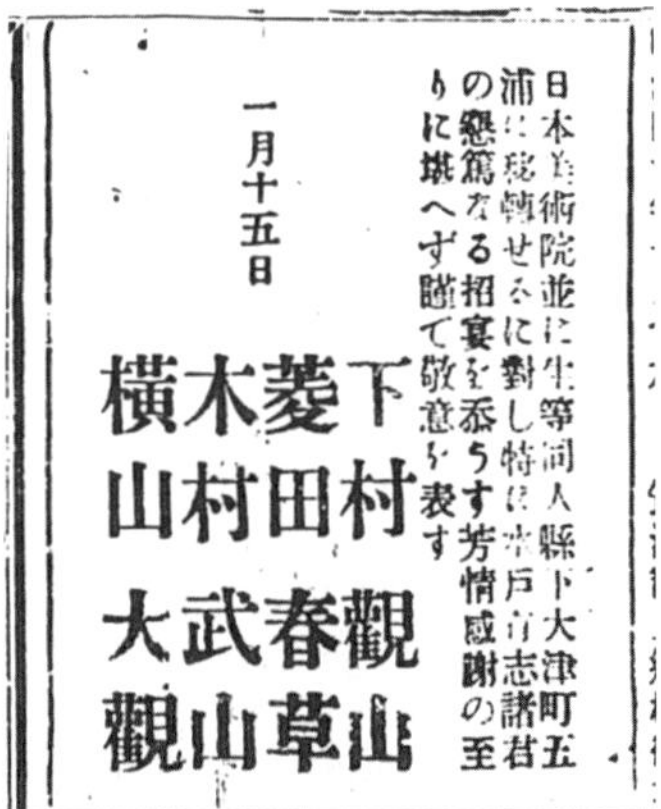

日本美術院並に生等同人縣下大津町五浦に移轉せるに對し特に水戸有志諸君の懇篤なる招宴を忝うす芳情感謝の至りに堪へず謹て敬意を表す

一月十五日

下村観山
菱田春草
木村武山
横山大観

図3　招待会御礼広告『いはらき』明治40年1月17日

九月二十六日「〇五浦の月」（渡辺鼓堂による時間経過を追った観月会の詳細なルポルタージュ）。
十一月　十八日「▲天覧の五浦派画幅」（陸軍特別大演習に明治天皇の行幸があり、十五日に結城町の行在所に展示し鑑賞された十六点の作者、作品、所蔵者名を紹介）。

明治四十一年
一月　一日　一面：《蓬莱春萬年　竹葉酔一宵（小川芋銭）》（前年と同じもの）九面：《時の力　芋銭》十四面：《社頭の松（木村武山）》十七面：《社頭の松（菱田春草）》二十三面：《年々や猿にきせたるさるの面　芭蕉（芋銭）》二十五面：「▽橋本雅邦翁　下村観山（五浦）」《雅邦翁　観山筆》二十九面：《画題不明　芋銭》
三月　四日「〇五浦派の絵画展覧会」（当時流行の文字級数を変化させた斬新なレイアウト）。
九月　十三日「◎横山大観氏の邸宅焼く」（十一日午後二時風呂場より失火し全焼と伝える）。

この頃の『いはらき』は失われた紙面が多く、特に観月会後に開催された第一回文部省美術展覧会の明治四十年十月前後はほとんどない。残されていれば、五浦派の活躍を華々しく伝えた記事が掲載されていたはずだ。

それでも四画家が移住してきた年明けの明治四十年元旦の紙面には、当時の熱気が感じられる。一面には五浦の風景写真とそれに意味付けするように古歌のパロディーを掲げ、当時新進の挿絵家として活躍していた小川芋銭の描いた松竹梅に双鶴、青海波に海老と亀の絵で誌面を枠取りして新年を寿いだ。まるで、茨城の中心が五浦になったかと思えるほどである。芋銭は後に再興美術院に参加することになるが、その才能を高く評価して、彼の挿画を紙面に掲載し続けていたのが、いはらき新聞社主筆の佐藤秋蘋（勇作、一八七二〜一九〇八）〔図4〕である。五浦派のキャンペーンに係わったのも秋蘋と考えられる。

佐藤秋蘋は、幸徳秋水と交遊があり社会問題と政治問題に論陣を張り、日露戦争に際しては非戦論を唱えたといわれている（秋蘋の会『茨城・幻の言論人「佐藤秋蘋」――「いはらき」明治後期の主筆』秋蘋の会、平成二十三年）。少し横道にそれるが、本書、森田義之「五浦時代の岡倉天心」で考察されている志賀重昂と秋蘋の関わりにも触れておきたい。明治三十八年三月五日、いはらき主催の演説会で志賀が「半年間の旅順口滞陣」「戦争に伴へる思想の一変」の題目で水戸で講演した。戦況を直に知る機会に会場の常磐座には千二百人の聴衆が詰めかけたと七日付の紙面は伝える。秋蘋は、そこでは開会の辞を、夜に磯原の東洋館に移って開かれた招待会では、「戦争に伴ふる国民の覚悟」という講演を行った。その内容は「独り戦争に勝ちたりとて開明国とはいふべからず。文明の真相を村会、郡会、県会、国会其他総て事実の上に現はし真正の文明国たるの実を示す覚悟を要す」（『いはらき』八日付）というものだった。志賀の講演は数回に分けて紙面に掲載されたが、「大和魂とか武士道とか云ふことのみに余り重きを置き過ぎて、科学上の大進歩」に無警戒だったという旅順攻略の難点を挙げ、「豪傑論の禁物」「理数学を落第せる学生」という小見出しで、「今日の如き単純なる思想を持続すれば、十年後二十年後の戦争に遅れを取り失敗を招く」と警鐘を鳴らす結論となっている。志賀の思いを秋蘋が強調して記事にしていると考えたい。磯原での招待会に出席した八十名の中には、天心を五浦に案内した飛田周山の父親、飛田正も名を連ねていた。その年の五月、水戸に秋蘋を訪ねた荒畑寒村は、警察から「露探」呼ばわりされたことを記している（「2週間『平民新聞』」『荒畑寒村著作集』第九巻、平凡社、一九七七年）。天心も「露探」と噂された六角堂竣工間近の頃の世相がうかがわれる。

図4　右から大観、春草、斎藤隆三、佐藤秋蘋

秋蘋は、明治四十年五月十一日から十回連載した「含蓄論」で「ロマンチックの美」は「隠れたる裡に一種の美的感興を得せしむる」もので「世人評して朦朧派と云ふ」からスタート。河鍋暁斎、岡崎雪声、ロダン、団十郎、ダンテ、禅、老子、荘子から武士道、ラスキン、芭蕉の不易流行を経て、二十一日に「教育は大なる一個の芸術である、大なる人物は即ち大なる芸術家の大なる作品である、大なる作品は即ち大なる生命がなければならぬ」という結論にいたる。その十九日後、春草の画論が掲載された同じ一面に、秋蘋が大観に鸚鵡を贈った思い出に触れたエッセイ「鶯愁蝶恨記」も掲載されていた。このエッセイにうかがえるように

体調を崩しがちだった秋蘋は、九月二十日、仲秋観月会の取材を渡辺鼓堂（実）に托す書簡をしたためている。「是非伊東か東を伴ふて大々的に書かせられたし招待状なくとも僕の代理として差支えなしよろしく相頼む」（秋蘋の会、前掲書）明治四十一年、秋蘋は芋銭の挿画集のために序文を執筆したが、刊行前の四月一日、三十七歳で夭逝した。六月に刊行された『草汁漫画』巻末の「ばつ」（小杉未醒筆）は、秋蘋の葬列に臨む憔悴した芋銭の姿を伝える。秋蘋没後、春草、大観が相次いで五浦を去ったこともあり『いはらき』紙上から、五浦派の記事は少なくなっていく。

現代美術振興

明治四十年一月十三日に開催された五浦画派招待会の後、斎藤隆三は上京して小石川のいはらき新聞社社長飯村丈三郎（一八五三〜一九二七）〔図5〕の邸に寄宿していた。そこへ大観と春草が訪ねてきて、飯村が四人の作品を百円で購入したエピソードは有名である（斎藤隆三『自叙伝』）。斎藤は、その時、自らの求めた作品への箱書きを大観が「まだそんなことはしたことがない」と戸惑う様子を伝えている。「晴れがましくて箱表へは書けない」といって蓋裏に揮毫し、印鑑も急きょ蠟石で作成したという。それまでの海外での売り立てでは、箱書きなど求められなかったのだろう。

一月十五日付の『いはらき』で招待会の様子を伝える記事を読んで、大観らは、招待会の謝礼広告〔図3〕を発案したと思われる。斎藤は、招待会に出席しなかった飯村について「絵の方は旧画にしても新画にしても感興を持つ方ではなかった」と回顧している。その飯村が、実物も見ないで金を渡した理由について、斎藤は自分に花を持たせるためだったと考え、心中で涙したと記している。その後斎藤が、画家たちと後援者の仲介役として重きを成していくのは事実であるが、飯村も一連の記事に目を通して、当然画家たちに興味を抱いていたはずである。作品購入には、招待会への謝意を新聞広告で伝えた四人の画家たちに、新聞人として応えようとする意図もあっただろう。明治四十年十一月十七日の天覧画紹介記事によれば、飯村三点、佐藤秋蘋四点、江戸周一点といはらき新聞関係者で十六点のうち八点の作品を所蔵していた。

図6　いはらき新聞社での「茨城美術展」審査風景
左から2人目いはらき新聞渡辺鼓堂、飛田周山、大観、芋銭、武山、斎藤隆三『第一巻茨城美術展覧会図録』大正12年

図5　いはらき新聞社長　飯村丈三郎『京浜実業家名鑑』明治40年

大正になると、飯村はいはらき新聞社を中心とした茨城県の文化振興を進め、大観を始めとする日本美術院の作家たちとも関わりを深めていく。大正十一年二月、飯村の古稀祝賀会が上野で開催され、その席で斎藤隆三が記念品として平櫛田中による寿像制作を提案する。三月には水戸でも祝賀会が催され、出席者たちが記念品として日本美術院の画家たちによる画冊贈呈を計画する。そして八月には、『いはらき』一万号を記念して、文化施設いはらき記念館が水戸の本社脇に竣工し、後に板谷波山を会長とする茨城工芸会の展示場として使われる。

特筆すべきは、飯村が、大正十二年五月いはらき新聞社主催として、大観等を審査員に迎え開催した「茨城美術展」だろう（図6）。飯村が斎藤に働きかけて開催に至ったものだが、その趣旨はおおよそ三つだったという（西村文則『飯村丈三郎伝』昭文堂、昭和八年）。

理屈ばかりで堅まった、殺風景極まる水戸人…茨城県人の頭を、も（つ）と芸術的に転向せしめ、さうして緩和させる事が（飯村）翁の念願らしい。次に県出身の美術の大家と、県人を結びつけると共に、時代的美術を県人に理解させる事が第二、もう一つは、県出身の無名画家にして志を十分に遂げえぬものを推輓する事が第三目的と云ふやうに、いばらき新聞社は、利害に超越して開催したのである。

（括弧内は筆者補足）

第一回の茨城美術展から四ヵ月後、関東大震災を被災した飯村丈三郎は水戸南町に移住する。大観は上野での再興院展の初日《生々流転》を展示した会場で被災した。その後、美術文化による震災復興という意識は二人に共有されたのではないだろうか。

古美術保存の浸透

天心は、五浦に居を構えた明治三十六年夏には、六角紫水、片野四郎を呼び寄せて、茨城県の古社寺調査を開始している。また五浦美術院が建っていた裏山の頂上に見える小さな隆起（本書四五頁の図4参照）を経塚と推測して、近所に住む星野某と渡辺千代次の弟房次を助手に発掘調査したという逸話も残されている（村田実氏による渡辺房次からの聴取）。そのような古美術調査への情熱は、日本美術院の画家たちにも共有されていた。観山と武山が、いはらき新聞の記者渡辺鼓堂とともに水戸近郊の仏像探索を行ったことは斎藤隆三による回顧（『美術界今昔』創元社、昭和二十三年）で知られているが、その他の地域にもその足跡を残した。『いはらき』は、明治四十三年五月四日、五日、六日、十二日、二十六日と天心と五浦日本美術院メンバーによる仏像調査の様子を報道した（令和元年十月八日、川俣正英氏の飯村丈三郎研究会発表による）。

五月五日「●国宝仏像発見　後聞▽下村木村両画伯の談」は「英国貴族モンテギュー氏夫妻及び日本美術院の岡倉覚三、下村観山、木村武山諸氏が今回計らずも県下西茨城郡なる小山寺及び真壁郡なる楽法寺に於て国宝と成るべき稀代の観音像を発見したる顛末は不取敢昨日の紙上に報道」と伝える。

四日付けの紙面は確認できないが、実際には天心は楽法寺（通称雨引観音）には訪れていない。

五月六日の「論壇　美術と本県／特に茨城県真壁郡民諸君に告ぐ」の論説は、天心一行の行状を詳しく伝えている。

小山寺の十一面観音像の如きは、見るも惨《いたま》しき破屋《あばらや》の中に安置され、纔《わずか》に風雨の鞭撻を免れ居る有様なれば英国の貴族モンテギュー氏は頗《すこぶ》る之を遺憾とし、寺僧に金若干圓を托し、完全に屋根を修理する迄の凌ぎとして、之れにて油紙なりとも買い求め仏体を捲き置き給へと呉々も言ひ含め、岡倉氏は村内の主なる有志者を集めて懇切に其保存心得を説き示したりと言ふ。

筑波山の北、栃木県境に位置する小山寺は富谷観音として親しまれており、室町時代に建立された三重の塔は国の重要文化財に指定されている。本堂改修の記念碑（大正七年）には、寄進者として「英国貴族　モンテギー／美術《マ》学校教《マ》授　岡倉覚三」の名前が並んで刻まれている。

二つの記事に名前が挙がっている「英国貴族モンテギュー」は、サミュエル・S・モンタギュー（一八三二〜一九一一）だろう。彼は、ユダヤ系の銀行家でフィランソロピスト（篤志家）とされ、明治四十年（一九〇七）に男爵位を得ている。原撫松作《モンタギュ夫人像》（東京国立博物館蔵、一九〇七年）〔図7〕は、サミュエルの息子夫人がモデルといわれ、モンタギュー家と日本との関係がうかがえる。

図7　原撫松作《モンタギュ夫人像》東京国立博物館蔵、1907年

当時政府は、日露戦争に勝利したものの賠償金が入らず、莫大な戦時公債の償却に苦慮し、明治四十三年の日英博覧会開催に併せて英国ポンド建ての公債をロンドンで募集している。モンタギューの銀行は外国債を扱い、彼自身は、自由党下院議員として一八八七年から一八九〇年まで金銀両貨幣委員会に所属していた。彼の来日もこの様な事情と関連していたかもしれない。

小山寺の観音とともに国宝指定を受けた楽法寺の本尊、通称雨引観音の調査の様子は、住職の南聖衡が詳しく記している（「雨引観音国宝指定顛末」雑誌『妙智力』臨時増刊「雨引号」健児窟、明治四十五年四月）。それによれば、

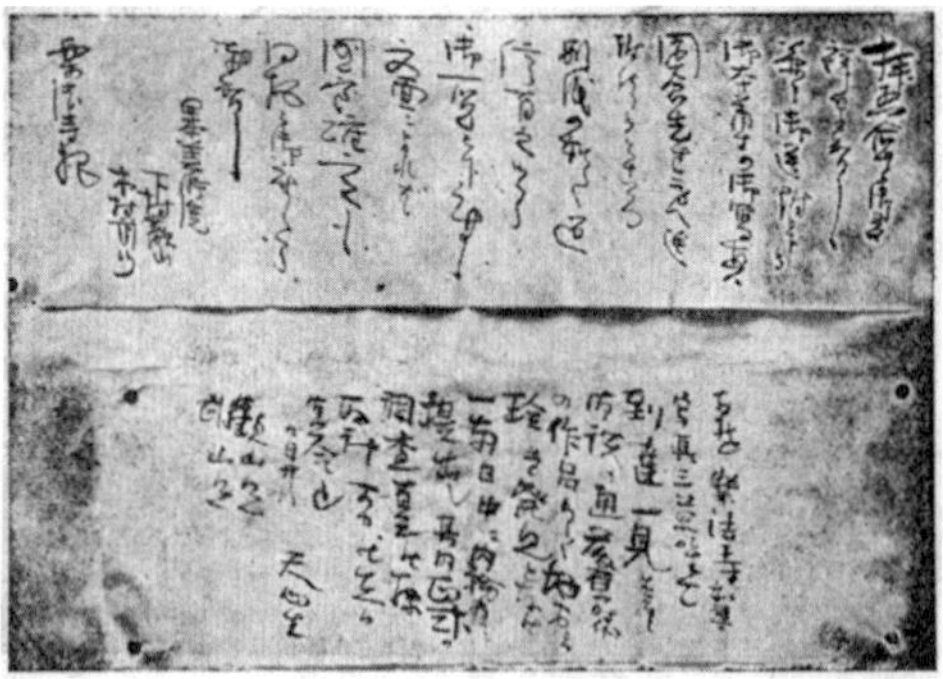
図8　「武山・天心書簡」明治43年9月

明治四十三年五月観山と武山が楽法寺で本尊を拝観し、感動して帰路水戸でいはらき新聞の飯村社長に伝えた。飯村は「非常のよろこびにて、貴山の為、県下の為、全力を盡して県下に紹介仕る」ということになった。観山と武山はその事情を説明し「近日同社主筆本多君写真師引つれ」再度訪問するので、撮影の許可が欲しいと連絡した。南住職はそれに応えて信者に撮影させた写真を二人に送ったところ、写真は天心に転送され、「地方にハ珍き発見と存ず　一両日中ニ内務省ニ提案」という天心からの返信を添えて観山と武山連名の信書が届く（図8）。その結果、翌明治四十四年六月に中川忠順らの正式調査が行われ、九月に国宝指定を受けたという。

南住職は、「飯村社長も、県下殊に真壁郡中に斯る霊仏の座せることを非常に歓ばれ、多大の同情を寄せられて、之をいはらき紙上に紹介せられた」と述べている。「論壇　美術と本県」は飯村の執筆と思われる。その一節に改めて注目しよう。

我が茨城県の如きに到っては之を美術皆無の土地柄と言ふも不可なきに近し、美術は土地の花なり、花なき里、花なき園、花なき樹木が如何に索莫無味なるかを思へば、茨城県の没趣味至極なるは無理もなき次第と言ふべし

「美術は土地の花なり」は、明らかに天心による『國華』創刊の辞「美術ハ国ノ精華ナリ」「美術ハ文化ノ芳花ナリ」を踏まえている。茨城を「美術皆無の土地」というのは、先にみた「殺風景極まる水戸人…茨城県人の頭」という表現と対応するが、現状を過剰に貶めて劇的効果を上げるレトリックとも言い切れない。この欠乏への思いこそ、飯村が天心と美術院を支援して現代美術振興と古美術保存を奨励する原動力になっているだろう。雨引観音国宝記念号の雑誌に飯村は次のような文章を寄せている（飯村丈三郎「活ける国宝」『明智力』前掲）。

当山の本尊が死せる国宝たるに甘んぜずして、活ける国宝として一切衆生の心霊と直接の交渉を有せん事即ち是れなり、君聞かずや俳聖の一句、

菊の香や奈良には古き仏たち

骨董的国宝の陳列は到底活きたる一個の精神的権威に若かざるは、史実の立証する処ならずや、

この感覚は、歴史を死物ではなく「吾人の体中に存し、活動しつつあるもの」（「日本美術史」）とする天心のそれとほぼ重なっている。

『第一回茨城美術展覧会図録』（いはらき新聞社、大正十二年）は前文で、展覧会の主催者茨城美術会（会長飯村丈三郎）設立の事情を説明する。日本美術院の五浦移転は「新芸術発祥の誇りを我が郷土に荷はしめた」。その感銘が「先輩画伯諸氏といはらき社同人との胸中に交響韻鳴し」本展覧会が生れたという。陳列された力作は「絢爛たる郷土文化の華、世に何物か之に過ぎたるものがあろうぞ」と宣言する。美術作品を「華」と呼ぶ意識が継続していることがわかる。

西洋という他者との出会いを経て成立した極めて近代的であり、同時に自国の伝統の自覚を促す美術運動の中心で、天心は明治の近代美術形成を主導した（本書「二十一世紀にいきる天心」参照）。茨城における近代美術がその後を追うようにして形成されて行くとき、新聞というマスメディアの果した役割は小さくない。

第二部　天心と近代美術

天心と日本美術院の画家たち

藤本　陽子

日本美術院は、明治三十一年（一八九八）に、岡倉天心を中心として創立された美術団体であり、明治後半期の日本画近代化の運動において、主導的役割を果した。その顕著な例が明治三十三年を頂点とする没線描法、いわゆる朦朧体の試みであった。これに積極的に取り組んだのが東京美術学校出身の横山大観、菱田春草ら、天心直系ともいえる青年画家たちであった。没線描法は、結果として以後の日本画の表現法に大きな変化をもたらしたが、当時、画壇は勿論、世間一般からも極端な排斥を受け、美術院の経営は破綻に追い込まれた。天心はこの窮状を打開すべく、大観、春草、下村観山に、木村武山を加えた四人を、自宅のある五浦に呼び寄せ、心機一転、画業の研鑽にあたらせた。これが所謂日本美術院の五浦時代となる。ここでは、終生天心を師と仰いだ大観、観山、春草の三人を中心として、天心とのかかわり、そして明治後半期の美術界と五浦時代について、時の経過を追って述べてみたい。

東京美術学校時代

明治二十二年（一八八九）二月、東京美術学校（現在の東京藝術大学美術学部）は、欧化政策によって衰退した伝統的日本美術の復興運動を背景に、唯一の官立美術学校として開校し、第一回入学生六十五名を迎えた。その中には、後の大観、横山秀麿や、観山、下村晴三郎などがいた。春草、菱田三男治の入学は翌年九月、武山、木村信太郎はさらにその一年後の入学となる。

草創期の東京美術学校の修業年限は五年で、基礎学習期間にあたる普通科が二年、その後、専門課程にあたる専修科に進み、絵画、彫刻、美術工芸のいずれかを選択した。この他に教員養成のためとして、特別の課程（一年）が置かれていた。授業内容は開校の経緯から予測されるように、絵画は日本画、彫刻は木彫、美術工芸は金工と漆工というように、純然たる日本の伝統美術に限定され、油画が科目として採用されるのは明治二十九年（一八九六）で、黒田清輝の登場を待つことになる。

普通科を修了した大観、観山らは、絵画科を選択した。当時の絵画教師には、狩野派の橋本雅邦や狩野友信、円山派の川端玉章、仏画と大和絵の巨勢小石等がおり、従来の画塾とは異なり、一流一派にとらわれることなく、各流派の伝統的技法が生徒たちに教授された。

明治二十三年に東京美術学校幹事から晴れて校長に就任した天心は、自ら日本美術史の講義を行なった。東京大学においてすら講義する学者が居ない時代に、天心の講義は実に画期的なことといえる。天心は講義の締め括りとして、「歴史に徴するに、徒らに古人に模倣すれば必ず亡ぶ。系統を守りて進み、従来のものを研究して、一歩を進めんことを勉むべし。西洋画、宜しく参考すべし。然れども、自ら主となり進歩せんことを」（岡倉天心「日本美術史　総叙」『全集』四）と、生徒に対して告げたという。こうした考えは、学校運営に明確に示された。天心は規則を改正し、普通科の実技科目から画格と図案を廃し、新たに臨画、写生、新按を設けた（註・明治二十二年三月八日と年記がある写生を含む一連の生徒の成果作品〔図1〕が多く残されていることから、こうした授業は、開校して間もない頃から行われていたことがわかる。つまり、この規則改正は、実施されている授業内容を、正規の履習科目として明文化することにより、規則と実態の齟齬の解消を図ったものと考えられる）。これは、古名画を手本とする臨画により古人に学び、実物や実景を対象として描く写生で、今時に学び、その上で現在の創作にあたる新按により、主体的に発展させるという段階を踏んだ具体的なものであった。この中で最も重要とされたのは新按で、その履修時間は、二年次で毎週四時間、三年次（専修科・絵画科一年）で十時間、四年次で二十時間というように進級するに従い大幅に増え、五年次では三十六時間となり、専ら新按による制作、いわゆる卒業制作が課せられた。今日では考えにくいことではあるが、生徒は創作の経験が無いために、新按の時間が最も苦手であった。このほか当時の美術学校の授業ではまだ採用されていない西洋画も、「宜しく参考すべ

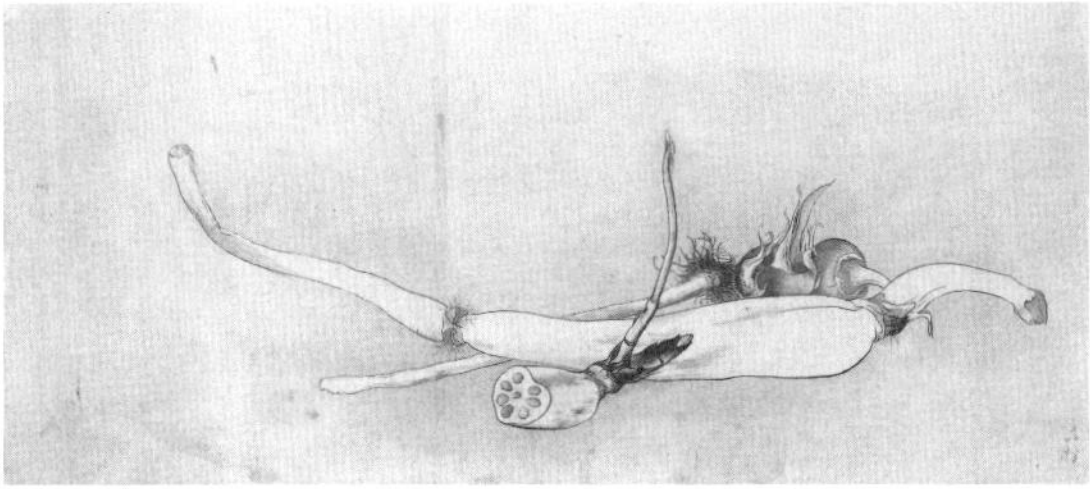

下村晴三郎（観山、明治22年）

横山秀麿（大観、明治22年）

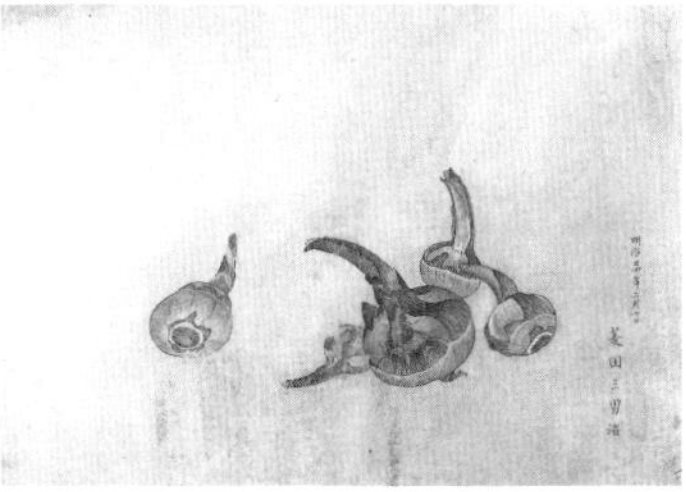

菱田三男治（春草、明治24年）

図1　東京美術学校での実技制作（茨城県天心記念五浦美術館蔵）

し」という天心の言の通り、その有用性を認めて研究を促した。最終学年に課せられた卒業制作は、生徒の学業成果であると同時に、こうした天心の美術教育を具体的に物語る成果品でもあった。

天心の指導は、学校内に於ける美術教育にとどまらず、帝国博物館（現在の東京国立博物館）の美術部長を兼務しているという立場を十二分に活用し、明治二十三年にはじまる帝国博物館の模写模刻事業を、東京美術学校として請け負い、教官や生徒に参加させた。この事業に従事した教官や生徒たちは、古名品に直に接するという願ってもない修練の場を獲得し、同時に、これによって収入の道をも確保することができた。大観、観山、春草らも、京阪の古社寺に滞在して古画模写事業に従事しているが、これが画家としてかけがえの無い修練時代となったことは想像に難くない。

明治二十六年（一八九三）七月に至り、東京美術学校は大観ら第一回卒業生十一名を世に送り出した。大観の卒業制作は《村童観猿翁》であり、半年後の明治二十七年には観山が《熊野観花》を、さらにその翌年には春草が《寡婦と孤児》を描いて卒業している。第一回入学生の卒業後の進路をみると、東京をはじめ、青森、京都、新潟というように、各地の学校の図画教員として採用されている。

将来を期待されていた観山は、卒業と同時に母校の助教授として迎えられたが、大観の場合は、京都市美術工芸学校（現在の京都市立芸術大学美術学部）勤務の後、明治二十九年五月に至り、図按科助教授として母校に迎えられた。また、同月、黒田清輝が西洋画科嘱託となっている。それに対応して、九月の新学期を前に、規則は再び改められ、図按科と西洋画科の二科が新設された。このようにして天心は、卒業生を各地の学校へ美術教育者として送り出し、その一方で優秀な者は、改めて東京美術学校の教員として迎え入れ、実態に則して規則を改めた。また、学外においては、天心が会頭をつとめる日本青年絵画協会に、美術学校の絵画科卒業生を参画させ、新たな組織日本絵画協会を発足させた。そしてまた、同会の有力メンバーである小堀鞆音、寺崎広業、山田敬中らを嘱託として美術学校に招き、同時期に春草をも嘱託として採用し、教授陣の刷新と体制の強化をはかり、天心の目指す美術教育の基盤を着々と築き上げていった。

こうした矢先、いわゆる東京美術学校騒動が起こった。

「謹ンデ啓ス　近時美術上ノ傾向頗ル憂フベキモノ尠ナカラス」（『東京藝術大学百年史』第一巻、昭和六十二年）という書出しに始まる怪文書が、東京美術学校関係者のみならず、新聞雑誌各社、朝野の名士間に配付されたのは、明治三十一年三月のことであった。差出人は築地警醒会という不明の団体で、その内容は東京美術学校運営に対する誹謗中傷にとどまらず、極めて悪意に満ちた言辞を弄して、校長天心の私的行状を暴露するものであった。

この怪文書事件を発端として、にわかに校長排斥運動が表面化し、ついに天心は非職とされてしまった。ところが、この処分に憤慨した東京美術学校の教官たち（西洋画科を除く）は、盟約を結んで辞意を表明するという行動に出た。そのため、事態は校長一人の処分にとどまらず大騒動へと発展し、放置すれば通常の学校運営が危ぶまれるほどの展開をみせた。事の成り行きに驚いた文部省当局が個々の教官に対して諸々の懐柔策を講じたため、盟約の結束は崩れていった。六月に至って騒動は一応の終息をみたが、盟約に加わらなかった教官をも含め最終的に辞職した教官は、橋本雅邦ら教授四人、大観・観山ら助教授十一人、春草ら嘱託五人の計二十人で、全教官の四割以上を占めた。辞職した教官の中で最も厳しい処分を受けたのは、横山大観、新納忠之介、岡部覚弥、西郷孤月、寺崎広業、桜岡三四郎の六人の助教授で、懲戒免官であった。この騒動の後、辞職教官の全てが天心と行動を共にした訳ではないが、処分を覚悟してまで、各々の教官が敢えて辞意を貫いたのは、偏に校長天心に寄せる思いであった。それは、「私共は全く同氏が献身的の盡力を目撃して、実に其熱心に感動し、同氏の心中に惚れ込みました、私は思ひます、人生意気に感ずる以上は、功名誰か論ぜんの覚悟がなければならぬと」（田村松魚筆記「橋本雅邦翁」明治三十二年四月、『東京藝術大学百年史』第一巻）という、雅邦の言葉に言い尽されているだろう。

日本美術院の創設

東京美術学校を去った後の天心の行動は素速く、辞職教官ばかりか、日本絵画協会系の画家をも取り込んで、同年七月一日、新たなる組織、日本美術院の設立を宣言した。日本美術院という名称は、大学の上に大学院が置かれるように、美術学校の上に美術学院を置き、美術の奥義を究めようという、天心のかねてからの持論に由来し、「本院は同志相会し本邦美術の特性に基き其維持開発を図る所とす」（『日本美術』第一号、明治三十一年十月）と、日本美術院規則に開院の主旨を掲げた。

日本美術院の構成は、正員、副員、研究会員、賛助会員、特別賛助会員、名誉賛助会員によって組織され、中心幹部である正員には岡倉天心を筆頭に、東京美術学校を辞職した橋本雅邦、川崎千虎、寺崎広業、小堀鞆音、横山大観、下村観山、西郷孤月、菱田春草、山田敬中（以上絵画）、六角紫水（漆工）、岡崎雪声、岡部覚弥、桜井正次（以上金工）、新納忠之介、新海竹太郎（以上彫刻）、剣持忠四郎、関保之助、前田香雪、塩田力蔵（以上学術）の二十名と、新たに尾形月耕、松本楓湖（以上絵画）、田辺源助（漆工）、滑川貞勝、府川一則、黒川栄勝（以上金工）の合せて二十六人が名を連ねた。代表である主幹には雅邦を立て、役員である評議員は、正員から選出された天心、雅邦、紫水、覚弥、大観、春草、孤月、広業、雪声の計九名で、いずれも東京美術学校出身者で占められ、天心が評議員長となった。美術院の主たる事業は、展覧会の開催であり、美術及び美術工芸品の研究と制作等があり、その他に機関誌として『日本美術』の刊行があった。

明治三十一年（一八九八）十月十五日、日本美術院は、下谷区谷中初音町に新築成った院舎において、開院式を挙行し、同時に創立展である第五回日本絵画協会第一回日本美術院連合絵画共進会を開催した。同展は、展覧会の名称が物語るように、日本美術院独自の創立展ではなく、天心が副会頭を務める日本絵画協会との連合展であったが、創立の意気込みは各人の出品作

図2　横山大観《屈原》（明治31年、厳島神社蔵）

品に如実に示された。大観作《屈原》〔図2〕は銀牌一席（通常金牌は置かないので、事実上の最高賞となる）、観山作《闍維《じゃい》》は銀牌二席、そして孤月作《蘇李決別》は銅牌一席、春草作《武蔵野》〔図3〕は銅牌二席というように、審査の結果、各賞の上位受賞者は天心直系である東京美術学校卒業生で占められた。この中で最も話題を集めたのは大観の《屈原》で、描かれている人物は中国戦国時代の楚の人で詩文に秀で、『離騒』『懐沙賦』の作者として知られる屈原だが、讒言にあって国を追われ、顧みられることなく失意のうちに汨羅《べきら》に身を投じて果てたという。こうした屈原像は、東京美術学校を追われた天心をまさに髣髴とさせたことから、多くの話題を呼び、さらに、高潔の士、屈原の人物表現をめぐり、高山樗牛と坪内逍遙の間に歴史画論争まで惹き起こした。また、春草作《武蔵野》に対しては、「是れ殆んど純然たる洋画なり」（「銀杏先生」新聞『日本』明治三十一年十一月五日。『日本美術院百年史』第二巻上、日本美術院、平成二年）、「西画の渦中に陥り失敗せるもの、写実の際は自らここに至るを免れず、（中略）新を求めて奇に流れ巧を求めて怪に失せるの感あり」（同前）という批判の声があがり、従来の日本画とは異なる西洋画の影響が指摘された。これは春草の作品に限らず大観や観山の作品にも共通することであり、美術学校派の作品に共通する一種の新奇な傾向と受け止められた。

こうした春草、大観らの作品にみられる新奇な傾向を最も特徴付けたのは、朦朧体という蔑称を以て呼ばれるに至った没線描法であろう。後年、大観は、「私や菱田君が岡倉先生の考へに従って絵画制作の手法上の一つの新しい変化を求め、空刷毛を使用して空気、光線などの表現に一つの新しい試みを敢えてした事が当

図3　菱田晴草《武蔵野》（明治31年、富山県立近代美術館蔵）

時の鑑賞界に容れらず、所謂朦朧派の罵倒を受けるに到った」（横山大観「自叙伝(六)」『中央美術』大正十五年十一月）と、当時を回顧している。この大観の言によれば、天心の示唆を受けて、空刷毛を用いた空気や光線などの表現法を思いつき、その結果、朦朧派の罵倒を受けるようになったということであるが、実際はどのようであったろうか。最も先鋭的に没線描法を実践した春草の場合をみてみよう。

春草は明治三十年秋の日本絵画協会第三回絵画共進会に《水鏡》を出品した。その自作解説の中で、「日本画で言へば線は必要なんだ、之れを除けば日本画は西洋画に取られて了ふ」「日本画の線の意味は西洋画にあるが如き物と空気との間、または色と色との間にある経界の線ではなくつて、釈迦なら釈迦の円満の顔を画うと思ふをりにさう思ふ意味が出るものが即ち線なのです」（菱田春草「画界新彩」『早稲田文学』明治三十一年二月）と、日本画における線の必要性を強調し、日本画における線は、単に境界を示すためのものでは無く、それ自体が意味を有するものであると、線の重要性を力説した。ところが翌三十一年十月の日本美術院創立展に出品された春草作《寒林》や大観作《屈原》は、いずれも既に没線描法への傾斜が認められるのである。僅か一年という短期間に、春草は線描から没線描へと方向転換を行なっていたのである。

こうした没線描法＝朦朧体の試みは明治三十三年秋に開催された、第九回日本絵画協会第四回日本美術院連合絵画共進会において最高潮に達した。同展では、通常該当なしとされる金牌に観山作《大原之露》〔図4〕、それに次ぐ銀牌一席に春草作《雲中放鶴》〔図5〕、そして銀牌二席に大観作《木蘭》〔図6〕というように、天心直系の三人が賞の上位を占めた。いずれの作品も長辺が八尺という大作に人物を描いたもので、最も穏健派である観山までも

図5　菱田春草《雲中放鶴》(明治33年)

図4　下村観山《大原之露》(明治33年、茨城県近代美術館蔵)

図6　横山大観《木蘭》(明治33年)

が意欲的に没線描法による作品を出品した。さらに翌年春の連合絵画共進会に、春草は徹底した没線描法を用いて、煙るように降る雨中の情景を描いた《釣帰》を出品し銀牌を得た。こうして没線画法による作品は、連合絵画共進会の度に高く評価されたが、天心が審査長をつとめ、自らが主催する展覧会であれば、当然といえば当然の評価であろう。しかし、没線描法というものは日本絵具に胡粉を混ぜ、余白を残さずに画面全体に塗り重ねてゆくものであり、胡粉を混ぜれば必然的に色は混濁してしまう。いうならば、混濁した色彩が画面全体を覆っているということであった。つまり、朦朧画と蔑称されるように、その画面は日本画の特質である明快さや清澄感が失われ、全体が暗くぼんやりとして捉えどころが無いという欠点を孕むものであった。朦朧体はこうした欠陥がある反面、湿潤な日本の気候風土によくみられる煙雨や霧靄などを表現するには適していた。春草の場合は、《雲中放鶴》の如き人物画においても、淡い微妙な賦彩で気品ある作品を見事に描いていたが、朦朧体作品の大半は、師の天心でさえも、「強いて酷評を試むれば、概ね模糊暗憺として、陰鬱の気あるを免れず。所謂朦朧体の文字の出づる其故なきにあらざるが如し」（春風道人「第十回絵画共進会日本美術院展覧会出品概評（二）」『日本美術』第三十号、明治三十四年七月、『全集』三）と、その欠点を指摘し、加えて、「此没骨的の新画法は、必ず煙雨を仮らざるを得ざる歟、必ず霧靄を用ひざるを得ざる歟、模糊たらざるを得ざる歟、陰鬱ならざるを得ざる歟、果して明快なるものを作る能はざるか。是等の事豈一考を要すべき値なしとせんや。予輩は春草の為めに、此感を懐くや深し」「此明快の方面に向つて益々開拓の労を辞せざらんことを望みて已まざるなり」（同前）と、再考を促した。

　こうした天心の指摘は春草一人に留らず、全ての朦朧派に向けられたものであろうが、天心としては、より完成度の高い優れた制作を為し得ている春草であればこそ、新日本画の誕生、そしてさらなる画境の進展への大いなる期待を込めて、敢えて春草に対して、こうした提言をしたのであろう。天心は批評の締め括りとして、「曰く、奇なることを恐るゝ勿れ、怪なることを患ふる勿れ。奇なるも佳し、怪なるも妙《よ》し、奇ならざるも好し、怪ならざるも不可なし。生存の秘訣は、新境遇に応ずるの変化力に在ることを忘るゝ勿るべきのみ」（同前、『日本美術』第三十二号）と、苦境にある愛弟子たちに対して、温情ある励ましの言葉を贈った。

いずれにせよ、春草、大観を急先峰とする日本美術院は朦朧派というレッテルを貼られ、画壇の保守派からは新奇として敵視され、世間からは鵺的日本画、妖怪画と非難排斥を受けた。その結果、日本美術院の大観、春草らに対する作品の需要は必然的に少なくなり、大観ら正員の作品を資金源とする美術院は、極端な減収となり、経営は次第に困難となった。やがて、穏健な画風をもって知られる小堀鞆音や寺崎広業は、春草らと制作上で一線を画すのみならず、明治三十三年末までには美術院の官舎（いわゆる谷中の八軒屋）から相次いで去っていった。また、大観、観山、春草と共に四天王と称され、且つ橋本雅邦に将来を最も嘱望され、雅邦の娘婿となった孤月は、雅邦との個人的確執からか、美術院と次第に距離を置くようになっていった。

こうした状況の下、明治三十四年（一九〇一）九月に至り、日本美術院と東京美術学校の関係に、大きな変化が生じた。それは二日付で美術院に、東京美術学校の教授川端玉章（日本画）、同高村光雲（彫刻）、同海野勝珉（彫金）、同川之辺一朝（漆工）、同石川光明（彫刻）、同竹内久一（彫刻）、助教授桜岡三四郎（鋳金）、同向井勝幸（彫金）、同林美雲（彫刻）の九名が正員として加入したのである。このことによって東京美術学校騒動の際、盟約を反故にした教官（註・山田鬼斎は既に物故、桜岡は辞職組）が、揃って日本美術院の中心幹部である正員となり、校長の正木直彦までも名誉賛助会員として名を連ねた。さらに加えて、二十日付で観山と広業の二人が美術院正員のまま、東京美術学校に教授として復帰したのである。つまり、明治三十一年の美術学校騒動以来、因縁の日本美術院と東京美術学校との人事上の和解が、この時点で否応なしに成立したことになる。このような思いがけない人事交流がなされたのは、正木が東京美術学校校長に就任するのを機に、日本美術院の建て直しをはかるために、天心から持ちかけた和解策であったが、正木としても、美術学校の改革として、日本画科の人事刷新を図るために、日本美術院の人材を必要とする背景があった。

こうした双方の思惑の一致の上に成立した人事交流であったが、美術学校騒動は僅か三年前のことで、大観ら創立からの正員たちにとり、天心の下した決定とはいえ、快かろう筈はなかった。盟約を守った辞職組は、圧倒的官尊風潮のなか、様々な懐柔策にも屈すること無く、敢えて官職を投げうち辞意を貫いた。その結果、大観や孤月はあたかも犯罪者であるかのごとく、懲戒免官という厳しい処分を受けたのである。信義を反故にしたばかりか、官職に安んじていたかつての盟約違反者を、同志として受入れることは承服しかねることであっただろう。正員の間にわだかまりが生じるのは当然の成り行きで、こうした確執が院内の士気に影響を及ぼさないはずはなかった。それに加え、翌十月に開催された第十一回日本絵画協会第六回日本美術院連合絵画共進会は、特別審査員に従来の楓湖と雅邦の他に、新たに玉章が加わったこともあってか、大観は精彩のない小品一点のみの出品であり、春草は四点を出品しているが、何れも小品で、その内容も低調なものであった。そして当の天心は十一月二十一日にインドに出発し、一年間、日本を不在とした。一方、大観と春草は、外遊の為の資金集めと称して、真真会という作品頒布会をつくったが、朦朧派急先鋒の二人の作品に対する需要はさしてあるはずもなく、資金集めは思うように進まなかった。そうこうしている内に、天心はインドから帰国し、大観に対してインド、ティペラ王国宮殿の壁画制作の任に当たるように指示した。西遊の志を抱いていた大観は春草を誘い、明治三十六年（一九〇三）一月十日にインドに向けて出航した。一方、東京美術学校教授の観山も、同年二月二十一日に日本画家初の官費留学生としてイギリスに向けて出航した。しかし、天心の命に従って、インドに向かった大観、春草は、ティペラ王国宮殿の壁画制作という所期の目的をイギリス官憲に阻まれて達しえず、約半年後にインドから帰国した。同年十月の第十五回日本絵画協会第十回日本美術院連合絵画共進会は、大観が背景にインド建築を描いた《釈迦父に会ふ》他、春草が《鹿》他、そして観山もロンドンから《ダイオゼニス》他を出品し、連合絵画共進会は久々に賑いを見せたが、それでもなお日本美術院の衰退は端の目からも歴然たるもので、連合絵画共進会はこの回が最終回となった。天心は新たな展開を求めてか、大観、春草そして六角紫水を伴い、翌年二月、アメリカへと出発した。

日本美術院の五浦時代

天心が五浦の地を初めて訪れたのは、明治三十六年五月の頃とされる。当時別荘地を求めていた天心は、日本美術院の研究生で北茨城市出身の飛田周山を道案内に、福島県の草野附近を訪れた。しかし、草野附近は天心の意に添わなかったため、帰途、周山は自分の郷里に近い五浦海岸へと案内したという。

五浦は、海蝕性の切立った断崖が複雑に入り組んで、その名の通り五つの入り江が在り、美しい景観を呈していた。天心は五浦を一目見て気に入り、海上に突き出した平台に建つ廃屋同然の観浦楼辺り一帯を入手して、改装し別荘とした。やがて天心は明治三十七年の渡米以後、ボストン美術館の仕事に携わるようになり、ほぼ半年毎に同館の仕事に従事していたため、長期にわたる五浦滞在は許されるべくもなかった。そして明治三十八年、ボストン美術館の仕事を済ませて帰国した天心は、相変わらず多忙な日々であったが、六月に入ると五浦に腰を落着け、別荘を大幅に改築して、邸内の海際の断崖の上に六角堂を建てた。そして、これを機に東京を引き払い、五浦邸を本居とした。

一方、大観と春草は、約一年半の米欧滞在を経て、同年八月初旬に帰国したが、目の当たりにしたのは、天心は五浦に引っ込み、雅邦も高齢を理由に美術院の主幹を辞し、その他の主要メンバーは美術院とは距離を置くという、開院当初の意気込のかけらもみられない美術院の荒廃ぶりであった。こうした状況にたいする大観の憤りは一方ならず、帰朝歓迎会の席上で、押さえていた忿懣が爆発した。「今日美術院も何もありませぬ、美術院の形体は既にすっかり斃れて終《しま》つたです」「一体今日何とか云はれて居る人で、先生の御恩を受けない人はありますまい。然るにどうでしよう、人心と云ふものは。月給を貰つて居る時は画を書きましたが」「○○も左様でした。○○も、○○も、何に死んだつてかまひません、云ふだけは云つて遣ります。道の為めには、死んだ人も生きた人もかまひません。私と菱田君ばかりですからね、初めから真面目に画をかいたのは」「成程○○先生などは吾々の師ではあるけれど、人道に於いては容赦は出来ません。美術院に背いて○○会○○会なんと云ふのは、果して何の意でしょうか。美術院は彼等の為に斃れたんです」（「茶話会に於ける大観氏の慷慨」『日本美術』第七十九号、明治三十八年八月）と、歓迎会の席上、師友の名前を挙げて、怒りに任せて痛烈な罵倒の言葉を言い募った。これは大観の直情径行な一面が表れたものでもあろうが、こうした師友に対する痛烈な批判が機関誌に掲載されたということは、取りも直さず日本美術院が組織として崩壊していること示し、そしてまた、大観の憤りが、大観一人にとどまるものではなかったということであり、事態の深刻さを物語るものであった。

波瀾の歓迎会から程ない八月末から九月にかけて、大観、春草はそれぞれ五浦の天心のもとを訪れ、しばし滞在している。この時、大観、春草の他に、雅邦をはじめ、当時美術院を物心両面から支えていた辰沢延次郎などが五浦に集い、日本美術院の再建策について検討がなされた。しかし、それを実行に移す前に、天心は第二回目のボストン美術館勤務のため、十月には渡米の途についた。そして翌年四月、約半年ぶりでアメリカから帰国した天心は、新たに入手した越後赤倉の別荘に滞在し、日本美術院の再建に着手した。その具体的方策である美術院の移転策について、大観らの意向を確かめた。候補地は赤倉か五浦のいずれかであったが、五浦ということで事態は動き出した。そして六月十五日、天心の強い意向に添うかたちで大観・観山・春草・武山の四人は、移住の下検分のため、五浦に赴いた。この時点で、日本美術院の五浦移転がほぼ確定したかの観があったが、事はすんなり運ばなかった。赤倉にせよ五浦にせよ、いずれも僻遠の地であり、諸般の状況から推して、移転に伴う大観らのためらいは想像に難くない。四人には四人各々の事情があった。しかし、七月に至り、谷中初音町の院舎が売却されることとなり、日本美術院の東京撤退は動かしがたい現実のものとなった。日本美術院を都塵から離れた地に移転させるということは、天心の強い意志であり、ほぼ天心の独断に近い形で、全てが処理されたと考えられる。大観らも志を貫くために敢えて東京での生活を捨て、五浦移住を決心したのであろう。

日本美術院は九月六日付で主幹岡倉天心の名を以て、院の規則を改め、規模を縮小した。新規則は、一部絵画、二部彫刻の二部で一部は当分谷中初音町に置き、一部幹理横山大観、会計監督菱田春草、教育主任木村武山という構成であった。その中で、一部絵画を当分谷中に置くとしながらも、目下五浦に新築中である四人の邸宅が完成した折には、五浦移転実施の意向を打出した。観山の名が無いのは、東京美術学校教授という立場へ配慮したためであろうか。

天心は、美術院の五浦移転をフランスのバルビゾン派に擬して、ミレーやコローという大画家は、パリを離れたバルビゾンにあって、その名を世界に轟《とどろ》かせたではないか、五浦を東洋のバルビゾンにしようではないかと、決意した。こうして、移転準備が順調に進行するさなか、天心は大観らに後事を託し、ボストン美術館の作品収集のために、早崎稉吉を伴い清国に向けて出発した。

五浦移転

日本美術院の五浦移転は、天心不在の明治三十九年十一月九日に実施された。近代美術史にいう日本美術院の五浦時代は、大観、観山、春草、武山の四人が、各々家族を率いて五浦に移転してきたこの日に、実質的には始まる。

当時の五浦は、「漁家僅かに二戸を有するに過ぎざる寒村にして風光の明媚なる事例ふるに物なく」（『いはらき』明治三十九年九月二十日）という鄙びたたたずまいであった。東京からの最寄りの駅は関本駅（現在の大津港駅）で、上野から早い汽車でも六時間位はかかった。大観の書簡によれば、移転当日、一行は八時四十五分発の急行列車で上野駅を発っているので、午後二時前後に関本駅に降り立ったと思われる。駅から町外れまでは車の便があるが、そこから先は曲がりくねった里道を、嫌でも徒歩で行かねばならなかった。四人の家は、駅から続く道筋の一番最初に武山邸、隣に観山邸、少し隔たって天心邸があり、又しばしゆくと春草邸、その隣が大観邸となる。里道は、半里、約二キロ足らずの道のりではあるが、当日必要な身の回りの荷物を抱え、幼児や老人連れの一行にとり、決して楽な道のりではなかったであろう。「その日は折からの寒雨頻りにして風さへ加はり来るに、車馬不通の峠路を下駄さへ用ひがたきこととて、婦人子供までが跣足に裾をからげ、或は幼児を背にして、一歩々々踏み慣れぬ細径を辿り辿りて、その地に赴いた光景は、まことや平家の都落をもそのままに想ひ起さるるものであつたといはれる」と、『日本美術院史』（斎藤隆三、創元社、昭和十九年）はその日の有様を伝えている。それに対して世間は、日本美術院の五浦移転を「美術院の都落ち」、或いは「朦朧派の没落」と酷評した。

北辺の寒村にすぎない五浦であったが、天心や四人の画家を迎えて、徐々にではあるが変化が現われた。新住人を訪ねて、画家や画商、或いは新聞記者などが、東京や水戸などから訪れるようになり、次第に活気を呈するようになっていった。なかでも五浦が最も賑わいを見せたのは、明治四十年（一九〇七）九月二十二日の観月園遊会の夜であろう。当日は東京、或いは水戸から、松本楓湖ら画家をはじめ、美術関係者、新聞各社の記者など百数十人が五浦を訪れた。この観月会は、完成が遅れた研究所の披露が目的であったが、これに先立って任命された第一回文部省美術展覧会（文展）審査委員の人選を巡り、旧派の画家たちが正派同志会を、そして新派が天心を会長として国画玉成会を結成するというように、新派と旧派とがそれぞれ官展の主導権を巡り、激しく牽制しあう状況下での催しであった。そして、新旧双方の対立が解消されないまま、十月に第一回文展が上野公園内元勧業博覧会美術館において開催された。第一部日本画の審査委員は二十三名で、五浦からは天心、大観、観山の三名が名を連ねたが、画家の審査委員は十三名で、大観、観山の他には、橋本雅邦、寺崎広業、川合玉堂、松本楓湖、小堀鞆音という日本美術院系の画家が任命されており、明らかに新派に手厚い人選であった。

記念すべき第一回文展は、美術院の都落ち、没落と嘲笑された五浦派にとり、汚名返上には、これ以上は無いという絶好の機会であり、この好機を捉えるべく、五浦の研究所における各人の制作への取り組みには、一方ならぬものがあった。四人の画室、つまり五浦の美術院研究所は、各人の邸宅のある場所よりさらに、千四、五百メートル北方に離れた断崖の上に建てられていた。各部屋は海岸線に沿って細長く続き、一番北に位置する十畳ほどの部屋が天心の居所であった。それに続く正員画室は三十五畳ほどの広さで、観山、大観、春草、武山の順で、東に向かって一列に座を連ね、制作に従事した〔口絵7〕。そして、この正員の広間に続いて一段下がった三十畳ほどの部屋が、研究員の制作室に宛てられていた。天心に招かれて、研究員として五浦で貴重な体験をした安田靫彦は、「三先生の並ぶ姿は禅堂の坐禅僧のようで、殊に大観、春草両先生の坐は清潔清浄、澄みきった態度で一点一劃を慎重に筆を下す、わけて春草先生は「賢首菩薩」の点描を立て掛けてしずかに描いておられます。その坐のあたりには今使っている絵具だけが溶いてあるだけです。隣りの武山氏のは「阿房業火《ママ》」でしたが、絵具皿が散らばり座蒲団や枠の縁まで絵具で汚れているなど、私たちと同じようです」（安田靫彦「晩年の天心先生」『國華』第八三五号、昭和三十六年十月）と、四人がまさに一列に並び、第一回文展の出品作品を制作する光景を、目の当たりにしたことを記している。

天心は研究所に姿を見せると、正員や研究員の制作ぶりを黙々と観ていたという。そして、それぞれに対して異なった方法で指導を行なった。最も懇切な指導を与えたのは、研究所で天心の居所に一番近い座を占めていた観山であった。天心の観山に対する指導ぶりについて、年若い春草でさえも、観山の画業を評するにあたり、「よく世間では、下村氏は岡倉氏の頭から出

図7　下村観山《木の間の秋》（明治40年、東京国立近代美術館蔵）

たものを画くので、岡倉氏なくば下村氏なしと評判しているものがある」（犀水「現今の大家下村観山氏」『美術新報』明治四十四年一月）というように、「無論酷評ではあるが」（同前）と、断りながらも、作画における二人の緊密な係わりについて言及している。また、斎藤隆三も、「（観山は）技巧は抜群に優れてあつた。感受性と理解力も亦強かつた。随つて天心が一たび指唆する所あれば、言終らざるに、絵筆を持つ観山が手は天心が意中をそのまゝに動いて立ちどころに天心が理念の絵は成る」（斎藤隆三『横山大観』中央公論美術出版、昭和三十三年）と、天心の想と観山の技の絶妙の一致を裏付ける記述をしている。一方、大観の場合は、天心の許に文展出品のため、小下絵四、五枚を持参したところ、天心は一番上の一枚《二百十日》だけを見て、「これにしたまえ」と言ったきりで、あとを見ようともしなかったという。大観としては不満が残るところであろう。春草に至っては、どの様な指導を受けていたか定かではないが、天心は「彼は非常に頑固強情で、決して他人の説に雷同附和する様な事は無かつた」（岡倉天心「噫菱田春草君」『東京朝日新聞』明治四十四年九月十九・二十日。『全集』三）と春草の性癖について評しており、また画家として、「美術界に必要なのは後から跟《つ》いて行く此大勢の人々よりも、自ら在来の格を破つて他を指導する僅少の人々が大切なのである。今の画家中で真に新生命を開かんとする人々は沢山ない。菱田君の如きは各時代に僅少なる、即ち美術界に最も必要なる人物の要素を備へて居た人である」（同前）と、独立独歩の春草の画才を高く評価していたことからも、その指導というものが、自ずと推測できるであろう。

観山が第一回文展に審査委員として出品した《木の間の秋》〔図7〕は、岡倉邸の西側の雑木林に取材したもので、天心は、作品の細部にわたって指示を与えた。二曲一双屏風の右隻に、木立を縫って横に走る蔓を描き加えたのも、天心の指導によるものだという。完成作品は、琳派の絢爛豪華さと、大観、春草が苦しみ続けた朦朧体をも、苦も無く同一画面に収め、装飾と写実とを巧みに融合させた作品で、同じ審査委員であった竹内栖鳳の《雨霽》と共に、文展の人気を二分し、大好評を博して文部省買上げとなった。観山の《木の間の秋》が場中の人気をさらったのに対して、大観が審査委員として出品した《二百十日》《曙色》の二作は、現在まで存在が確認されず、実作を見ることが出来ないが、残された白黒の写真や、「安心して朦朧画の本色を発揮したるらしく」「ボンヤリして捉へ所がなく」（『日本美術院百年史』三巻上）という、当時の作品評を併せ考えると、依然として朦朧画を描いていたようである。また春草の場合は、靫彦が「『賢首菩薩』の点描を立て掛けてしずかに描いておられます」と記しているように、《賢首菩薩》〔図8〕において、点描法を用いることにより、濃彩の画面に、明快さを保つという試みを行なっていた。しかし、春草が日本画に点描を試みたことは、大方の審査委員の理解を得られず、審査の結果、あわや落選となりかけたのを、天心が優賞を主張して譲らなかったことにより、二等賞に落ち着いた（横山大観『大観画談』講談社、昭和二十六年）という。また、天心の居室から一番離れた位置で制作していた武山は、秦の始皇帝が造営した広壮無比の宮殿、阿房宮が炎上する様を描いた《阿房劫火》〔図9〕を出品し、三等賞を受賞した。天心は「実にすばらしい色彩である。然しこの大きな阿房宮が劫火に包まれたのである。各窓から吹き出す火焔は決してなめるやうな美しさではあるまい。そしてごうごうたる大音響が聞こえないだろうか。この絵にして音が聞こえたなら実に天下の名作である

図8　菱田春草《賢首菩薩》（明治40年、東京国立近代美術館蔵）

図9　木村武山《阿房劫火》（明治40年、茨城県近代美術館蔵）

が」（南米岳「見聞記」『巽』昭和四年八月）と、傍らにいた観山に述べたという。このようにして、晴の第一回文展に、五浦の住人五人は三人が審査委員に任命され、残る二人が二等賞と三等賞を受賞するという華々しさで、五浦派としてはその存在を十分に示すことができた。しかしながら大観が朦朧派としての汚名を返上するのは、この後の機会を待つこととなる。

さて、日本美術院の五浦移転に多大な期待を寄せていた地元茨城に目を移すと、地元紙『いはらき』新聞は、美術院の五浦移転が決定してからは、四人の動静を逐次その紙面で報じた。後に日本美術院再興の発起者となり、日本美術院史編者となった茨城県守谷町出身の斎藤隆三との係りも、五浦移転がもたらしたものといえる。斎藤が『いはらき』新聞主筆の佐藤秋蘋と五浦を訪れたのは明治四十年（一九〇七）一月のことであるが、以後、大観や春草らと親交を重ね、兄の斐や秋蘋らと五浦会を起こしていた。また、明治四十一年三月四日から、水戸市の偕楽園常磐公園好文亭において開催された五浦派絵画展覧会でも、斎藤は春草の良き相談相手であった。展覧会は当初、四人の旧作を集めて開催する計画であったが、春草らは、通常の自分たちの流儀を通し、各自約十点を割当てとして新作で展覧会に臨んだ。しかし、文展で高い評価を得たとはいえ、朦朧派という世間のイメージを払拭するには至っておらず、結果ははかばかしいものではなかった。

既に《賢首菩薩》制作中から、目に異常を生じていた春草は、この頃再び目に異常を感じていた。しかし、今回は症状が一向に好転せず、医者の診察を受けたところ、網膜炎に腎臓炎を併発しており、制作は勿論のこと読み書き煙草等一切を禁じられた。五浦住まいでは満足な治療を受けることができないため、已むなく六月に、春草一家は東京の代々木に転居した。五浦

図10　下村観山《大原行幸（御幸）》部分（明治41年、東京国立近代美術館蔵）

移住から一年七ヵ月目のことであった。

明治四十一年の秋に開催された第二回文展は旧派の巻き返しが功を奏し、増員された審査委員の大半は正派同志会で占められた。この人選に反発した日本美術院を中心とする新派の国画玉成会は、文展不出品を決めて対抗した。代々木に移り療養生活を送る春草を除く五浦派は、国画玉成会の会合のたびに揃って上京していたが、九月に入り、大観邸が失火で全焼し、大観はそれを機に五浦を去り、仮寓とはいえ上野に住むようになった。文展と同時期に開催された第一回国画玉成会展の頃、五浦に住んでいたのは観山と武山の二人になっていた。そしてその第一回国画玉成会展に、観山は《大原行幸（御幸）》〔図10〕、武山は《祇王祇女》と、五浦組は共に平家物語をテーマとする作品を描いて出品した。一方、大観の作品《月二題（煙月・凍月）》は、画境の進展はあまりみられず、第一回文展出品作の延長にある作品で、評価も芳しいものではなかった。それに対し観山は、《大原行幸（御幸）》の下図を天心に見せて指導を仰いでいる。天心の観山宛の書簡には、

例もなカら面白く拝見　近頃の名品と可相成何よりの快事ニ御座候　見返しの処は病める蝶一羽鶵れたる小蝶二羽位凄しく麗しく御認め相成てハ如何　是ニ女院供御の小器物添へられ候も可然乎　或は無之方却而宜敷かルへき歟御一考相成度　巻の起首にハ小原の水ヲ落し此水道ヲ逐ふて行き最後の前一段　法皇御対面の処筧の水迄縁ヲ続け候ハヽ、風情有之へき歟　且又画巻ハ断へて又連なる処ニ妙味有之候ニ付山又ハ土坡樹石の線ハ勿論色　濃淡ニ至ル迄隠約の間ニ連続の気味有之度ものニ候　万々御承知の事ニ候へ共為念婆心ヲ添へ申候

（明治四十一年九月九日付下村観山宛書簡、『全集』六）

と、作品の発想から構図に至るまで、実に具体的で行き届いた指示が記されていた。それを受けて観山は、天心の指示を踏まえて画巻の見返しから描き改め、全六段中間にあわず下図のものもあったが出品し、大いに注目を集めた。

翌明治四十二年の第三回文展は、天心と文展との間に和解が成立したため、一転して、国画玉成会は文展復帰を決めた。観山と武山はこれまでの経緯からでもあろうか、国画玉成会展のみの出品であった。これに対して、大観と春草の二人は双方の展覧会に出品している。会期は文展が国画玉成会展より後であったので、大観は《流燈》〔図11〕、春草は《落葉》〔図12〕を短期間で急遽制作して出品した。画家大観を信奉する多くの若き画家たちは、大観が文展に復帰したと聞き、裏切られた思いで受け止めた。今村紫紅もそうした画家の一人で、大観が出品した作品を確めるために、会場に出掛けたという。紫紅が文展会場で見た《流燈》は、従来の朦朧派大観のイメージを大きく覆す、清らかな美しさと気品溢れる作品であった。紫紅は大観に抱いていた不信感を一挙に払拭したばかりではなく、新たな制作意欲までをも掻き立てられたという。これまでの大観は、五浦移住後も第一回文展、翌年の第一回国画玉成会展と、没線描法にこだわり続けた。というよりむしろ、没線描法から脱却できずにいたが、急遽参加となった文展に向けて、かつて訪れたインド、ガンヂス河畔で見た光景を基に《流燈》を描いて出品した。そしてその一作により、朦朧派の汚名を返上した。一方、春草の場合は、画家として最も恐れる失明という危機的状況を脱し、小康を得て、自宅附近の雑木林を描いた《落葉》（六曲一双屏風）を出品し、二等賞一席という第三回文展で事実上の最高賞を受けた。会場で初めて作

品に接した天心は、「御作落葉の屏風拝見致候　情趣巧致固より場中第一　近頃の名品と感し申候」（明治四十二年十一月六日付菱田春草宛書簡、『全集』六）と、直接会う機会を得られない春草に対して、称賛の辞を認めて名作誕生の喜びを伝えた。当時の春草は、眼病のために制作が思うに任せない上に、作品頒布のための画会を設けて会員を募っても、大観と同様に朦朧派ということで応募者は少なく、窮乏生活を余儀なくされていたが、この《落葉》によって名声は高まり、生活も安定を取り戻すようになった。

さて、大観は《流燈》について、「あれを描いたのは五浦でした。あれははじめ二尺幅に描いたのですが、それを縮尻つてしまひました。ところが、恰度その時五浦には、二尺幅の持ち合わせがなかつたものですから」（『大観画談』）と、五浦で制作した作品であると語っている。しかし、大観はこの頃既に、上野池ノ端に住居を新築し、本居をそちらへと移していた。この後、武山も東京の下谷区根岸に居を移し、

図11　横山大観《流燈》（明治42年、茨城県近代美術館蔵）

図12　菱田春草《落葉》（明治42年、永青文庫蔵）六曲一双

最後まで五浦に踏みとどまっていたのは、天心にその画技を最も愛された観山であった。観山の場合、移転前の明治三十八年末に東京美術学校教授として、二ヵ年余の英国留学を果たして帰国した。観山の帰国を待って東京美術学校は、明治三十九年九月の新学期から日本画科の授業法を担当教官を定めた二教室制と改め、一室を観山に任せるという方式に切り換えた。こうして日本画家初の官費留学生である観山に対する期待と責任は、前にも増して大きなものとなっていた。振り返れば、明治三十九年十一月の時点で四人の中で五浦移住が最も危ぶまれたのは観山であり、その動向は画家仲間のみならず、世の注目を集めていた。しかし、観山は苦慮したあげく、結局、皆と行動を共にし、且つ、根岸に美術学校勤務用の家を構えるという方策をとったが、それはあくまでその場しのぎにすぎず、美術学校教授としてほとんど授業らしい授業も行わないまま、明治四十一年八月、観山は再び東京美術学校を依願退職した。そして春草や大観が去った後も五浦に留まっていたが、四十五年秋には、原三渓に招かれて横浜本牧和田山へと本居を移し、五浦を去った。こうして五浦の日本美術院も又、有名無実と化した。

五浦の地をバルビゾンにと、一家を挙げて移住した大観たちではあるが、なにぶん五浦は遠隔の地であり、交通も不便を極めた。「明け暮れ耳にするものはただ松風と濤の音のあるだけ、文字通りに、豆腐屋に三里の境地、煙草一つ購わんにも大津まで人を走らせねばならず」（斎藤隆三『日本美術院史』）、日常生活のことごとに、不便を余儀なくされる毎日であった。一年の半分をアメリカで過ごす天心にとり、五浦の海はその疲れをいやすためにも、また、新たな想を練るにも、欠かせない存在であった。海が好きで、自らの意志で五浦の地を本居と定めた天心とは異なり、五浦移転時、三十九歳の大観を筆頭に、観山、春草、武山のいずれも三十代の若さであり、移転当初の決意が薄れたという訳ではないにしろ、四人が人里離れた五浦生活を続けるには自ずと限界があった。大正二年五月、天心は安田靫彦に宛て、書簡を送っている。そこには、「五浦も新緑可掬の候と相成候（略）当地諸画伯は一人も不残遠方へ参られ当分は小生一人に御座候」（『國華』第八三五号）と記されており、一人五浦に在る天心の寂しさが窺えるものであった。そして同書簡には「自然御来遊相成候ハ、亦一興と存候如何々々」（同前）とも記されており、靫彦を五浦へと誘うものであった。しかし、不幸にして、同年九月二日の天心の遠逝により、靫彦の五浦行が実現することはなかったが、四人の画家が去った後も天心の五浦時代は続いていたのであろう。

日本美術院の五浦移転は、正員の作品を収入基盤とする院経営の破綻によるものであったが、こうした経済的組織的破綻を招いたのは空気や光を日本画で表現できないかという天心の示唆をうけて、大観らが苦心の結果生み出した表現法＝没線描法であった。しかし、没線主彩のその描法は、朦朧画、妖怪画、化物絵、鵺的日本画という蔑称でも明らかなように、日本画の明快さを失った模糊暗澹たる画面であり、天心が期待した明治という時代に相応しい新画法ではなく、行き着く所は、日本画の西洋画化に他ならず、天心が東京美術学校で説いた教えとは、大いに異なるものであった。もっとも大観自身も「所謂朦朧派がいいと考へたのではない、只だ画の研究から一種の自覚を促され、今まで試みられなかつたものを表現しようと考へたに過ぎない、この真面目な研究の道程として如何なる罵倒も我慢しようと努めた」（「自叙伝」『中央美術』第十二巻十一号、大正十五年十一月）と述べているように、朦朧画が目的ではなく、あくまで、研究の一道程に過ぎないものであった。しかし、その道程は長く、苦境を見かねた天心は、没線描法の欠点を指摘して再検討を促し、併せて親身の配慮を惜しまなかったが、明治三十九年に至り、遂に四人の困惑をも顧みず、五浦移転に踏み切った。明治三十七年の渡米以来、海外にその関心を移していた天心が、敢えてこうした挙に出たのは、日本美術院という組織の存続そのものよりも、むしろ、大観、観山、春草らの新日本画創造の可能性に賭けた行動といえるだろう。天心は人里離れた五浦に四人を呼び寄せ、それぞれの個性に応じた指導を行なった。その結果第一回文展出品の観山作《木の間の秋》、春草作《賢首菩薩》、武山作《阿房劫火》さらに第三回文展出品の大観作《流燈》というように、各人を代表する作品が五浦の地で制作された。そして、春草は五浦時代を経て《落葉》《黒き猫》（図13）を描き、明治四十四年に三十七歳の若さでこの世を去ったが、第三回文展に出品された《落葉》は、春草の代表作であるばかりではなく、明治日本画の到達した最高

図13　菱田春草《黒き猫》
（明治43年、永青文庫蔵）

峰といって過言ではないだろう。春草は、《落葉》制作の翌年、「現今の修養法として第一に古画の研究、第二に写実の研究、第三に自己の考按、この三つは最も必要で、決してその一をも欠くことは出来ぬと思ふ」「現に自分はこの方法で行きつゝあるのだ」（「古画の研究」『絵画叢誌』明治四十三年七月）と述べている。ここで春草が最も必要という三修養法は、まさに天心が東京美術学校で生徒に課した、臨画臨模写生新按の実践をそのまま換言したに他ならず、天心の指導が適切であったことを改めて裏付けるものといえる。いうなれば《落葉》《黒き猫》は、天心の指導の成果であると、春草自身が表明したといえるだろう。いずれにせよ天心の指導のもと、五浦における各人の研鑽の成果は、四人が五浦時代を経て描いた作品の数々が何よりも雄弁に物語っている。そしてまた、大観、観山らは、五浦時代という研鑽の日々を共有することによって、移住前に各人の間に生じていた微妙な軋みを修復し、天心亡きあとの日本美術院再興に繋がる絆を培っていったのである。

作品年譜（明治四十年～大正二年）

開催年月		展覧会名称	横山大観出品作品	下村観山出品作品	菱田春草出品作品	木村武山出品作品
明治四〇年（一九〇七）	一〇月	第1回文部省美術展覧会	二百十日・曙色	木の間の秋（東京国立近代美術館蔵）	賢首菩薩（東京国立近代美術館蔵）	阿房劫火（茨城県近代美術館蔵）
	三月	五浦日本美術院小品展	ほとゝぎす・小春・渓間の秋・春風・月夜・蓬莱・夕暮・三保の富士・夏の河辺・月下の鵜	寿老・帰牧・夏の朝・夕の嵐・残雪・雪の朝・納涼・蛍・晩春・月下の滝・寒雲	林和靖（茨城県近代美術館蔵）・瀧・猫・梧桐の小禽・月下の松・富岳・蓬莱・海辺の松・寒梅	清麻呂宇佐参拝の図・児島高徳・足柄山・青砥藤綱・風雨の舟・秋の朝・後の月・瀑布・静夜・月の出・早春
明治四一年（一九〇八）	一〇月	第1回国画玉成会展	月二題（煙月・凍月）	大原行幸（御幸）（東京国立近代美術館蔵）		祇王祇女（永青文庫蔵）
	一〇月	国画玉成会研究会展覧会	春の月・雪景	小倉山（横浜美術館蔵）	秋木立	草花
明治四二年（一九〇九）	一〇月	第3回文部省美術展覧会	流燈（茨城県近代美術館蔵）		落葉（永青文庫蔵）	
明治四三年（一九一〇）	二月	二葉会展覧会	冬の柳	大原行幸（御幸）の内第四段・第五段		

	三月	第10回巽画会展		夏図	雀に鴉（東京国立近代美術館蔵）	文殊
	一〇月	第4回文部省美術展覧会	楚水の巻（山種美術館蔵）	魔障（東京国立近代美術館蔵）	黒き猫（永青文庫蔵）	孔雀王
明治四四年（一九一一）	二月	第11回巽画会展		猫と鴉	早春	秋夜
	三月	第1回東京勧業博覧会	水國の夜			
	四月	二葉会展覧会		鷹狩		花卉
	一〇月	第5回文部省美術展覧会	山路（永青文庫蔵）			
明治四五年（一九一二）	四月	菱田春草追悼展覧会	五柳先生（東京国立博物館蔵）	鶉図（東京国立博物館蔵）		孔雀に鴉
大正元年	一〇月	第6回文部省美術展覧会	瀟湘八景八幅（東京国立博物館蔵）			
大正二年（一九一三）	三月	第13回巽画会展	老君出関・山茶花に栗鼠	曳舟		釈迦
	一〇月	第7回文部省美術展覧会	松並木（霊友会妙一記念館蔵）			

岡倉天心と東京美術学校

金子　一夫

岡倉天心とフェノロサによって推進された一連の運動は、復古的なものではなく新しい日本美術の創造を目指したものであった。この運動の明確な発端は、明治十七年（一八八四）に文部省内への図画（教育）調査会の設置である。そして明治二十二年（一八八九）の東京美術学校開校に結実する。東京美術学校開校は制度的基盤が確立したということだけで、新たな日本美術の創出にはさらに苦労が続くことになる。ここでは東京美術学校開校までの経過と、それに関連させてフェノロサと岡倉天心の美術教育方法論における違いを検討したい。

明治十七年の調査会は、普通教育（小、中学校）の図画に邦画（毛筆画）を導入できないかどうかを検討する委員会であった。日本では既に西洋の図画教育を参考にして十年以上も図画教育がなされていたのではあるが、岡倉天心やフェノロサ中心で進められた調査会の答申は、西洋画的図画教育の主張を抑えて、邦画（毛筆画）を導入推進すべしというものであった。答申の最後にはフェノロサ考案の「美術画法教授順序表」が付けられていた。

この時点で「日本画」という概念と呼称は使われてはいなかった。日本の在来の絵画、すなわち邦画は、狩野派、円山派、土佐派といった様々な様式・流派の集合であった。雑多な様式・流派の集合のままでは、教育システムはできない。そこで教授すべき邦画の内容と教授方法・順序が、明治十八年（一八八五）に新に設置された図画取調掛で調査研究されることになった。掛には主幹として岡倉、委員としてフェノロサ、今泉雄作、雇いとして狩野芳崖、狩野友信、藤田文蔵が携わった。

フェノロサは明治十五年（一八八二）の龍池会での演説「美術真説」では、美術学校による新日本美術の創造には否定的であった。美術学校の教育は、江戸時代の狩野派のように大家の模倣が主となり、創造性を失わせる危険性をもつからである。しかし図画取調掛での調査研究は、普通教育ではなく専門教育、つまり美術学校での美術教育に重心が移っていった。フェノロサも考えを変えたのであろう。そして岡倉とフェノロサは、明治十九年（一八八六）十月から翌二十年（一八八七）十月まで欧米に派遣されて美術教育制度や美術館の調査をした。日本美術の教育に自信を深めて帰国した。帰国直前の同月に図画取調掛は東京美術学校と改称された。

高級文部官僚の浜尾新が校長事務取扱、岡倉が幹事、フェノロサは雇となり、開校準備作業をした。当時の文部大臣であった森有礼は欧化主義と国家主義とを合わせ持った人であった。当然、日本美術の学校を作ることには否定的であり、フェノロサと岡倉の必死の運動により、日本美術を内容とすることが決定されたという。そして明治二十一年（一八八八）十月に東京美術学校規則が発表された。並行して教員の採用も行われた。図画取調掛員であった人の他に狩野派の橋本雅邦らが採用された。しかしフェノロサの最も頼りにしていた画家の狩野芳崖が明治二十一年（一八八八）十一月に没してしまったので、代わりに円山派の川端玉章が採用となった。同年十二月に入学試験を行い、そして明治二十二年（一八八九）年二月に東京美術学校は開校した。

フェノロサは雇い教員ではあったが、正式な教諭の十倍の給料という破格の待遇であった。しかしフェノロサが学校の中で占める役割は小さくなり、ずっとフェノロサの従者的位置にいた岡倉へ主導権が移っていった。学校ができてしまえば、学校という組織力学が作用するし、政策も御雇い外国人教師から日本人自身へという流れにあった。

フェノロサは「画格」の授業を担当した。これはフェノロサの絵画理論に基づき、線・濃淡・色彩という絵画の形式的要素をそれぞれ独立させて教授し、練習させるものであった。最初の課題として「懸腕直筆（肘を浮かせ、筆を垂直に持つ）」で、縦・横・斜めに直線を何百本、何千本と引かせた。これには横山大観はじめ当時の生徒は皆閉口して逃げてしまったという。程度に問題があったのかもしれない。フェノロサの方法自体は優れて近代的なもので、学校教育という近代的なシステムにも合致するものであった。計画的に（前もって決められた時間で）教育目的を達成するのが近代的学校教育の理念である。そのためには、教育内容の分析とその適切な教授順序が確立されていなければならない。邦画は近代化意識とは関係なかったので、その点に関しては全く未整備であった。フェノロサが西洋の方法を下敷きにして方法を整えたと言える。ただ美術学校での授業技術は拙かった。最もフェノロサの理論を実践した狩野芳崖がいれば、少しは違ったのかもしれない。

フェノロサとは対照的に岡倉は、瞬く間に生徒と教員達の心を手中にした。岡倉たち当時の政府指導者は、近代化政策と前近代的日本人の意識をどのように調停するかに苦労していて、日本的な処理の仕方が身についていたためであろう。例えば岡倉はいくつかの講義では、生徒達を感銘させている。また、彫刻科教諭への招聘を訝る高村光雲に、仕事をしている様子を生徒に見せるだけでよいとして就任を承諾させている。外見は近代的学校であるが、内実は徒弟教育でよいとしているのである。そして実際、東京美術学校は徒弟教育的要素を多分にもった独特の教育機関になった。それだけでは個々の教室が独立して、運営がばらばらになってしまう危険がある。しかし、岡倉のカリスマ性の下に全体の教員と生徒が一個の浪漫的な共同体になったように見える。非近代的要素を意識した岡倉の方が成功したのであった。(註) 東京美術学校も日本的近代化の代表的事例であった。

明治二十三年（一八九〇）七月にフェノロサとの契約が満期となり、更新はされなかった。その直前の六月に岡倉は校長心得になり、さらに十月には正式の東京美術学校校長となった。フェノロサ担当の画格と図按は削減され、別の教員が雇われた。岡倉体制の確立である。しかし明治二十九年（一八九六）の西洋画科設置あたりから岡倉体制が揺らぎはじめ、明治三十一年（一八九八）に美術学校騒動が起こり、岡倉は美術学校校長を辞職した。その後高嶺秀夫、久保田鼎、そして正木直彦が美術学校校長になり、少しずつ近代的学校へ性格転換を図った。例えば古代風の制服を学生服に変えた。しかし一度根付いた岡倉の浪漫的精神は明治後期からの芸術家的心性と融合して、ずっと東京美術学校に継承されていった。

岡倉は西洋、そして近代というものを相対化して見ざるを得なかった。しかしそのために明治三十年代にいわゆる近代的なナショナリズム（国家主義、国民主義）から脱して、老荘的境地、詩心（美的個人主義）の方へ行ったというのが正しいであろう。それゆえにこそ岡倉の後裔を自負する東京美術学校は、昭和期にナショナリズムやウルトラナショナリズムと最も無縁の、当時の基準でいえば最も非国民的な学校であった。しかし岡倉のアジアへの屈折した感傷がウルトラナショナリスト（超国家主義者）達に発見、評価されることによって、ナショナリズムの系譜に岡倉も位置付けられるようになったのであろう。しかし、そこには岡倉の個人主義的側面への無視と、ナショナリズムとウルトラナショナリズムとの混同があるように思われる。

註

岡倉の教育方法についての教育学的検討には、次の研究がある。安部崇慶「天心岡倉覚三の芸術教育――芸道稽古論の系譜として」『教科教育学研究』第十二集、一九九四年、七五～九〇頁。

岡倉覚三と明治期の洋画界

丹尾安典

奥原晴湖は酒豪であった。女性の身ながら、つねに男装でとおした。酔余に無体をしかけたりすると、投げ飛ばされたという。明治九年（一八七六）、東京開成学校に籍をおくまだ十五歳の岡倉覚三が、この豪放な女流文人画家の門をたたいた。そのおり晴湖は、西洋最新の学術を学ぶ年少の学生が、いかにはやりものとはいえ文人画などを習おうとするのを甚だ訝り入門をことわったが、たっての願いということでやむなくのぞみをかなえた（清見陸郎「若き日の岡倉天心」『美術史学』昭和十八年四月）。晴湖は、弟子になりたい者があると、「寧洋画をおやりになつた方が宜しいでせう」と薦め、昵懇の川上冬崖の許へ紹介するのが常であったから（竹内原風「奥原晴湖女史」『月刊邦画』昭和十一年三月）、たぶん岡倉もそんな玄関払いを先ずはくわされたのであろう。後年岡倉が、東京美術学校に、師匠の推奨した「西洋画」も、無理にせがんでまで習おうとした「文人画」の課程も置かなかったのは、むろんその間に、「概ネ幾ンド妙想ヲ欠」いた西洋画と、「妙想ヲ得タリトナスベカラ」ざる文人画とによって、「磑砕セラルガ如」き日本画の危機を救い、「日本画術ヲ奨励スルノ策ヲ講」じようとしたフェノロサに対する深い共鳴が強く作用していたからであった（フェノロサ『美術真説』、引用は以下より、青木茂・酒井忠康編『日本近代思想体系一七　美術』岩波書店、平成元年）。

フェノロサに影響せられてからの岡倉は、洋画壇の動きを封じる闘将となった感がある。一方の将たる洋画家・小山正太郎は、フェノロサの龍池会での名高い講演（「美術真説」）がおこなわれたのと同じ明治十五年五月から、三回にわたって、『東洋学芸雑誌』に「書ハ美術ナラス」を掲載。これに対して、岡倉はすぐさま同誌に、やはり三回におよぶ駁論「書ハ美術ナラスノ論ヲ読ム」をかかげた。小山が、書とは、あらかじめ形の定まった「言語ノ符号」にすぎず、「各人各自ノ才力ニ由テ、作リ出ス者」ではなく、またとても外国に高く売れるしろものでもなく、「美術トシテ勧奨スヘカラサルナリ」と言えば、岡倉は、むろん書はもともと言語の符号で実用の具ではあるけれども、おなじく風雨をしのげる堀っ立て小屋と美術的な建築とのあいだにおのずと違いがあるごとく、「我書」はたんに字体が形成されているレベルにとどまらず、「各自ノ結構ヲ鑑ミ、練磨考究シテ美術ノ域ニ達スルモノ」となっている、それにまた、美術を論ずるのに「金銭ノ得失」をもちだすようなふるまいは「品位ヲ卑シクシ美術ノ美術タル所以ヲ失ハシムル」ものだ、と反論する。

書は美術ではないと言った小山は、しかし、その論中にみずから「余モ亦夙ニ書ヲ好メリ」と述べているごとく、書の愛好者であった。実際南画に腕をふるい賛文を書しているが、その字は岡倉の妙なくせ字よりずっとさまになっている。横山健堂が「小山正太郎氏の風格及びその文化史上の地位」（『小山正太郎先生』不同舎旧友会、昭和九年）のなかで、この論争にふれつつ、「氏が得意の文人画に、先憂後楽の名を以て揮毫してゐる題賛は、果して氏自らいふ如く、言語の符号といふ以外に、何等の趣味も信念ももたなかつたであらうか」と、あやしんでいるのも無理はない。一方、岡倉はその反論中に、書が「美術ノ域ニ達スルモノ」であるとは言っているものの、かんじんな書の〝美術性〟についてはほとんど論じておらず、「書ハ美術ナルヤ否ヤハ後日ヲ待テ之ヲ論セントス」などと逃げ腰になっているし、東京美術学校でのちに講義することになる「日本美術史」（『全集』四）においても、たとえば「書家には小野道風のごときあり」程度の言及で、ほとんど「書」にはふれていない。それに、岡倉自身の「書」も、〝東洋〟の伝統に根ざしたものとはとても言い難い。岡倉一雄の『父天心』（聖文閣、昭和十四年）によれば、その書風は「幼少時代から習ひ覚えた、英習字の骨法から脱化したもの」だそうである。また、ところかわれば、岡倉は、美術が「殖産富国ノ一大淵源」（「文部省ニ美術局ヲ設ケラレ度意見」『全集』三）であるとか、「国家経済にはた重大の関係あるや、弁を俟たず」（「美術教育の施設に就きて」同前）とか、「国家経済上将来国産ヲ増殖スルノ道」（「説明東京美術学校」同前）であるとか、しきりに経済上の利を語り、これが「品位ヲ卑シク」するものだとは、いっこうに考えていない風情である。

こうしたところを勘案すると、なにやら、「書」をめぐる両者の議論は、芸術論の体裁はとっているものの、むしろ、美術界を二分する西洋画奨励派と国風育成派の政治的なかけひきの色合いが強いように見えてくる。

この対立は、さらに、教育制度を論ずる場においても、もちこされる。

明治十七年（一八八四）、文部省により図画教育調査会が設置されるや、その委員となった岡倉は、普通教育から洋画の展開に有利にはたらく鉛筆画を排し、日本画の基礎となる毛筆画を採用するように目論む。その際、まず議論の対象となったのは、毛筆画による邦画が、「実用」に適するかどうかという問題であった。芸術的な表現においてはいざ知らず、こと実用に関しては、遠近法や陰影法のような論理的な背景をもった西画（鉛筆画）の方が、各人の感興や印象によって表現が左右されがちな邦画（毛筆画）よりも、客観的な共通の認識基盤を築きやすく、「実用」には有利な条件をそなえているというべきなのであろうが、翌年文部省に提出された調査会の報告書（原文はつたえられていないが、それに最も近い形の「柿山史料」が次の論文に掲載されている。金子一夫「図画教育調査会に関する資料的考察」『茨城大学五浦美術文化研究所報』第十一号、昭和六十二年）は、検討の結果を、「邦画の実用に堪ゆるは明瞭なるべし」と伝え、おまけに、「西画を本邦に輸入するの弊害に就て」まで付言するにおよんだ。

この報告書が、岡倉とフェノロサの主導のもとにまとめられていることは、前者が後者に宛てた明治十七年十二月五日・九日の書簡（『全集』六）と比較すれば、容易に推測できる。むろん、調査会の委員のひとりであった小山正太郎は、かれらの方針に同調することはなかった。十二月五日の書簡に岡倉がフェノロサに対し、「小山氏を除く委員たちは私の意見に傾いております。彼らはすべて、日本画法が対象を描くことができることを認めています」と報告しているところをみれば、小山はまさに孤軍奮闘のすえに討ち死にしたかのようである。

フェノロサと岡倉ははずみをえて、日本の伝統的な創作プロセスに基盤をすえた美術革新に邁進してゆく。その母胎となったのが、明治二十二年に開校した東京美術学校であったことは申すまでもなかろう。さきにのべた如く、そこでの洋画教育は排された。『フェノロサ資料』（村形明子編訳、ミュージアム出版、昭和五十七年）に、フェノロサか岡倉が作成したらしい「現行洋画教育の非と我々の改革案」と題する文書が収められているが、そこにある次のような排除の方針が、そのまま採用されたと思ってよいであろう。「我々の学校で現行のような洋画教育を行うべきでないのは、／一　これが日本的精神と伝統に反するからである（略）／二　現代洋画教育は様式として、美術的な意味で全く劣悪である（略）／三　教育方式として、現代洋画教育には多大の欠陥がある（略）／四　現代洋画教育はデザインカに何も関係ももたない（略）」云々。

洋画壇は当然対抗措置を講じた。洋画勢力を結集する機関「明治美術会」が、東京美術学校開校とおなじ年に設立される。小山は、むろんその核となっていた。明治美術会は、しばしば各界名士を呼び講演会を催し、たとえば以下の如く、かれらをして、東京美術学校の方針を非難せしめ、洋画教育をおこなうようはたらきかける。

一ツノ悲シムベキ事、ハ《ママ》日本画風ハ東京美術学校ノ如キ盛大ナル学校アリテ、其奨励至レリ尽セリト雖ドモ西洋画風ニ至リテハ、モト工部大学校ノ美術課廃セラレシ以来コレト云フ学校モ無ク、只画工諸士ガ自ラデクル丈ノ工夫ヲ回ラシテ、其衰退ヲ防グニ留ルノミ。同ジクコレ画風ナリ　一方ニ厚クシテ一方ニ薄スクスベキノ謂レナシ、然ルニ日本画風ハ非常ノ優待ヲ受ケ西洋画風ハ路傍ニ捨テ顧ミル事ナキガゴトキハ、抑モ時務ノ然ラシムル処カ将タ活眼ノ人ナキガ為メナルカ、実ニ了解ニ苦シム所ナリ。

（「会員矢田部良吉君ノ演説」『明治美術会第四回報告』明治二十三年三月三十一日）

苟モ美術ノ範囲ニ於テハ、彼ノ宗教上ニ於ケルガ如ク、政府ハ之ニ干渉スヘカラサルナリ（略）政府ハ美術学校ニ向テ、宜シク各派各流ニ共同ナル、技術ノ事ヲ教ユルヲ勉メ而シテ一派一流ノ慣習ニ偏セズ、一種特別ノ方法ニ党セズ、以テ公平ヲ主ルベシ

（「名誉会員伊太利国特命全権公使デ、マルチノ君閣下ノ演説筆記」『明治美術会第五回報告』明治二十三年六月十一日）

さらに、明治二十四年には、東京美術学校の姉妹校とでも称すべき東京音楽学校の校長・伊澤修二が「此会から東京美術学校の中に西洋画を入れて貰いたいと云ふことを、建議になつて能からうと思ひます」とまで発言した（『明治美術会第十二回報告』明治二十四年四月十八日）。伊澤は、岡倉が文部省の音楽取調掛の職にあった時代の上司であり、かつ岡倉とは折り合い悪しく彼を追い払った男でもある。清見陸郎は、「伊澤はちやき〳〵のアメリカ仕込みであり、将来建設すべき官立の音楽学校をも純然

たる西洋風によつてやらうとしてゐたのだから、すでに日本主義の――東洋の伝統の上に目醒めかけてゐたに違ひない部下の天心と、何かにつけ面白からぬいざこざの起りがちなのは数の免れ難きところであつたらう」と、推量している（「若き日の天心」前掲）。しかも、小山正太郎と伊澤とは、明治十一年の初対面の際に東京師範学校の図画教育を共に議して以来、すこぶる良好な関係にあったことを思うなら、西洋画科設置の要求は、反岡倉のキャンペーンでもあり、のちに一大紛糾と化した東京美術学校騒動における岡倉追い落としの前奏を成していたとも言い得よう。

こうした世論づくりと併行して、明治美術会は明治二十五年に実技指導を自ら実際におこなうべく、洋風絵画彫刻の教場を本郷龍岡町に設置、これを二年後の明治二十七年に「明治美術学校」とした。その年、岡倉は「美術教育施設ニ付意見」（『全集』三）を公にし、「西洋画派」や「西洋彫刻派」の教室を設ける考えをはじめてあきらかにした。しかしながら、吉田千鶴子によれば、「それは規模の小さいもので、それぞれ教授一人、助教授一人をおけばよいといった程度のもので」あり、「天心は創立当初の方針を変更して西洋美術導入に踏み切ったわけではなく、方針においては何ら変更はなかった」という。岡倉は「自由党と連携をとり」美術学校拡張法案を通過させるべくはたらきかけ、明治二十八年三月十一日、法案は可決をみた。しかし、「それは天心の意図に反する内容に修正されたもの」となっていた。すなわち、あくまで東を主とし西を従とする「伝統復興路線」にそったかたちでの洋風美術導入ではなくして、「我国固有ノ美術ヲシテ発達進歩セシムルト共ニ又海外各国ノ美術ヲモ之ヲ採択シ旧ヲ興シ新ヲ進メ美術各科ニ就テ完備並進ヲ期セサルヘカラス」という「東西並進路線」へと変更されていたのであった（吉田千鶴子「東京美術学校と白馬会――岡倉天心と黒田清輝――」『近代画説』五、平成九年三月）。

明治美術会の運動は功を奏しはじめたようにみえる。

だが、ノックアウト・パンチを打ったのは、決して彼らではなかった。一撃をくらわしたのは、どうやら西園寺公望であり、チャンピオン・ベルトをしめたのは、黒田清輝であった。吉田千鶴子は、件の法案修正に、「黒田清輝を高く評価し、また、西洋文化の移植に大変積極的であった西園寺公望文相（二十七年十月三日〜二十九年九月二十八日在任）の介入」があったと推測しているが、そのことは『岡倉天心全集』三の月報一（昭和五十四年）に載せた「東京美術学校運営方針について」から、『東京藝術

大学百年史　東京美術学校篇』第一巻（ぎょうせい、昭和六十二年）を経て、前掲論文にいたるまでの吉田の一貫した調査や児島薫の論文（「白馬会成立の意味についての一試論」『近代画説』五）、あるいは、ほぼ同時代の証言とみなしてもよいアドルフ・フィッシャーの記述――「全権を有する大臣（西園寺）の命には（東京美術学校の）首脳部も抵抗し得ず、意に反して最終的に西洋画科は設置されることとなった」（「変容する日本美術界1」松井隆夫訳『近代画説』一、平成三年十一月）――などによって、十分あとづけることができる。

岡倉は、以後ともかくもこの新路線をうけいれ、なるべく黒田との関係をこわさぬよう注意をはらったようである。法案が通った年の暮れあたりと思われる発言が翌年一月五日号の『早稲田文学』に記事となって掲載されているが、そこにはやがて同僚となる黒田清輝や久米桂一郎などにすりよっていくかのような気配もいくぶん感ぜられる。

従来の旧洋画家は毫も西洋の思想感情を醞醸するところなくして唯漫に丹青を塗抹して得たりとなす、其の観るべきの作なき宜なり。此の点に於ては新派は一層進歩せりともいひ得べし。何となれば黒田、久米の諸氏は多少西洋の感想を現ぜんとすれば也。要するに洋画家は西洋の思想を有せざるべからず。則ち単に洋画の方法を借り来たるのみならず、其の思想観念の表現に注意せざるべからず。

（「現今の油絵界」『全集』別巻）

また、同誌一月二十二日号に載った発言には、洋画排斥者であることを否定し洋画導入にむしろ積極的であるかのような態度さえ示されている。

わが美術学校は、或論者の難ずるが如く、決して西洋画を排斥するものにあらず。むしろ先づ日本美術の歴史的根拠を牢くし、さて後西洋美術の精華をも参酌せしめんと欲する也。故に本校は来年度より新に西洋画の一科を加へ、且西洋留学生をも出ださん心組なり。

（「東京美術学校の由来と方針」『全集』別巻）

しかしこうは云ったものの、校長たる岡倉はほとんど実際には聾桟敷におかれた状態であったらしく、西洋画科に関する件は「すべて黒田に一任」されていたようだ、と『東京藝術大学百年史』は伝える。明治二十九年七月二十六日の黒田に宛てた次の文面からも、岡倉の当時の立場はうかがい知ることができる。「……又海外留学生候補者ニ就テハ大兄より西園寺侯へ御申出相成候趣　当人ニ木下専門学務局長面会致度由ニ候間　近日の内本人ヲ同氏邸（小石川表町）へ御差出相成度　右ハ和田氏ニ可有之歟　様子御示し被下度候」。

これについて下村英時は、「黒田は校長天心には無断で、西洋画科生徒の海外留学について、文相じ《ママ》かに暗取引きをしたごとく見える……（略）……何は兎もあれ、如何に黒田が文相西園寺と特別懇意の間柄にあつたとはいえ、かくも無遠慮に校長の面前で専横なふるまいをされたのでは、誠に不愉快千万であつたろうと思う」と書いている（『天心とその書簡』日研出版、昭和三十九年）。

明治二十九年五月、黒田は正式に洋画クラスの教師として嘱任され、久米桂一郎や藤島武二をひきつれ、九月から授業を開始するところとなった。黒田、岡倉の両陣営には、やはり「摩擦が生じ、それが生徒にも波及して、日本画科の生徒が西洋画科の生徒を殴り、それを怒った黒田が天心に談判して、殴った生徒を退学させるという前代未聞の事件」もおこったが（吉田千鶴子「東京美術学校と白馬会」前掲）、それでもなお、岡倉は、「我が国に於ける西洋画は黒田清輝、久米桂一郎氏等の尽瘁奨励により大に開発せられ、日《ひび》に世人の注意を惹起すが故に、其の将来に於ける大勢必ずや見るべきあらん」などと、とってつけたようなことを、ほとんど日本美術に評をついやした「明治三十年の美術界」（『全集』三）のなかで、わざわざ言ってみたりした。

岡倉にはなんとか黒田を味方につけておこうとする意図があったのかもしれない。しかし、黒田は不即不離の態度をとり、やがて明治三十一年に東京美術学校騒動が起こり、岡倉およびその一党が連袂して学校を去ったおりにも、「この際、洋画の教員が辞職の連盟に加はつてゐないのは、頗る訝しく思はれるだらうが、三百の生徒を岐路に立たしむるに忍びないからである。よろしく御諒察願ひたい」と釈明し、行動を共にすることはなかった（岡倉一雄『父天心』）。三月三十一日の『読売新聞』によれば、黒田は「辞職ハ勿論予の同意する所なれども……」とか、「今にして之を行ふハ岡倉校長に対する交誼に於て元より当に然るべきも……」などと述べてはいるが、発言の主旨は岡倉一派の行動を「大早計」とする批判であって、むろん、辞職への「同意」も岡倉に対する「交誼」も、口端の儀礼以上のものではない。近年おおやけにされた明治三十一年末ころの二文書「美術教育之方針ヲ論ス」および「東京美術学校改革に関する意見書」にあきらかな如く、岡倉退陣後の黒田は「天心の教育方針を真っ向から否定し、フランス流の方針をもって学校改革に臨もうと」するのであった（吉田千鶴子、資料解説「黒田清輝の意見書」『近代画説』五）。このような推移をふりかえるなら、三十二年九月一日の『太平新聞』に載った次の林忠正への中傷記事にも、いささかの信憑性はありそうに思われてくる。

今は昔昨春の事なり　上野なる美術学校に一大紛擾の起れる有りて岡倉は福地蛸面の為めに其私行上の悪徳を世間に暴露せられ　尋いで之が為めに其職を去らざるを得ざるに至り別に美術学院を起すに至りし事情は今猶ほ人の能く記憶する所なるが当時世人は此紛擾を認めて単に岡倉対福地の喧嘩なりと為したるも何ぞ知らん其実は恐る可き彼のアヤシ不忠正なるもの隠然其裏面に在りて福地を使嗾し卑劣にも岡倉の私行上に関する悪徳記事を劇列し各新聞社に配布せしめたるものにして……（略）……計略忽ち其図に当り遂にマンマと岡倉を放逐し得たる彼等が奸策こそ恐ろしけれ、爾来美術学校は遂に黒田清輝等の白馬会を直参党として全く不忠正の掌中に落つるに至りしは嘆ずるに余りある次第……。

案外、東京美術学校騒動を福地復一の影から実際にあやつっていたのは、黒田と画商林忠正、そして西園寺を加えたフランス派のグループであったのかもしれない。すくなくとも、かれら西洋派と岡倉との確執が、この騒動の根本にあったことは疑いをいれない。それはまた、岡倉自身の認識でもあった。岡倉は明治三十五年に発表した「現代日本美術についての覚書き」のなかで、「学校の運営について、主として西洋式方法の果すべき役割をどの程度まで教科課程に認めるかという点でさまざまな意見の食い違いが起り」、その結果「分裂するまでにいたり」「職を辞し」「同じ年に日本美術院」を設立した、と自ら述べている（高階秀爾訳『全集』一）。ちなみに、岡倉と長らく敵対関係にあり、かつ、黒田の白馬会とも対立していた明治美術会が、浅井忠を東京美術学校に送り込んだのは、岡倉が去り、再度文相となった西園寺が職を辞した後の明治三十一年七月のことであった。しかし、浅井はほんの数年にしてフランスへ赴き、帰国後も同校にもどることはなかった。結局、漁夫の利をしめたのは、黒田であったといえようか。黒田の代表作《智感情》は「いわば、天心の精神の肖像画」となっている、とする説も提出されているが（高階絵里加「黒田清輝の岡倉天心像――《智感情》の主題と成立をめぐって――」『美術史』一三九、平成八年二月）、もしそのようなことがありえるとするならば、黒田はずいぶんと嫌味なふるまいをしたものである。

学校を追われた岡倉は、日本美術院を設立し、「保守主義者たち」の「擬古典主義」、ならびに、「洋画と呼ばれているもの」を教えている「パリで学んだ」「官立美術学校の主要な教師たち」によって代表されうる「擬ヨーロッパ主義」に対する「抗議の運動」を、展開することとなる（高階秀爾訳「〈美術院〉または日本美術の新しい古派」『全集』一）。この姿勢は、先にふれたように黒田が東京美術学校に迎えられた明治二十九年前後にいくぶん弱腰になっているが、たとえば明治二十三年の内国勧業博覧会出品作に対する評語――「要するに出品中其大体の弊を挙ぐれば、即ち多く二種に属す。一は即ち保存の弊にして、一は即ち進化の弊なり。保存主義の弊たる摸倣に流る、にあり。進取主義の弊たる故らに新奇を求め、或は洋風に流れ、本邦画相の真趣を失はんとするにあり」（「岡倉文学士の説明」『全集』別巻）――にみられるがごとく、従来の岡倉の態度をそのままひきついでいる。しかし、岡倉はたんに「排斥」を梃子として新時代にふさわしい美術を確立しようとしたわけではなかった。古をまなび、洋の利点を研究しつつそれを実現すべくつとめた。それのみが、当代に日本美術を存続させてゆくための不可欠な方策だと、岡倉は信じた。だからこそ、洋画排斥の急先鋒とみなされていた明治十八年のころにも、あえて「日本ノ美術家ヨ工藝家ヨ、泰西理学ノ結果決シテ軽ンス可ラサル也」（「絵画配色ノ原理講究セサルヘカラス」『全集』三）とか、「現今百事日新ノ風潮ニ伴ヒ美術ヲ振興セントスルニハ、泰西美学ノ真理ヲ適用シ真正着実ニ勧奨スルノ外ナシ」（「日本美術ノ滅亡坐シテ俟ッヘケンヤ」『全集』三）などと言っていたのだし、東京美術学校時代にもあえて「西洋のマリアの絵」を手本として使用させたりもしたのである（溝口禎二郎他「初期の美校生活」『古美術』昭和十九年一月）。

岡倉自身も、「泰西」の摂取に積極的であったことは、たとえば「洋」の体系を礎としつつ、「日本美術史」の構築をこころみた活動のうちに、よくうかがうことができる（拙稿「日本における西洋美術史――その欧化主義と国粋主義」『美術史論壇』韓国美術研究所、一九九四年十一月）。あるいはまた、美術院のうちで開拓された、線をはぶいて洋画のようなトーンを目論んだ没線主彩の「朦朧体」も、まさに岡倉の胎盤から生み出されたと言ってよい。岡倉は、つねに、自己同一性をうしなわぬままに日本美術を世界地図のなかで展開させてゆくための方策を講じていた。洋画家たちの腐心が、西洋の成果を日本の内側に取り込むことに向けられていたのとは逆に、岡倉は、美術を核に据えながら、日本の、さらには東洋の文化的達成を、欧米にむけて発信しようとしていた。それがひとりよがりの茶番におわらぬためには、相手側の文化に対する理解が必須の要件となることを、岡倉はよく承知していたし、また、井上哲次郎をして「天才的」といわしめた語学力を利して（「学生時代の和田垣博士」大町桂月編『和田垣博士傑作集』至誠堂書店、大正十年）、実際にそれをよくこなしていた。

たとえば、「芸術界の過去現在」や「美術上の急務」（『全集』三）を読んでみよ。そこには、ゲーテ、ヴォルテール、サッカレー、ディケンズ、トルストイ、ゾラ、イプセンから、ミケランジェロ、ラファエロ、ティツィアーノ、ベラスケス、ドラクロワ、ミレー、ロダン、ホイスラー、さらにはバッハ、ベートーベン、ワーグナー、ラスキン、モレッリまでもが、議論をかためるひきあいにだされている。もし、春草を語れば、ジョン・ラファージやアルマ＝タデマのこれに対する称賛をあげ、郎世寧、ビザンチン美術、レオナルド・ダ・ヴィンチ、レンブラント、ベラスケス、フランスのアカデミスムやバルビゾン派や印象派、ポスト印象派までをも持ち出してきたし（「噫菱田春草君」『全集』三）、レンブラントのエッチングを前にすれば、その線や空間の処理、白と黒のバランスなどを例にとりながら、中国絵画との類似を詳らかに論じた（Royal Cortissoz, *JOHN LA FARGE, a memoir and a study*, Boston and New York, 1906）。

洋画界の大敵・岡倉覚三とは、かように両洋の横断を自在にこなした人物であって、決して和の岸にしがみついているばかりの狭量な国粋主義者ではなかった。

西洋美術の実作を多数目にし、それを歴史的な体系のなかで理解し、かつ東洋の文化的背景と比較しながら考察しうるような人間は、当時岡倉をおいてほかにはそうざらには見つけがたい。岡倉の日本美術革新プランは、そのような自信のなかではぐくまれている。六角紫水が、アメリカへ行くとき、和服で行ってよいかと尋ねたら、岡倉はこのようにこたえたと言う。

「英語を自由に話せたら和服の方がよろしいでしょう」と。

岡倉天心と平櫛田中

小泉晋弥

天心肖像

平櫛田中《でんちゅう》は五浦を訪れると、必ず天心の墓前で「先生またやって参りました」と報告し、時には地面に座り込んで語りかけるように話したという。田中の天心への敬愛ぶりを示すこのようなエピソードは枚挙にいとまがない。大正二年（一九一三）九月から翌年の九月二日にかけて、つまり天心没後の一年間、田中が染井墓地の天心の墓に日参したことは中でも最も印象深い。そして一周忌を向かえると、妻と娘に毎月二日の月命日に自分の代わりの墓参をうながしている（平櫛弘子「祖父の思い出」『中庵老人　平櫛田中』井原市立平櫛田中美術館、平成三年）。

その田中が昭和五年（一九三〇）に初めて制作した天心の肖像が《五浦釣人》〔図1〕だった。天心の釣の出で立ちを撮った写真〔口絵19〕を見て触発されたというが、下村観山が大正十一年に制作して評判をとった《天心先生》に比べてもずいぶん日をおいて制作したと感じられる。昭和五年が天心の十七回忌にあたるというのが、田中にとって大きな制作の動機だったのではなかろうか（茨城大学五浦美術文化研究所蔵の《五浦釣人》は天心五十回忌の制作になる）。そしてこの天心像はおそらくは田中の意図を越えて、日本美術院の重要な節目を象徴することになった。

出品された院展では、意外に大きな反響を呼んだ。「岡倉氏は院の恩人である。だから親しく氏の薫陶をうけたものの心には、先生の面影は今もなほ明白な印象を残してゐるはずである。そしてその像を写し刻む者は、祖師に対するが如き宗教的な

図1　平櫛田中《五浦釣人》（昭和38年、茨城大学五浦美術文化研究所蔵）

る敬虔の念をもつてすべきは当然のことである」（春山武松）といった精神主義的論評もあったが、作品そのものの評価も高かった。前年に田中の作品を「技法は少しあくどいがその代り手堅い」と評していた高村光太郎は「いつもの作品より余程アクが取れてゐる。遠からず気韻が生ずるやうになる事と思ふ」。また、石井鶴三も「明治風木彫の本格的の作といふべきものです。古い新しいといふ事がよく論ぜられるが古くても新しくてもよいものがやはりよいのであります」と敬意を表す（『日本美術院百年史』第六巻、日本美術院、平成九年）。

《五浦釣人》がかくも人々に注目された理由には、作品の出来映えもあろうが、この頃が再興院展の危機の時代だったという事情も大いに関与していただろう。前年に川端龍子が院展と袂を分かって「青龍社」を発足させていたのだ。この状況をダビデと巨人ゴリアテの戦いに比べて評する向きもあった。院展が図体はでかいが動作の鈍い巨人に例えられたのである。帝展に対する在野の一大勢力となった院展は、当時組織上でも作品の様式上でも硬直化の兆しが現われていたのだ。

この年の六月、ローマで「日本美術展覧会」が開催されていた。大倉喜七郎の日本画コレクションを中心として、院展、帝展の中心作家を網羅した百七十七点の大展覧会だったが、なにより院展再興以来初めての官民合同展となった意義が大きかった。この企画に当初からたずさわった横山大観はローマで、院展、帝展双方の優秀作家を結集して新会派を作るという構想を抱く。外国の会場で並べて見ると、多くの作品は院展も帝展も大差は無いように思え、日本画はこのままでよいのかという大きな枠で批判精神が刺激されたのだ。大観は帰国すると、院展の改革を断行すべく同人も監査するという方針を打ち出した。

当然、同人会議は紛糾して三日連続で開催された。一時は大観と前田青邨ら中堅画家たちが対立し院展解散論も飛び出したが、斎藤隆三の「果たして天心に相済むだろうか」の一言で解決してしまったという（『横山大観伝』茨城県、昭和三十四年）。しかし、「日本画全体をどうするのか」という大観の問題意識は五年後の帝展改組につながり昭和美術界の大事件の遠因となる。

田中の《五浦釣人》はその秋に出品されたのだった。大観の心にはいたく響いたと推測される。これが翌年の《岡倉天心先生像》の東京美術学校設置に結び付くのではないだろうか。

昭和六年（一九三一）九月二日付東京朝日新聞は次のように報じた。

今より十九年前の九月二日初期の美術学校長で第一期の日本美術院の創立者たる岡倉覚三氏が逝いて以来大正三年再興の同院においては狩野芳崖、橋本雅邦氏等と共に同氏の霊を神体としてまつり崇敬したが帝展側においては同氏のために目に立つような企てをしなかった。しかるに今春来帝展の大御所川合玉堂氏や正木美術学校長は岡倉氏の銅像を美術学校校庭に立てんとの企てを起し院展の大御所横山大観氏にその意を伝えた所、同氏は非常に感激し以来、前記三氏の外木村武山、溝口博物館美術課長等が実行委員となって像は院展の平櫛田中氏に委嘱し、木曽のひのき材を用いての六角堂（香取秀真氏による銅ぶきの屋根）を美術学校校庭の右手にしつらえその中に安置することに決した。

新聞はこれを官展と在野展が積年の確執を水に流して手を取り合う美談として報じている。大観はこのお返しに年開けには退官する正木校長の肖像を設置するとも伝えている。かつて美術学校を追われて去った天心が、二十三年振りに向かえられたのだった。この政治的な意味も考えてよいだろう。《岡倉天心先生像》〔図2〕は美術学校の制服を着てはいるが、その覆堂は「美術院の都落ち」と評された五浦の六角堂を模している。生涯の前半を官に、後半を野において、日本近代美術の発展に欠かすことのできない活躍をした天心の姿を一個のモニュメントで表わすのに、絶妙の工夫が考え出されている。この銅像計画と平行して、大観は亡くなった下村観山の後任という形で、この七月に帝国技芸員に任命されている。昨年のローマ展で日本

図2　平櫛田中《岡倉天心先生像》（1931年）と覆堂（東京藝術大学）

画の統一を構想したのがきっかけで文部大臣松田源治と知己となり、大観は官への影響力を増しつつあった。

六十歳を向かえた田中はかくて二年連続で岡倉天心の肖像を制作することになった。今度は最初から銅像と決まっている。かつて田中は美術院の研究所で、当時の木彫界では破門とされたモデルによる人体彫刻の研究に励み、塑像の難しさを熟知していた。木彫家の田中にとって、初の正式の銅像が敬慕する天心像であり、しかも美術学校依頼とあってプレッシャーは相当あっただろう。田中は天心の晩年の六年間、直接に接して指導も受けているのだが、この制作にあたり、近親者や知り合いから風貌の細部を確かめながら慎重を期した。田中が美術学校制服を着た若き天心を直に目にしたことがなかったためだろう。なで肩の天心をイメージするのに体格のよい女性に服を着せ、手は手で別のモデルを使ったという。田中の意気込みは半端ではなかったが、横山大観も厳しい注文をつけた。天心が足を投げ出し気味に開いているのはその大観の強い要望によるもので、田中は本意ではなかったと後に述懐している。前述のとおり大観にも力が入る理由があったのだ。

完成作は若き天心を知る大久保利和（大久保利通の次男で大学の先輩）やボストン美術館での弟子富田幸次郎にも好評で、田中本人も天心像の中で一番よく天心を表わしていると後に評価している。

田中はその後もう一体の天心像《鶴氅《かくしょう》》〔図3〕を制作するが、これはボストン時代の天心の姿を参照している。田中が繰り返し木彫で制作したのは五浦での私的な姿「五浦釣人」と国際人としての晴れ姿の「鶴氅」だった。

美術学校制服を着た天心像を再制作することはなかった。その石膏原形から胸像部分のみを鋳造したものがいくつか残されているが、普通これを再制作とはいわない。その胸像の一点が、田中から寄贈されて五浦美術文化研究所天心記念館に展示されている〔口絵18〕。「この作品は手元に残して置くつもりだった」と田中は寄贈当時述懐しており、金箔が張り込まれ、背中に「釈天心」という文字が書き込まれている。これは天心の葬儀の際、田中が天心の弟由三郎に提案して受け入れられた戒名だった。長い戒名を嫌っていた天心にふさわしい院名すら決まらずにいた折、浄土真宗の信者だった田中の両親の例を思い出したのだという。岡倉家も浄土真宗だったため受け入れたのだった。この胸像の背中の文字は、染井墓地の墓碑に刻まれた文字をそのまま写しているように見える。この戒名を背負った天心像は田中の元にあったとき、天心の位牌がわりだったのでないだろうか。この原型である美術学校設置の《岡倉天心先生像》に込めた田中の思いが受け継がれているようだ。

「釈天心」の戒名が決まったのと同じときに、由三郎が文学博士の学位を天心にあたえよと文部省に交渉した。それに対して文部省から著書の提出を求められ、由三郎が次のように語ったのを田中は覚えている。「それは故人を傷つけるものです。とっくに学位を贈るべきを贈ってない文部省の怠慢を訂正させる為にも、この際贈らせようと思ったので、著書の提出など兄を恥かしめるものです。お断りします」（平櫛田中「岡倉先生」『岡倉天心　人と思想』平凡社所収、昭和五十七年）。

これをずっと記憶していた田中もまた、由三郎と同じ心情を共有していたと思われる。美術学校からの天心像の依頼は、その思いをはらす絶好の機会と感じられただろう。東京美術学校の六角の覆堂は由三郎の提案で付けられたのである。

図3　平櫛田中《鶴氅》（昭和17年、東京国立近代美術館蔵）

田中が文字どおり天心の墓としてこの肖像を作ったとすると、田中が自分が作ったこの彫刻の前で「先生ごぶさたしています」「先生失礼します」といつも丁寧に挨拶をしていたという訳が理解できる。そして《五浦釣人》と《鶴氅》ではなく、美術学校制服姿の背中に戒名を書き込んだ特別な意図もこの辺にありそうだ。

天心の「理想」を求めて

田中がここまで天心を敬慕していた理由は何だろうか。「兎に角私の今日あるのは全く天心先生と、禾山和尚の御蔭だと固く信じているのです」と田中は繰り返し語る。田中が思想的に深く影響された順序はまずこの禾山《かざん》和尚からだった。西山禾山（一八三七～一九一七）は妙心寺で修業した後、愛媛県八幡浜大法寺の住職となり、明治三十年（一八九七）から関西、関東各地で講話を催し多くの知識人、経済人を魅了していた。和尚の追悼文集には、田中を始め、高村光太郎、河野広中らが寄稿している。田中がその「提唱」に接したのは明治三十一年の湯島麟祥院での「臨済録」を始めとして明治三十三年谷中全生庵での「維摩教」までのことだった。この二十七歳から三十歳にかけての三年間に、禅機の不合理な難問を鮮やかなイメージとして示される経験を積んだらしい。いわば東洋哲学的に矛盾点をそのまま引き受ける思考法を身につけたのだろう。田中は「禾山和尚の厳しい教えを受け、また提唱によって、私の人生航路に大きな眼が開けた」（田鍋幸信『伝記史料　西山禾山』大西書店、昭和五十二年）と言う。しかし、この段階ではまだそれは頭の中のイメージであり、彫刻に生かすための手と連動するのは天心との出会いを待たなければならなかった。

図4　平櫛田中《活人箭》（明治41年）

明治四十一年（一九〇八）日本彫刻会に出品した《活人箭《かつじんせん》》（図4）が天心に認められるきっかけとなったのは有名だが、その前に《活人箭》制作の動機も天心の示唆によることを確認しておくべきだろう。高村光雲の要請で光雲門下を中心とした若手彫刻家六人が天心を訪ねたのは明治四十年十月のことだった。メンバーは米原雲海、山崎朝雲、加藤景雲、滝沢天友、森鳳声、それに田中であった。三人の光雲直系の弟子たちのうち、雲海、朝雲の二人はあまり気乗りしない様子だったという。天心の方は八月に第一回文部省美術展覧会の審査委員に決定、九月国画玉成会の会長に就任、五浦では要人多数を招いて美術院主催の観月会を開いた直後であり意気盛んだった。そもそもこの会合を光雲に持ちかけたのも天心の方からであり、それには文展開催に際して日本画だけでなく、木彫にも新派を発足させようという戦略が念頭にあったと思われる。

このときの会見の様子を田中は次のように回想する。

この初めての会合は二時間位で辞去したのですが、彫刻界の現状についてお話しした際「彫刻があまりにも売れません。何とか需要の途がつかないものでしょうか」と申し上げたところ、先生は、即座に「諸君は売れるものをお作りになる、だから売れません。売れないものをお作りなさい、必ず売れます。」と言われました。この御言葉は今日まで忘れ得ないで私の胸に刻み込まれております。

（前掲「岡倉先生」）

天心の「売れないものを作れば売れる」というまるで禅の公案のような矛盾した論理に、田中は数年来胸に秘めていた禾山和尚の提唱を連想した。「『よし売れないものを作ってやろう。実際売れるものを作るのは、骨が折れるが、当時禾山老師の提唱を聞いていたので、それを題材として坊さんを中心に作れば、売れっこないが、題材はいくらでもある』とわたくしはむしろ、喜びに思うた」（平櫛田中「売れない彫刻」『芸術新潮』昭和四十四年十一月号）。天心の示唆に思想と造形を一致させる自信をつけたのだろう。

それまでの田中の作品は次のような具合だった。

何にしても木彫の方は今でも絵に較べては問題になりませんが、その頃は尚更にヒドいもので、美術協会へ出品しましても、唯一点、宮内省の御買上があるだけで、他には一点だって売れるなどいふことはありませんでした。その宮内省の御買上を、みんな覗ったのですが、それが振袖姿のお嬢さんとか何とかいふ、あまいものでなくてはいけないのですから、彫刻の向上するなんてことは望めませんでした。

（斎藤隆三『日本美術院史』）

図5　星取りをする平櫛田中

当時の田中はすでに若手木彫家のホープだった。明治三十四年日本美術協会展で銀牌、明治三十七年同展で二等賞銀牌、翌年東京彫工会彫刻競技会で金牌、天心と会った年の夏には東京勧業博覧会で三等賞牌を受賞というように、目覚ましい実績を重ねつつあった。「みんな覗《ねら》った」という宮内省買い上げも明治三十四年の《唱歌君が代》で実現している。しかも、これは米原雲海に習った星取り法を使った最初の作品だった。星取り法は、塑像原型から木や石などの実材に機械的に形を移す技法で、田中は生涯このやり方で木彫を制作した。晩年には機械的な方法に頼りすぎたと率直に反省しているが、当時は食えない木彫家が制作のスピードアップを計れる技術革新と考えられただろう〔図5〕。天心は「ぶっつけに造るのがよい」と考えていた。

このような受賞歴を頭に入れておけば「このお二人（禾山と天心）がいられなくとも、私は私なりに好きな彫塑の道を歩いたであろうが、それは今日よりよほど、傾向の違ったものとなっていたであろう。それほどこのご両人の影響力は強い」（前掲『伝記史料　西山禾山伝』）という田中の言葉の意味が分かる。受賞を重ねながらも、何か自分の目指す彫刻が見えてこない才能ある青年。禾山和尚の提唱に心を奪われながら、それを表現に結び付けられずにいた田中のわだかまりを天心の公案のような言葉が解きほぐし、一挙に制作意欲がほとばしる弾き金となったのだった。

それまでの作品は、田中の「身辺彫刻」時代と呼ばれ、緻密な描写によって子供や犬などの現実の姿を写すものだった。技術は折り紙つきなのだが、小品がより小さく見えるというミニチュアのようなスケール感を生ずる。眼が技巧を凝らした表面に留まって、それを越えて彫刻的な存在感に到達できないのである。これが「あまいもの」という自己批評の意味だろう。それが《活人箭》を境として展開する「仏教彫刻」の時代には、テーマの解りにくさ、難解さが前面に押し出され、眼が作品の表面に留まるのを頭が邪魔をする。つまり、禅の公案さながらに、眼と精神の葛藤が出現する。彫刻家が「売れる」と思ったのは頭を必要としない「あまさ」であり、天心が「売れない」といったのはこの葛藤を意味したのではないか。田中がそう考えなかったとしても、それを確かめる機会は訪れた。

《活人箭》のオリジナルは現在の姿ではない。天心が見た《活人箭》は、箭をつがえた弓を手にして構える姿だった。それを日本彫刻会展の最優秀と天心は認めるのだが、後日厳しい批評をする。

岡倉先生から、今晩話しに来い、とお知らせがあり、伺うと先生は雅邦先生の画室の中程に卓を前にしてビールを召上っておられました。奥さん、橋本老夫人、永邦君、静水君は已に座にあり、間もなく高麗子さんも見えました。「これは私の大事な娘のこまこです。」「これは私の大事な彫刻家の平櫛さんだよ。」と双方紹介されました。そのうち先生から、平櫛さんの作品を一つ見ただけで偉くする訳には行かない、作品の写真でもあれば見たい、と言われたので（略）。

と多少酔いのせいもあろうか、天心は取り巻く近親の人々の前で田中を持ち上げるが、やがて《活人箭》の批評に入る。

あの弓と箭はいりません。あんなものを附けてもじき失ってしまいます。只これだけでよろしい」と袖をまくり、左手を突出し、射る姿をされ「すーっ」と言って上半身と共に両手を左方に、矢が風を切って飛ぶ勢を示され、「これでよろしい。私フランスでロダンに会いました。偉いじいさんです。ロダンはこれをやって居ります。あんな姿では死んだ豕《ぶた》でも射れやしない。

（前掲「岡倉先生」）

田中がこの批評を聞いた後、ロダンを研究しなかったとはとても考えられない。天心没後、再興日本美術院で塑像の研究に没頭したことはその一端ではなかっただろうか。そして田中作の《酔吟行》は梁楷《りょうかい》の水墨画《李白吟行図》の影響が指摘されているが、私にはロダンの《バルザック像》も透けて見える。また、《西山趙遥《せいざんしょうよう》》や代表作《鏡獅子》の制作に当たって、まず裸体を制作して研究するという態度は、ロダンが《バルザック像》で示したものではなかっただろうか。

　天心がロダンを引き会いに出した意図はどこにあっただろう。ロダンの彫刻観を天心は次のように規定している。「又早取り派にルーダン〔ロダン〕と云へる人あり。此の人は極めて必要の処に力を用ゆれば、他は如何にあるとも宜しとの考へを持ち居るなり」（「泰西美術史」『全集』四）。

　これが《活人箭》批評の要点だった。必要な所さえあれば他はいらない、というのは単純だが芸術上の真理である。ただし、何が必要かを知らなければどうしようもない。思想を見えるようにするというような単なる写実をのりこえて、不要物をそぎ落とさなくてはならない。「平櫛さん理想ですよ。彫刻で理想をやってくれるのはあんただけです。理想をやって下さいよ、理想をやって下さいよ」（前掲「岡倉先生」）という天心の声と禾山和尚の解く金剛経の核心「応無所住而生其心」（まさに住する所なくしてその心を生ずべし）はここで重なった。その「理想」を実現するために田中は「拙」を選ぶ。「用拙存吾道」。ただし田中は木彫の木取りは人一倍気を使い、習作を重ね、ことさら「拙」を強調するような作品は作らない。「拙」とはむしろ、極端に技術に走ることをいましめ、生き方全体の姿勢を律する天心の「理想」の具体的な在りかを示す言葉だった。今泉篤男は初めて田中の仕事場を訪れた印象を次のように記す。

> その板の間は、永年、拭きこまれて黒く光っており、板戸を開けると厳冬の寒風が吹きこんだ。その黒光りのする板の間の上に、鉄火鉢が一つ、赤々とした炭火が埋めてあるだけで、一枚の畳も一個の敷物もない。私は自分の生涯で、このような厳しいストイックな彫刻家の仕事場を他に見たことがない。
>
> （『平櫛田中彫琢大成』講談社、昭和四十六年）

　彫刻界の重鎮と言われたところで、その生活は厳しいものだった。田中は戦後先立った妻のことを「家内にはうまいもんも食わせないで、亡くしてしもうた」と嘆いていたという。思えば田中の大正時代は三人の子供が肺結核を患い、その療養に明け暮れて制作は滞っていた。その間、長男、長女を相次いで失い、その悲しみから立ち直るために《五浦釣人》を制作して初心を確認したのだともいえる。天心が抱いた「理想」を実現して「売れない彫刻」を作るということの厳しい実践の姿を田中は示していた。天心に導かれ、百七歳までこつこつと制作に励んだ田中を底から支えていたのは、家族と「親父、おれたちの分も長生きして、出来るだけ沢山の作品を作ってくれ」（『平櫛田中作品選』平櫛田中記念会、昭和四十八年）と言い残して十九歳、二十歳で倒れた子供たちの声だったのだろう。田中の作品全般にある、遠くを見つめるまなざしの何か虚ろな寂しさは私にそんな思いを抱かせる。

天心と美術批評

佐藤 道信

(一)

近代日本美術、少なくとも明治美術をやっていれば、かならず天心に行きあたる。いつかきっと、何らかの形で天心をあつかうことになるだろうとは思っていたが、近代日本美術の中でも天心の美術批評ほど、重要でしかし扱いにくい問題も多くはないだろう。一律ならざる美学的根拠もさることながら、つまるところ天心という人間像そのものを抜きにしてはほとんど語れないからだ。人の活動は、かならず個と時代、個と社会、個と歴史の上に成りたっているが、天心の場合、ふつうよりはるかに個の比重が大きい。対象を語ることは、語る者の意識の投影にほかならないが、天心の人間像を相手に自らを投影するのは、みじめなまでに無謀だ。釈迦の手のひらにもてあそばれる孫悟空ならぬ〝損不悟空〟の気分というか、金斗雲もなければ如意棒さえもない。私自身はとくに天心信奉者というわけでもないが、天心という人間像を前に、うろついては糸口さえ見出せずに立ちすくんでしまう。ここでは一歩身を引いて、なぜ天心像がとらえにくいのか、そして天心の人間性と全面的にからむ美術批評というより、外堀としてそれを囲む時代と社会・歴史環境の点から、批評の前提となる彼の美術観を見てみることで、荘漠としたスケールに包まれたいくつかの枠組を考えてみることにしたい。

(二)

以前にとある研究会で、なぜ天心像がとらえにくいのかという話題になったことがあった。美術や宗教、政治、思想、文明論までが混然となった、彼のイメージソフトの質によるのか。論理性と直感力をあわせ持ちながら、どちらにもしばられない芸術家肌でしかも天才肌の思考・行動パターンによるのか。日本から中国、インド、アメリカと順次活動の場を広げ、その都度世界と日本の関係に対するビジョンを広げていった行動スケールによるのか。そこでの〝国粋人〟と国際人という両義性は、体験によって獲得したものか、それとも貿易商の子として横浜に育ち、幼時から英語や漢籍を学んだ生活環境によって育まれたものか、さらにもっと先天的な資質が後天的な体験で開花したものなのか。あるいは専門化され細分化された研究ジャンルから出発している私たちの意識的な枠組が、天心個人やその時代の枠組とまったくズレてしまっているから全体像をとらえにくいのか。考えれば原因はいくらでも思いつくが、どれか一つが決定的要因とも思えない。というより、どれもがそれなりの意味をたしかに持っているように見える。問題は、それらが全体としてどのように成りたっているのかだろう。各論の積みかさねが必ずしも全体像に行きつくとは思えないが、少しそれぞれの要因を追ってみたい。まず個人意識の点から天心を見てみよう。

天心自身の自己意識を端的に表明しているものに、「天心」「混沌子」という号がある。というのも、公的活動では天心はほとんど「覚三」の名で活動しており、「天心」「混沌子」の号がむしろ私的な活動領域に属しているからである。

「天心」の号は、斎藤隆三によれば(1)三十歳のころ、胸間のぜい肉のダブつきが「天」の字に似ていたことから戯言としてつけたものだったというが、これは天心一流の諧謔だろう。「天心」とは本来、天の中央、天帝のこころといった意味だ。おそろしく不遜にも聞こえる号だが、時代的に見ると幕末から明治前半期くらいまでは、じつは「天」の語を使ったことばが諸所で頻繁に使われている。天誅、天命、天道、天皇(それまではむしろ帝)、天真などがそれで、天真の語は川端玉章の天真堂、黒田清輝の天真道場など日本画・洋画を問わず画塾名にも使われている。こうした「天」の語の重用は、社会が混沌とし諸勢力が激しくぶつかりあった時代状況の中で、みずからの正当性を天意と天命に求めた多分に運命論的・他力本願的な意識のあり方を感じさせる。その意味では「天心」の号は、天心個人の意識と同時に時代意識も強く反映していると言えるだろう。

それに対して、老荘思想によりながら天心個人の意識をより強く反映しているように見えるのが、「混沌子」の号である。天心は、西洋派と伝統復興派のいずれをも西洋・過去からの借り物として厳しく批判し、「自己の真実」にもとづく制作として、時代性に即した新伝統主義美術をとなえた。ただ実際にはそれ自体も「自然発達」にゆだねるべきだとしている。時代も変わるわけだから当然といえば当然だ。そもそも「自己の真実」じたい、その時々において真実でありその意味において普遍ではあっても、不変ではないし個人間で同一なわけでもない。宇宙論的な精神世界から見れば、それもすべて〝混沌〟の中なのだと天心は考えていたように見える。しかも〝混沌子〟だから、天心は自分自身をまさに〝混沌〟と考えていた。〝混沌〟ではなく〝確固〟たる時代の制度と体制を作るべき立場にあった公人天心に対して、私人天心の意識をささえたこの思想は、公人としての責務や意識を一気に無化しかねない危険性をはらんでいるのだが、天心の場合〝混沌〟ゆえに両義性も多義性ものみこめたのかもしれない。彼にとってそれは、矛盾ではなくまさに〝混沌〟だったのだろう。

天心はそもそも日本の生活慣習や宗教自体、多義性あるいは一種の混沌として成りたっていると考えていた。「日常生活は儒教に則り、美術生活は道教の支配を受け、死ねば仏教によって埋葬されるのである」(2)という言いまわしは、それを端的に物語る。その点、中国（明治二十六年）、インド（明治三十四から三十五年）への旅行は、それぞれの国の歴史と文化の確認というだけでなく、日本に根づいた歴史・文化の確認でもあり、さらにそれは天心自身に内包されたアジアの歴史の確認でもあったのだろう。

政治的・芸術的立場を明確にした公人としての天心に対して、私人としての天心の精神世界は、基本的にこの多義性と混沌がベースになっていたように見える。おそらくそれは、天心の生来の資質そのものだったのだと思われるが、彼の育った生活環境と体験もまたそれを助長するものだった。幕末の開港地横浜に貿易商の子として生まれ、ジェイムズ・バラ、高島英語学校で英語を学ぶ一方、母の死後預けられた長延寺で玄導住職から漢学を学んだこと。明治六年十一歳で上京後も、東京英語学校で英語を学び、英米文学を耽読すると同時に、森春濤に漢詩、奥原晴湖に文人画、加藤桜老に琴を学んだことなど（ほぼ六芸の習学に近い）、古今東西の文芸技芸を広く偏りなく吸収している。

また社会的には、東京大学卒業から文部官僚、東京美術学校校長へという栄進と、それからの失脚。私的には、一見華やかな女性関係の一方で、幼時に母を失い、家族から引き離されて寺に預けられた孤独感に発する母性と愛への渇望を、天心が生涯ひきずったことなど。社会的にも私的にも、天心の生涯には光と影が激しく交錯している。混沌への自己投入には、トラウマからの自己防衛、現実逃避という現代病理としての多重人格にも、どこか通ずるものが感じられる。

分裂的ともいわれる天心の多義性と混沌は、こうした彼の内面に収束された古今東西の歴史と文化、公私にわたる人生の光と影が、るつぼとなった状態だったのかもしれない。こうした多義性は、たしかに使い分けによる多才さとしても機能したが、天心の宗教論や東洋論が、一体に精神世界の〝核《コア》〟を求めるより、それを包みこむ論理をさぐろうとする傾向が強いことも、天心の内的構造と無縁ではないように思える。

（三）

では次に、天心の美術観を社会環境の中で見てみよう。これについては、天心が美術界の主要なリーダーの一人だっただけに、公人としての天心の活動領域と不可分のものになる。

いうまでもなく天心は、鑑画会（明治十七年）から東京美術学校（二十年）、日本美術院（三十一年）にいたる新伝統主義美術のリーダーである。その活動は政府の美術教育行政の中枢で行われただけに、近代日本のあるべき姿のヴィジュアル・イメージとして、国家思想を濃厚に反映するものとなった。(1)なぜ、(2)何を、(3)どのように描くのか。(1)については、新時代の新たな〝伝統絵画〟を作り出すために、(2)は〝国家〟〝国民〟意識を喚起する歴史画を中心とする主題を、(3)は、〝新按〟による新たなイメージ解釈で、伝統技法に西洋絵画の表現技術を援用しながら、描き出そうとしたものだった。その実現は、国家の庇護をめぐる画壇の権力闘争ともからんでいたから、天心の立場は美術における国粋派のリーダーとして、政治的にも思想的にも否応なしに明快なものとなった。

ただその方法論は、あくまで〝和魂洋才〟つまり〝国粋〟思想による伝統絵画の〝欧化〟運動だったため、書や文人画など中国教養主義に根ざした旧来の美術は、ここから削除されてしまうという事態が生じた。ところがすでに触れたように、天心はかつて漢詩や文人画を学んでいた。私的には、漢詩などはその後も続けている。その点、天心自身、公的部分と私的部分で行動を使い分けていたことがわかる。いわば公的活動は国家の理念に、私的活動は天心個人の歴史に、それぞれつながっていたと言えるだろう。

ところで、天心の公的活動が政府機関の活動とイコールだったのは、彼が東京美術学校校長、帝国博物館美術部長などの要職にあった明治二十年代が全盛期である。この時期は、近代国家体制の完成と始動期であり、天心は美術の制度の中心人物だったわけだから、その活動はほとんどの部分が「国家」と「日本」意識に帰着している。天心の外遊は、明治十九年から翌年にかけての欧州美術視察が最初で、次が明治二十六年の中国美術調査である。前者は文部省、後者は宮内省の出張だが、おそらく実質的な起案者は天心自身だったかもしれない。出張の目的は欧米、中国の美術やその制度の調査によって、日本のそれを確立していくことにあったから、公的にはあくまで日本国家のための仕事だった。国粋化を進める政府官僚、いわば〝国粋人〟としての活動とでも言えようか。

それが〝国際人〟としての活動へと変わっていくのは、明治三十年代に入ってからのことである。しかもそれは、皮肉なことに明治三十一年の東京美術学校騒動による失脚、さらにそこで新たに結成した日本美術院の経営悪化という事態を通じてのことだった。天心はまず、明治三十四年十一月から十一ヵ月間インドに旅行し、同三十六年二月には渡米、翌年からボストン美術館中国・日本部に勤務し（はじめ顧問、のち部長）、以後、日米をほぼ半年ずつ往復することになる。

ここで天心のヴィジョンと活動は、日本からアジア、欧米へと大きく展開していった。美術に対する視点も、美術と国家という視点から、美術を中心にすえた政治性の強い文明論、文化論へと転回していくことになる。しかし国家の公職を離れてからのこの活動が、じつはなお近代日本の対外的な世界観と歴史観の再編をもっともあざやかに先見したのだった。

(四)

明治十三年東京大学文学部を卒業した天心の卒業論文は、はじめ「国家論」だったが、逸話によればそれが妊娠中の若妻に痴話ゲンカから焼かれてしまったため、二週間でまとめたのが「美術論」だったという。ここにすでに、美術を国家との関係から論ずる視点が示されている。これが、基本的に明治二十年代までの天心の活動の根幹にある。その視点は古美術（日本美術史）に対しても当代美術に対しても同じだった。

それが龍門石窟を発見した明治二十六年の中国旅行、さらに公職を離れてからの明治三十四年から三十五年のインド旅行[3]によって、西洋を対極に設定している点はそのままに、〝こちら側〟としての天心の意識的枠組が日本から東洋（その中での日本）へと拡大再編される。最初の中国旅行では、中国美術が意外に西洋に近いという印象を持ったらしいが、インド旅行において天心は、東洋が仏教文化を基底とした共通の精神文化を持っているという確信を持つにいたる。しかもここで同時に、国土全体が西洋（イギリス）の植民地支配を受けていたインドの国情から、その解放を東洋全体の解放と重ねあわせたきわめて政治性の強い文明論が、天心の中に成立する。『東洋の理想』（明治三十六年）、『日本の覚醒』（三十七年）が、英文の著作としてロンドンやニューヨークで出版されたことも、対西欧（対英？）の戦略的意図を感じさせる。両者での東洋日本美術論は、歴史的な精神文化共同体を演出する、政治的プロパガンダとしての役割を負っている。より文化紹介としての性格が強い『茶の本』（三十九年）は、日露戦争時（三十七〜三十八年）に親日的な立場をとったアメリカで出版されている。しかしじつは、日本はイギリスともすでに明治三十五年日英同盟を結んでいた。それからすれば前二書も、反イギリスとして書かれたというより、西洋世界に向けた東洋の立場を、当時最強のイギリスと同盟を組んだ日本、つまりイギリスに比肩すべき〝一等国〟、二十世紀の〝東洋の盟主〟として、対等の立場からその同盟国で表明しようとしたものと捉えるべきかもしれない。
そして東洋の一国から〝東洋の盟主〟というその意識への移行が、対西洋の一方での対アジアという、近代日本の対外戦略を端的に反映したのだった。というよりむしろ、天心のヴィジョンはその先陣をきっていた。

かつての日本の世界観は、東アジア圏を中心とする和漢、あるいは三国（唐、天竺、日本）を中心とするものだった。それが維新後、まず対西欧を軸にした「日本」意識が、明治二十年ごろ近代国家体制の完成とともに形成されたことで、一つの大きな画期を迎える。ただここではまだ日本は東洋の一部としてあり、両者の力関係はあいまいだった。それをはっきりさせたのが、日清戦争（二十七〜二十八年）の勝利だった。ここから、日本が〝東洋の盟主〟という意識が急速に成長していく。さらに日露戦争の勝利で、日本は西洋にならぶ〝一等国〟の仲間入りをはたす。日本にとって、日清戦争は〝脱亜（あるいは卒亜）〟、日露戦争は〝入欧〟の戦いだったのであり、その勝利によって、日本は〝脱亜入欧〟によるアジア支配（日本の言い方では解放）を正当化していったのだった。この時点で、和漢洋から日本・西洋・東洋という、近代日本の対外的な世界観とその力関係が定立する。

そのヴィジョンは、美術史と当代美術にも端的に反映された。天心が編纂に深くかかわり、明治三十三年（一九〇〇）のパリ万博に出品された初の官製日本美術史『稿本日本帝国美術略史』の序文（九鬼隆一）には、二十世紀の〝東洋の盟主〟としての日本の国威が、高らかにうたい上げられている。また天心と橋本雅邦が審査員をつとめた明治三十二年元旦の「懸賞東洋歴史画題募集」（読売新聞）は、〝和漢の〟画題にかわる、新たな東洋観にもとづく〝東洋〟画題を創出しようとしたものだった。当選画題は日本美術院の画家によって絵画化され、同院の絵画共進会に陳列されたことからすれば、天心と日本美術院の歴史画こそが、美術における近代日本の東洋観をもっとも端的に反映したものだったと言える。

また天心がボストン美術館の勤務で行なった仕事は、フェノロサやビゲロー、モースらが集めた日本美術コレクションの目録を作ることだったが、これも見方によっては、西欧人が集めたコレクションを、〝入欧〟をはたした日本の〝国際人〟天心が、西欧の地で歴史づける作業だったと言えるかもしれない。

㈤

さて以上、天心の美術観について、それをとりまく当時の時代・社会・歴史環境の点から見てきた。最後に、はなはだ心もとないが、天心の美術批評について少し触れておくことにしたい。

まず公刊された天心の遺稿で見ると、当代美術のリーダーだったわりには、今いうところの美学論的・造形論的な美術批評が、意外に少ないことがわかる。もちろん絵画共進会の際の作品評は少なくないのだが、それも大部分は印象論と暗示的な示唆にとどまっている。むしろ美術史論の中での当代美術の位置と現状確認の方が、進むべき方向性の示唆としてはわかりやすい感がある。彼らの目標が、新たな〝伝統〟主義絵画の創出にあった以上、この歴史と現状の確認作業は不可欠のものであり、天心にしかできない作業だったこともまちがいない。ただ彼に親しく接した人々が口をそろえて言う、美術家あるいは詩人そのものの資質を持っていた天心自身は、むしろ批評家や理論家の役割をここまでとして厳しく自制していた節がある。それをうかがう好資料が、一九〇四（明治三十七）年のセントルイス万博で、天心がアメリカ人の聴衆を前に行なった講演「絵画における近代の問題」[4]である。

ここで天心が問題にしたのは、画家と社会の関係のあり方についてだった。彼が社会と言っているのは、芸術家個人に対する一切の部外者のことで、公衆、鑑賞者、パトロンから、権力、美術教育、理念に至るまでのすべてを社会としている。そして芸術は自由の領域、社会は慣習の領域に属するものとし、画家は自己の真実と個性にもとづき、みずから決定した表現手段で表わすべきこと、社会はその芸術の聖域に対して、一切干渉してはならないのだとする。

ここにおいて、画家の模倣の態度や、単一の法則をおしつけ個性を破壊する芸術教育を強く否定し、暗示こそが思想の深さを伝える最良の方法だとする。おそらく天心はこの暗示の価値を、画家に対してありうべき手段としても、また画家自身の表現手段としても肯定していたのではないかと思われる。ただ芸術と社会は、時代に属している点では同じなわけだから、社会が芸術に対してなすべきことは、干渉や恩恵ではなく、理解と共感なのだとする。

そして天心が「近代の問題」（日本における）として指摘したのは、古い調和が破壊されたのち、それにかわる芸術と社会の新しい調和のシステムができておらず、画家が社会の枠組の中に、認められた役割を与えられていないということだった。「芸術のための芸術とは、まさにボヘミアンの嘆きにほかならない」と天心は言う。ただこれについては、この時期の日本美術院が世間の酷評と経営困難から、ほとんど有名無実化していた状況を考慮しなければならないだろう。彼からすれば〝模倣の態度〟をとっている伝統守旧派や洋画が社会の理解を得、自己の真実と個性を実践している日本美術院の芸術は疎外されていると言いたかったのだろう。

その意味では天心も、たしかに一つの理念的・政治的立場をとっていることに変わりはなかった。ただ彼の批評にかんしていえば、天心はそれを暗示にとどめ、具現化は画家個人の〝聖域〟にゆだねるということが、天心自身がみずからの批評に課した〝社会〟としての役割と制約だったと考えていいかもしれない。一体に、天心と観山・大観・春草らの関係でも、天心の肥沃で豊饒な批評を、弟子たちが全身に受けて絵画化したといったものではなく、天心のごくことば少ない暗示を、弟子たちが必死に考えて具現化するという形のものだった。それが、画家自身による自己実現のために、天心がみずからの美術批評に課したベストの形だったのだと考えられる。しかし同時に、彼の批評の本質をなすその暗示が、画家による自己実現を通して、たんなる暗示の領域をこえた実体として実現したこともまた事実だった。国家思想と新時代の東洋観を表象し、大塚保治が「東京の美術家は哲学者にでもなろうとしているかのようだ」と皮肉った日本美術院の芸術は、たしかに天心のヴィジョンと思想の世界であり、天心なくしては生まれ得ないものだった。しかし天心の暗示を美術批評とよぶにはどこか異和感を感じるのは、暗示という形式の問題より、おそらく天心自身、美術をたんに造形という閉じた領域として設定していなかったためではなかったかと思われる。天心にとって美術とは、まさに思想そのものだったのだろう。

註

1　斎藤隆三『岡倉天心』吉川弘文館、昭和四十九年、三頁。

2　岡倉天心「東アジア美術における宗教」（ボストン美術館での講演、明治四十四年四月十三日）『全集』二、平凡社、昭和五十五年。

3　インド旅行については、内務省の命による遺跡保存法調査としている文献もある（『天心全集』日本美術院、大正十一年）。天心は明治三十一年に東京美術学校校長と帝国博物館美術部長をやめたあとも、古社寺保存会委員の任は続けていたから、文献記述が事実とすれば、古社寺保存会の用務だったと思われる。ただ滞印中の天心の活動が、この用務を中心に行われていた様子はあまりない。

4　『全集』二、所収。

第三部　知の冒険家・天心

詩人天心――「小さいもの」の声

橋浦 洋志

岡倉天心が『茶の本』を刊行したのは、ちょうど日本が日露戦争の勝利によって、西洋の列強諸国と肩を並べようとしていたときである。明治という時代は、国権的にはアジアの支配に意欲を燃やし、ひるがえって、一人の人間の生き方として「個人主義」がさかんに取りざたされた時期にあたる。

一人の人間から国家にいたるまでに貫かれている理念を簡単に一言でいうならば、それは「独立」であろう。西洋の列強支配からの解放と一身の自立は切り離せないものとして考えられ、「国」の意識と「個人」の意識が急速に高まってきたのである。すでに福沢諭吉は、『学問のすゝめ』において、「一身」が独立して初めて「国」も独立できることを主張していた。このことは、日本が近代国家として江戸封建の時代から脱皮するためには、ぜひとも実現しなければならない事柄だったのである。

このような時代の雰囲気が、これまでにない精神的な緊張を強いてきたのも事実であった。ここでとくに問題となるのは「個人」主義である。西洋の近代的な理念として意味を成していることばを、歴史的な文脈のまったく違う日本に持ち込み、これを実現しようとしたとき、そこには大きな矛盾とねじれが生まれた。「個人」の権利と義務および尊厳の問題と「我」を通すことの違いをなかなか区別できないままに、しかし、とにかく自己を主張し、拡張していこうという風潮だけは、確実に広がっていった。この自己拡張がもたらす精神的な緊張感とそれゆえの疲労が個人をしだいにとらえていったが、このことが日本のアジア支配と並行していることを見逃してはなるまい。

西洋列強諸国の植民地支配に対抗するかたちで、西洋に追いつけ追いこせを目標とした日本は、日露戦争の勝利によって外面的にはいちおうこれを達成したかに見えたが、内部に抱えた虚脱感は大きいものがあった。

このような大きな時代の流れのなかで「文学」も新たな表現を模索し始めたのである。明治以前、「詩」といえば、それは「漢詩」のことを意味した。明治になると西洋の詩が翻訳されあるいは原文に直接ふれて、人々は、「個人」の「感情」という複雑でかつ新しい表現の可能性に気づき始めた。近代詩の出発は島崎藤村の『若菜集』をもって告げられたとされるが、そこには確かにこれまでの「詩」には見られないみずみずしい「感情」の発露があったのである。

しかしながら、江戸時代末に生まれた人々には、依然として漢詩の世界が息づいており、根強くその思想を支えている。代表的な人物としては夏目漱石があげられる。小説によって「近代」の人間像を追求した夏目漱石は、その根底に「漢詩」の世界をたたえているのである。

天心もまた、ぼうだいな英文の著作とともに、多くの漢詩を残している。そのほか、英語で書かれた詩はもちろんのこと、『岡倉天心全集』七（平凡社版）の分類によれば、「新体詩」「歌謡」「俳句」など、幅広い表現形式を通して思いを表白している。詩人天心はこのような複雑な表情をして我々の前に現れるので、「詩人天心」の全体像をひとつかみにすることは難しい。しかも、天心の詩心は、たとえば『茶の本』のような散文のなかにも生き生きと動いており、むしろ天心の中心的な思想を支える「詩」はここにこそ存在しているかに思われる。

天心のこのような思想の厚みは、明治という時代がどのような時代であったかを教えてくれる。新しいものと古いものとが入り乱れながら「新時代」を模索する。大変にエネルギッシュな時代が、天心のような巨人を生み出したといえよう。

天心は『茶の本』で、「みずからの中の偉大なものの小ささを感ずることのできない者は、他人の中の小さいものの偉大さを見すごしやすい」と述べた。このことばは、当時アジアの植民地支配をもくろんでいた欧米諸国に向けられていることは明らかである。アジアをひたすら「後進国」としてその支配下に置こうとする「西洋」に対し、天心は「いつになったら西洋は東洋を理解するだろうか。理解しようとするだろうか」とも述べる。『茶の本』は、強大な勢力で東洋に迫ってくる「西洋」に対して、「小さいものの偉大さ」をもって対抗しようとする、抵抗の歌なのである。「われわれは、攻撃にたいしてはもろい調和を創造した。あなた方は本当にするだろうか、東洋はある点において西洋よりすぐれていることを！」ということばからも、このことは確認できよう。ここでいわれている「もろい調和」とは、「午後の陽光は竹林を照らし、泉はよろこびに泡立ち、松籟はわが茶釜にきこえる」といった「茶」の世界に他ならない。

『茶の本』においてもっとも天心の詩心が見てとれるのは第六章「花」であろう。「花」はおそらく「小さいものの偉大さ」を象徴するものであった。

> 春の曙のふるえる薄明に、鳥たちが樹の間を、不思議な抑揚でささやきかわしているとき、彼らが仲間同士で花のことを語りあっているのだと感じたことはないだろうか。きっと人類は、花をめでるようになったのと時を同じくして、愛の詩を歌うようになったにちがいない。無意識なるがゆえに美しく、もの言わぬゆえに芳《かぐわ》しい花を措いて、どこに魂の処女性の花ひらく姿を想像することができようか。原始時代の男は恋人にはじめて花輪を捧げることによって、獣性を脱した。彼は、こうして、生まれながらの粗野な本能を超越して、人間となった。無用の微妙な用を認識したとき、芸術の領域に入った。（桶谷秀昭訳）。

「花」をめぐって語られたこの文章は、『茶の本』全体を支える詩的想像力がどのようなものであるかを見事に示している。「花」がいかに人間を人間たらしめたか、「無用の微妙な用」に着目することで「小さいものの偉大さ」を確認し、「小さいもの」としての「東洋」を巨大な「西洋」と対峙させている。「西洋」は、あたかも「花」を摘み取る無慈悲な手にたとえられよう。

「一枝を伐らば一指を剪るべし」というか弱い花に対する厳しい自戒は、少なくとも「花梗《かこう》だけが、つまり胴体のない頭が、ごたまぜに花瓶に挿してあるのをよく見受ける」「西洋」のものではない。

「哀しいかな！　翼ありと知られている花は蝶だけであって、他の花はみな、破壊者のまえになすすべもなく立っている」と語る天心は、花一輪をもって生命の全体を表現しようとする「茶」の世界が、どんなにつつましくかつ人間的であるかを、口を窮《きわ》めて示そうとしているのである。

西洋が、そしてまた日本もそうであったが、たゆまず外に向かって膨張していく時代にあって、天心の詩心は、踏みにじられんとする「小さいもの」に思いをいたすことによって、歴史的文化的な異質性を越えて互いに和解できることを夢見ているといえる。

天心の詩心が生き生きと発露するとき、そこには己の「愚かしさ」を自覚し笑う「ユーモア」が存在する。それは、外に向かって自己を主張しそれゆえに自分にとらわれて苦しむことから身をかわす、東洋的な知恵でもあった。天心は簡潔にこう歌う。

問天不答地無声
大人一笑少人哭

これは、「欧州視察日誌」（明治二十年三月五日）の記事に見えるものであるが、本文は次のようになっている。

What is ambition? What is name? 一微塵中有一世界、we are also 一世界 in 一微塵 The infinity of existence has no high or low, great or small. Why shall we laugh and why shall be cry.　問天不答地無声、大人一笑少人哭

ここには、'ambition''name'といった、自己拡張を象徴することばと、「一微塵」といった自己放下のことばがともに語られており、天心の心のありようが鮮明に映し出されている。とくに'ambition'は明治の青年をとらえたことばであり、それは「立

身出世」の倫理観を情念的に支えるものであった。'name'はもちろんその結果として手にできるものにほかならない。こうした時代の雰囲気のなかで、天心もまた「志」と「名」によって縛られている自分を見出し苦しんでいるが、この苦しみを断つ契機をなすのが「一微塵中有一世界」の思いである。

己を極小なるものへ相対化しつつ同時に一つの絶対的世界をそこに見出すことで、「立身出世」の卑俗な比較相対の世界から己を解放しようとするのである。「一笑」とは自己解放の表情であり、それは自分の「愚かしさ」を「笑う」表情に近いといえよう。

英語と漢文によって記されているこの文章は、天心のみならず、明治人の思考がどのようなものであったかをよく示していて興味深い。伝統的な漢文によらなければ「一微塵」は表現できないであろうし、また'ambition'はもちろん英語であらねばならない。漢字文化と新来の英語文化が葛藤しつつも、一人の人間の中で均衡の取れた明晰な思想を形成しているのである。

天心はプリヤンバダ・デーヴィー・バネルジー宛書簡（大正二年八月二日）のなかで自らの死を歌っている。

戒告

私が死んだら、
悲しみの鐘を鳴らすな、旗を立てるな。
人里遠い岸辺、つもる松葉の下ふかく、
ひっそりと埋めてくれ──あのひとの詩を私の胸に置いて。
私の挽歌は鷗らにうたわせよ。
もし碑をたてねばならぬとなら、
いささかの水仙と、たぐいまれな芳香を放つ一本の梅を。

さいわいにして、はるか遠い日、海もほのかに白む一夜、
甘美な月の光をふむ、あのひとの足音の聞こえることもあるだろう。
（大岡信訳）

「私が死んだら、悲しみの鐘を鳴らすな、旗をたてるな」とは、天心がいかに詩心に満ちていたかをよく教えてくれることばである。ぎょうぎょうしい世俗の儀礼を退けて、「あのひとの詩」とともに葬られたいとする願いは、ことばこそが人の生き死にを包み得る唯一のものだという詩人の思いによって初めて成立する。「あのひと」とはほかならぬバネルジー夫人を指す。「一微塵」たる自分の死に「鐘」や「旗」はふさわしくない。ふさわしいものがあるとすれば、か弱く「小さいもの」である「花」以外になかろう。それも「いささかの水仙」と「一本の梅」があればよいのである。

「水仙」（narcissus）は麻痺させ眠らせるという意味を持つことからすれば、天心は、せめて張りつめた自意識を解きほどいて土の中に横たわることを願っているのだろう。過剰な自意識から解放されてこそ人生をそのままに受け入れることができるのであり、「梅」を原文の‘plumtree’として考えればそれは豊饒の意味を帯び、「梅」一枝をもって己の生涯の豊かさを賛美しようとしているともいえる。

ところで、バネルジー夫人は天心の心を最もかきたてた人物であり、夫人に宛てられた天心の書簡は恋情であふれている。その典型的な内容は、大正二年三月四日付書簡に見ることができる。書き出しでは「奥様」と呼びかけながらも、すぐ冒頭で、「どういう名でお呼びしたらいいか教えてください。私はたくさん名前を考えましたが、どれ一つとして満足なものがありません」と述べている。事実、天心はさまざまな呼び名をこれ以後の書簡で用いていくのである。「たそがれ漂いくる芳香なる人」「名前なき名の君なる人」「水の中の月なる人」「無数の名前なる人」「月の霊」「宝石の声なる人」「蓮の宝石なる人」（大岡信訳）というように。

本名でもなく、「奥様」といった社会的通念に基づくのでもない、独自の「名前」を探すとはどういうことであろうか。いうまでもなく名付けることは、それと自分との関係を作り上げることであるとすれば、天心は夫人とのきわめて個人的な、閉じ

られた関係を欲しているといえる。「名前なき名の君」とは、このような関係をこれから作り上げることを夫人にはっきりと意思表示したことばだといってよい。

天心は自分の内側をさらけ出し、告白する対象を夫人に求めた。それはあたかも懺悔者の前に立つマリアのような役割を夫人にあたえるものであったろう。幼少にして母を失った天心が、ここに聖なる母の幻を見ているといっても過言ではない。天心は次のように自分を語る。

私に好意を寄せてくれる人々の困ったところは、私が人生の重荷を背負いきれない弱虫であることを彼らが認めず、私の力を信頼しているということです。彼らは私が世界に直面するために勇敢さと自侍の仮面をつけているにすぎないこと、一皮むけば、一揺れごとに震えあがる臆病で小心な存在でしかないことを知らないのです。私は恐怖心から誇らしげにふるまっています。私は優しい高貴な方の衣のひだに顔をうずめ、泣いて泣いて泣きたいと思います。私は愛撫され、抱きしめられ、ふらちきわまることをするのを許してもらいたと思います。さあ！　これこそ、あわれでみじめな私の自我の写真です。うんざりなさいませんか？　私はうんざりです。

どうか、あなたが玉樹でないなどとおっしゃらないでください。私はついにその樹を見つけたと思っていたのです。それは薄暮の霧に半ば姿を現わし、ヒマラヤ山脈の処女雪の冠をいただき、永遠の「春」の予言を身にまとって、そこに立っているのではないのですか。その花弁の一ひらを摘むことが許されないのなら、せめて遠くからその芳香に浴することだけでもできないと言うのですか。あなたが玉樹でないなどと言わないでください。（大岡信訳）

ここには天心岡倉覚三のロマンチシズムが率直に披瀝されている。自分の卑小さと女性の「処女」性を対極に据えて、孤独と疲労の中にうずくまる己を救出しようとする姿勢はそう特異なものではない。しかしながら大正初期というこの時期にあって、一人の女性の前にぬかづき心底を吐露する男の姿は、すでに「立身出世」「アンビション」の世界とは異質な場所に立っていよう。「勇敢さ」と「自侍」という「仮面」の下に「臆病」と「小心」が潜んでいることを隠さずに語る天心は、自分の弱さを通して、「高貴な」「永遠の春」にふれようとしている。言い換えれば、内なる弱さを語ることはこの世的、世間的な価値観を超えて「永遠」へ至る入り口に立つことなのである。

バネルジー夫人への恋情は、天心に二人の出会いをこう想像させる。

私たち二人の祈りを運ぶ精霊《スピリッツ》が、大海原の上で出会い、秘密を交換しあったなら、さぞかし面白いことでしょう。星明りの波の上で彼らが秘密を囁きかわすとき、私はぜひともそれを立ち聞きしたいものです。

（大正二年五月十七日付書簡）

文字で書かれたことばを通じて意思を伝えあう以外にない二人であるが、とくに天心の夫人の「声」への思いは強い。「話し言葉というものは、私たちが有する最もすばらしい贈物ではないでしょうか」（大正二年五月二十五日付書簡）と語る天心は、先に指摘したように夫人を「宝石の声なる人」と呼んだ。

「文字」よりも「話し言葉」に重きを置くこの姿勢は、意外に重要な意味を持つ。

周知のように明治以来尊重されてきたのはいわゆる「書き言葉」であり、「話し言葉」は単なる生活の用具として、ことさらに省みられることはなかった。せいぜい「国語」の統一の観点から「話し言葉」の揺れが問題とされ、あるいは、書き言葉を話し言葉に近づける「言文一致」の基準として、「話し言葉」が意識されたにすぎない。「読み書き」に象徴されるように「思想」はあくまで「書き言葉」のものであった。

天心はバネルジー夫人と書簡という「文字」を通じて意思を交換するのであるが、天心がさかんに「話し言葉」の優位を語るのは、「声」の世界の豊かさをよく知っていたからにほかなるまい。「話し言葉」はきわめて個人的なものでありながら同時に共同性を合わせもつが、このことはただ「声」によってこそ可能である。天心が「アジアは一つである」と語るとき、そこには個別性と統一性を同時に把握する視点が働いている。それは異質な声そのものに人間としての普遍性を感じ取る心の営みとそう違わない。そして何よりも「話し言葉」は生活をつつましく支えるものである。権威に裏打ちされた「書き言葉」とはこの点が違っている。天心がバネルジー夫人との間に夢見ているのは、権威から解放されたことばによる思いのやり取りである。このことによって初めて赤裸な自分を発露させることができ、また、飽くなき緊張と競合を強いてくる近代にあって、一人の弱い、小さな人間の「自足の幸福感」をとりもどすことができるのである。

人間の弱さは何よりも「声」を交わすことによって癒されることを、天心はよく知っていた。「声の質というものは、思想そのものよりも、よく魂の内面をのぞかせるものです。そうではありませんか。書かれた言葉ではそれはまったく不可能です」と語っているように「声」そのものによってこそ人の「魂」にふれることができることを、天心ははっきりと自覚している。改めていえば、「声」は、権威的な「書き言葉」の前に打ち捨てられて顧みられない弱き者の言葉なのである。

西洋であれ東洋であれ、権威が押しつぶす「小さいもの」の声に耳を澄ます態度こそが、天心が詩人にほかならないことをよく示している。そして、「小さいもの」への共鳴は、明治時代を生きた巨人達の心のどこかに常に抱かれていたものでもあった。

菫ほどな小さき人に生れたし　　　　漱石

筆跡から見る天心の人間像

(一)

川又　正

毛筆でしか文字を書かなかった時代は明治も中頃まであろうか。現在は毛筆で書くことは、特に書道を勉強している人以外は日常生活からなくなったと言ってよい。

賀状や手紙は、多くがワープロ文字であり、宛名までもワープロ文字になって日常化しているが、特に異論をとなえる人もなければ、その方が郵便局も便利だという。

かつて、ワープロが出始めた頃に、宛名をワープロで打ってある教え子からの手紙を手にした大学教授が、けしからん、不遜だと言って封を切らずにゴミ箱に捨てたという記事を読んで、まさにその通りだと相槌を打っていた記憶があるが、時代というものは恐ろしいものである。

筆跡からはまったく個性を喪失した手紙が氾濫してきたために、今度は手作りの手紙をと言うことで絵手紙が流行り出した。津々浦々、葉書や便箋からはみ出してまで書く、千篇一律の絵手紙が届くようになった。型を習っただけの手紙だから、少しの個性も感じられないのは当然である。筆跡からは人を読み取ることが出来ない人間不在の書翰の時代に入ったわけである。

過去の書の歴史を眺めてみると、中国でも日本でも、手紙の筆跡が書の歴史だと言ってもよいほど重要な位置を占めていた。

例えば、書聖と仰がれる王羲之にしても、空海や、良寛和尚にしても、溢れるばかりの個性と名筆ぶりを残している。そう

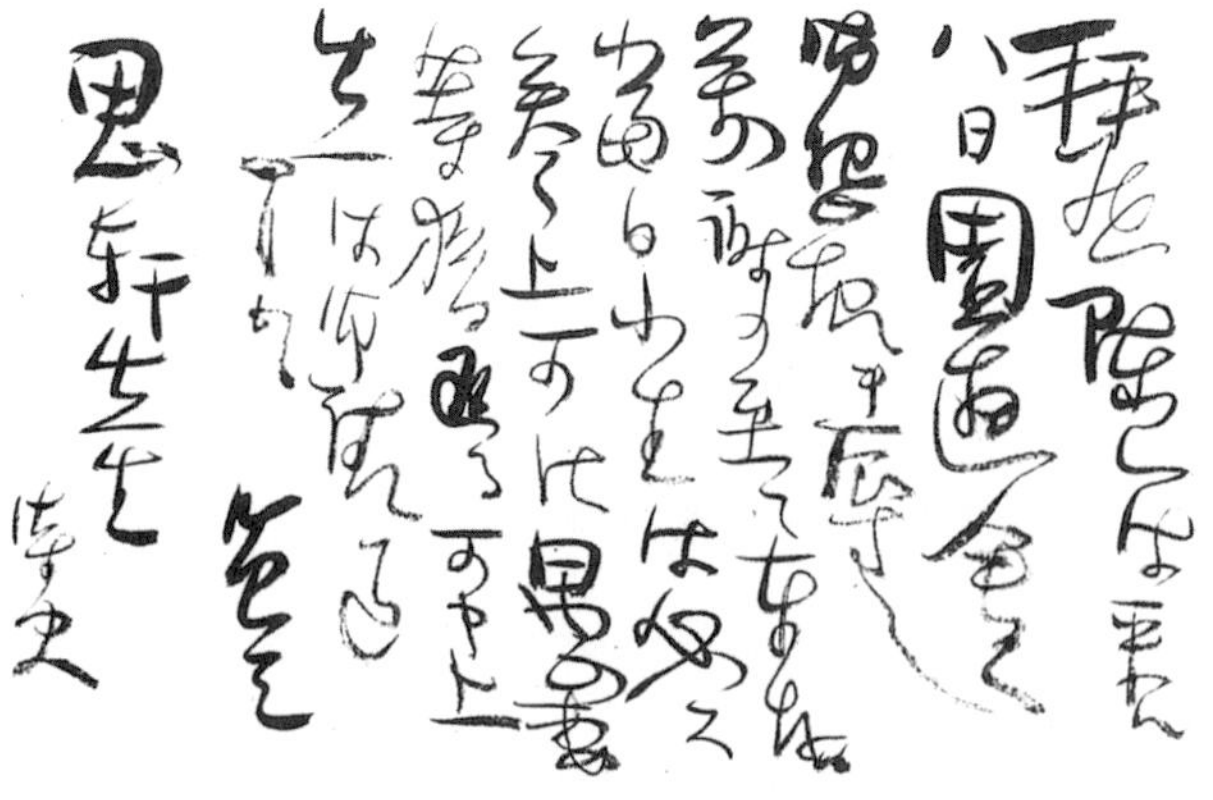

図1　森田思軒宛の岡倉天心書簡　明治23年

図2　岡倉天心「扇面漢詩」 大正2年

いう意味では、現代の書翰を見る時、書の歴史は終ったと言ったら言いすぎだろうか。氾濫する展覧会における書家の作品が書の歴史を継承することになるのだろうか。

茨城大学五浦美術文化研究所の所蔵品の中に、明治二十三年（一八九〇）、森田思軒宛の天心二十九歳の書翰がある[1]〔図1〕。右肩さがりの溢れるばかりの個性を持った筆跡であり、少しの迷いもなく、自信に満ち満ちたように見える。一度目にした者にとっては、二度と忘れることのない異様な雰囲気を発散している。天心を尊敬する人にとっては文句なく名筆と映ってもおかしくない。

また、大正二年（一九一三）五月十七日付の、天心が五十二歳で亡くなる直前の毛筆の手紙も、二十九歳で書いた筆跡とほとんど同一の筆跡で書いている。すべて右肩さがりに連綿として書き連ねられている。それらの筆跡を見る限り、天心の早熟ぶりと右肩さがりの激しい手癖のあることをはっきり読み取ることができる。

さらに所蔵品の中に、明治二十八年頃に書かれたと思われる《五浦即事》[2]〔本書四一頁の図2参照〕（絹本複製・原本は横山大観記念館蔵）がある。また、大正二年の最晩年の《扇面漢詩》(3)〔図2〕がある。この二点について眺めてみよう。

《五浦即事》は、天心の奔放自在な筆跡である。行書で書き上げられているが、右肩さがりは共通した手癖である。さらに偏と旁《つくり》が統一されていないことに気づく。特に「鷗」という字は偏が行書風かと見えて旁は草書になっていたり、「緑」の偏、「白」の筆順も一般的なものではなく、天心の独善性を読みとることもできる。この筆跡は親鸞の筆跡に何か共通する激しさ、唯我独尊という印象が感じられる。

《扇面漢詩》は単体で楷書にも見えるが、やはり行書と見てよいと思う。中には「夜」のように草書も書いている（天心は夜の字は手紙でも多くはこの字体）。字形の特徴は偏をあげ、旁を極端にさげて書いている。横線は水平に引いているが、偏と旁の関係で右肩さがりに見えてくる。最晩年のもので、他の天心の筆跡とはまったく違った、静かな運筆で仕上げられている。このように、書翰、幅、扇面と比較してみると、それぞれに書き分けていたことがわかる。

ここで、天心の筆跡についての評価はどのようなものであるか両極の意見をながめてみよう。

まず、宮川寅雄氏の論評は興味深いものがある。氏は会津八一（東洋美術史家、歌人、書家）の高弟で、書の個展を開いており、他の天心論者よりは造詣が深いと思われるからである。

　天心の書というものは、右肩さがりの、お世辞にも美しいなどとはいえぬものだし、それから推して、かれの画技をみくびっていた気味がある。画技と書技とは、異なる領域のもので、一人で両方ともやれる人もあるが、そうはいかぬ人もある。類推はできぬものだという証拠を天心は示してくれている。私は天心の書簡を三通、四半世紀も前に、上野の松坂屋の古書展で買ったことがある。一通がたしか四百円だった。毛筆の書がいいから買ったのではない。……

　天心の書は晩年にいたるまで、右肩さがりの、まことに頼りない書癖があって、書としての迫力や気韻といったようなものはまるでない。比較的大字の書幅をみたことがあるが、いかんながら美術的とはいいいかねる。

（「天心の画技その他」『全集』四、月報5）

このように、宮川氏は天心の書に対しては全面的に否定的な見方をしている。「書としての迫力や気韻」はなく、「美術的とはいいかねる」との指摘にはたいへんきびしいものがある。

一方、天心の長男である岡倉一雄は『父岡倉天心』で次のように書いている。

天心の漢籍に関する修学に対しては、父の勘右衛門がすこぶる関心を有していたらしく、とくに習字においては、自分が獅子庵流の血脈を受け、素人ばなれした運筆の達者であっただけに、みずから手本などを書き与え修学させたものらしい。しかし、天心の字は先入主となっている英習字の筆法に支配されて、規矩にはまった父の文字とは似ても似つかぬ自由奔放な、独創的なものであった。彼の文字にたいしては、社会に出てからもさまざまの批判があり、彼の畑に属していた某大官のごときは、彼の文字を学び恐ろしく名筆がっていたという逸話さえ残っているぐらいであった。そして彼の文字を貶す輩は、格法を無視した、自己創意の外道であると攻撃した。おそらく彼らは、天心の文字が、幼少時代からの習い覚えた、英習字の骨法から脱化したものとは考えてもいなかったのであろう。

ここでは天心の筆跡については名筆だという話も入れながらかなり好意的であり、個性があふれ、自由奔放で独創的であることを認めている。さらに注意すべきは、天心の父、覚（勘）右衛門の指導があったことと「幼少時代から習い覚えた、英習字の骨法から脱化したもの」という見方をしていることである。

(二)

さて、天心は成長期にどのような手習いをしたのか。岡倉一雄が言うように父覚右衛門の手本をもとに手習いをしたことは事実のようである。その他、玄導和尚、奥原晴湖、森春濤、加藤桜老についてそれぞれ漢学、絵、漢詩、琴を勉強している。この師についてもう少しながめてみたい。

『岡倉天心全集』別巻の「年譜」によれば、天心は八歳の頃より私塾に通って英語を習いはじめ、早熟ぶりを示している。とくに会話は、英米人の間に混っても引けをとらないまでに上達したようである。しかし、川崎大師に参詣した際、東京府と神奈川県に立つ標示杭が読めなかったという。

この頃天心は母の墓がある長延寺にあずけられた。長延寺は、西本願寺の末寺で、寺格は第一流ではなかったが、当時、漢学に秀でた玄導和尚が住持を継いでいたので、天心は自然に和尚から漢学の指導を受けるようになる。

この時期にどのような手習いをしたかは不明であるが、毛筆による手習いは当然考えられることである。儒学の門では習字は必須科目であったほどの時代である。玄導和尚からの勉強の様子を岡倉一雄は「大学から始めて、論語、中庸、孟子等に及んだのであった。今までの蟹行文字と異り、はじめて形象文字に対した天心は、相当の驚きを感ぜざるをえなかった」と記している。

東京日本橋蠣殻町一丁目に移った覚右衛門一家であったが、兄港一郎は天心の十四歳の時に夭折する。身体的に異常な港一郎は、一室に閉じこもり、巻菱湖の法帖を勉強していたという。したがって天心の目にも兄港一郎の書学のようすが映るわけであり、子供ながら菱湖の字を目習いはしていたはずである。

菱湖は貫名海屋、市川米庵と共に「幕末の三筆」の一人である。亀田鵬斉に学び、詩書をよくし、特に楷書に優れていた、菱湖をとりまく江戸の書道は、いわゆる晋唐流の書道である。この頃の書道は唐様と言っても二つの流れがあった。一つは晋唐を学ぶ者であり、もう一つは明清を学ぶものである。巻菱湖はこの晋唐派を充分に取り入れ大成させた人である。

一方、明清派を学んだのが後に天心が南画の勉強をする奥原晴湖である。晴湖は閨秀画家として明治の南画壇では一世を風靡した。当時清代の画家鄭板橋の闊達な画風は時代的にも維新の志士の気性に合い、新しい時代の傾向として人気があった。

鄭板橋は揚州八怪の一人で、体制に反対し、自己主張を貫いた。それだけに画風に気があり、書も隷楷混淆の独自の書体を書き、奔放奇逸を誇った。

晴湖はこの鄭板橋を日本に最初に伝えた人とされ、奔放奇逸な板橋に共鳴し、自らの生活も豪放なものであり、優れた豪放洒脱の書風を確立した。

こうして天心は晋唐派、明清派のどちらの流れの書も見ていたと思われる。特に奥原晴湖については直接絵を勉強している。どの程度通ったのか不明であるが、ザンギリ頭で男子の扮装をした豪放磊落の晴湖に惹かれて少なからぬ影響を受けたものと思われる。

さらに天心は漢学を森春濤について学んでいる。森春濤は小野湖山などと同じように漢学、漢詩文を背景にして文人学者として書をよくした。勿論、幕末から明治初めにかけての書道は単に書ばかり教えることはなかった。漢籍を素読によって教えると同時に、手習いをさせることが当時の学習の形態であった。今日のように書道が専門化し、書だけを独立して勉強するのとは大きな違いがある。学問を修め、人格を錬磨することが第一であり、書はそれに付随して成り立つものと考えられていた。

さて、天心はもう一人、加藤桜老について琴を習ったといわれている。塙瑞比古氏は「あゝ、桜老の如きは、真に国士中の国士、志士中の志士である。時に筆を把り、時に戈を執り、出ては則ち、文武を振ひ、入つて則ち礼楽を興し、淡々如として、仙の如く、昂々如として聖の如く、七十四歳の全生涯を国事の為にささげて、最後の瞬間に至る迄、人の国家を憂へてやまざる丹念は、吾等の伊望してやまざる所」（「加藤桜老小伝」『榊陰年譜』笠間稲荷神社、昭和五十四年）と書いている。天心がかかる桜老に琴を習い謦咳に接しているのも見逃せない点である。

したがって天心が父の覚右衛門以外に、玄導和尚、奥原晴湖、森春濤、加藤桜老等についても勉強し、天心の人間性に何らかの影響を与えたとみるならば、天心の筆跡の背後に幕末から明治にかけての高い精神を読みとることができるのではないかと思う。

しかし、筆跡そのものは、晴湖や春濤、桜老などと似ても似つかないものである。天心の書には、後天的な習得や影響よりも、自身の激しい個性が強く表われているとみるべきであろう。さらにまた、この時代のこのような人たちの書は、その巧拙だけで評価できない側面をもっている。深い意味での漢学や、漢詩文や書画篆刻などのたしなみも決して忘れてはいけないのである。これらのことによって培われた精神であるとか、人格であるとかを充分に読みとることも大切になろう。

明治も日清戦争以後になると学問は真理の探求のための研究であり、おのずと学問の形式が変化し、書も一つの分野として考えられるようになる。学問をするものは必ずしも書を学ばず、また書を勉強するものは、学問に浸らなくても、書の芸術性を追求し、そこに精進すればよいという新しい風潮が出て来る。しかし、天心の時代は学問と書は不離一体のものと考えられていた。したがって天心の書は学問的背景の中で見ることも大切である。

(三)

ところで、天心の筆跡の右肩下りの特徴は、岡倉一雄の言うように、「幼少時代から習い覚えた、英習字の骨法から脱化したもの」とされているが、はたしてそうなのであろうか。これは先天的な一つの手癖であるように思われる。

例えば、中国旅行における多くのスケッチをみるとその描線がほとんど右肩さがりである〔図3〕。特にいくつかの塔を書いている部分にそれが顕著に現われている〔図4〕。本来写生をする場合は、文字を書くという作業と違って目に見えているものを写すわけである。にもかかわらず右肩がさがるというのは、後天的なものではなく、あくまで癖である。

「落款印章ノート」という天心が眼にした絵画の落款、印章を覚えのために筆写したものと思われるが、中の篆文も、わくもことごとく右肩さがりである。円を書くにも右肩さがりの円を書いている。何を書いてもことごとく右肩がさがる。少し乱暴な指摘をすれば、多くの英文学者の筆跡は右肩がさがっているかと言えばそうではなく、漱石とか

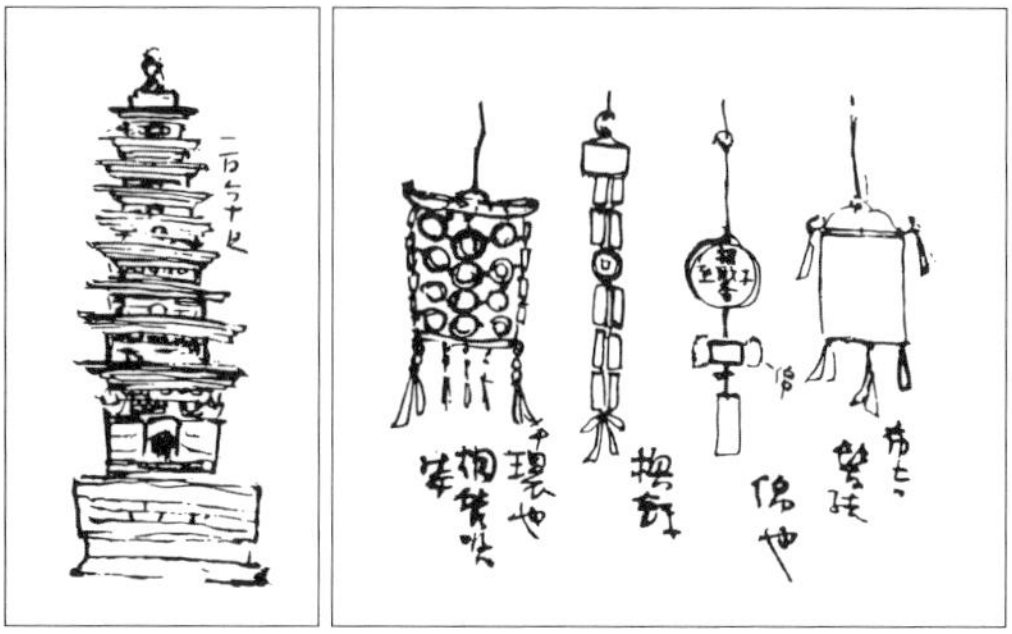

図3・4　天心筆「岐山県城外所見」(右) と「東白馬寺ノ塔」

八一等は筆跡でも一流のものを残している。天心は八歳位の小さい時から英語を習わされたからという一つの理由で、右肩さがりの筆跡の出発点がそこにあるというのは簡単にうなずけない。むしろ、生まれながらの手癖と見た方がよさそうである。一般的右肩さがりの筆跡について町田欣一氏は『筆跡による性格判断法』の中で次のように書いている。

いつも「右肩さがり」の筆跡を書く人が世間にはずいぶんいる。この人たちは、性格がどちらかといえば暗いほうで、明朗とか天真らんまんといった気分は見られない。いつも不安で、いらいらした感情を持っている人が多いようである。……「右肩さがり」の極端な筆跡を書く人は気分や感情にかたよったところがある人と考えていいように思う。

こうした天心の感情の起伏のはげしい一面を表わしたおもしろい話がある。近藤啓太郎著『大観伝』には次のような一面が見える。

陽気で賑か好きの大観には、静かで寂しい田舎暮しに耐えられず、屢々筆や絵具を買うといっては、刺激を求めて水戸や東京に行き、茶屋酒に親しんだ。あるとき、大観は天心夫人の元子と一緒に東京を発ったが、途中、大雨で洪水が出たため、汽車が水戸から先は不通になった。止むを得ず、水戸で一泊して五浦に帰ると、天心が二人を疑って怒り出した。揚句の果てはピストルまで持ち出し、逃げる大観を撃ちながら追いまわした。……天心は独断的に感情に激することが多かったが、翌日になると、昨日のことはけろりと忘れ果てた。

さらに天心は、矛盾した一面も持っていた。原田実氏は次のように言っている。「……わかりにくさの最大の理由は、その言動や思想にあらわれている矛盾にある。それは堂々とした矛盾とさえいいたい明々白々たるものであり……」というように堂々たる矛盾が日常生活や筆跡にも直接顔を出してくる。天心の筆跡は右肩さがりの一様に見えるが、書く時によって実はそれぞれの持つ雰囲気はまったく別人と思われるものもある。

また感情の起伏が激しく、矛盾に満ちた天心には官僚としての一面もあるわけで、官僚的な側面は芸術的思考とは相容れない場合がある。松本清張氏は、『岡倉天心　その内なる敵』の中で書いている。

> 人はとかく天心を「芸術家」として見たがり、またその面のみを拡大したがるが、彼は官界で驥足を伸ばしてきたのであって、その本質が文部官僚であることを人は忘れがちである。――ただ、天心の中には、官僚性とともに芸術家的な先見性（着眼性といってもよい）が同居していた。

こうした冷静な官僚性と感情の起伏の激しい側面を持った芸術的な先見性等、混沌体としての不思議な人格が同居していた天心の人間像が理解しがたいように、その筆跡についてもわかりづらい一面を持っている。

このような堂々とした矛盾を持っている人間は、歴史上どのような傾向があるのか。黒田正典氏は『書の心理』の中で書いている。

> 動乱型の筆跡の形は整正ではない。筆力が強く、線は余裕を許さぬ脈絡、流動性、緊張をもち、生き生きしている。独特の個性をもつ。強弱遅速、痩肥等の変化が質的に豊富である。たとえば聖徳太子、空海、橘逸勢、親鸞、吉田松蔭などがそうである。

これら動乱型の筆跡にみられるものは独自性、筆力、迫力、不整性があげられるが、天心の筆跡はまさしくこれがあてはまる。

筆・跡から天心の人間性をみるとき、まさしく動乱型の人間であることがわかる。

註

1　拝啓　陳レは来ル
八日園遊会へ
御懇招ヲ辱し
万謝の至ニ奉存候
当日小生は必ス
参上可仕　愚妻
等猶追而可申上
先は御請迄

四月五日　覚三

思軒先生
侍史

2　蟬雨緑に霑う松一村
鷗雲白く漾う水乾坤
名山斯處詩骨を托す
滄海誰が為に月魂を招く

3　唐家は豊貴漢は文章（満目）一様興亡夕陽に入る
匹馬暮渡る龍洞の水　乱峯　秋に削らる剣門霜
空林烟月孤僧痩せ　短草沙場断碣荒る
一曲淋冷涕涙を余し　夜雨に堪えず　明皇を憶う
蜀中雑吟之一

天心の思想

木村　競

天心については「近代日本を代表する」思想家、「明治を代表する」美術教育家、美術史家、云々という言い方がされることも多い。私もまた、天心について論評する多くの人々と同様に、彼を「近代日本を代表する」「明治を代表する」思想家と評価するにやぶさかではない。

しかし、天心が書き残したもの、さらには彼の行動が、一見したところ「矛盾の固まり」（色川大吉『日本の名著39　岡倉天心・志賀重昂』解説）であることは、ほとんどの論者がまずは指摘するところである。時には、天心は「あつかいにくい思想家」「危険な思想家」（竹内好「岡倉天心――アジア観に立つ文明批判」）とさえ言われる（ただし、こういった言い方は実は天心の思想の魅力をさしているのであるが）。

天心の言行がこのような印象を与えるのは、天心の思想に以下のような特徴があるからだと私は考える。

⑴天心を「近代日本を代表する」「明治を代表する」思想家と評価できるのは、何より天心の言行が「明治」すなわち「近代日本」において「思想した」者の典型と見なせる性格を持つからであること。

⑵しかし天心の場合には、以下のような特殊事情がある。第一に、著述を専らとする思想家とは異なって、天心はきわめて行動的・実務的な人物であったこと。第二に、天心の思想においては「日本」「東洋」「西洋」の三者の配置の仕方に錯綜と屈折があること。第三に、天心の思想には「関係の知」とでも言うべき独特の発動の仕方があること。

⑶しかも、この⑵の側面が単に天心個人の思想の特徴（或る場合には魅力）であるのみならず、そのような個性的な思想家が存

在しえた時代という意味で「明治」という時代のあり方を象徴するがゆえに、（逆説的だが）この天心の特殊性がかえって「近代日本を代表する」「明治を代表する」という点を強化していること。

以下、このような観点から天心の思想をとらえるために必要ないくつかの論点を提示していくことにする。

天心が「近代日本」において「思想した」者の典型である理由を一言で言うならば、天心の思想のあり方が「近代日本」の成立ということにまさに対応していることにある。

今「近代日本」の成立という言い方をしたが、正確には「日本」の成立と言った方がよい。「日本」の成立とは、日本列島に暮らす人々の大部分が「我々」意識を「日本人」という形で持つようになることであるが、実は、それは明治の中頃になってはじめて十分に実現したと考えられるからである。それ以前は、少数の人々がある限られた事柄に関して漠然と自分たちを中国や朝鮮半島の人々に対するものとして意識するということはあっても、多くの人々にとって「我々」は住んでいる村落の構成員、広くても江戸時代なら藩の大きさに止まっていたのである。

「日本」の成立は、「日本」の外の世界を意識するようになることを伴っていた。「近代日本を代表する」思想家と呼び得る人々は、いずれも強い対外意識と使命感を共通してもっている。丸山真男は天心を福沢諭吉や内村鑑三とならべて次のように論じる。「しかもこの三人はいずれも国際的教養を身につけた知識人として東と西の世界のたんなる啓蒙的媒介人となることに甘んぜず、日本に対する自己の使命と、世界に対する日本の使命とを不可分に結びつけ、そうした「天職」の強烈な意識で生涯を貫いた思想家であった」（「諭吉・天心・鑑三」『岡倉天心人と思想』平凡社所収）。

しかし、日本列島に暮らす人々の大部分が「我々」意識を「日本人」という形で持つためには、つまりB・アンダーソン流に「日本」という「想像の共同体」が成立するためには、その拠り所として（日本人としての）民族的独自性が同時に意識される必要がある（『想像の共同体』）。

近代日本の場合、この民族的独自性は現在の我々が文化と呼ぶ領域に求められた。幕末から明治の中頃までの時期というのは政治的な意味での大変革期でもあるが、それが可能であったのは、様々な領域でこの「日本人」としての文化的なナショナリティが形成されていったからだと言うこともできるのである。

この文化的なナショナリティ形成は歴史の掘り起こしという作業が中心となった。歴史が遡及的に語り直され、伝統が（再発見という形で）作り出された。幕末から明治の中頃までの時期というのは、「日本」を歴史的に語ることが始められた時代でもある。

天心の業績として第一に挙げられる東京美術学校や日本美術院での美術教育・美術運動の指導、日本の美術作品についての評論および美術史の叙述、古社寺での美術品調査・文化財保護の活動といったものは、まさにこのような文化的なナショナリティの形成作業に他ならなかった。高階秀爾は「日本美術院は、伝統復興運動というよりも、きわめて意識的な新体創造の運動であった」（「開かれた伝統主義者　岡倉天心」）と言うが、そうであってこそ「日本美術院」と呼ぶにふさわしかったとも言えよう。

ところで、日本人としての民族的独自性、文化的ナショナリティあるいは国民性といったものは、実は相当に抽象的、つまり相当に曖昧なものである。そうであってはじめて上記のような機能を果たせると言うことができる。しかし、同時に、その典型となるような具体的な事例・事物が共に例示される必要もある。しかも、それによって、民族的独自性・文化的ナショナリティの内実の多様性が確保されなければならない。その点、美術の分野は、きわめて多くの具体的な「もの」としての作品が、しかも古来からの多様なスタイルのものが残存しているという点で、文化的ナショナリティの確立にとってきわめて適当な分野であった。

天心もまた作品をして語らしめた。天心の東京帝国大学文学部での『泰東巧藝史』を聴講した和辻哲郎は次のように回想する。

勿論先生は藝術への愛を口にせられたのではない。たゞ美術史的にさまぐ〵の作品について語られたのみである。然し先生が或作品を叙述しそれへの視点を我々に説いて聞かせる時、我々の胸にはおのづからにして強い藝術への愛が湧きのぼらずにはゐなかつた。……

先生が明治初年の排仏毀釈の時代に如何に多くの傑作が焼かれ或は二束三文に外国に売り払はれたかを述べ立てた時などには、実際我々の若い血は湧き立ち、名状し難い公憤を感じたものである。があの煽動は決して策略的な煽動ではなかつた。我々のうちの眠れるものを醒まし我々のうちの好きものを引き出すのが、煽動の本質であつた。

（「岡倉先生の思ひ出」『岡倉天心　人と思想』平凡社所収）

今の和辻の回想からもうかがえるが、天心に実際に接した者の多くはその人物に魅了された（無論逆に強く反発した者も多かったではあろうが）。この魅力は、天心がきわめて有能な行動的・実務的組織者であったことと一体のものである。そして、このことは思想家としての天心をも特徴づける点に他ならない。明治三十年代半ばに代表的著作を公刊する以前の天心、行動的・実務的な組織者として活躍した時代の天心も優れた意味で思想家と呼ぶことができる。

著作や論文等、書かれたものだけが思想ではない。かといって人が頭のなか心のなかであることを深く思い想っていたからといって、それだけでは思想とは言えない。思想であるためには他の人々に示されねばならない。しかも、それに接した人に人生観・世界観のレベルで影響する――つまり生き方を変えてしまう――だけのインパクトをもっていなければならない。

生前の天心が、一生にわたってそのような意味で影響力のある思想を表出し続けたことは明らかだろう。天心の前半生の活動においても、美術教育・美術運動の指導において、横山大観、下村観山、菱田春草、木村武山等をはじめとする有能な作家達に決定的な影響を与えたことは言うまでもない。さらに美術評論および美術史の叙述、美術品調査・文化財保護の活動といった事柄について、天心が日本における先駆者として讃えられるのは、これらの事柄の現代に至るあり方が天心が設定した方向の延長線上にあるからだということも、強調しておくべきであろう。天心の言行が、価値や内容の点に関しても組織・制度の構築に関してもそれらの分野のあり方を確定し、その分野で生きようとする後代の人々の活動の仕方に決定的な影響を与えたのである。晩年のボストン美術館での仕事も同様な意味をもっと言えよう。

天心はまずもって、このような行動的・実務的な組織者として強力な思想家であった。そして、この点においても、天心を「明治」において、「近代日本」において思想した者の典型と見なすことができる。すなわち、彼の上記の活動は狭い意味での美術制作や学界の内部の問題だけでなく、美術が社会全般と関わる場面、とりわけ様々な組織・制度の構築の場面に関わっているため、その影響の及ぶ範囲は広いのである。これは明治期という近代日本の社会的制度の構築期に特有の事情である。その意味でもまた天心はまさに明治の、近代日本の代表的思想家なのである。

そして、この意味から考えるならば、天心の著作のなかでいわゆる思想書が多くはないからといって、また例えば福沢諭吉や内村鑑三に比べて言論として残されたものの一般的知名度が低いからといって、「近代日本の思想家」としての重要性を必ずしも低く見積もる必要はないと言うことができる（実際、天心の著作のなかで狭い意味で思想書と呼びうるものは、公刊されたものとしては『東洋の理想』『日本の覚醒』『茶の本』の三冊にとどまり、未公刊の『東洋の覚醒』「孔子の時代と老子の時代」、講演「絵画における近代の問題」等それに近い性格のものを加えても必ずしも多いとは言えない。量的に言えば、全九巻からなる平凡社版『岡倉天心全集』の一巻分に足らない）。

無論このことは、天心のこういった著作の意義を低めるものではない。

天心が日本文化の多様性を認めないような硬直した国粋主義者では決してなかったことはよく言われることである。これらの著作において、天心は（先ほど述べた意味での）抽象的な民族的独自性・文化的ナショナリティあるいは時代精神といったレベルの叙述に、芸術作品や所作・振る舞いといった具体的な事例、事物とをきわめて巧みに組み込んで語り上げ、「日本」という「想像の共同体」の「物語」の完成された範例を作り上げた。天心自身が言う。「定義は限定である。雲や花の美しさはおのずから無意識に開くところにあり、各時代の物言わぬ傑作の雄弁こそ、必要な半面の真理にすぎない概要よりも、一層見事に真実を物語ってくれるに違いない」（『東洋の理想』佐伯彰一訳）。その語り口のスタイルは、現在に至るまで、日本の民族的独自性・文化的ナショナリティを語る者に影響を与え続けている。

しかし一方、天心のこのような「日本」という「想像の共同体」の物語において、「日本」「東洋」「西洋」の三者の配置の仕方に錯綜と屈折があることが、天心の思想を評論しようとする者にとって常に難題をなげかける。

高橋和巳は「岡倉天心の主著『東洋の理想』は鼎立《ていりつ》する三つの主張によってささえられている」とする（「思想家としての岡倉天心」『岡倉天心人と思想』平凡社所収）。

㈠アジアは文化的に一つの統一体である。㈡その統一的な保存、継承、発展の姿は日本の文化史にこそ具体的にあらわれている。㈢いま西欧文明の、武力を背景にする進出によって危険にさらされているとはいえ、東洋の文化は、それ自体の内的覚醒によって、よりすぐれた人間の価値として発展させうる可能性がある、と。

この整理はそれ自体は明解かつ的確である。しかし、「日本」「東洋」「西洋」の三者の配置という観点から見ると、それぞれの主張には表裏の二重の対比・二元性が内包されている。

すなわち、この高橋和巳のような表現を取れば、どの主張も「日本」と「東洋」対「西洋」という対比・二元性が表だって見えてくる。しかし、どの主張においても、その裏側に（「日本」と「東洋」という側の内部での）「日本」対「東洋（諸国）」という対比・二元性が透けて見えるのである。「日本」と「東洋」対「西洋」という対比・二元性が表面に出る限り、「アジアは一つ」という汎アジア主義はまさにきわめて文化的かつ平和的で、多様性を尊重する「理念」であることに間違いはない。東洋全体に対しての「白禍」への憤りが語られ、「太陽はふたたび東に上り意気銷沈せる夜は明けた。魔力《マーヤー》は遂に破られた！　われわれは、陽光が揚子江の谷間にひろがり、その光線がメコン河の漣《さざなみ》に躍るのを見る。四千万の島国の日本人がこれを成し遂げたのだ」（『東洋の覚醒』桶谷秀昭訳）という言い方も「日本」の独善性の主張とはほど遠い。

しかし、「日本」対「東洋（諸国）」という対比・二元性がそこに加わる時、どの主張にも、「東洋（諸国）」のなかで「日本」のみが「東洋」の価値を体現できるし、実際しつつあるのだというニュアンスが執拗にこびりつく。「こうした複雑の中の統一ともいうべきアジア的特性を一きわ明瞭に実現する作業こそ、日本の大いなる特権であった」と語られ、「日本民族」の「粘り強さ」が「中国とインドの理想がそれらを生み出した当の人々の手で放棄されてすでに久しい場合ですら」それを「純粋なまま保存」し、「不意打ちの理解しがたい西洋思想の流入にもかかわらず、今日まで日本を無傷に保たせてきた」という言い方がされる（『東洋の理想』）。日清戦争の下関講和条約は「朝鮮の領土的統一化を保障して、中国からのいかなるそれ以上の危険からも保護物たらしめる」という「戦争目的」を果たしたものとされる（『日本の覚醒』橋川文三訳）。

このような二重の対比・二元性は、「近代日本」においては宿命的であったと言うべきなのかもしれない。というのは、近代国家の基盤となる民族的独自性の意識を伴った「想像の共同体」の形成には、「他者」としての「異・民族」「異・世界」が対になるものとして必要だからである。天心も「（これまで東洋民族は）共通の敵対から生まれるあの民族的自覚を感じる機会をもたなかった。哀しいかな、外敵をもたぬ民は、みずからを再組織する機会をもたないのだ」と言う（『東洋の覚醒』）。「近代日本」の場合、それは第一には、幕末に鎖国の扉をこじ開けた欧米諸国であり、「西洋世界」である。しかし、第二には、それまではこのような意味での「他者」として意識されることのなかったアジア諸国、「東洋世界」もまた、特に明治期になってからは次第にこの意味での「他者」になった、ということができるのである。

したがって、天心が、論じるべき事柄をアジアの文化が（このような意味での）「他者」として意識されてこなかったこととの連続性の内に置くとき、「日本」と「東洋」対「西洋」という対比・二元性が議論の機軸となる。しかし、アジア諸国、「東洋世界」もまた「日本」の「他者」になったという意識が強まれば、「日本」対「東洋（諸国）」という対比・二元性の軸がそこに加わることになる。後者の軸に基づいた議論においては、当然の事ながら、文化交流の歴史が遡及的に語り直され、各々の伝統が創造され、「日本」の優位が際立たされる（美術という領域が、この二重の対比・二元性、アジアの文化に二通りの位置づけが起きやすい領域であることは言うまでもないであろう）。この意味でも、天心は「近代日本の思想家」の「典型」なのである。

ここで付け加えるべきことは、天心が『東洋の理想』『日本の覚醒』等を書いたのは明治も三十年代になってからだということである。すなわち、アジア諸国、「東洋世界」もまた、既に「日本」にとっての「他者」になった時期に彼の思想書の主著とされるものは書かれた。『東洋の理想』『日本の覚醒』が「歴史」的に書かれていることも上記の意味からして当然とも言えよう。

したがって、さらに、同じように「日本」が称揚されているとしても、この時期の思想と、フェノロサやビゲロー等と「日本美術」を発見して行った初期の天心の思想とでは、その民族的独自性や文化的ナショナリティの論じ方・組立て方の点で相違があると考えるべきである。ここで具体的にそれを指摘する余裕はないが、吉野耕作の言葉を借りれば、初期を「創造型文化ナショナリズム」として、晩年を「再構築型文化ナショナリズム」として区別することも可能かもしれない（『文化ナショナリズムの社会学』――この小論は同書を参考にするところ大である）。

最後に強調したいのは、「知の冒険家」としての天心の魅力の一つは、彼が「関係の知」の人であったということである。それは二つの面から指摘することが出来る。

一つは、彼が向き合わねばならなかった様々な物事や問題を、常に関係において考えたということである。そうすることで、そういった物事や問題にそれまでとは異なった新しい照明が当てられ、天心の思索は大きく広がった。比較は物事を考える際の基本的な手法であるが、天心ほど関係において考えるというスタイルが身に付いている思想家は多くはないだろう。そもそも、茶道というものを、その内部での決まり事や「奥義」の説明を越えて、思想や社会や芸術との関係において論じた書物がそれまであったであろうか。

もう一つの面は、天心は常に誰かに対して聞かせ、読ませるために、すなわち誰かとの関係において考えたという事である。全九巻からなる平凡社版『岡倉天心全集』のうち、丸々二巻分が評論・講演・意見書に当てられ、書簡もまた二巻分収録されている。

それは、一方では彼の思索から悪い意味での抽象性や独り善がりを抜き取った。そして何よりその相手となった人々に強い感銘と影響を与えることを可能にした。天心が講演の名手として、日本のみならずボストンの社交界の寵児となり、セントルイスの万国博覧会で好評を博したことは有名であるが、彼の教育者としての能力の高さもこのような知のスタイルから説明することもできるだろう。

論じ残したことは多々ある。天心は極めて多面的な思想家である。その豊かな可能性を汲み取るためには、天心はどう言っている、どう行動した、という形で天心の思想をとらえるだけでなく、我々自身が今向き合わねばならない様々な物事や問題について、天心ならこういう場合、どのように考えるか、どう振る舞うかと考えてみるのもよいのではないか。天心はそれに応えてくれるまさに「近代日本を代表する思想家」である。

付記

天心の思想の評価を複雑にしている一つの理由は、言うまでもなく、昭和初期の戦争の時代において天心が「利用」されたことにある。日本浪漫派と呼ばれる人々を中心に、天心の『東洋の理想』の冒頭の一句「アジアは一つ」が「大東亜共栄圏」を先取りした主張のように扱われたことは有名である。これにより天心は美術界関係者のみならず思想家として世に知られることとなった。この事柄を天心自身の思想とどう関係づけるかという問題はこの小論では論じないが、この「利用」もまた、伝統の「語り直し」によるナショナリズム形成の繰り返しであったという視点も必要であろう。

天心の思想については膨大な評論が存在するが、橋川文三編『岡倉天心　人と思想』（平凡社）には天心に関する代表的な評論と回想がコンパクトにまとめられており、この小論での論評の引用のほとんどは同書による（本論では触れられなかった天心の思想と彼の英語使用の関係については桶谷秀昭「岡倉天心と英語――美とアジア認識」が論じている）。

天心の思想の魅力を味わうには著作そのものに触れることが第一であるのは当然である。幸いなことに現在は『岡倉天心全集』（全八巻、別巻一巻、平凡社）が存在する。著名な著作のみならず、彼が最初に公表した論評である「書ハ美術ナラスノ論ヲ読ム」や「第十回絵画共進会・日本美術院展覧会出品概評」「ボストン美術館中国日本部の仕事に協力する婦人たちへの談話」といった小品に接することも、本論に述べた天心の「関係の知」の人としてのあり方を知るのに役立つだろう。また、これも本論では触れられなかった天心とその思想の重要な支柱である道教との関係については、『全集』第八巻に明解な解説（福永光司「岡倉天心と道教」）がある。

岡倉天心と文化財保護

田中 義恭

わが国の文化財（有形文化財）、絵画や彫刻、工芸品、建築などは木、紙、布など脆弱な材質で作られているものが多いため、長い年月の間に損傷することが早く、常に修復を伴っているのが特色である。寺院に伝えられている仏像（主として木彫像）などは二百～五百年毎に修理が行われて現在に伝えられていることが多い。仏教法会に使われる仏画（例えば仏涅槃図）なども二百年前後毎に修復された記録が多数残されている。一方、古いもの、美術的価値の高いものを保存しようという思想も早くからわが民族には目覚めていて、正倉院の宝物類（主として工芸品、聖武天皇の遺品や東大寺大仏開眼時に用いられた法具など）の保存は、現在の我々のいう文化財保護と多くの共通点がある。更に、古都（奈良）に伝わる仏像（宗教的偶像）についても美術作品としての評価を与えていることが『七大寺巡礼私記』（大江親通著）など平安時代の記録で既に窺うことができる。殊に中世以降は「茶」の影響を受けて絵画や工芸品などに歴史的宗教的遺物として以上に美術作品としての評価が加えられ、上下を問わずこれらを鑑賞したり保存したりする風潮や習慣が人々に浸透していた。しかも江戸時代における二百年余にわたる鎖国も結果的に有効に機能して文化財の海外への流失を防ぐこととともなった。

このように美術作品を初め文化遺産を尊重し保存しようとする一貫したわが国の歴史性や民族性が、上述のように脆弱な材質にもかかわらず、多くの文化財が残されることとなったが、明治維新の政治体制や文化的思想が文化財に大きな影を落とした。西欧文明の積極的受容と伝統文化の軽視に加え、明治初年の神仏分離政策は各地で廃仏棄釈へと進み、多くの地方で仏像や仏画など仏教的遺物が放棄されたり破壊されたりした事態が続いた。このような風潮を憂えて国立の博物館の創立者でもある町田久成以下の勢力が台頭してくる。明治四年（一八七一）に「古器旧物保存方」の布告が発せられ、町田を中心として文化財保護の活動が開始されることとなる。翌五年に博物館が開館、博覧会が開催されるとともに古美術の収集も始められた。

古社寺保存と天心

明治十三年（一八八〇）東京帝国大学文学部第一期卒業生岡倉覚三（天心）の卒業論文は「美術論」であったといわれている。天心は弱冠十七歳で東京帝国大学を卒業直後、八月に京都、奈良を訪ねたフェノロサに通訳として随行し、十月には文部省に音楽取調掛としての就職が決まった。その後、専門学務局勤務となり、美術教育や古社寺保存が、公私ともに徐々に彼の守備範囲となり、興味の対象ともなっていった。

殊に天心が大学時代から私淑していたフェノロサの影響は無視することができない。明治十一年に来日したフェノロサは「御雇い外国人教師」として東京帝国大学で政治学・理財学・哲学を担当したが、日本の伝統美術にも注目して、古美術の収集、伝統的な美術家たちとの交流を積極的に進めるとともに、京都・奈良など近畿地方の古社寺をしばしば訪れており、大学卒業後の天心はフェノロサとしばしば行動を共にしている。特に古社寺の宝物調査で両者が同伴する機会が多く、著名な法隆寺夢殿の秘仏の開扉も両者が参加した古社寺調査の際であった。このような状況の中で美術の育成と共に文化財の保存が天心のライフワークの一つとなっていった。

わが国の文化財保護が国家の事業として始められた「古社寺保存法」が公布される頃までの天心の主要な動向を左に挙げる。

明治十三年　八月　京都・奈良訪問（フエノロサの通訳として随行）
　　十五年十一月　北陸出張の帰途に近畿地方の古社寺を訪問
　　十七年　六月　近畿地方古社寺調査（フェノロサ同行）

十八年十二月　図画取調掛委員（美術学校設立のため）
十九年　四月　近畿地方古美術品調査（フェノロサ同行）
　　　　八月　近畿地方古美術調査
　　　　　　　「美術品保存ニ付意見」「奈良古社寺調査手録」（図1・2）執筆
　　　　十月　欧米へ出張（美術教育制度調査のため）
二十年　十月　同　帰国
　　　　同　　東京美術学校幹事となる
二十一年　五月　近畿地方古美術調査（主班九鬼隆一、フェノロサ以下総十名）
　　　　九月　調査記録「近畿宝物調査手録」執筆
　　　　同　　宮内省に臨時全国宝物取調局設置、天心は同取調掛となる
　　　　十月　博物館学芸委員（宮内省）
二十二年　一月　東京美術学校開校
　　　　五月　帝国博物館理事および美術部長に就任
　　　　七月　茨城県古器物調査
　　　　八月　栃木県古美術調査
二十三年　六月　東京美術学校校長心得となる
　　　　九月　帝国博物館で模写模造事業開始（東京美術学校が担当）
　　　　十月　東京美術学校校長となる
二十六年　七月　中国（清国）に美術調査のため出張（帝国博物館）
　　　　十二月　同　帰国

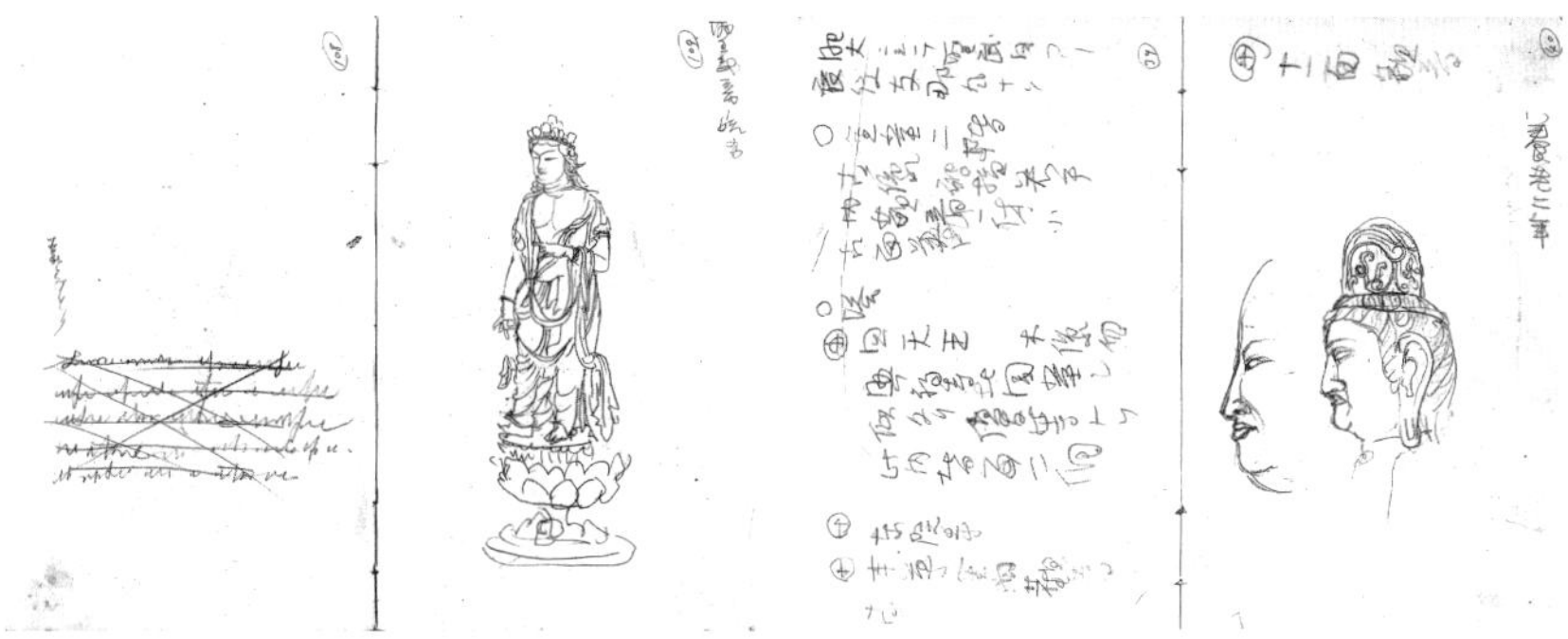

図1・2　明治19年の奈良古社寺調査手録から

二十七年　四月　帝国奈良博物館開館
二十八年十一月　「美術会議設置ニ付意見」執筆
二十九年　四月　古社寺保存会設置
　　　　　五月　同　委員
　　　　　九月　近畿地方へ出張（古社寺保存会）
　　　　十一月　古社寺保存会（第一・二回会議）
三十年　二月　中尊寺金色堂修理（東京美術学校）
　　　　五月　帝国京都博物館開館
　　　　六月　古社寺保存法公布
　　　十二月　国宝・特別保護建造物指定

明治十三年にフェノロサの通訳として京都・奈良を訪れたことが天心が文化財保護に注目する直接のきっかけとなった。同年文部省に音楽取調掛として採用されるが、一年程で美術関係が本務となる。以後公務として近畿地方を中心に古社寺、古美術調査のためしばしば出張しており、その殆どにフェノロサが同行している。

明治十九年美術学校設立のため図画取調掛委員に就任したことを機会に今までの調査結果を踏まえて「美術品保存ニ付意見」[1]として纏めている。

千二百字程の意見書（他に調査目録を付す）で、主として寺院が所蔵する美術品について

一、所蔵者に美術作品としての認識がないこと
二、認識があっても保存の必要性やその方法を知らないこと
三、その結果経済的理由もあって、破損するにまかせ、また売却されるなど散失しつつあること

などの実情をあげ、その対策として「地方庁ヨリ寺院ニ就テ保存スルコト」及び「宮内省ニテ美術品ヲ採集スルコト」の二案を提案している。明治新政府の神仏分離政策の後遺症による寺院の荒廃を数度の調査で正確に認識した極めて現実的な提案である。殊に明治四年以降各地で行われた「古器旧物保存方」の太政官布告による調査目録の作成が不十分であり、専門家による対応、調査研究の必要性を説いており、更に国の機関が積極的に寺院の美術品を収集、保存することや普及、公開にまで触れ、これらの事業を推進する機関として宮内省をあげている。

古美術の保存を宮内省の所轄とする天心の意見は、それまで内務省、文部省や大蔵省等によって進められた寺院の宝物（文化財）保存の停滞を打開する手段として、寺院に最も影響力があり、帝国博物館を所轄する同省を指名したことは極めて現実的な提言といえる。しかも各寺院における宗教上の理由にも十分配慮して、寺院自身が積極的に保存計画を持つことの意義についても指摘しており、これら彼の文化財保護に関する見識は、古社寺保存法、国宝保存法（昭和四年）に反映され、その思想は現在の文化財保護行政にも受継がれている。

以後天心は美術学校設立のための準備に追われることとなるが、同二十一年九月に宮内省に臨時全国宝物取調局が設置され、同取調掛、帝国博物館（宮内庁）理事、美術部長、古社寺保存会委員（内務省）等に就任して、文化財保護の中枢に位置し、その後の十年余の間は東京美術学校の教授、校長としての任務の傍ら、古社寺保存法の実現を目指して(2)具体的な活動にも従事することとなる。その結果、明治三十年六月、文化財保護に関するわが国で最初の法律である古社寺保存法の公布、最初の国宝、特別保護建造物の指定が実現する。これまでの天心を中心とした調査活動が反映されたことはいうまでもなく、日本の文化財保護の近代化の第一歩が踏出されたといえる。

美術院第二部と文化財の修理事業

明治三十一年、岡倉天心が東京美術学校校長の職を辞任し、日本美術院を設立することになるが、研究部門であった第二部に古美術の保存の役割を与えた。顧問に高村光雲を迎え、監督に新納《にいろ》忠之介（美術学校第三回卒業生）、工事主任に菅原大三郎をあてて、古社寺保存法による保存修理事業が始められた。これに先立って天心はこのことを見越して東京美術学校時代に中尊寺（岩手県）の依頼で仏像等の修理を請負っている。実際の修理は当時同校の助教授であった新納以下に担当させた。修理技術の研究、習得を目指して着々と近代的保存修理の準備が進められていた。

高野山（和歌山県）の仏像を第一号として、古社寺保存法による修理が始まり、引続いて東大寺法華堂の諸像など奈良の大寺院の仏像の修理を担当することとなる。仏像等の修理は既に平安時代から行われていたが、それらはいずれも信仰的立場からのものであって、仏像を彫刻として捉えたものではなく、新納らにとっては、対象を美術作品としてその保存を図ることは容易なことではなかったはずである。この時期に天心はしばしば奈良他の修理現場を訪れている。彼の欧米視察の際の見聞からの指導が行われたことであろう。作品のオリジナル部分と欠失部分の復元の問題、接着剤等の修理材料など(3)試行錯誤を伴いながら徐々に近代的修理方法の基礎を確立させていった。

日本美術院による修理で特記されることは、美術作品を単に修理するのではなく、計画的な施工が行われていることである。修理に先立って損傷部分の詳細な調査が行われて修理方法が検討され、設計書が作成される。修理中には作品の材質や構造などのデータが収集され、新たに発見された銘文等も記録される。竣工後には図解を伴った詳細な報告書も提出されており、極めて研究的な態度が窺われる。天心の指導があって初めて可能なことであったことであろう。このような修理事業に対する態度は修理技術者やそれを指導する文化庁の専門家に継承され現在にも生かされている。なお、修理が始められた当初は絵画、書跡等を含めて殆どの分野の作品が美術院に任せられたが、伝統的技術を要する絵画、書跡類は京都、奈良、東京などの表具師に任せて美術院の手を離れることとなる。

明治三十九年日本美術院の事業も軌道に乗り、天心が主幹に就任したのを機に第一部（絵画制作部門）が五浦（茨城県）へ移り、第二部は国宝修理部門として奈良を根拠地とすることとなる。第二部は引続き新納が中心となり、奈良在住の仏師や漆工、木工、金工などの技術者を結集し、彼らの持っている伝統的技術を整理して新しい技法の開発に努めている。その後も天心はしばしば奈良を訪れ、技術指導を行い、各国に先行して「現状維持修理」という新しい修理方法を確立させた。(4)大正二年（一九一三）天心の没後、第一部が再興美術院として再出発したのを機に第二部は「美術院」（「奈良美術院」と俗称）と改称して独自の活動を開始することとなる。以後、国宝、重要文化財の彫刻作品の修理を担当し、文化財修理の中心的存在として今日に至っている。(5)

岡倉天心の伝統文化や文化財に対する情熱は終生変わることがなく、常に問題意識を持ち続け、研究調査に基づいて文化財保護について具体的提案を行なっている。死の一月前の古社寺保存会には、病をおして五浦から上京して出席し、法隆寺金堂壁画保存についての提案を行なっている。諸外国にさきがけて法律化された「古社寺保存法」は九鬼隆一など文部官僚の熱意も無視することも出来ないが、天心の文化財に対する専門家としての見識が具体化されたものといっても過言でない。その文化財保護思想は「国宝保存法」「文化財保護法」に受継がれて現代に至っており、殊に「民族（国民）共通の財産」という彼の思想は昭和二十六年に施行された「文化財保護法」に反映している。

さらに文化財修理の近代化もさることながら、保存科学や地方博物館の設置など彼の提案が近年になって次々と実現しており、その先見性も高く評価しなければならない。

註

1　京都奈良高野并ニ滋賀県下ノ諸寺院ニ就キ絵画彫刻等考究ノ際　最モ小生ノ注意ヲ喚起シタルハ美術保存ノ方法是ナリ　蓋シ今日通常ノ寺院ニ在テハ（第壱）美術ノ如何ナルヲ知ラス（第弐）美術保存ノ必要ナルヲ知ラス　又保存ノ方法ヲ知ラス（第参）美術保存ノ資力ナキヲ以テ大家ノ製作モ破毀損滅スルノミナラス往往商賈ノ手ニ帰スルモノアリ　今日ニシテ其保存ニ着手セサレハ我日本ノ名誉タル東洋美術品ハ数年ヲ出スシテ散失滅亡シ悔ユルモ亦及ハサルニ至ルヘシ　豈注意セサルヘケンヤ　保存ノ方法大体二種アルヘシ

○地方庁ヨリ寺院ニ就テ保存スルコト

現今ノ方法ハ地方庁ヨリ各寺院ニ命シテ什品目録ヲ作ラシメ之ニ拠テ保存ヲ計ルト雖トモ目録精細ナラサルヲ以テ混合変換ノ弊ヲ生

シ易ク又適当ノ点検ナシ　故ニ殆ント其益ナキニ似タリ

此方法ヲ充分ニ施行スルニ於テハ（第一）精細蜜《ママ》切ナル目録ヲ作ルヲ要ス（精細蜜切ナル目録トハ能ク美術上ノ品位真偽ヲ考ヘ図様形状ヲ筆記若クハ摸写シ又ハ適当ノ符号ヲ付シ混同ノ弊ニ備フヘキモノヲ云フ）此ノ如キ目録ヲ作ルハ府県官并寺院ニ於テナシ難キヲ以テ宮内省　文部省　農商務省ヨリ委員ヲ派シ若クハ龍池会ニ托シテ作ラシムルコト必要ナルヘシ　（第二）時々吏員ヲ派シテ美術品ノ有無并ニ保存ノ模様ヲ検査スルコト　（第三）美術品ノ保存ヲ補助スルコト

然レ共此方法ノ弊タル　第一繁雑ニシテ地方官并ニ寺院ニ於テ堪ヘ難キコト是ナリ　第二ニ諸寺ノ美術品隔絶シテ美術攻究ニ不便ナルコト是ナリ　第三ニ充分ノ保存修復ヲナス能ハサルコト是ナリ　故ニ此方法ハ止ムヲ得サルニ非サレハ施行セサル方宜シカランカ

○宮内省ニテ美術品ヲ採集スルコト　此方法ヤ　第一美術品ヲ最多数ノ人民ニ示シ全国ニ裨益シ海外ニ名誉ヲ得　第二日本美術ノ全局ヲ示シ考究ノ便ヲ与ヘ　第三ニ充分ニ保存修復スヘキ資力并ニ権力アリ　第四宮内省ニテ採集スルトキハ他省等ニ比スレハ容易ニ出品スヘキヲ以テ最モ適当ノ方法ナルヘシ　尤モ全国諸寺ノ美術品ヲ尽ク採集スルノ意ニ非ス　寺院美術品中ニ在テハ宗教上ニ必要ナルモノアリ地方ヨリ移転シ難キモノアリ　又地方ニ保存スルコト有益ナルモノアリ　然レ共是等ハ自然寺院ニ於テモ保存ヲ計画スヘキモノニシテ且適当ノ模本ヲ以テ補フヘキヲ以テ更ニ妨ケナカルヘシ　其他ノ美術品ハ既ニ絵画供《ママ》進会ニ於テ二回モ出品シタル例アレハ適当ノ手段ニ由リ容易ニ差出スヘキコト、推察ス（後略）（国学院大学梧蔭文庫蔵。明治十九年の二度の調査後、十月に欧州視察旅行出発までの間に図書頭井上毅に提出されたと考えられる「美術品保存ニ付意見」『全集』三）。

2　明治二十八年に執筆した「美術会議設置ニ付意見」中でも古美術・古建築の調査保存、博物館の設置等、文化財保護に関する事項に多くの部分を割いている。

3　例えば、西欧から伝えられた石膏に日本古来の漆を混ぜて修理箇所の補修と塑形に用いるなど新しい技法を試みたりした。この技法は長く用いられることはなかったが、熊野速玉神社（和歌山県）神像、影向寺（神奈川県）薬師三尊像他に用いられている。

4　作品のオリジナル部分を尊重し、復元は必要最小限とする修理方法で、復元修理主導であった欧米諸国でも、二十世紀後半からこの修理方法が用いられるようになった。

5　現在「財団法人美術院」と称し、京都国立博物館内の工房を中心として、年間二十件前後の彫刻作品の修理を行なっている。

天心と中国

天心の中国旅行記

鶴間 和幸

明治時代には、多くの日本人が中国を訪れていろいろな印象記や紀行文を残している。なかでも岡倉天心が、日清戦争直前の明治二十七年（一八九四）三月に『國華』第五十四号に発表した「支那南北ノ区別」という文章は、なによりも前年に試みた三ヵ月の中国旅行で得た生の中国を体験したあとのものであるだけに、斬新で鋭い中国文明論となっている。わたしたちは天心と中国の深い結びつきを忘れてはならない。

天心といえば『東洋の理想』（明治三十六年）のなかでアジアの文明論を展開し、また『茶の本』（明治三十九年）のなかでは、茶の文化史から見た日中の比較文化を試みたことはよく知られているが、その出発点になっているのがこの「支那南北ノ区別」であった。

「支那南北ノ区別」が発表された年には、のちに内藤史学と称される独自の東洋史を打ち立てた内藤湖南（一八六六～一九三四）が「地勢臆説《ちせいおくせつ》」という文章を著し、天心と同じ様な中国文明論を展開している。日本の美術史において多大な貢献をした天心は、中国文明、文化に対しても鋭い認識をもっていた。

明治二十三年（一八九〇）、満二十七歳にして東京美術学校教諭兼校長の要職に就いた天心は、「支那古代ノ美術」という論考を著し、中国古代の美術史を概論したが、それは書物から得た該博な知識を羅列した内容で、読んでも面白味がない。

図1　第1回中国旅行時の天心（明治26年、右端が天心）

しかし明治二十六年七月から十二月まで宮内庁の命ではじめて中国旅行に出かけたあとにまとめた「支那南北ノ区別」は、百四十日間の旅行での体験をもとにしただけに、その名文のなかにかれが感激した広大な中国大陸の情景が生き生きと描かれている。当時東京美術学校生であり、のちに中国美術史の研究者として活躍した早崎稉吉と、通訳の三輪高三郎、そして従僕として雇った中国人青年高二《カオアル》との三人だけを引き連れ、多くを馬車と船でつぶさに見聞した貴重な体験は、これまでの書物のうえでの知識を一新するものであり、かれの中国認識の転機となった〔図1〕。

天心はのちにボストン美術館の美術品収集を目的に明治三十九から四十年（一九〇六〜〇七）、明治四十一年（一九〇八）、大正元年（一九一二）の三回中国を訪れているが、明治二十六年のはじめての旅行はとりわけかれに大きな衝撃を与えた。「元来今回ノ目的ハ漢唐古都ノ遺趾ヲ探リ且近代ノ戦乱ニ遭ハサリシ蜀中ノ風物ヲ観ント欲スルニアリ」と帰国後の講演で述べているように、本来の目的は主として中国古代美術の実見にあったのだが、結果として予測しないほどの成果を得て帰ってきた。

旅行の体験

旅行中の様子は『支那旅行日誌』四冊に克明に記録されている（『全集』五）。七月十五日東京から長崎経由で船で天津に上陸し、八月九日には北京に到着した。「天津より北京に到る馬車は通常二日間を要す」「支那の馬車には鋼塹《ママ》なき故動揺甚しく不慣の旅客は頭を打ち極めて困却なり　依て車中には夜具蒲団を厚く敷き又左右には西洋枕を置き頭の左右に動揺せさる様天津にて其用意をなすこと最も緊要なり」と交通の難をいい、また「支那の旅店は極めて不潔なり　部屋毎に炕《カン》と称する寝床あり此床は煉瓦を以て積立地面より二尺余の高さなり　冬は其下に火を燃《ママ》き甚た暖かなり　支那人は極く薄き褥《しとね》を敷き更らに寒気を覚えすと云ふ　然れとも不慣の旅客は甚た不愉快なり　日本の旅客は本国より夜具を携帯すること最も必要なり」と宿の寒さに堪えた有様と旅行上の注意を書きとどめている（「支那旅行報告稿」『全集』五）。

九月十九日、洛陽の龍門石窟を訪れた。「登レハ三洞アリ　中央ニ賓陽洞ト題ス　中央ハ明カニ古式ニシテ鳥仏師のものト毫モ異ナルコトナシ　北魏のものカ　六朝の正式見ルヘキなり　此洞六間四方高サ四丈位　中央釈迦三丈位　前ニ獅子アリ」と記し、北魏時代の賓陽洞《ひんようどう》の釈迦三尊像が日本の釈迦三尊像と酷似していることに気づいた。これは学問的にも卓見とされている。

天心は帰国後、度々講演を開いた。翌二十七年一月の日本青年絵画協会をかわきりに、二月の大日本教育会、五月の国家経済会と続いた。四冊にものぼる詳細な旅行日誌、講演録によって「支那南北ノ区別」はまとめられた。

二つの中国認識

天心自身の言によれば、中国旅行で得た成果は中国についての三つの新しい認識であった。それは第一に中国には通性がないこと、第二に中国は日本よりもヨーロッパに近いこと、第三に日本美術は中国美術から独立していることである。当時としては、いずれも大胆な結論であり、含蓄のある発言であった。明治十九年（一八八六）十月から一年間のヨーロッパと、二十六年の中国とをまたにかけた実地見聞によってはじめて達しえた比較文化論といえる。

とりわけ第一の認識は、私たちに強烈な印象を与える。“Is China one nation?”「支那に通性なし」「支那ハ単独ノ国ニ非ズ」「支那が無い」「一の支那を画き難い」などのことばは、画一的な専制国家権力像に頼りがちの中国認識に警鐘を鳴らす。天心が見聞した中国が、すでに往年の統一権力の勇姿をとどめておらず、ヨーロッパ列強の侵略の渦中にあったという事実を考慮に入れておく必要があるだろうが、通性なきことがヨーロッパと同じであるということはどういうことであるのだろうか。

通性なき中国をとらえる視点は、まず地域区分から始まる。多民族社会の中国は、六地域に区分される。すなわち北部黄河沿岸の河辺、南部揚子江（長江）沿岸の江辺、雲南・広東などの南辺、蒙古・満州などの北辺、西域諸蕃の西蔵、海浜地区の海辺の六地域である。このなかで彼自身が巡ったのは、河辺と江辺が中心であり、また非漢民族の居住地を除き、とくに黄河、揚子江の南北二大地域を中心に中国文化を分析する。「支那文化の中央を以て論ずれば、黄河と揚子江とを中心として、少なくも南北二種の差異を見るべし」といい、中国文化を南北論から理解しようとした。

支那と中国

ちなみに第二次世界大戦以前の日本では中国のことを支那と呼称していた。支那の名称は英語のチャイナにもつながり、秦《チン》が西方に伝わり、中国の呼称となったものである。日本の大陸侵略のなかで、中国人が自らを中華民国、中国と呼ぶ一方、日本人は支那ということばにこだわり、のちに侮蔑感を伴ってしまったので、戦後は支那を中国に換えていくことになった。しかしそもそも戦前の日本人は漢民族の地を支那と呼び、周辺のモンゴル、東北地方の満蒙（満州・蒙古）、新疆（現在の新疆ウイグル自治区）、西蔵（現在のチベット自治区）と切り離して理解していたが、中国ではとくに清朝時代には周辺部を支配領域として統治し、また辛亥革命後はいわゆる五族共和の地、漢族、満族、モンゴル族、ウイグル族、チベット族の地をあわせて中国と呼んでいた。天心が周辺部を除いて漢族中心の「支那」という理解をしていたが、一方で中国人の側では、拡大した多民族の「中国」として捉えていたことを付言しておきたい。ここに書いている文章も、天心自身のことばで「支那」というが、「中国」と言い換えている。

南北文化の差異

実際に見聞してきた多様な中国の有様が、この南北の差異の視点から次々と明快に説明されていく。「黄河ノ辺ハ、曠《コウ》野《ヤ》千里又千里、殆ント窮極スル所ナキカ如シ。山ニ太行、泰華アルモ以テ平原ノ茫漠《ぼうばく》ヲ破ルニ足ラス。而シテ揚子江辺ハ層巒《ソウラン》危峰、前ニ聳《ソビ》フルニ非サレハ、飛泉懸瀑《ケンバク》、後ニ接ス」（「支那南北ノ区別」『全集』三）と述べて、南北の山川風土の差異を明らかにするが、これは北京・邯鄲・開封・鄭州・洛陽・西安へと華北を遊歴したのち、さらに秦嶺山脈を南に越えて蜀地に入り、長江（揚子江）を下って上海に出るという、まさに南北の光景を目の当たりにしてはじめて発せられることばであった。続いて生活形態・種族（漢族の容貌）・習俗・言語など南北の差異について指摘していく。

天心の旅行のコースは、すでに明治九年（一八七六）に竹添進一郎（戊辰戦争時の熊本藩参謀、明治維新後は明治政府の外交官）が百十日をかけて試みており、『桟雲峡雨日記《さんうんきょううにっき》』を残している。竹添もやはりすでに南北の風土の違いを感じている。華北では交通、宿の不便さを感じながらも、蜀に入ると光景は一変し、「田園開け村邑殷富にして復た川北の比ではない。旅店の大なるものは千人も容れることが出来、その或るものは店中に劇場を設けている」と四川の豊かさを伝えている。しかし当時蜀地に入ることが容易でなかったことは、いうまでもない

南北二要素の合体

さて天心の南北の差異論がたんに地理的な風土論に終らないことは、政治権力の歴史的展開を説明する箇所によく示されている。「中央集権ノ制ノ如キハ著シキ変化ナルヘシ」と断じ、一見すれば秦が天下を統一して以来不変に思われる中央集権的官僚制国家も、天心の南北論にかかると著しい変化として描かれる。夏殷周三代・春秋戦国の覇者はいずれも河辺にあり、秦漢の統一後も大勢は依然と河辺にあり、三国六朝期になってようやく河辺と江辺の交流が始まる。唐代は政治的な大勢は依然と河辺にあったが、まさに南北両地域が混合した時代であった。その後の五代の争乱以来中心は南下し、宋は江辺の精神を発揮させた王朝となる。しかし遼金元の北方異民族の王朝期になると、一時的に明の回復の時期があるが、河・江両河地域の存在

は影がうすいものになってしまうという。天心という人物は当初国家論の卒業論文を準備していたほどの学究である。「変動ニヨリテ国ハ動カス」「国家の観念カ異なり人民ト政府トの関係ハ親密ナラス」と記して、絶え間ない王朝の交替と社会の不変性というヨーロッパ人のアジア社会認識、いわゆる停滞論に理解を示しながらも、なおかつ南北論によって「支那の発達」を論じようとしたことは、評価できよう。ただし「発達」といっても“China is great when the 2 combines”のことば通り、唐こそが南北二要素が合体した真の統一国家と考え、中国社会の継起的な発展の図式は描いていない。

天心は中国美術史の展開についても、地域差の観点から論ずる。すなわち中国の美術文化には、周末の「河民ノ精」と宋朝の「江民ノ粋」と唐代の「江河合体ノ華」との三つのピークがあり、夏殷周三代、六朝、五代はそこにいたる気力を内蔵し、漢、明はその余力を保っていた時代と考えた。元や清にいたっては、天心自身が中国旅行で失望した通り過去の余影に過ぎないとまでいう。

統一と地域

天心がこれほど南北の地域論に固執するほど中国社会が統一を拒否する要因はどこにあるのだろうか。天心は「唐以来試挙ノ法ハ言語ヲ一定スルニ於テ頗ル効力アルモノナルヘキモ、万里山河ノ隔絶ハ、一千年ノ影響ヲ以テ打破スヘカラス」「数千年来ノ一国民トシテ、此ノ如キ大区別アルハ怪《アヤ》シムヘシト雖トモ、種族ノ混合セサルハ彼ノ祖先墳墓ノ地ヲ重ンシ容易ニ他ニ移転セス、他郷ニ在テ物故スレハ必ス其柩ヲ郷里ニ送致スル等ノコトアリテ、江河ノ相接スル極メテ少ナキノミナラス、他郷ノ者ト結婚スルコト稀ナルカ如キモ亦一原因タラスンハアラサルナリ」と指摘する。「万里山河の隔絶」とは、まさに民衆の郷土主義によって形成されたものであり、自然的条件そのものを指すのではない。説得的な解答は用意されていないが、「支那南北ノ区別」全体の主旨から判断すれば、中国社会を構成する南北二地域の接触の機会が少なかった歴史状況こそが、地域性を色濃く残す理由なのであろう。天心のこうした中国南北地域論が幅広く一般に紹介されたにもかかわらず、当時の中国史や東洋史の研究者に直接継承されなかったことは誠に残念であった。

天心が「支那南北ノ区別」を発表した年の七月に日清戦争が起こった。この事件は日本の近代史にとって大きな転換点となった。ヨーロッパ文明を積極的に導入し、新たに「文明国」の仲間入りを果たしたアジアの日本が、日清戦争の勝利を機に、欧米帝国主義諸国と肩を並べて大陸侵略へと狂奔していく。アジアの盟主という思い上がりも、これ以降出てくることになる。

茶の比較文化論

天心の中国旅行での体験は、のちの著作の基盤になっており、『茶の本』にもその成果が遺憾なく発揮されている。天心は『茶の本』のなかで、中国における飲茶の方法には「煮る茶」「かき回す粉茶」「だす葉茶」の三種類があり、それぞれ唐・宋・明の三時代の気分を示していると興味深い指摘をした。

「煮る茶」とは、茶の葉を蒸して臼に入れてつき、米・塩・橘皮・香料・牛乳・葱とともに煮て飲む方法で、唐代まで一般的に行われていた古代の習慣である。現在の中国でも、団茶あるいは磚《せん》茶という乾燥させて固めた茶があるのは、その名残である。宋代になると「かき回す粉茶」いわゆる抹茶が流行し、茶の葉を小さな臼で挽いて細粉とし、それを湯に入れて茶筅《ちゃせん》で混ぜて飲むようになった。しかし明代になると、抹茶の習慣は全く忘れられ、葉を碗に入れて湯に浸してエキスを飲む方法が定着し、現在に至っている。

三種の飲茶法の変遷を中国の歴史の流れから説明した天心の感覚は、今でも新鮮である。中国文化の大きな変化に対して、中国文化の吹き溜まりの日本列島では、抹茶などの飲茶法を伝統として残した。自らの足で中国をくまなく歩いて、生きた中国文化に接した体験がここでも生かされている。中国文化の変化と多様性という性格は、三種の飲茶法を受容しその文化を残存させている中国文化の吹き溜まりの日本とは違っている。

「アジアは一つ」の真意

天心は明治三十六年、英文で『東洋の理想』をロンドンで出版した。冒頭の有名なことば「アジアは一つ」は、実はアジアの多様性を認めたうえでの結論であった。少なくともアジアには、個人の悟りを求め個人主義的なインドの仏教文化と、孔子に代表される共同主義的な儒教文化との優れた二つの遺産があった。中国旅行で日本とは異なる風土を感知したのも、多様なアジア認識からきている。安易にアジアとの一体感や、あるいはアジア主義的な日本の優位性を、かれの文章から読みとるべきではない。日本はアジアの二大文明であるインドの仏教、中国の儒教を相次いで受け入れ、いずれもよく保存していることから、「アジア文明の博物館」といわれている。そこにはアジアの文明への心からの尊崇がうかがえる。天心の死後たどった日本のアジア侵略への道は、天心が生きていたらどのように考えたであろうか。天心の「アジアは一つ」という思想が、天心から一人歩きしてしまったことはまことに不幸であった。

「カカス・オカクラは誤りです」――ジョン・マレー社の『東洋の理想』出版の意義

小林 英美

序

一九〇一（明治三十四）年、インド渡航を目前に控えた岡倉覚三には英文著作の出版計画があった。それは *The Ideals of the East, with Special Reference to the Art of Japan*（以下、邦題『東洋の理想』）であり、一九〇三年に出版されるこの著作の印税は、インド滞在費用の一部に充てられることになる。

岡倉の代表的著作の一つとなる本書は、英国ロンドンのジョン・マレー社（John Murray）から出版される。この出版には岡倉の知人シスター・ニヴェディータが大きくかかわっていたことが、彼女の日記から判明しているが、ジョン・マレー社の方については、あまりよくわかっていない。

本稿は、十九世紀末から二十世紀初頭の出版環境とジョン・マレー社の事情、そしてこのたび発見された岡倉と出版社の書簡から、『東洋の理想』出版事情を考察する。

一　日本趣味の流行と旅行記出版

二十世紀初頭においても、需要が見込めなければ、商業出版は容易にできるものではなかった。ジョン・マレー社がまず見込んだ需要は、増加傾向にあった日本趣味に傾倒する読者であった。それは画家ジェイムズ・アボット・マクニール・ホイッスラーや建築家エドワード・ゴドウィンらが創始した造形美術運動（ジャポニスム）や、一八六二年に開催された第二回大英博覧会での日本製品展示を端緒とする、十九世紀後半以来の日本文化への関心の高まりに表徴される。

そんな日本趣味読者市場の大きさを象徴するイベントは、一八八五年開催の日本村（Japanese Village）であった。ロンドン・ナイツブリッジで開催されたその様子は、『イラストレイテッド・ロンドン・ニューズ』（*The Illustrated London News*）の一八八五年十二月二十一日号において挿絵付きで紹介されており、(1)このような報道は、英国人の日本への関心を増幅させることにつながった。この日本村のために、総勢九十四名の日本人職人が来日し、陶器や提灯、扇子等の制作を仮設小屋で実演し、その製品の販売もあったという。約百日間の会期で入場者は二十五万人に達する盛況ぶりであった。なお日本製品の販売はこの会場に限ったものではなく、一八八〇年には三井物産ロンドン支店と丸谷商店（後の丸善）の出張所が開かれており、日本の日用品は英国の日常に確実に浸透しつつあった。(2)

芸術に目を向ければ、同年三月にロンドンのサヴォイ劇場で上演された喜歌劇『ミカド』（*Mikado; or, The Town of Titipu*）の大ヒットも、日本への関心を象徴するものである。作曲家アーサー・サリヴァンと脚本家W・S・ギルバートによるこの作品の六百七十二回におよぶ公演は、当時としては最長記録の一つであった。英国演劇界における日本趣味はその後も衰えず、一九〇〇年の川上音二郎一座のロンドン公演も好評を博した。

二　アーサー・ディオシーとカッセル社の出版物

上述の日本趣味の流行の中で、日本についての学術的研究も始まった。一八九一年九月の国際東洋学者会議の日本分科会でのアーサー・ディオシー（Arthur Diosy）の提案によって、同年に日本協会（Japan Society）が創設されたのである。会員には英国における日本学の基礎を築いた外交官サー・アーネスト・メイスン・サトウらが含まれ、(3)一九〇〇年には会員数千名を超える

勢いであった。(4)

ディオシーは一九〇一年から一九〇四年まで理事長を務めて協会運営に尽力したが、ここでは彼の日本研究書『新しい極東』（*The New Far East*）に注目したい。この初版はロンドンのカッセル社（Cassell & Co.）から一八九八年に出版された。カッセル社は社会改良主義者ジョン・カッセル（John Cassell）が設立した会社で、自己修養のための書物を多数出版しており、特に労働者階級の生活向上を目指していた。しかし『新しい極東』の場合は、労働者階級の啓蒙というよりも、中産階級を中心にしたより広い読者を対象にした啓蒙書であった。その出版背景には、日本趣味の流行とともに、日清戦争（一八九五年）での日本の勝利に端を発する日本再評価とアジア圏情勢への強い関心があった。ディオシーは協会運営だけでなく、英国各地で日本についての講演会を開催して好評を博しており、彼はカッセル社にとってまさに適材であった。

カッセル社の期待通りに好評を博した『新しい極東』は、一九〇〇年に第二版と第三版、一九〇四年には第四版が出版された。この第四版は、その序文でディオシー自身も書いているように、日露戦争勃発（一九〇四年）による日本と極東へのさらなる関心の高まりによって出版されたものであった。そして本書は一九一五年までに第八版を刷るロングセラーとなる。(5)岡倉の『東洋の理想』が出版された一九〇三年の英語圏において、ディオシーの『新しい極東』は、日本に関心がある読者の間ではよく知られた書物であったので、『東洋の理想』の出版交渉が始まった時点から、ジョン・マレー社は間違いなく他社の『新しい極東』を意識していたのである。新刊『東洋の理想』のセールスポイントは、以下のジョン・マレー四世の巻頭言に認められる。

Mr. Murry wishes to point out that this book is written in English by a native of Japan.

（*The Ideals of the East, Prefatory Note*）

（マレー氏は本書が生粋の日本人によって英語で書かれたことに注目してほしいと考えている。）

マレーは、『新しい極東』等の類書を大きく凌駕する価値がこの書にあることを、巻頭の一文であえて読者・市場にアピールしているのである。そしてこの刺激的な巻頭言に導かれた読者は、日本美術の専門家である岡倉による、既刊書では到底達しえない考察に出会うのである。

以上のように、英国におけるジャポニスムの潮流と日本文化研究の黎明の中で、ジョン・マレー社はカッセル社による先行書の販売状況をふまえて十分な需要を見込んでいた。日清戦争から日英同盟を経て日露戦争に至る極東国際情勢への関心、日本村に代表される日本趣味、そして日本協会とその創設者ディオシーの先行書の存在は、岡倉の『東洋の理想』を成功裏に世に送り出すための格好の出版環境を整えていたのである。

三　ジョン・マレー社と岡倉覚三

次にジョン・マレー社が『東洋の理想』出版に踏み切る能動性を提示したい。同社は、十九世紀において強い影響力をもった出版社の一つであった。一世を風靡した詩人ジョージ・ゴードン・バイロンの長編詩『チャイルド・ハロルドの巡礼』（*Childe Harold's Pilgrimage*）等の文芸作品やチャールズ・ダーウィンの『種の起源』（*On the Origin of Species*）等の話題作、一八〇九年から一九六七年まで続いた政治・文芸分野で権威ある定期刊行物『ザ・クォータリー・レヴュー』（*The Quarterly Review*）、そして近代的な旅行ガイドブックの刊行で知られていた。

本稿で注目すべきは、同社の旅行記分野への関心にある。『チャイルド・ハロルドの巡礼』にも『種の起源』にも旅行記的性格があり、スコットランド人宣教師で冒険家のデイヴィッド・リヴィングストンの一八五七年のベストセラー『南アフリカにおける宣教師の旅と探検』（*Missionary Travels and Researches in South Africa*）にもそれは明らかである。この出版傾向はさらに洗練され、一八三六年には、近代的旅行案内本の始祖の一つである『大陸旅行者のためのハンドブック』（*A Handbook for Travelers on the Continent*）も刊行される。この傾向は三代目社長ジョン・マレー三世（John Murray III, 1808–1892）の時代から顕著で、例えば旅行記作家イザベラ・L・バードの著作の幾つかはジョン・マレー社から出版されており、『日本奥地紀行』（*Unbeaten Tracks in Japan : an Account of Travels in the Interior, including Visits to the Aborigines of Yezo and the Shrines of Nikkô and Isé*）も、一八八〇年に刊行されている。日本紹介という点では、前掲の日本協会に参加するサトウが、一八八四年に『中央と北部日本旅行者のためのハンドブック、第二版』（*Handbook for Travellers in Central & Northern Japan; Being a Guide to Tōkiō, Kiōto, Ōzaka, Hakodate, Nagasaki, and Other Cities*）、そして一八九一年以降順調に版を重ねるロングセラー『日本旅行者のためのハンドブック』（*A Handbook for Travellers in Japan*）が、バジル・ホール・チェンバレンや『怪談』で有名なパトリック・ラフカディオ・ハーンらによって著され、一九〇一年には第六版が刊行されている。つまり、ジョン・マレー社は世界中の国と地域を紹介する著作の出版において、揺るぎない地位にあったのである。なお同社の出版事業には英国出身作家に限らない柔軟性もあり、例えばアメリカの作家ハーマン・メルヴィルの処女作『タイピー』（*Typee*, 1846）などをノンフィクション旅行記として刊行している。ゆえに、日本人である岡倉による『東洋の理想』出版の事前交渉があった時にも、ジョン・マレー社は柔軟に応対したと考えられるのである。

四　ジョン・マレー四世の書簡

冒頭で述べたように、シスター・ニヴェディータによる交渉の詳細はよくわかっていない。しかしながら、初版刊行後の岡倉と出版社の間のやりとりと『東洋の理想』の評価が、ジョン・マレー・アーカイブ（John Murray Archive）所蔵の、ジョン・マレー四世（Sir John Murray IV,1851–1928）自身の手書き書簡（Mf.Sec.Mss.1620, page 261）からわかった。この一九〇三年八月十七日の書簡において、マレー四世は『東洋の理想』の売り上げ金を小切手で岡倉へ送付する旨を伝えているが、彼は同時に、この類の異文化思想を解説する書物の出版が、成功しにくいことを次のように吐露している（付録一参照）。

売上の額は大きいものではありませんが、我々は満足しておりますし、貴殿もまた同様でしょう。なぜなら、この類の書物は、ささいなリスクがないものではありませんし、損をしただけであるのに気づくことが、しばしばあるからです。

上述のように、日本文化紹介書や旅行記は人気のあるジャンルではあったが、『東洋の理想』のような学術的な性格を有する異文化思想の紹介書を、マレー四世は利益が生じにくい書籍と考えていた。しかし幸いにも利益が生じたことから、彼は岡倉への評価を高めたのであろう。上掲のアーカイブ所蔵の出納帳（Ledger L: Ms.42737, page 83）によれば、一九〇三年六月三十日に、八十六ポンドの費用で、約千部が印刷されたことが分かる。当時の一般的な書籍の一回あたりの印刷数は五百部であるが、『東洋の理想』がその二倍であったことからも、十分な売り上げが見込める書物として評価していたことがわかるのである。

その後、一九〇四年と一九〇五年にジョン・マレー社から再販が発売され、一九〇四年以降はアメリカ・ニューヨークのダットン社（E.P. Dutton & Co.）からも、並行して出版されることになった。つまり英米の出版社からほぼ同時に『東洋の理想』は世に出され、英語圏読者を増やしていくことになるのである。

なお、ジョン・マレー社からの第二版再販の前に、岡倉が二つの要望を伝えていたことが新発見の岡倉自筆の書簡（口絵9）からわかった（Ms.40888. John Murray Archive, National Library of Scotland、付録二参照）。第一には、岡倉の名前の誤植修正である。初版では"Kakasu"と印刷されていたものを"Kakuzo"を正すことで、第二には表紙の花の模様を消去することである。この模様を色彩的にも意匠的にも効果を上げていないと岡倉が考えていたことが、この書簡から確認できた。岡倉のこれらの要望は一九〇五年の再版で叶えられることになる。

また岡倉は、『東洋の理想』がジョン・マレー社から再版される情報を、アメリカのダットン社から得ている。

ニューヨークのダットン殿から、拙著『東洋の理想』が品切れなので、貴殿が同様のものを再版されるとのお知らせをいただきました。（傍点部は筆者の加筆）

ダットン社はアメリカでの岡倉の著作の出版社であるから、岡倉がこのような情報を得られたことは不思議な事ではないが、出版社の方から岡倉に情報提供をしているところに、同社と岡倉との間の信頼関係を見出せそうだ。そして、勝ち得た信頼を土台にして情報を収集し、ジョン・マレー社との交渉を機敏に行うところに、英語の障壁のない国際人・岡倉の優れた機動性を認めることができよう。以上の事例のように、出版社間に張り巡らされていた情報網の存在は、岡倉と彼の英文著作の国際的拡散についての考察を展開する際にも、一考の価値がある観点と考えられる。

おわりに

英国十九世紀末から二十世紀初頭の日本趣味と海外旅行記の流行の中で、『東洋の理想』は旅行記関連書を得意にしてきたジョン・マレー社から出版された。前掲のマレー四世からの書簡から伺い知れるように、彼は岡倉の才能とその著書の価値を見抜き、一九〇四年には『東洋の理想』の再版とともに、*The Awakening of Japan*（邦題『日本の目覚め』）も出版する。こうしてジョン・マレー社は、アメリカのダットン社とともに、岡倉の英文著作を国際的に広めるための、海外における発信源となったのである。

付記
本稿は「ジョン・マリー社による『東洋の理想』出版の意義」（『五浦論叢』第二十五号、茨城大学五浦美術文化研究所、二〇一八年、三～一〇頁）を、加筆修正したものである。

注
1　出口保夫編『世紀末のイギリス』東京：研究社出版、一九九六年、一五頁。
2　前掲書、一五～一六頁。
3　長岡祥三「日本協会の創立者アーサー・ディオシー」『英学史研究』第二十九号、一九九六年、三頁。
4　出口、一六頁。
5　長岡、五頁。

付録一　岡倉覚三宛のジョン・マレーの英文書簡（一九〇三年八月十七日付）

（Mf.Sec.Mss.1620, page 261. John Murray Archive, National Library of Scotland）

以下は、英国スコットランド国立図書館内ジョン・マレー・アーカイブ（John Murray Archive, National Library of Scotland）に所蔵されていたジョン・マレー自身による手書きの書簡を、筆者が判読して活字化したものである。『岡倉天心全集』第六巻（平凡社、一九八〇年）の書簡では、この件についての言及はない。

17: viii: '03

My Dear Sir,

I have the pleasure to send you enclosed a statement of the sales of your book, "Ideals of the East," down to midsummer, with a cheque for the balance of profit due to you.

It is not a large sum, but we are satisfied with it & hope you will be so also; because books of this kind are attended with no inconsiderable risk and it very often happens that we realise only a loss.

Since this account was made-up we have sold some seventy copies.

Yours truly,

John Murray

Kakasu Okakura Esq.

［日本語訳］

一九〇三年八月十七日

拝啓

貴殿の著書「東洋の理想」の夏期までの売り上げ票を、売り上げの小切手とともに同封して送ることをお喜び申し上げます。

売上の額は大きいものではありませんが、我々は満足しておりますし、貴殿も同様でしょう。なぜなら、この類の書物は、些細なリスクが無いものではありませんし、損をしただけだったということに気づくことが、しばしばあるからです。

なおこの計算書を作成して以来、およそ七十部を販売しております。

敬具

ジョン・マレー（署名）

カカス・オカクラ殿

付録二　ジョン・マレー宛の岡倉覚三からの英文書簡（一九〇四年十一月二十四日付）

(Ms.40888. John Murray Archive, National Library of Scotland)

以下は、上掲のジョン・マレー・アーカイブに所蔵されていた岡倉覚三自身による手書きの書簡を、筆者が判読して活字化したものである。『岡倉天心全集』第六巻（平凡社、一九八〇年）の書簡には収録されていない。

なお上記の日付は、書面に朱書きで書き込みがされていたもので、ジョン・マレー社が書簡到着時に記入した記録の日付なのか、岡倉の自筆なのか、それともアーカイブで調査研究の結果として整理用に後日書き込まれたものなのかは不明である。

Museum of Fine Arts
Copley Square Boston Mass

Dear Mr. Murray

Mr. Dutton of New York has informed me that my book "Ideal of the East" is out of print and that you are going to have another edition of the same. I wish to ask you in that case to make the following alterations.

(1) To spell my name as **Kakuzo**※ Okakura instead of Kakasu Okakura which is a mistake.

"Kakuzo※**."**

(2) To have the cover a plain one without the flower pattern which is on the present edition.

Hoping that this will not cause you much inconvenience.

I remain yours very truly

K. Okakura

（※ **Kakuzo** はやや濃い筆致で書かれている。）

［日本語訳］

ボストン美術館

コプリースクエア・ボストン・マサチューセッツ州

拝啓　マレー殿、

ニューヨークのダットン殿から、拙著「東洋の理想」が品切れなので、貴殿が同様のものを再販されるとのお知らせをいただきました。そこで、以下の変更をお願いしたく存じます。

（一）私の名前を、誤りである Kakasu Okakura の代わりに、**Kakuzo** Okakura と綴って頂きたく存じます。

"Kakuzo"

（二）表紙は、現行版にある花の模様がない無地にして下さい。

上記の件がお手数をあまりおかけしないで済むことを祈っております。

敬具

K岡倉（署名）

エピローグ

現代の岡倉天心像

森田 義之

明治時代（一八六八～一九一二）から一世紀半が経った、二十一世紀の現在、岡倉天心（一八六三～一九一三）のことを知る人がはたしてどれほどいるのか、皆目見当もつかない。

天心の名を聞いたことのある人でも、はるか遠い明治期の文明批評家、あるいは日本人として最も早い時期に英文で『茶の本』を著した国際的文筆家という、教科書的な知識をもちあわせている程度ではないだろうか。

明治期の文化史や美術史に多少とも関心のある人であれば、岡倉天心が、近代日本における官制美術アカデミーの創設と古文化財保護事業の立役者であり、近代日本画運動の指導者であり、アジア主義思想とナショナリズム美学の鼓吹者であったことを知っているにちがいない。

しかし、多くの論者が異口同音に指摘しているように、近代日本の知識人のなかで岡倉天心ほど一筋縄では捉えにくく、分類や評価の難しい人物もめずらしい。

思想家なのか、行政家・官僚なのか、教育者・学者なのか、批評家・著述家なのか、実践的な組織者・行動家なのか、江戸趣味ゆたかな文人墨客なのか、それともロマン主義的な夢想家・詩人なのか。

あるいはまた、西洋の文明に対峙した挑戦的なアジア主義者・国粋主義者なのか、西洋の文化と言語に精通したコスモポリタンな文化人なのか、頑迷な伝統主義者なのか、それとも開明的な革命家なのか。

現実の天心は、ここに挙げたような多様な側面と対立矛盾する諸要素を合わせもち、しかもそれらを破格のスケールで織り合わせた多面的で行動的な明治知識人であり、同時代の多くの人たち――家族、同僚から外国の友人、弟子たちまで――が証言するように、強烈な知的・人間的アウラを発光しつづけた天才型の人間であった。

彼の官と民・公と私にわたる足跡を一瞥するだけでもそのことがよく分かる。

岡倉天心は、明治政府の選り抜きのエリート文部官僚であり、その美術行政の中心的推進者として東京美術学校の設立に関わった。わずか二十八歳で美校校長となり、欧化主義の風潮に対抗して一見アナクロニズム的ともいえる伝統主義的な教育方針を強引に導入する一方、自由な個性と創造精神の発露を強調する反職人主義的な英才教育を標榜した先鋭的な美術教育家であった。

同時に、宮内省の全国宝物取調局取調掛、帝国博物館理事・美術部長、古社寺保存会委員として国家的な古文化財保護事業と美術館運営の推進者となり、本邦初の学術的美術雑誌『國華』（現在も継続）を創刊し、美術学校で最初の体系的な美術史（日本美術史および西洋美術史）を講義するなど、日本の美術史研究の緒をひらいた実践的な学究の徒でもあった。

有名な美校騒動によって公的ポストを失ってからは、在野の美術団体「日本美術院」を興して新日本画運動の旗手となり、カリスマ的指導者・美術批評家として、横山大観、下村観山、菱田春草、木村武山ら新進気鋭の画家たちの創作活動を鼓舞した。

晩年の天心は――特に四十歳の時のインド滞在以後――アジアと日本の政治的・文化的アイデンティティへの自覚と危機意識を強め、その卓抜な英語力を駆使して著した英文三部作『東洋の理想（*The Ideals of the East*）』、『日本の覚醒（*The Awakening of Japan*）』、『茶の本（*The Book of Tea*）』によって、アジア文明の熱烈な思想的擁護者、日本の伝統文化と美的精神の繊細な紹介者として名を知らしめる一方、ボストン美術館の中国・日本部門の責任者として破格の待遇で迎えられ、先駆的な国際的キュレイターとして同館の東洋美術コレクションの調査研究と拡充に貢献した。

私人としての天心は、幼少時から英語と漢学の両方を習得した異例に早熟な和魂洋才的教養の持ち主であり、若い時から琴や文人画、漢詩に親しみ、「根岸派」の文人仲間と遊興三昧にふけるなど江戸趣味を色濃くたたえた奔放な趣味人であり、公私の生活をみずからの意匠になる支那風道服や和服で通すという奇矯の反時代的風流人であった。

また、野心満々のエリート官僚でありながら、上司の九鬼男爵夫人との抜け道のない恋愛耽溺によって前途洋々たる公職を棒に振るほどの破滅型の情念の人であり、齢をへるにしたがってペシミスティックな隠棲者の意識を濃くした失意の精神的亡命者＝アウトサイダーでもあった。他方、洋の東西――中国、インド、ヨーロッパ、アメリカ――にわたる数次の大旅行を経験した並はずれた知の冒険家であり、和漢洋書の博読を通じての博覧強記の人でありながら、狭い学に留まることに満足しない芸術家肌の理想と夢の追求者――「筆を持たない芸術家」（『大観画談』）――であり、ありあまる自己の才能の不完全燃焼に苦しむ知の彷徨者であった。晩年には、ボストンの社交界で東洋的知性を代表する洗練されたサロン文化人として尊敬をあつめ、またインドの女流詩人と秘められたラヴレター（英文）を交わして、近代日本の恋愛史に珠玉のような詩的光芒をしるした愛の遍歴者でもあった。

岡倉天心の人間と思想と業績の多面性と捉えがたさは、こうした彼の個性と才能と教養、公私の人生の軌跡の並はずれた振幅――「和魂」と「洋才」の天才的な結合、東西の文明にまたがる破格のスケールの経験と知見、行動的知識人とロマン主義的理想家と江戸趣味的風狂人の混在、国家のエリート官僚から在野の文化人への劇的な急旋回――に起因するものであったが、それはまた、天心が生きた明治という時代の二重性――「文明開化」「富国強兵」「殖産興業」「脱亜入欧」に示される功利的な欧化主義や表層的な近代化と、日清・日露の両戦争に帰結する「アジアの盟主」としての国家主義＝ナショナリズムやそれに付随した文化的復古主義・国粋主義の台頭とが交錯しせめぎあう時代――によってもたらされたものでもあり、天心の思想と行動が内包する二重性とパラドックスは、明治という時代がかかえこんだ日本の近代化の過程そのものの二重性とねじれに重なり合うものであった。

それに加えて、近代日本の知識人のなかでも、天心ほど――さまざまな誤解も含めて――その思想と人間をめぐって毀誉褒貶がはげしく、相対立するアンビヴァレントな評価と感情を引き起こしてきた人物も例が少ない。

その生前から、天心は、志をともにする同僚や弟子たちからはある種の天才的知性と強烈な人間的魅力を発散する存在――

「異常とも見られる天才児」（『大観画談』）——として絶対的なまでに尊敬される一方、洋画派ら美術界の敵対者からは美術行政の頂点に君臨する狷介な保守主義者として百年来の天敵のように嫌われた。日本画や伝統的美術と関わりの深い人たちからは、現在でも「近代日本美術の父」として神格化に近い敬愛を受ける一方、モダニストや前衛派からはうさんくさい復古的伝統主義と官製アカデミズムの権化のように見なされてきた。

官僚嫌いの在野派からは権力志向のつよい尊大な国士風の役人文化人という偏見で見られ、生真面目なモラリストやフェミニストからは、長年の愛人を発狂に追い込み、異母姪に私生児まで産ませた反道徳的なエゴイスト、明治的男権主義者の典型として、多分に誤解を含んだ悪感情を抱かれてきた。

政治的にも天心の思想は無邪気な中立的な見方を拒むきな臭い「危険性」をはらんでおり、対立しあうイデオロギー的なバイアスを通して語られてきた。

周知のように、「アジアは一つ」（『東洋の理想』の冒頭句）という天心の言葉は、十五年戦争期に「大東亜共栄圏」思想の象徴的スローガンとしてファシズム国家に政治的に利用され、岡倉天心は一時期、国粋主義的ナショナリズムと大アジア主義の予言者＝元祖と見なされた。また日本浪漫派の文学者たちからは美的・精神的な「日本回帰」の理念的支柱として祭り上げられることになった。

第二次世界大戦後は、その反動として、天心は危険な日本主義・ナショナリズムの思想家として敬遠され、マルクス主義や近代市民主義の立場から厳しい批判を加えられた。

今日ではもはや、日本浪漫派のように天心を「日本回帰」の先覚者として神話化する人も、ファシズムに直結する偏狭な国粋主義者として一面的に断罪する人もいないが、天心が「不断に放射能をばらまく」「うっかり触れるとヤケドするおそれがある」「あつかいにくい思想家であり、またある意味で危険な思想家でもある」（竹内好「岡倉天心——アジア観に立つ文明批判」『朝日ジャーナル』一九六二年）という認識は依然として有効性を失っていない。

戦後しばらくして、丸山真男（「諭吉・天心・鑑三」『現代日本文学全集』51、解説、筑摩書房、一九五八年）によって天心の思想の生命力と審美主義的性格、そのロマン主義の矛盾とパラドックスが鋭利かつ精緻に分析解明され、明治思想史のなかに再定位されたのを皮切りにして、この数十年間、天心の人間と思想についてさまざまな掘り起こしや多角的な読み直しが重ねられてきた。また天心の著作も諸種の編纂や翻訳を通じて再び広く普及するようになった。

同じ一九五八年には、インドの女流詩人プリヤンバダ・デーヴィー・バネルジー夫人への秘められた愛の書簡十九通が岡倉古志郎氏によって公表・紹介され（インドでの原文発表は一九五五年）、晩年の天心の人間像にまったく新しい光が与えられることになった。

こうした天心の見直しと再評価の気運のなかで、一九七九〜八一年には『岡倉天心全集』全九巻（平凡社）が刊行され、従来一部の研究者の目にしか触れることのなかった厖大な著作物や記録資料——英文の劇詩、評論、講演、美術史講義、日記、欧州・支那旅行日誌、書簡、漢詩や諸種の詩歌、ノート類など——が多くの未発表・新発見のものを加えて（英文のものはすべて新しい現代語訳によって）、決定版のかたちで陽の目を見ることになった。天心の人間、思想、業績の全容を開示するこの画期的な『全集』の実現によって、また続く一九八四年の英文著作集（*OKAKURA NAKUZO Collected English Writings*,3 vols., Heibonsha）の刊行によって、現代の我々は天心に一段と豊かな広がりをもってアプローチすることができるようになり、とりわけ人間天心の私生活や恋愛遍歴、あるいは江戸文人的趣味人、詩人、劇作家としての天心に新たな関心が向けられるようになっている。

「天心はその一生を通じて、みずからの身体で詩を書きつらねた『詩人』であり、しかも、この詩は八方破れの詩であった」という岡倉古志郎氏の言葉（岡倉一雄『父岡倉天心』解説）は、現代の天心像の公約数を的確に要約していると言えよう。

岡倉天心という人間的現象は、その光と陰の複雑さ、ダイナミックな混沌とパラドックスを含んだ多面性によって、またそのスケールの大きさと強烈な人間臭さによって、現在でもわれわれの関心を引きつけてやまない魅力的な主題であり続けている。そしてまた、岡倉天心という明治人がその思想と行動を通して提起した問題群——ナショナリズムとインターナショナリズムの調和とディレンマ、日本—東洋—西洋の政治的・文明的自立と均衡と交流というテーマ、芸術創造における日本的伝統性と西洋的近代性の問題、近代日本文化における古文化財保護と保存の歴史的重要性など——は、現代においても重いアクチュアリティをもつ難問《アポリア》として存在し続けていると言えるだろう。

二十一世紀にいきる天心

小泉晋弥

はじめに

天心にとって節目の二〇一三年（生誕百年、没後百五十年）を挟み、二〇〇〇～二〇二〇年には、三十冊を超える天心関連書籍が出版された。雑誌の特集などがこれに加わって、今や一九三〇年代、一九八〇年代に次ぐ、第三次の天心ブームと呼べる状況となっている。その中で、『岡倉天心──物ニ観ズレバ竟ニ吾無シ──』（ミネルヴァ書房、二〇〇五年）を発表された木下長宏氏は、あとがきに「岡倉天心／岡倉覚三研究のゼロ地点を提示することができた」と記されている。本論は同書を「研究の再出発点」として尊重し、木下氏が提示された問題群から「岡倉天心と岡倉覚三の峻別」と「未完の泰東巧藝史」という二点を軸として『茶の本』に至る広がりを考察したい。

岡倉天心／岡倉覚三

「岡倉覚三」と「岡倉天心」を「峻別して考え直さなければならない」と木下氏は提案した。生前の著作はすべて覚三名で発表されたが、彼の没後、多くの崇拝者が予言者のように祀りあげて天心の名前を使った。そこで今後は、〈岡倉覚三〉が「書き語り遺したもの」に立ち戻って、自分なりの〈岡倉覚三〉観を作り上げ、流布している「岡倉天心」論を批判すべきだと提唱されたのだ。そのことには素直に同意したい。その上で、私たちは彼をどう呼ぶべきなのか？

　アーサー・ビナード氏は、先に受入れた覚三のほうが天心より似合う名前だと述べている（三徳庵、ワタリウム美術館、二〇〇七年）。日本文化の古典となった *The Book of Tea* の Okakura-Kakuzo（同書では姓名の間にダッシュを挟んでいる）こそが、英語圏での岡倉受容のスタンダードであろう。しかし、二十一世紀に入ると英語表記でも Okakura Tenshin として論ずる著者が増え始める（巻末文献参照）。日本の研究者の多くが「岡倉天心」として論じ続けた結果である。その環境で育った筆者は、特に姓を省いて覚三と呼ぶときに、まるで彼の寝間に踏み込んでいるような居心地の悪さを感じる。

　岡倉が自分の名をどう書いたかについて、木下氏は七〇〇通の書簡を分析している。実名の外に天心系、五浦系、渾沌子その他、多様な署名があること自体がペンネームを持たない筆者には実感できないことだが、ＳＮＳで様々のアカウントを使い分ける世代にとっては逆に日常的に感じられるのだろうか。覚蔵の名を自分で「覺三」と改めた頃から、彼は複数の名前の間を移っていく生きかたを選んだのかもしれない。岡倉は『欧州視察日誌』の余り頁に「What prospects.」（探索するもの）の表題で数条を記した後、「2lives／天心／覚三」という書きつけを残している。「2lives（二つの命）」という言葉は、彼自身が二重の存在を自覚していた証ではないだろうか。「天心」と捺印された受領証（口絵14）も残されている。筆者にとって、思考に染みついている天心イメージを捨てて『茶の本』を書いた Okakura-Kakuzo に接することは至難の業と思える。むしろ、二〇二〇年の天心イメージと重ねあわせるようにして一九〇六年の Okakura-Kakuzo を透かして見るほうが自然な営為に感じられる。そう断った上で筆者は、慣れ親しんだ天心という呼び名を使う事とする。

　もとより木下氏の「岡倉天心／岡倉覚三」という表記は、天心と覚三を峻別してその違いをとらえたからこそ出現したダブルイメージとしての姿である。筆者は／（スラッシュ）のはたらきを切断ではなく、重ね合わせ、圧縮、折畳み、持続ととらえる立場に立ちたい。そうすることによって、天心がその生涯をかけて追求した問題系の解が自然に浮かび上がってくる。そして「美術／装飾という分断は、西欧／非西欧、近代／非近代という不均衡な力関係が、藝術の領域で姿をかえて発現するために仕組まれた、優れてイデオロギー的な装置」と喝破した稲賀繁美氏の指摘（『絵画の東方』名古屋大学出版会、一九九九年）と重ねて考えたい。美術／装飾がイデオロギー的な分断であれば、／のはたらきを分断から重ね合わせに変更することができるのか、西洋に対して非西洋（アジア）がどう均衡を図れるのかということこそが天心の問題だった。「美術／装飾」の問題は、次の泰東巧藝史につながるので、まず天心イメージの問題を整理しておこう。

天心偉人化の様相

木下氏は、「天心」論には、①日本美術院系の称賛、日本の近代化過程批判の視点での②称賛と③批判、の三つの立場があったという。村井則子氏は、それを翻訳の問題としてとらえ直した（「翻訳により生れた作家　昭和一〇年代の日本における「岡倉天心」の創出と受容」『日本文学の翻訳と流通　近代世界のネットワークへ』勉誠出版、二〇一八年）。村井氏は、昭和十年代の「天心」偉人化が、英文著作の翻訳によって成り立っていること、その背景には「昭和維新」に伴う明治精神の再発見があったことを指摘し、天心偉人化の実態を三系統に整理している。

①弟の由三郎、息子の一雄、孫の古志郎ら血縁者、さらに由三郎の弟子村岡博、福原麟太郎らによる伝記と和訳による基本文献の提供者たち。②横山大観を始めとする日本美術院の関係者たち。③保田與重郎、浅野晃、亀井勝一郎などの「日本浪漫派」の論者たち。

特に③のグループが戦前の日本人読者の岡倉解釈をリードし、彼らはマルクス主義者（近代主義者）として挫折し日本（アジア）主義者に転向した自らの立場を、天心に重ねたのだと分析する。彼らは、西洋近代文明との対決を主張する予言者として天心をあがめた。戦後はそれが裏返されて、近代主義（民主主義）の立場から、天心が非近代的アジア主義の権化として映ることになる。英語圏の論者もふくめて、近代／非近代、西欧／非西欧のどちらの立場をとるかによって評価が分かれるのだ。

その中で①のグループの主導者由三郎は、弟子たちと「東西両洋文明の融和」を目的とした洋々塾を設立して、分断を融合へと変えようとした天心の意志を継承していたように思える（清水恵美子『洋々無限　岡倉天心・覚三と由三郎』里文出版、二〇一七年）。

鏡あわせの東西

天心自身の西洋近代文明に対する態度は、『東洋の理想』での「抗議」から、『茶の本』では「対話」へと天心の中でも変化し、アジアの範囲も時間の経過とともに変容していると考えられている。（木下長宏『岡倉天心――物ニ観ズレバ竟ニ吾無シ――』、稲賀繁美『絵画の臨界』名古屋大学出版会、二〇一四年）天心自身の内面にも、二つの極を揺れ動くようにして変容があったのだが、それをどうとらえるべきだろうか。

堀岡弥寿子氏は、「乗馬、鉄砲打ち、酒盛り、そのあとの桁のはずれたドンチャン騒ぎ、また自分勝手の現実逃避」という東京美術学校時代の天心の姿を自己嫌悪によるもの、ボストンでの「非常に面白くて深みがあり、精神的で、また女性的な人」（ガードナー夫人書簡）という姿を成熟によるものと対照的にとらえている（堀岡弥寿子『岡倉天心との出会い』近代文芸社、二〇〇〇年）。しかし自己嫌悪が消えれば成熟するというものだろうか。

自己嫌悪とは自分が見えすぎる事態である。鏡を見ない限り、自分の姿を像としてとらえることはできない。しかし成人してからでさえ鏡の中の自分の像に畏怖する事はないだろうか。鏡の中の姿は自己に統合されるまでは、得体の知れない存在のはずなのだ。鏡の中の像は左右反対であることから始まって、様々な点でこちら側の自分を裏切っている。それらを自分であると認識することから自我が形作られていく――これがラカンの精神分析における鏡像段階理論だった。それは分裂こそが自我形成を支えているという、自己同一性が脱構築された自己像である。そこでは、もはやどちらが真の姿なのか、などという二者択一に悩む必要はない。その経過があればこそ、異質な他者との出会いでも、統合されつつあった自己を再びほぐして、他者の一部を自己に加えて再統合を図ることができる。他者の時間と空間の集積が自己の本質である。それを社会的に表現すると「他者の批判を経ない自己反省は、どう転んでみても、道徳的ナルシシズムを超えることはない」（酒井直樹『死産される日本語・日本人』新曜社、一九九六年）ということだ。

酒井直樹氏は、〈非近代的〉西洋／〈近代的〉非西洋という事態をも考えるべきだという。二〇二〇年に即して言えば、トランプの米国と蔡英文の台湾の新型コロナウィルス対応の違いが典型的かもしれない。

明治二十年、伊藤博文に影響を与えた学者シュタインと面会し、天皇と憲法、教育、宗教、個人主義など日本の近代化と西洋の関係について論じ合い、米国のパーティーに羽織袴で表れ、クィーンズ・イングリッシュを操って（『東洋の理想』がエドワード朝の文体であることはRustom Bahrucha氏の教示）場の中心となる成熟した岡倉覚三がいて、明治二十二年、東京美術学校でハメを外して現実逃避をする天心がいる。西洋／非西洋、近代／非近代の関係は、天心／覚三と同様に二つの相をたたみ込んで存在している。

酒井氏が投げ掛けたのは、東西の位置は相対的なものに過ぎず、アジアの一体性を確立するということは、同時に西洋を確定しヨーロッパ中心主義の下に位置し続けることではないのか、という問いであった（「アジア：対―形象化による同一化」『国際シンポジウム二〇〇二「流動するアジア――表象とアイデンティティ」報告書』国際交流基金アジアセンター、二〇〇三年）。

日本（東洋）と西洋が出会い、それぞれを見つめ、お互いを鏡のようにして自分の姿を確認し、他者としての違和感を抱えながら近代という事態が進展していた。天心は、西洋と東洋が接触した界面で両側に自分を置き続けた。木下氏は天心が「その対立意識の構造を壊さないための手立て」をいくつか持っていたと指摘している（木下長宏『岡倉天心――物ニ観ズレバ竟ニ吾無シ――』）。それは、物質と精神の振動する境界に居続けることが、生きるということに外ならないような、あるいは量子力学で電子の位置は観察されるまで決定できないような存在の仕方だった。天心は、『東洋の理想』の中で「Asia is one」と言いながら、インドラ神の宝網のように、一つ一つの宝珠が全体を無限に映し返し続けるイメージを提出している。アジアの美術品が日本、中国、インドの間でそれぞれの文化を乱反射し合うととらえていた。

未完の泰東巧藝史

天心は明治四十三年四月から六月、東京帝国大学で泰東巧藝史を講義した。日本人として初めて日本美術史を講義して以来、二十年以上におよぶ探求の成果が込められた講義で、受講生の評判は高かったと伝えられている。現在私たちが目にすることができる講義録（『全集』四、『日本美術史』平凡社ライブラリー、二〇〇一年）は、彫刻家新海竹太郎ら四人の受講ノートから復元された文章（岡倉一雄編『岡倉天心全集』全五巻、六藝社、昭和十四年）をベースに、大正二年の『研精美術』連載原稿と児島喜久雄ノートを参照して再構成されている。

図1　岡倉天心着用普段着　茨城大学五浦美術文化研究所蔵

泰東巧藝史を最初に活字にしたのは月刊誌『研精美術』だった。その主幹小池素康に原稿を提供したのは大川周明だったと推測されている（大塚健洋『大川周明と近代日本』木鐸社、一九九〇年）。大川は天心に心酔して *The Ideals of the East*（『東洋の理想』）を「泰東理想論」として翻訳出版しようとしたが、天心の許可が下りず「日本芸術史」と題され、抄訳として小池の名で『研精美術』に掲載した。大川自身は「泰東巧藝史（一）」掲載号に「精神生活に於ける芸術の位置」と題する論文を寄せ、「吾等は芸術家の最後の資格として深刻なる信仰を要求する」の一文で締めくくっている。大川周明に関しては、著作の中で天心を大東亜新秩序の予言者に祀りあげてはいないとされ、宗教研究者・思想家としての名誉回復が進んでいる（臼杵陽『大川周明　イスラームと天皇のはざまで』青土社、二〇一〇年）。

泰東巧藝史の生き生きとした講義の様子は、香川鉄蔵による感動的な思い出として全集附録月報に掲載されている（「聴講の思い出」『全集』四、附録『月報五』）。ちなみに香川氏は天心が講義中に袴と胴衣がどこでつながっているか分からない不思議な「天衣無縫」の服を着ていたと指摘しているが、現在茨城大学が所蔵するようなもの（図1）だろう。

同月報が紹介する児島喜久雄ノートはさらに印象深い（杉山二郎「泰東巧藝史と天心と」）。全集で「しかして美術史研究の方針たる、次の数条に帰す」と書かれた文は、児島ノートでは、「巧藝（観藝）の歴史ヲ明ニスルニハ少クモ四条件が必要デス」と自然な口調で記載されている。二つを比べてみたいが、カタカナ表記はかえって文語的に見えるので、ここでは児島ノートもひらがなとして引用する。

(1)傑作に就きて意匠とテクニック――手訣とを明らかにすること。
(2)前後の時代を研究すべきこと。
(3)類似せる巧藝品の相互関係を研究すべきこと。
(4)巧藝の文明史的研究、及びその時代に於ける巧藝以外の諸文化（政治、宗教、経済等）との関係をも比較攻究すべきこと。
(5)作品の優劣を批判し、其の妙味を玩味すること、及び之れを現在に応用すること。（全集版）

(1)Masterpieceにつきて意匠と秘訣とを明かにせねばならぬ。Scienceの上から見れば絵画、彫刻、建築の外に〔空白〕それが如何なる方法であるかSecondary officeです。従来の風でなく物itselfよりはそのMethodを研究して見るのです。
(2)万有と時間との系統をみなければならぬのです。
(3)また巧藝品のそれは数ヶ以〔上〕の巧藝品との×を見なければならぬのです。
(4)巧藝品を真に味ふことが必要であります。これが巧藝の本当の美味であります。soul to soulにひっくひっくとするものがなければならぬのです。Mysteryな巧があるのです。（児島ノート）

まるで英語交じりの天心の声が聞こえてくるような生き生きとした描写からは、児島が心を打たれながら書き留めた様子が伝わってくる。さらに児島ノートは、天心が巧の字が『荘子』に出ると述べたと伝える（これは『老子』の「大巧は拙なるがごとし」によるのではないか）。美術という西洋由来の翻訳語を、道教に引きつけて考え直すという『茶の本』と共通する姿勢がうかがえる。「本講に美術の語は稍々《やや》妥当ならず」と説明して「巧藝」の用語で講義が始まったのに、「巧藝（観藝）の歴史ヲ明ニスル」が「美術史研究」に変わってしまうと、「美術の語」を避けようとした天心の意図が見えにくくなる。

工芸と巧藝

遡って明治二十三年、校長に就任した天心は「説明　東京美術学校」で、「絵画に彫刻に、其他諸般の美術工芸に至るまで」範囲を拡げると宣言した（『岡倉天心――芸術教育の歩み――』東京藝術大学、平成十九年）。美術工芸という用語が日本に定着するのは、明治二十二年（一八八九）のパリ万博に参加し当時の西洋基準に触れたことがきっかけといわれている。翌年の第三回内国勧業博覧会で、「書画」という分類が消え、「絵画」と「彫刻」の順位が反転し、「美術工業」という類が出現、明治二十八年の第四回内国博で「美術工芸」として定着する（北澤憲昭『美術のポリティクス――「工芸」の成り立ちを焦点として』ゆまに書房、二〇一三年）。北澤氏は、「工芸」は「美術」が純粋化を進める中でネガティヴに生れてきたジャンルだと指摘する。東京美術学校の美術工芸科設置で、天心はむしろ工芸を美術に内包しようと目論んでいたのではないだろうか。当時のヨーロッパでは、芸術家養成の美術学校と職人養成の装飾美術学校に別れるのが常識だった。それを、おそらく世界で最初に統合したのが東京美術学校だった。明治二十六年のシカゴ万博では、学校を挙げて「絵画に彫刻に、其他諸般の美術工芸」を統合した鳳凰殿というパビリオンを完成させている。

『父天心』の中で一雄は、泰東巧藝史の準備を手伝うため、平子鐸嶺（尚）がしばしば五浦を訪れていたと回想している。これは東大講義と同じ明治四十三年に開催された日英博覧会の準備との勘違いだろう。平子鐸嶺は、若手研究者として目覚ましい活躍をしていた。明治四十二年には中川忠順とともに古社寺保存会委員に就任し、二人で天心を助けて日英博覧会の和英二冊の出版物、Japanese Temples and Their Treasuresと『特別保護建造物及国宝帖』を準備していた。英文の方は天心の口述をウォーナーが筆記し、日本語版は英語版を参照しながら平子と中川が担当したのではないかと推測されている（大西純子「関野貞と日本美術史」『関野貞アジア踏査』東京大学総合博物館、二〇〇五年、林みちこ『Japanese Temples and Their Treasures, 1910 "PartII. Sculpture, Painting and Allied Arts—General Outline" 文体の考察と試訳 vol.1』『同 vol.2』筑波大学芸術系林研究室、二〇一七、二〇一八年）。

『国宝帖』は、現在では「第二の官製日本美術史」と見なされている（北澤憲昭、佐藤道信、森仁史編『美術の日本近現代史──制度・言説・造形』東京美術、二〇一四年、林みちこ「一九一〇年日英博覧会における国宝の出品と『特別保護建造物及国宝帖』」『美術史』一八一、平成二十八年十月）。近年、東京国立文化財研究所へ寄贈された新海竹太郎資料の中に、平子のノート類が確認された。その一冊は「巧藝史叢　造象銘彙纂本　初集」と記され、奥付は「明治四十三年春四月四日」と泰東巧藝史開講の二週間前の日付である（図2）。天心の後を継いで、東大で美術史を講義した中川はその名称を使わなかったが、平子は「巧藝史」という新しい名称を天心と共有していた。あるいは明治四十四年に三十五歳で夭逝することがなければ、天心の後継者は平子だったのではなかったか。

『国宝帖』での分類表記は「彫刻絵画及び巧藝」であり、未だ絵画彫刻という順位逆転に至っていない。英語ではSculpture, Painting and Allied Artsとされ、巧藝とAllied Artsは、ともに今ではほぼ使われない用語だが、ここには天心と平子の強い意志が反映されているだろう。Allied Artsには、建築と工芸の融合までも視野に入れたラスキンとモリスが参照されているのではないか。天心はそこに道教由来として「Mysteryな巧」の字を使って巧藝という新語で表わそうとしていたと考えたい。「工」の字は、機械的な工業が力をつけて行くなかで意味を変質していたのだ（北澤憲昭『美術のポリティクス──「工芸」の成り立ちを焦点として』）。

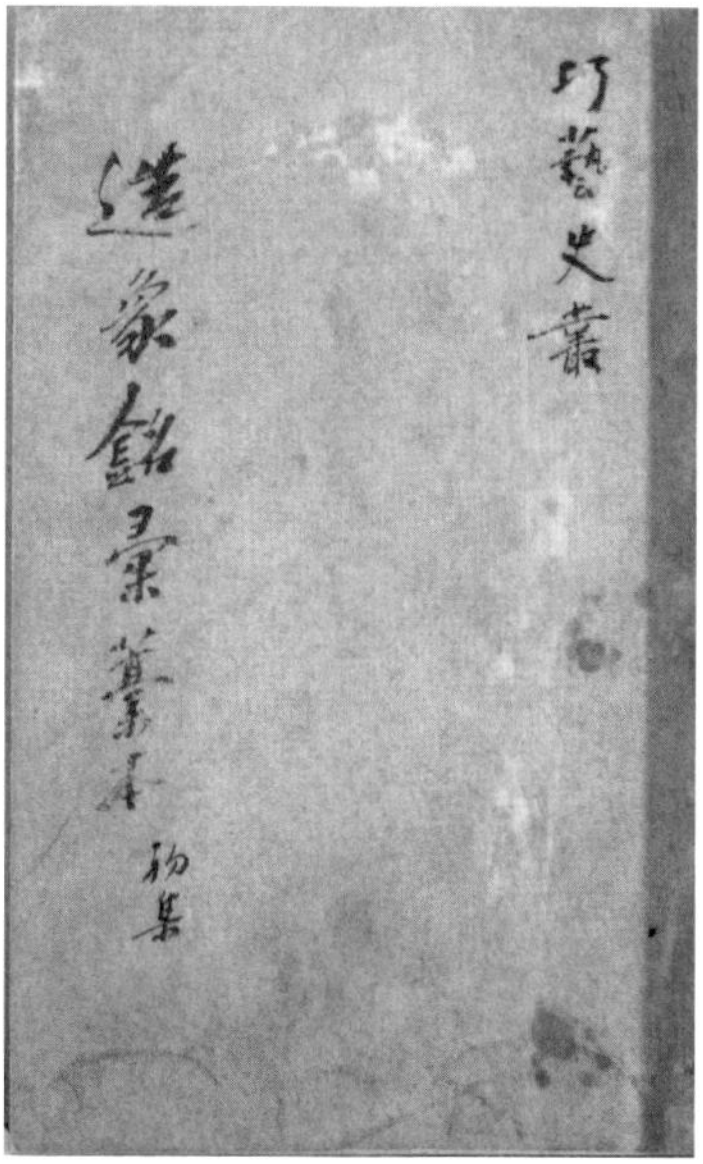

図2　平子鐸嶺『巧藝史叢』表紙　明治43年　東京国立文化財研究所蔵

「後期印象派」をめぐって

天心は、泰東巧藝史で「探幽は日本の後期印象派に擬し得べきか」と「後期印象派」の用語を日本で初めて使ったことで知られる。ポスト・インプレッショニスムの訳語であれば、現在ではむしろ「反印象派」とすべきとされ「ポスト（後）印象派」という訳語が定着しつつある。「後期印象派」という用語がなぜここで使われたのか。川田都樹子氏は、Manet and Post-Impressionist展を開催したロジャー・フライとの交流と天心の美術史講義を比較検討して考察した（川田都樹子「「後期印象派」なる邦訳語をめぐって　岡倉天心と上田敏を中心に」『美術フォーラム21』第七号、二〇〇二年）。そして天心のいう後期印象派は、ロンドンに入ってきてアカデミズムを席捲した「ロンドン―印象派」を意味していたと結論した。大正二年（一九一三）一月『白樺』に、柳宗悦によって翻訳掲載された「Post-Impressionism展」カタログ序文では「後印象派」だったが、「岡倉天心が一九一〇年に別の意味で用いた「後期印象派」なる用語と混同され、また上田敏が一九一一年に新印象派を「後期印象派」だと言い、そのイギリスでの発展形がPost-Impressionismだ、と語ったことも誤解の種となって」定着していったのだろうという。「後期印象派」が定着した流れについては妥当な解釈だと考えられる。

しかし、天心は一九一一年にポストインプレッショニストという言葉を使っている（「●日本画壇と春草▽岡倉覚三氏続談」『東京朝日新聞』明治四十四年九月二十日）。「最近の後印象派《ポストイムプレッショニスト》に至っては更に印影を没却したもの、即ち我光琳の如きものを画くやうに為ってきた」と春草の目指した画境について説明している。泰東巧藝史から一年後、対象とする画家は光琳であり、何よりも「後印象派」と正確に訳している。「後印象派」の訳語の初出も天心だろう。「後期印象派」と「後印象派」は彼にとって確かに別物であった。

後印象派について新聞記者に語る七ヵ月前、一九一一年二月十日、天心はロンドンでフライと会食している（『欧州旅行日誌』）。その四日後の日付でフライが天心宛に出した未公開書簡がある（一九一一年二月十四日付、茨城県天心記念五浦美術館蔵）。そこでフライは、天心との会見が自分の仕事にとって「大きく」「深く」励ましになったと繰り返し述べ、来年の日本訪問を真剣に計画すると記す。天心が一ヶ月前に閉幕した「マネとポスト印象派展」のカタログを読み、展覧会の企画者フライとそこに並んだ現代絵画について語り合ったことは確実だろう。フライの代役として一九一四年に*Art*（芸術）を出版したクライヴ・ベルは、フライが天心について「意志の弱さや技術不足からではなく、形を創り出すことにエネルギーを集中していたためイリュージョンを作り出せなかったような絵画群を、難なく評価できた」と語っていたことを記している（Clive Bell, *Art*, 1914, October 21, 2005 [eBook #16917]）。そしてベルとフライが提唱するフォーマリズム理論「significant form」は、マティスによって美術の世界に一般化したのだと論じる。フライと天心が、ゴシックやビザンチン絵画とマティスらポスト印象派の画家たちの目指したものを論じる姿が浮かんでくる。

この時の天心の日程は忙しく、ロンドンでフライに会う前、一月二十六日～二月九日までパリにいて、ボストン美術館を退職したプリチャードと落ち合い、数日を共に過ごした。その間、プリチャードに仲介されてマティスやT・S・エリオットと顔合わせし、天心とマティスが一九一〇年の《ダンス》を解釈するのにベルクソンの「持続」を話題にしていたというエピソードも伝わる。マティスは天心との出会いを「自分にとって最良のものは、どんなに遠く離れていても同類の精神に届く。そう信じられることが、画家にとって何よりの慰めである」と記していたという（クリストファー・ベンフィー、大橋悦子訳『グレイト・ウェイヴ　日本とアメリカの求めたもの』小学館、二〇〇七年、原著は二〇〇三年）。さらに天心の「白狐」の仏語版を出版する計画が進行していて、マティスに挿画が依頼されていたという。私たちは、天心没後の再興日本美術院で大正時代に大観が展開した日本画に、マティスらポスト印象派の造形を認めるべきだろう。

泰東巧藝史の広がり

最初のポスト印象派展で非難中傷を浴びせられたフライは、第二回目のポスト印象派展の前哨戦として一九一二年「芸術と社会主義」を発表した。この論文は、前半が純粋芸術、後半は応用芸術へと論点が転調しているという（要真理子『ロジャー・フライの批評理論』東信堂、二〇〇五年）。また、ボストン美術館理事で天心とも親交のあったデンマン・ロスは、一九〇七年 *A Theory of Pure Design : Harmony, Balance, Rhythm* を、フライも一九二〇年に *Vision and Design* と共に視覚美術をデザインと呼ぶ本を出版する（村井則子「岡倉覚三の再評価のために——ボストン時代の活動から見えること——」『現代に生きる岡倉天心——グローバル人材としての再評価』横浜国立大学国際戦略推進室、二〇一三年）。この姿勢は、美術ではなく巧藝をつかう天心と一脈通じるものだろう。

また村井氏は、一九〇六年頃のボストン美術館が構想した「世界美術史年表」に着目する。紀元前三〇〇〇年から一九〇〇年までの時間を縦軸に、左にWESTERN、右にEASTERNと東西に分けてコレクションを配列している〔図3〕。この構想と泰東巧藝史は密接に係わるものと思う。天心の影響関係というよりも、泰東巧藝史という試みが普遍性をもっていたことに着目しておきたい。逆にいえば、「日本美術史」こそが、特殊で孤立した存在なのではないだろうか。

泰東巧藝史は、多くの人々に影響を与えた。拒絶も影響の一つと考えれば、同時期に東大で日本美術史を講じていた瀧精一はその急先鋒だった。瀧は『國華』主幹となり、東京帝国大学美術史教授としてその後の学会をリードしていく立場で、天心の美術史と日本美術院の日本画を否定する。稲賀氏は瀧のグループが天心をネグレクトして、日本美術史と東洋美術史を分離して完成させていく様子を「父殺し」とまで表現する（稲賀『絵画の臨界』）。

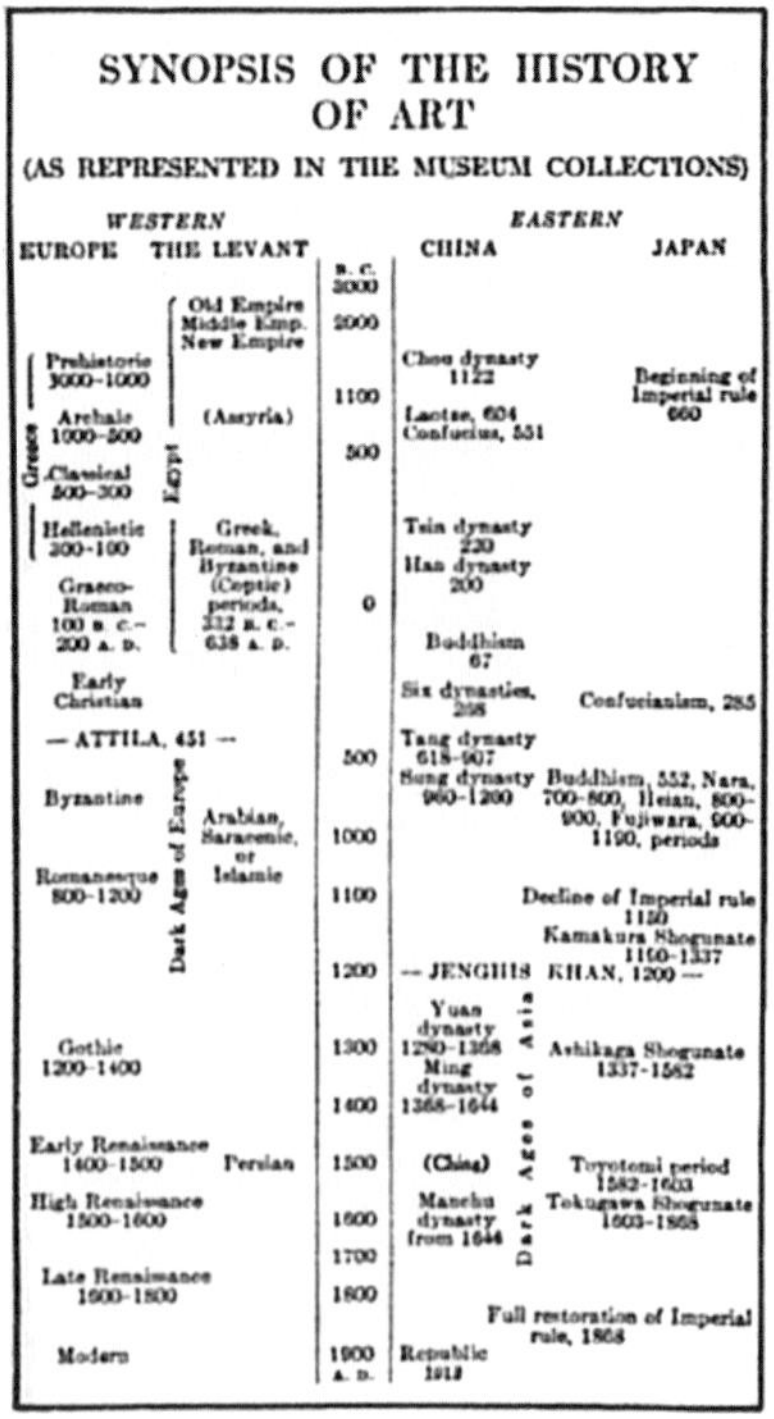

図3　ボストン美術館「世界美術史年表」1906年発行、1913年版

田中日佐夫氏は、美学会全国大会で「日本美術史学の形成史と現状批判」と題する発表を行った（『美學』四二巻三号、一九九一）。田中氏は、現在の美術史学では「美術作品の精緻な（屍体解剖所見的）カルテの集積」はなされたものの、天心が巧藝の本当の美味「魂と魂がひくひく震えるようなこと」といった心の歴史を語っていないと主張したのだ。『日本の美術――心と造形――』など、田中氏の著作はその思いに貫かれていたといってよい。『カラー版日本美術史』（美術出版社、一九九一年、増補新装二〇〇三年）で「現代Ⅱ」を増補したのも「作品の優劣を批判し、其の妙味を玩味すること、及び之れを現在に応用すること」を目指したためであろう。

日本美術史そのものを見直そうという機運は二十世紀末に湧き上がってきて、一九九七年に大規模なシンポジウム「今、日本の美術史学をふりかえる」が開催された（東京国立文化財研究所編『語る現在、語られる過去　日本の美術史学１００年』平凡社、一九九九年）。論者の一人木下直之氏の指摘、「吾人はすなわち未来の美術を作りつつある」と主張した「岡倉天心ほどこのテーマにふさわしい発表者はいない」という言葉が状況を象徴している。天心が開始した「日本美術史」創成のプロジェクトは、「泰東巧藝史」に変容したまま、まだ終ってはいない。それを終ったことにしてしまう状況へのいらだちがこのシンポジウムの原動力だったはずだ。稲賀繁美氏が、シンポジウムでの各論者の主張と今後の問題点を完結に総括してくれている（「〈今、日本の美術史学をふりかえる〉を聞いて」『あいだExtra』二十五号、一九九八年）。

中谷伸生氏は、新資料の発掘と斬新な新解釈が美術史学の両輪といい、「美術作品の価値と真正面から向き合った岡倉天心、土居次義、ジャック・ヒリアー」らの縦横に「眼」を用いる姿勢は古びていないとする（『大阪画壇はなぜ忘れられたのか　岡倉天心から東アジア美術史の構想へ』醍醐書房、二〇一〇年）。そして一国主義を乗り越えた天心の〈アジア美術史〉から学ぶことがあると主張する。その中谷氏が編集委員を務める『美術フォーラム21』における様々の特集号――『アジア美術的〈近代〉』、『日本美術史はいかにしてつくられたか』、『グローバリズムの方法論と日本美術史研究――一国主義と受容研究を越えて――』等々――は天心が構想した透視図を広く社会に開いていこうとする営みだろう。

佐藤道信氏の問題提起は具体的で分かりやすい（『第8回SGRAチャイナフォーラム　近代日本美術史と中国』（公財）渥美国際交流財

団関口グローバル研究会（SGRA）、二〇一五年）。欧米の美術館では、「ヨーロッパ美術史」が共有され、各国で「中世ならドイツやフランス、ルネサンスはイタリア、十七世紀はオランダ、十八～十九世紀はフランス、イギリス美術」という展示になる。しかし東アジアでは「仏教、儒教、道教の美術や水墨画が広く共有されていたにもかかわらず」「基本的に自国美術史を中心に展示」しているというものだ。今でも東京国立博物館の東洋館には日本美術が展示されず、「東洋美術史」からは、日本美術が除かれている。

二十一世紀にいきる天心

先に述べた『欧州旅行日誌』（一九一一年一月二十八日）には「ベルクソンを聞きに行く」という記述がある。東大の学生だった九鬼周造は、そのときの天心の様子を浜尾新から聞いている。九鬼は、泰東巧藝史講義に向う天心と大学構内ですれ違っても挨拶はせず聴講もしていないが、留学先で『東洋の理想』や『茶の本』を愛読し、「度々西洋人への贈り物にした」（「岡倉覚三氏の思出」『九鬼周造全集第五巻』岩波書店、一九八一年）という。「宗教においては未来がわれらの背後にある。芸術においては現在が永遠である」（『茶の本』村岡博訳）という天心の言葉は、九鬼周造の父隆一や母波津との体験を巻き込みながら、『時間論』へとつながっていく。

一九八〇年、岡倉天心全集と同時期に刊行された九鬼周造全集によって、因縁深い二人の再評価が進行した。坂部恵氏は『不在の歌――九鬼周造の世界』（TBSブリタニカ、一九九〇年）で、天心と九鬼の思想的連関の重要性を指摘した。坂部氏は、九鬼がフランス・ポンティニーでの講演で天心を引用し、帰国後に出版した『「いき」の構造』で「天心にたいして、ひそかな連帯の挨拶をおくった」と指摘し、「いき」と「苦界」の関係には、花柳界出身の「母波津への周造の思い」があるという。この坂部氏の「隆一、波津、天心、周造の四角形」の構図提出と「ポンティニー講演」への賛辞が、九鬼周造研究のスタンスを変えたという（森一郎「形而上学的時間と歴史的時間　九鬼周造と三木清」『現代思想』二〇一七年一月号）。ベルクソン、フッサール、ハイデッガーらと交わり、サルトルと出会った九鬼周造の思想の底に、母と天心が位置しているという考え方は、小浜善信氏による『時間論』の注解と解説「永劫回帰という思想――九鬼周造の時間論」（九鬼周造『時間論』岩波書店、二〇一六年）に引き継がれている。

稲賀繁美氏の一連の著作には、通奏低音のように『茶の本』を通した岡倉天心の思想が響いている。『接触造形論』（名古屋大学出版会、二〇一六年）では、『茶の本』が、壁や床が作る空虚こそ部屋の本質であるとしたように、精神と物質、自己と世界が接触する界面にこそ造形（美術とは呼ばない点に注目）が出現するとし、その状況と意味についてジャンルを越えて論じている。表面というより界面とよぶべき場所で、筆と紙が触れ、ノミと木が触れ、手と粘土が触れ合う。その界面に物事が呼び寄せられ、二つの世界が出会い溶け合ってイメージが出現する。抽象性を失わず具体的な態度で、華厳経と現代美術から始まって、工芸論、気象学と地学、翻訳論、博物館展示など多岐にわたって、天心の行為を延長していくように多彩な局面で論が展開されている。そのポイントには「道」の思想があると思われる。

ボストンにおいて天心の最大の理解者だったと考えられるビゲローは、天心が没した直後、アメリカ人文科学会議例会で仏教についての講演を行い、その一部がハーバード大学神学部紀要（*Harvard Theological Review* vol.14, April,1923, No.2 宮田俊彦訳「修習止観座禅法要」『茨城大学五浦美術文化研究所報』第二号、昭和四十七年）に掲載された。ビゲローは前文で、西洋では外的世界を、東洋では内的世界を体系的かつ科学的に研究してきたとし、その結果、自己の意識の研究を「西洋では心理学と言い、東洋では宗教」と呼ぶのだという（春日井真也訳「止静と観照の実践法」『全集二巻』）。天心が「宗教なくして美術を得べき」（中村愿『狩野芳崖　受胎観音への軌跡』山川出版社、二〇一三年）と問うのはここに係わるだろう。天心が英訳した座禅法要の結論は中道（The Middle Path）にあった。その内容はベルクソン『物質と記憶』を思い起こさせるものだ。

そして、この（すべてが空だ、錯覚だと覚った）段階で修行者は、心それ自身は虚無であるが、関係と対立によって心が事物と差異を創り出すという思い――この事物の差異から、真理に導くことが望ましい無数の生物が六道に出現するという

思い――にふけりながら、錯覚の観照に入らなければならない。（筆者試訳、括弧内は筆者補足）

The truth is in knowing that the nature of the soul is neither empty nor illusory, in the Middle Path which contains and at the same time transcends emptiness and illusion.（その真理は、魂の性質が空でも錯覚でもないということを知ることの中に、空と錯覚を含みそして同時にそれを超越する「中道」の中にある。）

二一世紀目に入った『茶の本』

これが『茶の本』では、「「道（the Tao）」は「径路（the Path）」というよりもむしろ通路（the Passage）にある」とその移行性が強調される。そして中道にある心は宇宙そのものであり「宇宙変遷の精神、すなわち新しい形を生み出そうとして絶えずめぐり来る永遠の成長である」と続く。

インターネットとデジタル環境が第二の自然とまで言われる今日、「情報」という無形の流れが、心や「道」に代わって人間社会の中心に位置し、その場所で宗教と心理学と芸術と科学の融合が進んでいる。管見のかぎりでも、『ベルクソン『物質と記憶』を再起動する――拡張ベルクソン主義の所展望』（平井靖史・藤田尚志・安孫子信編、書肆心水、二〇一八年）、『イメージ学の現在　ヴァールブルクから神経系イメージ学へ』（坂本泰宏・田中純・竹峰義和編、東京大学出版会、二〇一九年）などがその例として浮かんでくる。東と西、あるいは科学と芸術がそれぞれ設定した中心から境界面へと軸移動していると言うべきだろう。そのときに必要な事は、やはり「中道」にあり続けることだと思う。

天心は「座禅法要」の最後に、原典にはない二文を付け加えた（宮田俊彦訳、前掲）。「いかなることをしても、まず第一に修行者は自ら五種の障害をとり除かなくてはならない。さもないといかなる修業も、無意味なものとなり果てるからである」（おおはら井真也訳、前掲）。五種の障害とは、貪欲、瞋《いか》り、睡眠、休息のなさ、疑惑だという。それらを越えて中道にあることの難しさに対して、天心の自戒がそれを加えさせたのだろう。彼自身はどのようにしてその境地に達したのか。

天心が所蔵していた仏像にみずから納めていた願文があり、その中に「嗚呼　天を仰げば自ヅから初あり　物を観ずれば竟に我無し」（「快慶作弥勒菩薩像胎内願文」『茨城大学五浦美術文化研究所報』第二号、前掲）の詩句がある。彼が何度か綴ったこの言葉は、本論の最初に参照した木下氏の伝記のサブタイトルになっている。木下氏は、「観れば」ではなく「観ずれば」と読むことで、物と我の関係に老荘思想的な解釈が可能となると述べられていたが、天心自身もそう読んでいたことが分かる。人間が主体となって「観る」能動的な位置関係ではなく、物によって人間が「観ずる」中道的な関係が成立する。

天とそれを仰ぐ我の間には「初」の語によって時間が係わる。当然、宇宙の始まりという悠久の時空間が出現しているのだが、ここに芸術作品が放つアウラという言葉を持ち出しても構わないだろう。ベンヤミンはアウラを「時間と空間が独特に縺れ合ってひとつになったものであって、どんなに近くにあってもはるかな、一回かぎりの現れ」と定義した（多木浩二『ベンヤミン「複製技術時代の芸術作品」精読』岩波書店、二〇〇〇年）。また、ベルクソンの過去ABが一気に現在の我Sに圧縮される図〔図4〕を説明に使うこともできるだろう。そして九鬼周造の始まりと終りが重なる東洋的時間の図解〔図5〕も関係の理解に役立つだろう。『茶の本』はそれ

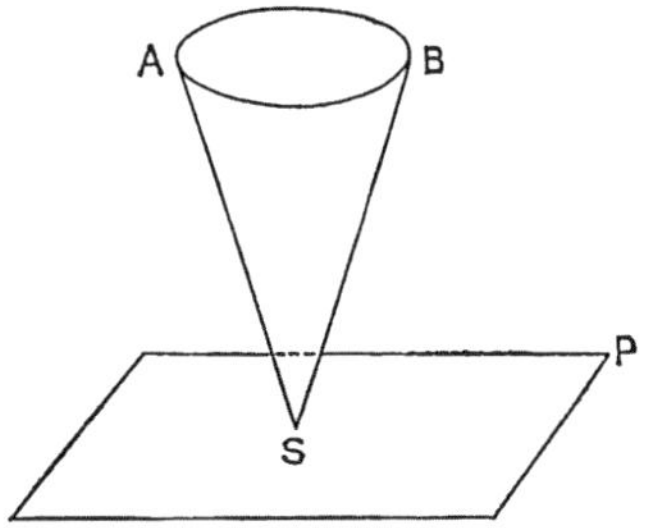

図4 「現在に圧縮される記憶の円錐」ベルクソン『物質と記憶』白水社、1999年

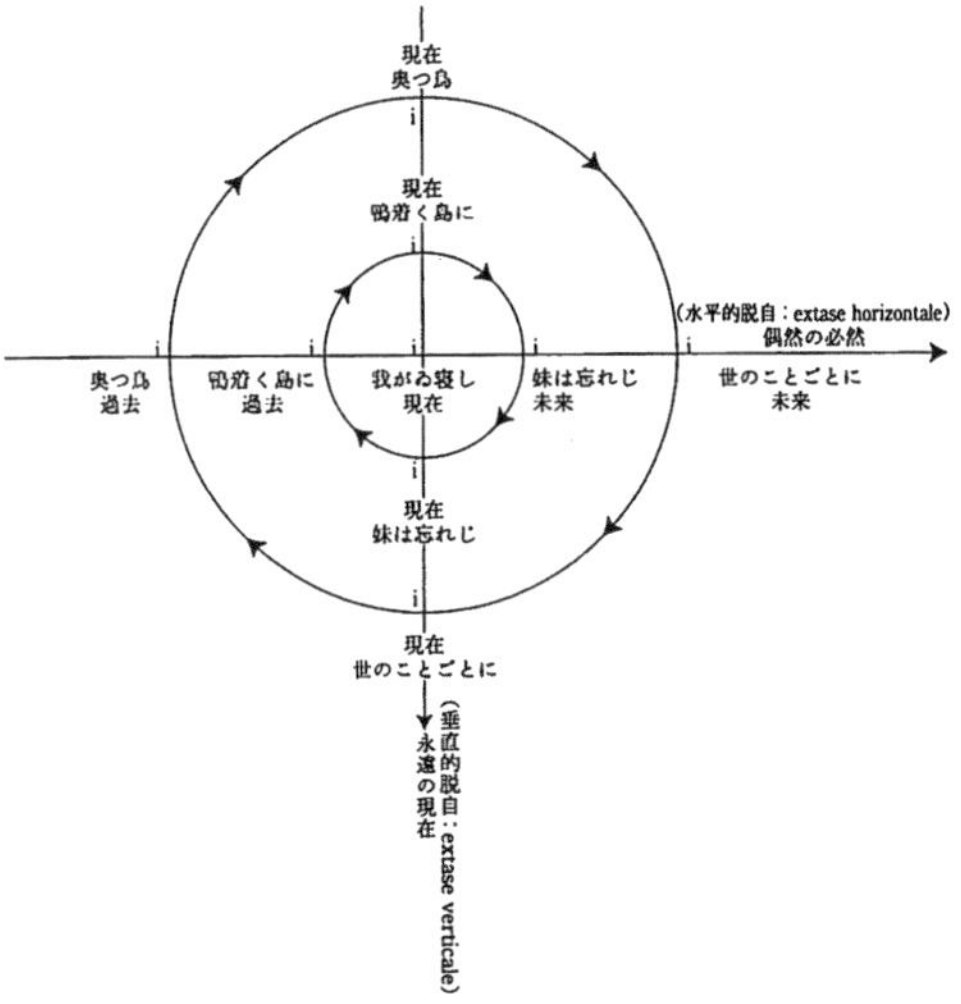

図5 「小浜善信による永遠回帰図」九鬼周造『時間論』岩波書店、2016年

らを集約している。

「真に覚《さと》った者には一切皆空《いっさいかいくう》という理論に基づ」いて建てられた「日本のいちばん狭い家よりも狭い」茶室に向かって、「影のような過去の夢の中に」露地を歩み、「装飾精神の変化を絶えず必要とする」部屋に入れば、「まず床の間の絵または生花に敬意を表する」。茶は「完全そのものよりも、完全を求むる手続きに重きをおいた」動的な哲学に浸るものだ——。「第四章　茶室」の文章は、このようにランダムに配置しても、宗教と芸術と生活を融合させようという天心の意図を伝えてくれる。『茶の本』が許すこのような融通無碍の道行き／一節passageには、繰り返し彼の思いが浮かんできて、巻末文献のように少なからぬ読者が、その中で味わった自分なりの世界観を綴って、その芸術体験を完成させようとする行為に促されている。『茶の本』は発売されて二世紀目に入ったと記したのは、二〇一〇年のペンギン・クラシック版でのベンフィーの解説だが、百年前の書評はなお有効である。

この本はすぐに立ち消える本ではなく、文学という美しい花が雑草に埋もれてしまわない限り、読者層の広がって行くべき本である。

（フレデリック・グーキン、堀岡弥寿子訳『ザ・ダイアル』一九〇九年九月）

新訂増補版後記

藤原　貞朗

一九五五（昭和三十）年に開所した五浦美術文化研究所は、二〇二〇年に創立六十五年を迎えた。一九七一年創刊の『茨城大学五浦美術文化研究所報』は一九九三年に『五浦論叢』へ装いを変え、今年で計四十冊を出版することになる。二十一世紀に入り大学や研究所の統廃合も進む中、六十五年の歴史を有し、半世紀「紀要」を発行し続けている研究機関は珍しいだろう。その活動と記録は、それじたい歴史的価値をもつものになりつつある。

この間、岡倉天心をめぐる研究は大きく変わった。一九六三年（昭和三十八年）、天心の生誕百年を祝う年、研究所は平櫛田中から木彫《五浦釣人》の寄贈を受け、この傑作を展示すべく宝形造りの天心記念館を建造し、生誕百年を祝った。しかし、生誕百年をめぐっては、福井県文化協議会による「岡倉天心顕彰展」を除いては、めだった動きはなかった。戦後二十年間、岡倉の評価はかんばしくなかった。

その後、『岡倉天心全集』（平凡社、一九七九～一九八一年）に関わった研究者による伝記的研究が蓄積され、徐々に再評価の機運が醸成される。そして、大きな変化が訪れるのが、本書『岡倉天心と五浦』が刊行される一九九八年頃のことであろう。前年には、研究所に隣接して茨城県天心記念五浦美術館が開館。研究所は本書に続いて五浦叢書として、岡倉一雄著『岡倉天心をめぐる人びと』（一九九八）、岡倉古志郎著『祖父　岡倉天心』（一九九九）、『岡倉天心アルバム』（二〇〇〇）を出版し、岡倉研究の現状を伝えるとともに、五浦のプレゼンスを示した。

すると二〇〇〇年代に状況は一変した。『茶の本』出版百年を記念する『国際シンポジウム「茶の本」の百年』が二〇〇六年に開催されると、翌年には東京藝術大学が創立百二十周年記念シンポジウム『いま天心を語る』を開催、日本の学界において岡倉の「名誉回復」がなされた。『茶の本』の新たな邦訳出版は二〇〇〇年以降に十冊以上を数え、旧版を含めれば二十種に迫る。そして二〇一三年、岡倉の生誕百五十年（没後五十年）の年には、シンポジウム、出版物、関連展覧会が立て続けに組織され、映画『天心』も制作された。生誕百年時には想像しえなかった「岡倉ブーム」現象であった。若い研究者の活躍も目立ってきている。

こうした再評価の歴史において、持続的に研究を行ってきた研究所の貢献は小さくないと自負してよいだろう。近年のシンポジウムや岡倉研究において、五浦は寂寥とした隠棲の地ではなく、晩年の思想の源泉としての評価を得つつある。

研究所は生誕百五十年を祝うことはできなかった。二〇一一年三月十一日、五浦の地もまた東日本大震災の大津波に襲われ、六角堂は海に流出したからである。六角堂は多額の寄付を頂いて翌年には再建できたが、復興の日々のなかで祝祭的なイベントは自粛した。我々があらためて本格的に研究を再開しえたのは二〇一六年のことで、国際シンポジウムを開催し、復興活動記録を所収した報告書『岡倉天心　五浦から世界へ』（二〇一八）を刊行した。

研究所は創立六十五年を迎え、また、今年は震災から十年の節目を迎える。復興活動がひと段落したところに新たにコロナ禍に見舞われているが、この苦難の時代のなか、今後の十年、二十年を見据えた新たな活動を切り拓く時期がきている。この機会に『天心と五浦』の新版を出すことができたのは、時宜を得ているといえる。

岡倉天心　略年譜

文久二年（一八六二）十二月二十六日（一八六三年二月十四日）、福井藩商館手代の覚右衛門（勘右衛門）と妻このの二男として横浜に生まれる。幼名覚蔵（または角蔵）。

明治元年（一八六八）二月、弟由三郎生まれる。

明治二年（一八六九）三月頃からジェイムズ・バラの塾で英語を習い始める。

明治三年（一八七〇）四月三日、妹てふ（蝶子）出産の産褥熱のため母この没。

明治四年（一八七一）父の再婚を機に長延寺に預けられ、漢籍を学ぶ。

明治六年（一八七三）夏、東京日本橋蠣殻町（福井藩下屋敷内）に移転。東京外国語学校に入学。

明治八年（一八七五）九月、東京開成学校に入学、寄宿舎に入る。

明治九年（一八七六）この年、女流画家奥原晴湖の門に入る。

明治一〇年（一八七七）東京開成学校が東京医学校と合併して東京大学と改称、文学部第二年級第一科に移籍。

明治一一年（一八七八）八月、アーネスト・F・フェノロサ、東京大学教師として来日。

明治一二年（一八七九）大岡もと（元子）と結婚。自筆漢詩集『三匝堂詩草』（一狂生著）。

明治一三年（一八八〇）七月、東京大学を卒業。八月、京都・奈良の古社寺を訪ねたフェノロサに同行。十月、文部省に就職し、音楽取調掛に勤務。

明治一四年（一八八一）三月十八日、長男一雄生まれる。十一月、専門学務局勤務となり、音楽取調掛を兼務。

明治一五年（一八八二）四月、音楽取調掛の兼務を解かれる。六月、ウィリアム・S・ビゲロウが来日。八月、小山正太郎と「書ハ美術ナラズ」論争を展開。九月から十一月、文部小輔九鬼隆一の学事巡視に随行、畿内古社寺を調査。

明治一七年（一八八四）一月、龍池会に入会。二月、鑑画会が組織され、参加。三月二十七日、長女高麗子生まれる。六月、京阪地方の古社寺調査を命ぜられ、フェノロサらと法隆寺夢殿の救世観音像等を調査。十一月、文部省図画教育調査会委員となり、鉛筆画採用を主張する小山正太郎らと対立し、フェノロサらと毛筆画採用を通す。

明治一八年（一八八五）九月、三井寺桜井敬徳より菩薩十善戒牒を受ける。十二月、美術学校創立準備のために図画取調掛が設置され、委員に就任。

明治一九年（一八八六）四月から六月、古美術調査のため大阪・奈良へ出張。五月三十日、桜井敬徳より受戒、戒号雪信。七月、画家ラ・ファージ来日、親交を結ぶ。九月、美術取調委員として欧米出張を命ぜられ、十月、フェノロサとアメリカへ向け横浜を出港。

明治二〇年（一八八七）一月、アメリカから欧州に向かう。十月十一日、九鬼隆一夫人初子（波津子）に付き添い、横浜に帰着。十月十四日、東京美術学校幹事となる。

明治二一年（一八八八）五月から九月、関西地方古社寺調査を実施。九月、宮内省臨時全国宝物取調局設置、取調掛に任命される。十月三日、東京美術学校規則を制定。

明治二二年（一八八九）二月一日、東京美術学校開校。五月、帝国博物館理事及び美術部長に就任。八月、日本演芸協会設立。十月、國華社を設立し、『國華』創刊。この年、根岸に移転し、文人たちと交遊。

明治二三年（一八九〇）一月、京都・奈良の帝国博物館建設用地検分のため出張。六月、東京美術学校校長心得となる。フェノロサ、東京美術学校雇いを辞任。八月、東京美術学校規則を整備。九月から「日本美術史」「泰西美術史」を講義。十月、東京美術学校校長兼務を命ぜられる。

明治二四年（一八九一）二月、帝国博物館で日本美術史の編集を計画。十一月、日本青年絵画協会が結成され、会頭に就任。

明治二五年（一八九二）三月、シカゴ世界博覧会「鳳凰殿」の装飾を東京美術学校で引き受ける。五月、同博覧会の事務局監査官に任命される。

明治二六年（一八九三）七月から十二月、帝国博物館より美術調査のため清国出張を命じられ、早崎稉吉を伴い史跡を巡覧。

明治二七年（一八九四）三月、「支那南北ノ区別」を『國華』に掲載。

明治二八年（一八九五）四月、帝国奈良博物館開館。七月、八杉貞との間に三郎（和田三郎）生まれる。この年、帝国博物館にて古画模写の事業を開始。

明治二九年（一八九六）三月、日本絵画協会が結成され、副会頭となる。五月、古社寺保存会委員に任命される。七月、東京美術学校に西洋画科・図案科を設置。父覚右衛門、没。この年、初子（波津子）と九鬼が別居。早崎稉吉と八杉貞が結婚。

明治三〇年（一八九七）五月、帝国京都博物館開館。このころ、星崎初子との恋愛が原因で、妻子と一時〝別居〟状態となる。六月十日、古社寺保存法公布。九月、パリ万博に出品する日本美術史の編纂主任となる。十一月、青年彫塑会が結成され、会頭になる。翌年にかけて出版されたブリンクリー編“*Japan*”全十巻に「日本絵画史図説」を執筆。

明治三一年（一八九八）三月二十二日、帝国博物館理事兼美術部長を依願免官。二十九日、東京美術学校校長非職。四月、東京美術学校教授三十四名が辞職。七月、谷中初音町に辞職した教授連と日本美術院を創立。十月、日本美術院開院式、日本絵画協会第五回絵画共進会・日本美術院第一回展覧会連合開催。機関誌『日本美術』創刊。十一月、仙台展、十二月、盛岡展、秋田展、大曲展、横手展を開催。

明治三二年（一八九九）二月、日本美術院福岡展、広島展を開催。八月二十一

日、パリ万博鑑査官選外。十月から日本美術院正副員、日本絵画協会有志と絵画研究会を組織、画題制作講評。十一月から日本美術院内で日本美術史講義を開始。

明治三三年（一九〇〇）　このころ、横山大観・菱田春草らの新画法が「朦朧画」の非難を浴びる。

明治三四年（一九〇一）　四月十九日、橋本雅邦らに日本美術院の後事を託し出奔するが、引き戻される。五、六月ころ、スワーミー・ヴィヴェーカーナンダに来日の招待状と小切手を送る。七月、堀至徳が来訪し、スワーミーの信徒ジョセフィン・マクラウドとともに渡印を準備。九月二十日、東京美術学校と日本美術院との和解がなる。十一月二十一日、インドに向け新橋を出発。十二月二十九日、コロンボ着。

明治三五年（一九〇二）　一月六日、カルカッタでヴィヴェーカーナンダに会う。ニヴェディータ、サラ・ブル、サースビー姉妹らと親交を結ぶ。ブッダ・ガヤー、アジャンター、エローラなどの古蹟を巡遊。*"The Ideals of the East"*（『東洋の理想』）を脱稿し、ラビンドラナート・タゴールの一家、ベンガル派の画家たちと親交を結ぶ。七月九日、ヴィヴェーカーナンダ、病没。十月三十日、神戸に帰国。

明治三六年（一九〇三）　一月十日、大観と春草をインドに派遣。二月、下村観山渡英。*"The Ideals of the East"*をロンドンのジョン・マレー社から刊行。四、五月頃、飛田周山を伴い五浦を訪問。六月六日、野口勝一が、天心のため紹介状を書く。八月、サースビー姉妹、サラ・ブルが五浦を訪問。九月、六角紫水らが五浦を訪問、古社寺調査を行う。

明治三七年（一九〇四）　二月十日、大観・春草・紫水とアメリカに出発。三月、ニューヨーク着、サースビー姉妹の出迎えを受ける。三月二十五日、ボストン美術館で日本絵画の目録作成を開始。二十七日、イザベラ・スチュワート・ガードナーを訪問。四月、ニューヨークで大観・春草の作品展を開催。ボストン美術館のエキスパートとなる。八月頃、「ヨシツネ物語」「コアツモリ」「アタカ」を執筆。九月、セントルイス万博にて講演「絵画における近代の問題」。十一月、ケンブリッジで大観・春草・観山・紫水展を開催。*"The Awakening of Japan"*（『日本の覚醒』）をニューヨークのセンチュリー社から刊行。

明治三八年（一九〇五）　一月、ニューヨークで大観・春草・観山展を開催。三月、帰国。六月、六角堂造立。七月十八日、転居挨拶を大津町八勝園で行う（岡倉は手術のため欠席）。八月、日本美術院主幹となる。大観・春草、帰国。九月、大観・春草・雅邦らを五浦に集めて相談。九月、「五浦即事」を『日本美術』に掲載。十月渡米、二回目のボストン美術館勤務。十一月、中国日本美術部キュレイターを要請されるも辞退し、アドバイザーに任命される。

明治三九年（一九〇六）　一月、ボストン美術館より再度キュレイター就任を要請されるが固辞。三月、ボストンを出発し帰国。五月頃、赤倉を旅行し土地を購入。*"The Book of Tea"*（『茶の本』）をニューヨークのフォクス・ダフィールド社から刊行。六月五日、大観・春草・観山・木村武山が五浦を訪問。八月、日本美術院規程を改定し、第一部（絵画制作）と第二部（仏像修理）の設置を決定（九月六日発表）。十月、美術品蒐集のため早崎稉吉と清に出発。十一月九日、大観・春草・観山・武山が家族とともに五浦に移転。

明治四〇年（一九〇七）

一月、水戸市で大観・春草・観山・武山の招待会開催。三月、ボストン美術館へ中国で購入した美術品を発送。八月十三日、文部省美術展覧会審査委員となる。九月、国画玉成会の会長に就任。九月二十二日、五浦の岡倉邸で、仲秋観月園遊会を開催。十月二十五日から十一月三十日、文部省第一回美術展覧会開催。十一月、日本彫刻会の会長となる。十一月十六日、渡米、三回目のボストン美術館勤務。

明治四一年（一九〇八）

三月三日から三十日、水戸市で大観・春草・観山・武山の展覧会を開催。四月二十九日、ボストンを出発し、欧州経由で帰国。紫水、覚弥らが同行。六月、春草が眼病悪化のため五浦を去る。八月十日、国画玉成会総会の歓迎会に出席し、文展出品拒否を決議。九月十二日、大観、五浦の家が全焼。十月十八日、文展審査終了後、委員辞任を提出し、大観・観山も従う。十一月、上野寛永寺でフェノロサ追悼法要。

明治四二年（一九〇九）

二月、新納忠之介をボストン美術館に派遣。七月頃、『国宝帖』の英文解説を執筆。十月十五日から二十四日、第三回文展に大観《流燈》、春草《落葉》を出品。十一月、園城寺法明院でフェノロサの追悼法会。

明治四三年（一九一〇）

三月、古社寺保存会に出席、国宝選定の特別委員となる。内務省刊『特別保護建造物及国宝帖』とその英文篇が刊行される。四月十九日から六月二十一日、東京帝国大学文科大学にて「泰東巧藝史」を講義。五月五日、ボストン美術館中国日本美術部キュレイターに任命される。七月、文展審査委員に任命されるが、渡米を理由に辞退、春草を推薦。九月十四日、渡米、第四回目のボストン美術館勤務。十一月、美術館にインド美術部門設置について意見を開陳。

明治四四年（一九一一）

一月十七日から二月二十三日、ボストン美術館の命でヨーロッパに出張。ロジャー・フライらと会う。四月二十一日、早崎、新納、中川忠順に中国日本美術部のアドバイザーを依嘱。六月二十八日、ハーヴァード大学より文学修士の学位授与。八月、帰国。九月十六日、春草死去し、十八日の葬儀に参列。十月十六日、法隆寺境内の平子鐸嶺記念塔供養式に出席し講演、法隆寺会結成を計画。十一月、痔病と腎臓萎縮病を併発。

明治四五・大正元年（一九一二）

四月二十二日、孫の古志郎生まれる。五月五日、美術品蒐集のため中国へ出発。六月十四日、五浦に戻る。十六日、遺言状を認める。八月十四日、横浜出港。九月中旬カルカッタ着、タゴール宅に滞在。プリヤンバダ・デーヴィー・バネルジーと会う。十月十二日ボンベイを出発。十一月八日、ボストン美術館五回目の勤務。十一月、長尾雨山に中国日本美術部のアドバイザーを依嘱。

大正二年（一九一三）

一月十六日、中国日本美術部キュレイターに再任。二月十八日、オペラ台本“*The White Fox*”（「白狐」）を完成。二月二十五日、病気のため休職願を出す。四月十六日、五浦に帰り静養。二十七日、腎臓炎再発。五月二日、十二指腸駆除の手術。八月二日、プリヤンバダ宛書簡に英詩“An Injunction”（戒告）を記す。八月九日、古社寺保存会に出席、法隆寺金堂壁画保存建議案を作成。八月九日、日米交換教授を受諾。八月十六日、赤倉山荘で療養。二十九日、重態となる。九月二日、死去。三日、遺棺を東京に移送、五日、谷中斎場にて葬儀、染井墓地に埋葬される。九月末、五浦に分骨。十月二十日、ボストンのガードナー邸で追悼会。十一月十六日、東京美術学校で追悼法要が営まれる。

『全集』別巻「年譜」、清水恵美子『五浦の岡倉天心と日本美術院』「岡倉覚三　略年譜」を参照。

岡倉天心関連主要文献（年号表記は奥付に従った）

著書

The Ideals of the East with special reference to the art of Japan, London, John Murray, 1903

The Awakening of Japan, New York, The Century Co., 1904

The Book of Tea, New York, Fox Duffield and Company, 1906

（*The Book of Tea with an Introduction by Christopher Benfey*, London, Penguin Classics, 2010）

岡倉天心全集

日本美術院編『天心全集』全三巻、日本美術院、大正十一年

日本美術院編『天心先生欧文著書抄訳』日本美術院、大正十一年

岡倉一雄編『岡倉天心全集』全三巻、聖文閣、昭和十〜十一年

岡倉一雄編『岡倉天心全集』全五巻、六藝社、昭和十四年

岡倉天心偉績顕彰会編『天心全集』第六巻・第二巻、昭和十九〜二十年

『岡倉天心全集』全八巻・別巻一巻、平凡社、一九七九〜一九八一年（「日本美術史」「泰東巧藝史」を、二〇〇一年『日本美術史』平凡社ライブラリーに収録）

OKAKURA KAKUZO Collected English Writings, 3vols. Heibonsha,1984

文学全集

現代日本文学全集51『福沢諭吉・岡倉天心・内村鑑三集』筑摩書房、昭和三十三年

明治文学全集38『岡倉天心集』（亀井勝一郎・宮川寅雄編）筑摩書房、昭和四十三年（二〇一八年復刊）

日本現代文学全集2『福沢諭吉・中江兆民・岡倉天心・徳富蘇峰・三宅雪嶺集』講談社、昭和四十四年

日本の名著39『岡倉天心・志賀重昴』（色川大吉編）中央公論社、昭和四十五年（一九八四年中公バックスで復刊、「日本の目覚め」は二〇一四年『英文収録　日本の覚醒』夏野広訳、講談社学術文庫に収録）

現代日本文学大系2『福沢諭吉・中江兆民・岡倉天心・徳富蘇峰・内村鑑三集』筑摩書房、昭和四十七年

訳書

『茶の本』村岡博訳、岩波文庫、昭和四年（昭和三十六年改版、二〇二〇年三月五日発行は一二〇刷）

『東洋の理想』浅野晃訳、創元社、昭和十三年（昭和三十年、角川文庫に収録）

『日本の目覚め』村岡博訳、岩波文庫、昭和十五年
『東邦の理想』村岡博訳、岩波文庫、昭和十八年
『東洋の理想』富原芳彰訳、日本ソノサービスセンター、昭和四十三年（昭和五十五年、ぺりかん社より復刊、一九八六年、講談社学術文庫に収録）
『茶の本』宮川寅雄訳、講談社文庫、昭和四十六年
『茶の本』（英文収録）桶谷秀昭訳、講談社学術文庫、一九九四年
『茶の本』浅野晃訳・千宗室序と跋、講談社バイリンガルブックス、一九九八年
『日本の目覚め』入交雅道訳、ＰＨＰ研究所、二〇〇四年
『新訳茶の本　ビギナーズ日本の思想』大久保喬樹訳、角川書店、二〇〇五年
『茶の本』ソーントン不破直子訳、春風社、二〇〇九年
『茶の本 日本の目覚め 東洋の理想――岡倉天心コレクション』櫻庭信之・斎藤美洲・富原芳彰・岡倉古志郎訳、ちくま学芸文庫、二〇一二年
『新訳　茶の本』木下長宏訳、明石書房、二〇一三年
『現代語でさらりと読む茶の古典　岡倉天心　茶の本』田中秀隆訳、淡交社、二〇一三年

評伝

岡倉一雄『父天心』聖文閣、昭和十四年（一九七一年、新装版『父岡倉天心』中央公論社、二〇一三年、随想五編を加えて岩波現代文庫に収録）
浅野晃『岡倉天心論攷』思潮社、昭和十四年（平成元年、新装版、永田書房）
土方定一『天心』（東洋美術文庫）アトリエ社、昭和十六年
岡倉一雄『父天心を繞る人々』文川堂書房、昭和十八年、（平成十年、新装版『岡倉天心をめぐる人々』（五浦美術叢書）中央公論美術出版）
清見陸郎『天心岡倉覚三』筑摩書房、昭和二十年（昭和五十五年、新装版、中央公論美術出版）
宮川寅雄『岡倉天心』東京大学出版会、昭和三十一年
斎藤隆三『岡倉天心』（人物叢書）吉川弘文館、昭和三十五年（昭和六十一年、新装版）
HORIOKA, Yasuko, *The Life of Kakuzō: Author of the Book of Tea*, Tokyo, Hokuseido, 1963
原田実『岡倉天心』（東洋美術選書）三彩社、昭和四十五年
浅野晃『剣と光―私の岡倉天心』日本教文社、昭和四十七年
木下長宏『岡倉天心』紀伊国屋新書、昭和四十八年（平成元年、増補改訂版『詩の迷路―岡倉天心の方法』学藝書林）
堀岡弥寿子『岡倉天心――アジア文化宣揚の先駆者』吉川弘文館、昭和四十九年
大岡信『岡倉天心』（朝日評伝4）朝日新聞社、一九七五年
堀岡弥寿子『岡倉天心考』吉川弘文館、昭和五十七年
橋川文三編『岡倉天心　人と思想』平凡社、一九八二年
松本清張『岡倉天心　その内なる敵』新潮社、昭和五十九年
大久保喬樹『岡倉天心　驚異的な光に満ちた空虚』小沢書店、一九八七年
坪内隆彦『岡倉天心の思想探訪――迷走するアジア主義』勁草書房、一九九八年

中村愿『美の復権──岡倉覚三伝』邑心文庫、平成十一年
岡倉古志郎『祖父岡倉天心』（五浦美術叢書）中央公論美術出版、平成十一年
堀岡弥寿子『岡倉天心との出会い』近代文芸社、二〇〇〇年
茨城大学五浦美術文化研究所監修・中村愿編『岡倉天心アルバム』（五浦美術叢書）中央公論美術出版、平成十二年（増補改訂、平成二十五年）
茂木光春『永遠の天心』文芸社、二〇〇一年
木下長宏『岡倉天心──物ニ観ズレバ竟ニ吾無シ──』ミネルヴァ書房、二〇〇五年
清水多吉『岡倉天心　美と裏切り』中央公論新社、二〇一三年
岡倉登志・岡本佳子・宮瀧交二『岡倉天心　思想と行動』吉川弘文館、二〇一三年
岡倉登志『曽祖父　覚三　岡倉天心の実像』宮帯出版社、二〇一三年

関連書

横川毅一郎編『大観自叙伝』中央美術社、大正十五年
齋藤隆三『日本美術院史』創元社、昭和十九年（昭和四十九年、新装版、中央公論美術出版）
齋藤隆三『藝苑今昔』創元社、昭和二十三年
横山大観『大観画談』講談社、昭和二十六年（昭和五十六年『大観自伝』講談社学術文庫に収録）
下村英時編『天心とその書簡』日研出版、昭和三十九年
磯崎康彦・吉田千鶴子『東京美術学校の歴史』日本文教出版、昭和五十二年
大岡信編訳『宝石の声なる人に　プリヤンバダ・デーヴィーと岡倉覚三＊愛の手紙』平凡社、一九八二年（一九九七年、大岡信・大岡玲編訳で平凡社ライブラリーに収録）
『東京藝術大学百年史　東京美術学校編』全三巻、別巻一巻、ぎょうせい、一九八七〜一九九七年
『日本美術院百年史』全十五巻、索引一巻、日本美術院、平成元年─平成十六年
WESTON, Victoria, *East Meets West: Isabella Stewart Gardner and Okakura Kakuzo*, Boston, Isabella Stewart Gardner Museum, 1992（小泉晋弥訳「東と西の出会い──イザベラ・ステュワート・ガードナーと岡倉覚三」、『五浦論叢』第七号、二〇〇〇年）
森田義之・小泉晋弥編『岡倉天心と五浦』中央公論美術出版、平成十年
立木智子『岡倉天心「茶の本」鑑賞』淡交社、一九九八年
山﨑武也『岡倉天心『茶の本』を読む　日本人の心と知恵』ＰＨＰ文庫、二〇〇〇年
山崎新光『日露戦争期の米国における広報活動──岡倉天心と金子堅太郎』山崎書林、二〇〇一年
児島孝『近代日本画、産声のとき──岡倉天心と横山大観、菱田春草』思文閣出版、二〇〇四年
WESTON, Victoria, *Japanese painting and National Identity: Okakura Tenshin and His Circle*, Ann Arbor, The University of Michigan, 2004
ワタリウム美術館監修『ワタリウム美術館の岡倉天心・研究会』右文書院、二〇〇五年
岡倉登志『世界史の中の日本　岡倉天心とその時代』明石書房、二〇〇

五年
川原澄子『『茶の本』を味わう』文芸社、二〇〇五年
黒崎政雄『茶の本　何が〈和〉でないか』哲学書房、二〇〇五年
東郷登志子『岡倉天心『茶の本』の思想と文体――*The Book of Tea* の象徴技法』慧文社、平成十八年
BHARUCHA, Rustom, *Another Asia: Rabindranath Tagore and Okakura Tenshin*, New Delhi, Oxford University Press, 2006
三徳庵・ワタリウム美術館『岡倉天心国際シンポジウム　茶の本の一〇〇年』小学館スクウェア、二〇〇七年
金子敏也『宗教としての芸術――岡倉天心と明治近代化の光と影』つなん出版、二〇〇七年
TANKHA, Brij (ed.), *Okakura Tenshin and Pan-Asianism: Shadows of the Past*, Kent: Global Oriental, 2009
スワーミー・メダサーナンダ『スワーミー・ヴィヴェカーナンダと日本』日本ヴェーダーンタ協会、二〇〇九年
「岡倉天心――芸術教育の歩み」展実行委員会編『東京藝術大学創立一二〇周年　岡倉天心展記念シンポジウム　いま　天心を語る』東京藝術大学出版会、二〇一〇年
吉田千鶴子『〈日本美術〉の発見――岡倉天心のめざしたもの』吉川弘文館、二〇一一年
清水恵美子『岡倉天心の比較文化史的研究』思文閣出版、二〇一二年
中村愿『狩野芳崖　受胎観音への軌跡』山川出版社、二〇一三年
清水恵美子『五浦の岡倉天心と日本美術院』（五浦歴史叢書6）岩田書院、二〇一三年
古田亮監修『別冊太陽　岡倉天心　近代美術の師』（日本のこころ209）平凡社、二〇一三年
若松英輔『岡倉天心『茶の本』を読む』岩波現代文庫、二〇一三年
清水恵美子『洋々無限　岡倉天心・覚三と由三郎』里文出版、二〇一七年
茨城大学社会連携センター・五浦美術文化研究所編『岡倉天心　五浦から世界へ――茨城大学国際岡倉天心シンポジウム二〇一六』思文閣、二〇一八年
熊倉功夫編『岡倉天心『茶の本』研究』（世界茶文化学術研究叢書4）宮帯出版社、二〇二〇年

展覧会図録

『生誕百年記念・岡倉天心展』東京藝術大学・上野松坂屋、昭和三十七年
『天心記念館開館記念』茨城大学五浦美術文化研究所、昭和四十二年
『岡倉天心記念展』博物館明治村、昭和四十二年
『近代日本画のあけぼの展――岡倉天心と弟子たち』北海道立近代美術館、昭和四十五年
『生誕百二十年記念・岡倉天心と日本美術院展』上野松坂屋、昭和五十七年
『生誕百三十年記念展・天心とアジアの理想』福井県立美術館、平成四年
『天心と五浦の作家たち』茨城県天心記念五浦美術館、一九九七年
『日本美術院創立一〇〇周年記念特別展・近代日本美術の軌跡』東京国立博物館、平成十年
『日本美術院創立一〇〇周年記念展』財団法人日本美術院、平成十年

『岡倉天心とボストン美術館』名古屋ボストン美術館、一九九九年
『日本美術院五浦移転一〇〇年　天心と日本美術院の俊英たち』茨城県天心記念五浦美術館、平成十八年
『岡倉天心――芸術教育の歩み――』東京藝術大学、平成十九年
『「岡倉天心と日本彫刻会」――日本彫刻の「伝統」と「革新」――』井原市立平櫛田中美術館・小平市立平櫛田中美術館、平成二十三年
『五浦六角堂再建記念　五浦と岡倉天心の遺産』「五浦六角堂再建記念　五浦と岡倉天心の遺産展」実行委員会、平成二十四年
『岡倉天心没後一〇〇年記念　近代から現代へ　日本画の巨匠たち――名作でたどる日本美術院のあゆみ――』福岡市美術館、二〇一二年
『生誕一五〇年・没後一〇〇年記念　岡倉天心と文化財』茨城県天心記念五浦美術館、二〇一三年
『生誕一五〇年・没後一〇〇年記念「岡倉天心展」――大観、春草、近代日本画の名品を一堂に――』福井県立美術館、二〇一三年

執筆者紹介（執筆順　＊は茨城大学五浦美術文化研究所所員、＊＊は同客員所員）

森田義之（もりた　よしゆき）＊＊
昭和二十三年（一九四八）生。東京藝術大学大学院美術研究科修了。茨城大学教育学部教授、愛知県立芸術大学美術学部教授を経て、同大学名誉教授。イタリア中世近世美術史専攻。

小泉晋弥（こいずみ　しんや）＊＊
昭和二十八年（一九五三）生。東京藝術大学大学院美術研究科修了。茨城大学名誉教授。日本近現代美術史専攻。

小野寺淳（おのでら　あつし）＊
昭和三十年（一九五五）生。筑波大学大学院博士課程歴史・人類学研究科単位取得満期退学。文学博士。茨城大学教育学部教授。歴史地理学・文化地理学専攻。

後藤末吉（ごとう　すえきち）
昭和六年（一九三一）生。茨城大学教育学部卒業。茨城大学名誉教授。彫刻専攻。

熊田由美子（くまだ　ゆみこ）＊＊
昭和二十三年（一九四八）生。東京藝術大学大学院美術研究科修了。愛知県立芸術大学名誉教授。日本美術史専攻。

清水恵美子（しみず　えみこ）＊
昭和三十七年（一九六二）生。お茶の水女子大学人間文化研究科博士後期課程修了。博士（学術）。茨城大学全学教育機構准教授。比較文学比較文化・日本近代美術史専攻。

藤本陽子（ふじもと　ようこ）
昭和二十三年（一九四八）生。國學院大学文学部卒業。日本近代美術史専攻。

金子一夫（かねこ　かずお）＊＊
昭和二十五年（一九五〇）生。東京藝術大学大学院研究科修了。博士（美術）。茨城大学名誉教授。美術教育学・美術教育史専攻。

丹尾安典（たんお　やすのり）
昭和二十五年（一九五〇）生。早稲田大学大学院文学研究科修了。早稲田大学名誉教授。西洋・日本近代美術史専攻。

佐藤道信（さとう　どうしん）＊＊
昭和三十一年（一九五六）生。東北大学大学院修士課程修了。東京藝術大学美術学部教授。日本近代美術史専攻。

橋浦洋志（はしうら　ひろし）
昭和二十四年（一九四九）生。東北大学大学院文学研究科博士課程前期修了。茨城大学名誉教授。日本近代小説及び詩専攻。

川又正（かわまた　ただし）＊＊
昭和十二年（一九三七）生。茨城大学教育学部卒業。茨城大学名誉教授。書道専攻。

木村競（きむら　きそう）＊
昭和三十一年（一九五六）生。東京大学大学院人文科学研究科博士課程単位取得退学。茨城大学教育学部教授。哲学・倫理学・文化論専攻。

田中義恭（たなか　よしやす）
昭和九年（一九三四）生。東京教育大学芸術学科芸術学専攻卒業。日本美術史・博物館学専攻。

鶴間和幸（つるま　かずゆき）＊＊
昭和二十五年（一九五〇）生。東京大学大学院人文科学研究科修了。博士（文学）。学習院大学文学部教授。中国古代史専攻

小林英美（こばやし　ひでみ）＊
昭和四十二年（一九六七）生。早稲田大学大学院教育学研究科修了。学術博士。茨城大学教育学部教授。英米・英語圏文学専攻。

藤原貞朗（ふじはら　さだお）＊
昭和四十一年（一九六七）生。大阪大学大学院文学研究科博士課程退学。茨城大学人文社会学部教授。茨城大学五浦美術文化研究所所長。美術史専攻。

新訂増補 岡倉天心と五浦 ©

令和三年三月　十　日印刷
令和三年三月三十日発行

編　者　森　田　義　之
　　　　小　泉　晋　弥
発行者　松　室　　　徹
印　刷　株式会社教文堂
製　本　株式会社ブロケード

中央公論美術出版
東京都千代田区神田神保町一－一〇－一
IVYビル6階
電話〇三－五五七七－四七九七

ISBN978-4-8055-0891-6